明清帝后宝玺

恽丽梅◎著

故宫出版社

三希堂戲墨

前　言

印章是我国特有的用以作凭信和代表行使权力的产物，但其起源时间，历来素有争议。有人认为是商代，有的认为是春秋时期。根据文献记载和出土实物分析，“古玺印的真正出现是在春秋时期，而广泛应用则始于战国”[1]。有以为执佩者，有施于封书者，有以为通商旅货贿者信持[2]。自秦统一六国后，皇帝印章称“玺”或“宝”，凡是皇帝发布诏书或文告时所用印章称“宝玺”。故宫博物院明清帝后宝玺及金银玉册类文物在故宫收藏的文物中占有重要的地位，印章不仅是历代皇帝权力和地位的象征，还是他们平日舞文弄墨的重要用具。明清以来由于石质印章的使用，印章成为文人墨客文房四宝之外的必备用品，是继笔墨纸砚之后的文房第五宝。

一

明代国宝有二十四宝，以后未曾改变，同时历朝皇帝也使用玩赏性的闲章。现根据钤盖在法书名画上的印记判断，最早的应是唐太宗李世民，为年号“贞观”的联珠文印。有关资料显示，明代以前宋代皇帝闲章最多，但各朝皇帝宝玺存世寥寥无几，只有明清两代皇帝宝玺有较多遗存，除一部分由于战乱散失民间或海外，大部分均收藏在故宫博物院。

故宫博物院收藏明清帝后玺册类文物5000多件，其中明代帝后

1 叶其峰：《古玺印通论》页2，紫禁城出版社，2003年。
2 邓散木：《篆刻学》页62，人民美术出版社，2014年。

玺印600多方。本书根据现藏实物对明代征信玺、皇帝皇后御书钤用玺以及闲章进行了梳理、分类，并且对明代政治、文化、宗教情况做了一些初步的探讨。

二

故宫博物院现存清代顺治、康熙、雍正、乾隆、嘉庆、道光、咸丰、同治、光绪、宣统及慈禧多位帝后的宝玺，但同治、光绪皇帝均未钤谱（即《宝薮》)。《宝薮》包装统一，均为线装，从钤印数量和内容看，尽管各朝皇帝的宝玺有不同程度毁坏、遗失，但在宣统三年（1911年）以前是比较完整的。

清代宝玺，从内容看可分两类：一是代表皇权的宝玺，二为皇帝收藏和鉴赏用的宝玺。为了区别，我们也称其为皇帝闲章。在档案文献与故宫博物院现藏文物相结合的研究中，对清代国家政务宝玺即第一类宝玺进行了初步探讨。第二类宝玺即皇帝闲章，它们不仅作为凭证，还是诸帝人生追求和个人情趣的展现。清帝印玺有着丰富的文化内涵，是研究帝王思想的重要实物资料。

清代皇帝虽然为满族贵族，但为了政权的统治，十分重视汉文化学习。依据相关制度，他们需由饱读诗书的文臣讲解经史，还要吟诗对句、习书作画、品鉴古玩名品，这些都需要各种各样的印章，由此宫中存有大量此类印章。我们从现存的书画作品和宫殿匾联中，可以看到皇帝们钤盖的各种印玺，感受到印章文化在清宫里的影响和作用。

三

后妃册宝是表示身份和荣誉的证书，亦是反映清代后妃制度的重要实物。后妃册封时按等级制造册宝，后妃册宝多为金质或银镀金质，用玉箸文，篆字体均颀长清秀，这类印的纽式及篆法体现了妃子的特殊身份。故宫博物院还存有一部分晚清后妃闲章，多为同治和光绪皇帝后妃之印。由于这些印章多为木质，雕刻水平不高，并且很少使用，所以之前人们对其研究甚少。慈禧皇太后历经咸丰、同治、光绪三朝，以咸丰的“御赏”“同道堂”两枚闲章得到了权力，统治清代两朝达 48 年之久[1]。

四

本书对材质迥异的印章进行了分析，对印样、印料和石雕的人物摆件也进行了介绍，特别是将帝后玺册的印匣、册匣，以清宫造办处档案进行说明，从而对匣与玺册的关系有了进一步了解，从中可折射出文物的价值及皇帝的喜爱程度。

本书研究的重要文献依据是故宫现存清代各个皇帝的《宝薮》。故宫博物院现存清代皇帝《宝薮》均为清朝实物钤印，由于顺治皇帝宝玺现只发现 15 方，故宫仅存 6 方，均为檀香木，因此没有《宝薮》。故宫缺少雍正皇帝《宝薮》，现法国吉美博物馆存有一簿雍正皇帝《宝薮》。另同治帝和光绪帝的宝玺较少，没有集成《宝薮》。

故宫旧藏《宝薮》排版颇为讲究，成组的印在一起，有的旁边注明质地和用途，在组印下面注明几件一匣。这为我们研究和核对实物提供了重要依据。

在故宫文物中的清宫帝后宝玺，不仅有皇帝政务用印，还有相当一部分闲章，反映了帝后的思想情趣。这些印章质地多种，组式多样，篆刻精良，是研究清代帝后人物及篆刻工艺的珍贵实物。不仅有玉、金、木、宝石等质地印，还有相当一部分中国四大名石，更有地方特有的贡品。在这些印章，既有清代皇帝的代表宝玺，又有他们书画上经常使用的宝玺，更有象征后妃身份的印册及闲章。我们通过欣赏这些文物，更加能够体会中华传统文化的博大精深。

---

1 徐启宪:《“御赏”“同道堂”章与慈禧篡权》，《实说慈禧》页 83，紫禁城出版社，2004 年。

目 录

穿巾壯歲之十年
前事圖行樂今日
觀斯未信矜往
日雄心去矣馳逐云
佳兆武巾之爽文
阮縛大田獲一舉雙
擒實紀斯
戊申六月御題

第一章

明代印册

恽丽梅

皇室宝玺

自秦统一六国后,皇帝印章称“玺”或“宝”,秦始皇始行“六玺”制度,汉遵秦制不变;隋代增加二玺,共八玺;北宋增加到十四宝;金代有十五宝;元代御宝名称和数量大体沿袭隋唐的八宝制度,元八宝中今仅见有《隋唐以来官印集存》著录的“皇帝之宝”1方[1],是迄今最长的一方八思巴字印。

一、皇室印的分类

明代沿袭宋元王朝宝玺制度,但内容更加丰富。从宋辽的十四玺,增加到二十四玺,用途更具体化了,但明代二十四玺现无存。故宫博物院现存的明代皇帝玺印均不是明代二十四宝。明代二十四宝多为玉或金质,而现存印均为石质。御玺尺寸比故宫现藏的明代皇帝印要大,故宫藏成化十九年(1483年)诰命上有印文“制诰之宝”,尺寸面方13厘米,应是明代二十四宝的尺寸参考标准。故宫博物院现存有明代印数百方,御名玺有“大明皇帝之宝”“大明成化之宝”等,这些名玺虽不是当时的二十四宝,但可见当时用玺之一斑。故宫博物院藏明代帝后印玺质地多样,印文有阴有阳,形式各异,用途不一。

(一)皇帝宝玺

故宫博物院现存宝玺实物与明二十四宝印文相同的有6种,共12方(见表1)。

---

1 罗振玉撰集:《隋唐以来官印集存》页73,西泠印社出版社、国家图书馆出版社,2019年。

表 1　明代二十四宝与故宫博物院现存印文相同的宝玺对照表

明代二十四宝	现存印文相同的宝玺	备注
皇帝奉天之宝		
皇帝之宝	 图 1. 皇帝之宝	2 方
皇帝行宝		
皇帝信宝		
天子之宝		1 方
天子行宝		
天子信宝		
皇帝尊亲之宝	 图 2. 皇帝尊亲之宝	2 方
皇帝亲亲之宝		
制诰之宝	 图 3. 制诰之宝	1 方
敕命之宝		
广运之宝	 图 4. 广运之宝	3 方
敬天勤民之宝		
御前之宝	 图 5. 御前之宝	2 方

表章经史之宝		
钦文之玺	 图 6. 钦文之玺	2 方
丹符出验四方		
奉天承运大明天子宝		
大明受命之宝		
巡狩天下之宝		
垂训之宝		
命德之宝		
讨罪安民之宝		
敕政万民之宝		

明代皇帝为突出个人的皇权地位，除刻镌了与二十四宝相同印文的印玺，还刻镌了自己年号的宝玺，如“大明成化之宝”“成化皇帝之宝”“成化之宝”等，有的与二十四宝印文同名。另故宫现存有“大明皇帝之宝”“大明天子之宝”2 方。

另外宗室、尊亲宝 4 方：“宗室亲亲”2 方，“尊亲之宝”2 方。

吉语印 14 方：“勤民之玺”“文德武功之宝”“弘敷仁义之宝”“奉天勤民之宝”“奉天守道之宝”“协和万邦”“亲贤保国”“万国来朝”“主静制动道德日新”“天潢演派”各 1 方，“中和之宝”2 方，“敬天守道之宝”2 方。

带皇帝年号印 4 方：“大明成化之宝”“成化皇帝之宝”“成化之宝”各 1 方，“御前之宝、文华殿宝、道德之宝、广运之宝、成化之宝、中和之宝”（六面印）1 方。

有皇帝御名印 5 方：“皇帝密旨”“文德武功”“九五飞龙在天”“天子”“御前之记”各 1 方。

图 7. 八表来王

还有“雍熙”印 5 方：“雍熙之宝”“雍熙”“雍熙恭和”各 1 方，“雍熙太和之宝”2 方。

押文 6 方，其中一方押文左侧阴刻“八表来王”（图 7）。

综上，皇帝宝玺印共 53 方。

图 8. 寿安皇太后宝

图 9. 章圣王妃之宝

这些宝玺均为阳文篆书，2 行各 2 字或者 3 行各 2 字，纽式雕工各有不同。印文重复的每方尺寸、纽式雕工又有所不同，说明在明朝不是一个时期制造的。如：“御前之宝” 2 方，一方寿山石盘螭纽，头呈扁平形，四足作半蹲状，两耳、有角，通体脊背，三爪；另一方寿山石螭纽，四足作半蹲状，通体脊背，闭嘴、圆眼、有角。另外，还有一方“御前之记”，为明晚期制造，阳文篆书，2 行各 2 字，青田石螭纽，头扁、一角、脊有沟，四足、蛇尾。以上这些虽然不是明代皇帝沿用的传世宝玺，但仍然有皇帝宝玺的性质和作用。明代的官印统一由礼部铸印局铸造，对官印的尺寸、质地、纽制甚至印文书体都有明文规定。

（二）后妃、皇子印

由于明代后妃、皇子印存世较少，根据文献记载大致有三类，即册纳宝、尊号徽号宝及闲章。后妃印记载始于汉代，宋代形成制度。《明会要》载：“上皇太后尊号，自宣宗登极始。”[1]“妃嫔无宝，止用镀金银册。”[2] 册封印及尊号印故宫博物院现已不存，明代后妃、皇太子印存世较少，只有几方闲章。

1. 檀香木“寿安皇太后宝”（图 8），高 6.3 厘米，长 14 厘米，宽 13.8 厘米，印无纽，阳文篆书，3 行各 2 字。寿安皇太后，原为宪宗妃。《明会要》载：“邵太后，宪宗妃，兴献帝母也。成化十二年（1476 年），封宸妃，寻进封贵妃。世宗入继大统，尊为皇太后。嘉靖元年，上尊号曰‘寿安’。十一月崩。”[3]

2. 铜龟纽“章圣王妃之宝”（图 9），高 6.7 厘米，印面方 10.1 厘米，阳文篆书。此印应是嘉靖皇帝生母之印。“世宗母献皇后蒋氏，兴献王妃也。弘治五年，册为兴王妃。”[4]

3. 檀香木“章圣皇太后宝”（图 10），高 4.7 厘米，印面方 14 厘米。为双面印，另外一

---

1 （清）龙文彬：《明会要》页 209，中华书局，1956 年。
2 （清）龙文彬：《明会要》页 28，中华书局，1956 年。
3 （清）龙文彬：《明会要》页 23，中华书局，1956 年。
4 （清）龙文彬：《明会要》页 23，中华书局，1956 年。

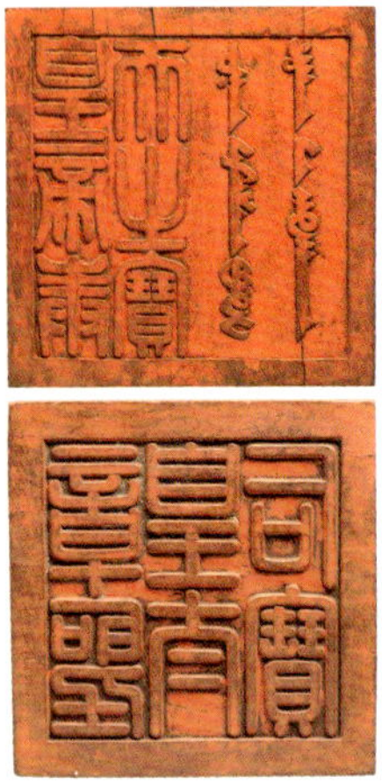

图 10. 章圣皇太后宝

图 11. 圣母图书

图 12. 厚载之记

图 13. 皇贵妃图书

面印文为满汉文“皇帝奉天之宝”，为清代沿用旧物。这是著名的“大礼议”事件的产物。因世宗嘉靖帝为武宗堂弟、兴献王之子，即位后廷臣议推尊礼，称其父为“皇叔父”、生母为“皇叔母”，“嘉靖元年改称兴国太后。三年，上尊号曰本生‘章圣皇太后’。是年秋，用张璁等言，尊为圣母章圣皇太后。七年，上尊号曰‘慈仁’。十五年，加上尊号曰‘康静贞寿’。十七年十二月崩”[1]。但从“上徽号致词，上尊号则止进册宝”[2]的规定看，此印只是一般闲章。

4. 寿山石海水盘龙纽“圣母图书”（图 11），通高 5 厘米，纽高 3 厘米，长 5.5 厘米，宽 5.4 厘米，为阳文篆书。虽然嘉靖三年（1524 年）七月更定“本生圣母章圣皇太后”为“圣母章圣皇太后”，但明代皇帝之母皆称为圣母，而非某人之特有之称谓。孝宗张皇后曾封为圣母，“孝宗张皇后，成化十三年选为太子妃。孝宗即位，册立为皇后。武宗立为皇太后。正德元年，上尊号曰‘慈寿皇太后’。世宗入，继称为‘圣母’。加上尊号曰‘昭圣慈寿’”[3]。所以，“圣母图书”印，难以推断该图书是哪位皇太后之印。

5. 滑石交龙纽“厚载之记”（图 12），通高 4.7 厘米，纽高 2 厘米，印面方 4.8 厘米，为阳文篆书。

《明太祖实录》记载：洪武二年（1369 年）五月制造“奉天执中”玉玺，洪武四年（1371 年）制造“广运之记”及“厚载之记”，并将“厚载之记”赐予皇后。因此，我们得知“厚载之记”是皇后用宝。

6. 滑石交龙纽“皇贵妃图书”（图 13），通高 6 厘米，纽高 3 厘米，印面方 4.5 厘米，为

1 （清）龙文彬：《明会要》页 23，中华书局，1956 年。
2 （清）龙文彬：《明会要》页 209，中华书局，1956 年。
3 （清）龙文彬：《明会要》页 24，中华书局，1956 年。

阳文篆书。

明代得皇贵妃称号的不到 10 人。明代宪宗封万贵妃，始称“皇”。万历十三年（1585 年），册郑氏为皇贵妃。三十四年（1606 年），进封恭妃为皇贵妃。崇祯元年（1628 年），封田氏为皇贵妃[1]。宣德元年（1426 年）以前皇贵妃有册无宝，虽然宣德元年以后开始授皇贵妃宝，但对于宝之形制也无记载。这方“皇贵妃图书”，成为我们参考的重要依据。

7. 青田石“东宫图书、中和、兰台信符、敬斋、□、完密”六面印（图 14），通高 4.3 厘米，纽高 1.1 厘米，印面方 4 厘米，阳文篆书。顶刻“完密”。明代有皇子居东宫的记载：“嘉靖二十四年，穆宗在东宫，方十岁，欲行冠礼。礼重冠、婚，皇帝前在东宫。”[2]“东宫图书”与“敬斋”等为皇太子用印。在唐代高宗时，曾将秘书省称“兰台”。“兰台信符”与“东宫图书”同为一印，有一定意义。

8. 滑石云头纽“大本之玺”，通高 9 厘米，纽高 5 厘米，印面方 9.5 厘米，为阳文篆书。明代有皇帝在继位前为皇太子时使用“大本堂记”的记载。洪武元年（1368 年）十月，建大本堂，命魏观侍太子说书及授诸王经。又选国子生十余人侍太子读书禁中。太祖命大学士宋濂授皇太子诸王经于大本堂，后于文华后殿，世宗改为便殿，遂移殿东厢[3]。洪武四年（1371 年）

图 14. 六面印

图 14-1. 东宫图书 图 14-2. 中和 图 14-3. 兰台信符 图 14-4. 敬斋 图 14-5. □ 图 14-6. 完密

1 （清）龙文彬：《明会要》页 28，中华书局，1956 年。
2 （清）龙文彬：《明会要》清光绪十三年永怀堂刻本，卷一四，礼九，页 119。
3 （清）龙文彬：《明会要》页 229，中华书局，1956 年。

正月制造“大本堂记”，并赐予皇太子。可知大本堂为皇太子读书之所，此印是后来制造时改为“大本之玺”了。

洪武初于上元县建大本堂，置四方图书于其中，并将其作为太子、亲王学经之所，伴读者则为功臣子弟。永乐迁都后，未见北京建有大本堂的记录。宣德以后，太子则于文华殿读书，伴读者则为民间子弟。故大本堂为宣德以前太子读书之所，而与大本堂有关的玺印也应为宣德以前之物。

图 15. 大明后嗣太祖玄孙宪宗之子兴王图书

9. 寿山石异兽纽“大明后嗣太祖玄孙宪宗之子兴王图书”（图 15），通高 7.2 厘米，纽高 4.8 厘米，印面方 10 厘米，为阳文篆书。印文中的兴王为成化帝四子朱祐杬，成化十二年（1476 年）七月生。成化二十三年（1487 年）封兴王，弘治七年（1494 年）之藩安陆，正德十四年（1519 年）去世，谥为“献王”。两年后，他的儿子被迎立为皇帝，即明世宗，世宗将没有做过一天皇帝的父亲兴献王追认庙号睿宗，同时，其印并未被清代统治者所毁，因而我们说，兴王之印不仅大，如今还能藏于宫中，这是特例。

图 16. 天潢演派

10. 寿山石蹲龙纽“天潢演派”（图 16），通高 7.8 厘米，纽高 5.5 厘米，印面方 9.8 厘米，阳文篆书。这是现存明代印较大的一方印，意为皇族脉脉相袭，绵延不尽。

这些后妃及皇子印，反映出他们当年不平凡的岁月。尽管我们现在看不到他们的册封印，但从仅存的几方闲章中，可以了解到明代后妃及皇子印的质地、尺寸、纽式、篆书等形制，为我们鉴定明代印，提供了重要的实物参考资料。

（三）室名印及御书印

室名印有“文华殿宝”“乾清宫封记”“清宁宫图书”等。

图 17. 文华殿宝

1. 寿山石盘龙纽“文华殿宝”（图 17），通高 3.6 厘米，纽高 1.8 厘米，印面方 4.2 厘米，阳文篆书。

文华殿明初为皇帝常御便殿，后来用作经筵进讲之所。“文华殿在奉天门之东，比诸殿制稍减而特精雅，用绿色玻璃瓦，左右为两春坊，上之便殿所常御者也。”[1] 天顺、成化间，皇太子未践祚前，摄事

1 （清）于敏中等编纂：《日下旧闻考》卷三四，页 533，北京古籍出版社，1983 年。

图 18. 乾清宫封记

图 19. 清宁宫图书

图 20. 宝文斋图书

于文华殿，嘉靖十五年（1536 年）改易黄瓦。

2. 寿山石鼻纽“乾清宫封记”（图 18），通高 4.3 厘米，纽高 1.2 厘米，印长 5.6 厘米，宽 1.8 厘米，阳文篆书。

乾清宫为明代皇帝的寝宫及处理政务之所。《明史》载：明光宗、熹宗召见臣工于乾清宫。“正德九年正月，乾清宫火。正德十六年十一月，乾清宫成，世宗自文华殿入居之。万历二十四年丙申三月，乾清、坤宁灾，二十五年二月重建。”[1]

3. 寿山石双狮纽“清宁宫图书”（图 19），通高 4.4 厘米，纽高 2.3 厘米，印面方 4.1 厘米，阳文篆书。

明代的清宁宫位于现东华门内南三所，为太子所居。据《实录》及清修《明史》记载，清宁宫弘治十一年（1498 年）十月火灾，次年九月重建完成，嘉靖元年（1522 年）正月初二清宁宫后殿“三小宫”再次罹火。清宁宫最后一次出现在《实录》中，是在嘉靖十六年（1537 年）五月。天启末张皇后在此居住时称慈庆宫，崇祯十五年（1642 年）改为端本殿。

4. 斋堂印有：“宝文斋图书”（图 20）及“慎德斋图书”“衣云阁”“志

---

1 （清）于敏中等编纂：《日下旧闻考》卷三四，页 369，北京古籍出版社，1981 年。

图 21. 六面印

图 21-1. 天子御书

图 21-2. 三教宗主

图 21-3. 道德之宝

图 21-4. 雍熙之宝

图 21-5. 钦文之玺

图 21-6. 金丹至宝

图 22. 成化御书

怀轩”“介如斋”“景霞堂”“千赋堂”“听松阁”“遵宪阁”“乾坤草亭”“古心琴室”。这些印有的只是斋堂的一个匾名，是不是皇帝印，为何藏于宫中，至今尚未考证。

5. 六面印有：“天子御书（上）、三教宗主、道德之宝、雍熙之宝、钦文之玺、金丹至宝”（图 21）。

6. 御书印有：“成化御书”（图 22）及“御翰”“御书”“中和图书”“天子御书”“御书之宝”“御笔”“云翰天章”各 1 方，“成化御书之宝”“宸翰天章之宝”“御前密封之宝”各 2 方，“御笔图书”3 方，“御府图书”10 方。

以上御书印共 27 方，但是否都是皇帝印，还有待进一步考证。

图 23. 文房珍玩

（四）收藏印与封验印

故宫博物院现有明代皇室收藏印与封验印共 36 方，其特点是一印多面刻，表明一印多用。

1. 印文有：“文房珍玩”（图 23）和“天宫珍玩”“谨具密封”“宝藏”“御前谨密封完之宝”“谨密封完”“收藏物件密封”“玉音谨密”“密完”“密旨收记”“虎符验记”“日收物记”“天宫合同符信”“密记”“护”“密封固完”“敬缄”“密缄”“缄完”“合同”各 1 方，共 20 方。

2. “丹符验记”（图 24）、“封完”，各 2 方。

3. “护封”“谨封”（图 25），各 3 方。

4. 两面印有：“御药之记、谨密封记”（图 26），“合缝封记、秘密关防”（图 27），“敬谨”（此印一面是篆字，一面为押文），各 1 方。

5. 六面印有：“御前图书、御前谨封、天宫仙乐、御前封完、闲中清玩、封物之记”（图 28），以及“收藏物件、御前封完、宝藏谨封、封记锁钥、合同之记、秘密关防”（图 29）。

6. 六面印：“文德武功”六种篆法。

这些印有以下特点：

第一，印大多 4—6 厘米，主要为石质，纽多为瑞兽纽，但做工较粗糙。

第二，两面刻或者多面刻较多，字体篆书多样，如“文德武功”六面印用悬针篆、蝌蚪篆、倒薤篆、垂露篆、小篆、雕虫篆，意为颂扬帝王之功业。

第三，内容丰富，文意与纽式相契合。

第四，真实地表现了皇帝的兴趣爱好。

图 24. 丹符验记

图 25. 护封、谨封

图 26. 御药之记、谨密封记

图 27. 合缝封记、秘密关防

图 28. 六面印

图 28-1. 御前图书

图 28-2. 御前谨封

图 28-3. 天宫仙乐

图 28-4. 御前封完

图 28-5. 闲中清玩

图 28-6. 封物之记

图 29. 六面印

图 29-1. 收藏物件

图 29-2. 御前封完

图 29-3. 宝藏谨封

图 29-4. 封记锁钥

图 29-5. 合同之记

图 29-6. 秘密关防

这些印有的尽管已经残缺，字迹不全，但能为我们研究分析明代皇帝的心态及其生活状况，提供重要价值。

二、皇室印的使用

（一）皇帝印的使用

明代宗室大多对诗词、书画有极大的兴趣。皇帝中不乏游戏翰墨者，成祖曾“援笔肆书”。他对书法爱之甚深，临御之初，就励精文翰，因此一些书学名家在永乐朝相继受到重用。宣宗朱瞻基在几务之余，时常留心载籍。他遍观古人翰墨，于此自然有契于怀。当时日侍宣宗之侧的是书家程南云。宣德帝为答谢他日侍之劳，在宣德十年（1435 年）二月十五日赋《草书歌》一首，多所寓意，“书以赐之”。宣宗以善画著称，他绘有《五花马》《白燕》二幅，上面均亲题“赐太监袁琦”，四季景色变化的刻画堪称细致入微。

景泰帝朱祁钰虽不称擅画，但也有绘画作品。成化帝宸翰也极工致，曾画《文昌帝君像》，此画题“成化十九年御笔”，钤以“广运之宝”，显为成化帝御笔。他的作品大多以金瓶、牡丹、兰菊、梅竹之类为主。

万历帝朱翊钧擅书，既是家学的渊源，也是受张居正等辅臣的教育和影响。张居正等人认为他“笔力遒劲，体格庄严”。

万历帝之子泰昌帝，对书法也很有兴趣。在每月讲学之暇，他就挥洒大书匾额、对联，“以赐青宫左右，虽祁寒大暑，未之少懈”。在这些书法作品上，他常常钤上“东宫亲御”的图章。

崇祯帝在书法上的造诣较深，在历史上也以擅书见称。他的“松风”二字，每至书成，就“钤以玉玺”，印文有时是“崇祯御笔”，有时则是“大明崇祯皇帝万几余暇之笔”，有时又是“崇祯建极之宝”[1]。故宫现有一方崇祯“由检”印押，为新中国成立后新收文物，在御笔九思手迹上使用过。

明弘治帝以后，士大夫逐渐形成一股讲学风气，各地广建书院，作为讲学的场所。宗室中也形成建造书院之风。他们建好书院，请皇帝御赐匾额，或请有名的文人士大夫题匾。弘治十七年（1504 年）八月，因晋府庆成王之请，皇帝赐奇浈书院额为“尚贤”；弘治十八年（1505 年）九月，唐王建一书院，教授其府中军校子弟，上奏请赐额，获赐名“养正”；正德元年（1506 年）五月，皇帝赐隰州王所建书院额为“崇礼”；同年八月，赐灵川王书院额，名“养性”；正德二年闰正月，赐怀仁王书院额，名“遵道”；赐山阴王书院额，名“进德”；正德三年（1508 年）八月，赐楚王书院额，名“正心”；万历九年（1581 年）正月，山阴王所建书院获赐“乐善”；万历二十二年（1594 年），上蔡王奏书讨书籍并书院额，获赐书赐额为“学文”；万历二十三

---

1 陈宝良：《明代社会生活史》页 61—66，中国社会科学出版社，2004 年。

年（1595 年）六月，赐书院额为“宝善”[1]。

在明代皇帝中宣德帝书画存世最多，在韩昂《图绘宝鉴续编》中载：“宣庙御笔有山水、有人物、有花果翎毛、有草虫，上有年月及赐臣名。宝用不一，有广运之宝、武英殿宝等宝，‘雍熙世人’等图书……”[2]因此，现存“雍熙恭和”“雍熙之宝”等玺，据此推断应为宣德皇帝印。

故宫博物院现收藏成化帝印相对多一些，如成化帝六面印，分别为“御前之宝、文华殿宝、道德之宝、广运之宝、成化之宝、中和之宝”，其中“文华殿宝”在成化帝御笔《冬至阳生图》上钤盖，另外还有“成化御书”“成化之宝”，用于御笔书画上。

现在可以见到皇帝用宝的还有：明永乐八年（1410 年）敕谕钤“敕命之宝”；明永乐刻本《诗传大全》钤“钦文之玺”；明宣德帝《武侯高卧图》卷钤“广运之宝”；明宣德《万年松图》钤“皇帝尊亲之宝”。

（二）收藏印及封验印的使用

故宫藏明代收藏印及封验印较多。从印制内容上，我们能看出明代机构的庞大。另外，明代宦官专权严重，这些印有的应是宦官与皇帝来往信件的封验印。如：“藏宝”为皇帝收藏印。“御药之记、谨密封记”，就是供值御药房的御医为皇室就医用药时使用的印章。

明代后妃、皇子印，目前很少见到在其他地方有使用。

综上所述，明代皇室玺印除名号外，基本上是抒发个人情感和表达文人志向的。

其一，它是明代流行于社会的文化艺术形式在宫廷中的体现，表达了皇帝治国的思想，以及皇帝重佛崇道，以使儒、道、释三教合一的思想。明代帝后宝玺具有皇家宫廷特色，是明代政治、经济、文化等方面的反映。

其二，一类是恪守儒家传统的礼仪准则，勤俭治国，崇儒重道，一生勤于政事，以朱元璋为代表，相类似者有成祖、仁宗、宣宗等。另一类对礼教多少有点背道而驰，甚至带有反叛精神，厌倦于宫廷生活，或醉心于道教，或嬉戏成癖，以正德、天启帝为代表，类似者有嘉靖、万历帝等。

其三，明朝“仁宣之治”，君臣融洽，生活稳定，是明朝的太平之世。明天顺以后，一些天潢王宗，日以溺佛，求其肉体长生，于是四方佛、道、方士、丹客，纷纷投入王府。

故宫博物院现存的明代600余方印中有近一半为成化时期的，但能够保留下来，非常不易，它是我们研究明代印章的重要实物。

---

1 陈宝良：《明代社会生活史》页 73，中国社会科学出版社，2004 年。
2 郭福祥：《明清帝后玺印》页 63，国际文化出版社，2003 年。

道教印

故宫博物院藏明代600多方印中，御书钤用印占很大比例，其中道教印约占三分之一。这些印多为石质汉字篆书，原藏内务府，是明代皇帝信奉道教的珍贵实物。故宫收藏道教印主要有名号印、道号印、法印和闲章等。

一、名号、道号及法事用印

汉代，道教教团出现，凡各种道教科仪或法事活动，大都可看到法印的踪影[1]。道教制印，来自神仙之传，道教印，常常隐秘难测。“印”在秦汉，为佩带之章，不施奏牍，六朝因之[2]。自隋唐开始，大部分印章已不做佩带之用，而是放在印盒中，印径从3厘米增大到5—6厘米。唐代时，文人逸士好称道号，以之作印始于宋代，如称某道人、某居士、某山长等。道教印有篆书、符篆、道符、符图四种形式。道教印出现的原因较多，包括：自然神及祖先神在内的诸神信仰；长生不死的神仙信仰，如古代占术、数术、祝由、炼养、导引、房中、丹药、厌劾等诸多奇异之术[3]。明代皇帝信奉道教，因此，留下了与道教活动相关的一些实物。

（一）名号印

名号印有：“灵宝万道宗主之宝”（图30），“玄谷帝君之宝”，“玄谷天仙之宝”，“混元先天、一气教主、苍空真老、玄谷帝君”，“紫微

图30. 灵宝万道宗主之宝

1 王育成：《道教法印令牌探奥》页1，宗教文化出版社，2000年。
2 《黄宾虹金石篆印丛编》页13，人民美术出版社，1999年。
3 王育成：《道教法印令牌探奥》页10，宗教文化出版社，2000年。

图 31. 两面刻
太虚紫府仙人、
上清洞真妙道

玄谷帝君之宝”，“混元一气紫微玄谷帝君之宝”，“紫极真仙之宝”，“洞阳帝君之宝”。一个道人也可以有多个名号印，或者系名人赠，或个人自名。

（二）道号印

道号印有：“太虚紫府仙人，上清洞真妙道”（两面刻）（图 31），混元一气玄谷天仙（图 32），混元一气玄谷真仙。

故宫藏道号印等多为寿山石，阳文篆书，龙或螭纽。从现存印章的纽式和工艺看，只有盘龙纽“紫微玄谷帝君之宝”为明早期印，此印四角有“得玄妙丹”4 字。而双螭纽“混元一气玄谷真仙”、蹲兽纽“玄谷天仙之宝”、盘螭纽“天仙之宝”为明中期印，其他均为明晚期印。明晚期印纽比较有特点，如：螭纽“参同微妙之宝”，螭头呈梯形，圆眼、嘴闭、有角，四足四爪；螭纽“混元一气金丹之宝”，螭头呈三角形，嘴闭、两耳、有角，四足四爪，螭半蹲状。虽然这些印数量不是很多，但能够保留下来，并藏于皇宫，反映出明代皇帝对道教的崇尚。

（三）法事用印

法事用印有：“啸命风雷之宝”（图 33），“三元教主掌握雷霆、万法宗主密运玄几”（两面刻），“雷霆都司之印”，“道经师宝、雷霆都司之印”（两面刻），“北极驱邪院印”。

藏书藏经印有：“天仙秘密图书”（图 34），“参同微妙之宝”，“玄都万寿之宝”，“紫微天仙翰墨”，“玄谷帝君金丹之宝”，“玄谷帝君还丹之宝、混元先天教主之宝”（两面刻），“先元一气、混元教主、紫微真仙、秘传玄奥”。最后一印前三句为神号，后一句指道教秘传下来的密旨。篆字一阴一阳，字下有方、圆格，用于道书上，是道教藏书藏经印。

道教乐谱用印有：“天宫乐府仙音之宝”（图 35），“得丹真仙乐道”。道教乐谱也用印，明成祖崇道也和乃父太祖一样，重在政治上的利用，最突出的是崇奉真武神。

其他之宝印有：“天仙之宝”（图 36），“玄谷真仙得丹之宝”，“天宫之宝”，“混元一气金丹之宝”，“太玄至道之宝”，“玉液还丹之宝”，

图 32. 混元一气玄谷天仙

图 33. 啸命风雷之宝

图 34. 天仙秘密图书

图 35. 天宫乐府仙音之宝

图 36. 天仙之宝

"龙虎大丹之宝"，"玄谷帝道之宝"。

这些印多为皇帝在道教活动中所用。道教向来十分重视篆印，对于造印十分讲究，道教造印，有一定的师承传授，各种法派用印不同，其所传授也有不同之处。印章中的印文是丰富多彩的，有图、画、篆、符、罡等图形，道教十分信崇"凤篆龙章"之文，将秦汉佩印予以宗教化，将"印"从装饰物转向了宗教法物。道教章函用印来自上古书简用泥封之以为信的传统，即所谓的"封书"。但道教章函用印却具有道教的宗教内涵及功用，印本身带有一定法力，章表不用印则如同白纸。明成祖还为道教斋醮谱曲、撰词，存于《正统道藏》的《太明御制玄教乐章》[1]。

明代印章的使用有严格的等级规定，只有皇帝、皇后才可称宝，用龙纽。而道教印用"某某之宝"，是因为被道教尊为神仙的名号或道号印，亦称为宝。

二、道教闲章

道家闲章，是用道家语言和理念来表现对道教的体验。闲章内容多是赞颂天道祝语、炼丹的体验和过程等。此类印为皇宫秘藏，外界少见，现将其印文整理抄录如下：

（一）天道祝语印

自嘉靖中叶以后，更以崇道奉玄为其施政的中心，其政治具有浓厚的道教色彩。世宗于

1 童翊汉：《中国道教与戏曲》页 3，宗教文化出版社，2009 年。

图 37. 玄妙

图 38. 玄文

嘉靖三十五年（1556 年）为其皇考和皇妣上道教尊号，又自号“灵霄上清统雷元阳妙一虚玄真君”，封孝烈皇后为元君，后又给自己加号“九天弘教普济生灵掌阴阳功大道恩仁紫极山翁一阳真人元灵圆应开化伏魔忠孝帝君”，再号“太上大罗天仙紫极长生圣智照灵统元证应玉虚总掌五雷大真人玄都境万寿帝君”。从此尊号看，俨然以道教教主自居，使整个明王朝几乎变成为一个道教王国[1]。这种祝语多为词组形式。

1. 两字的印文有：

玄妙（图 37），玄文（图 38），大丹，真水，化气，道合，丹道，清气，妙夬，伏虎，攸然，真镜，功圆、行满（两面刻）。

2. 四字的印文有：

天仙秘宝（图 39），天上真仙，道包天地（图 40），掌运雷霆，玄静冲和，天下神仙，养性存真，神妙莫测，紫府仙芝，方壶天趣，龙车鹤驾，天根月窟，妙运化机，清都紫微，广寒玉殿，仙桂清香，玉洞丹书，玄谷天仙，啸命风雷，御府仙经，清净太和，妙理玄言，神妙莫测，白云深处，金波清净，一团造化，与道合真，乾坤清气，天宫乐府，金液还丹，玉芝金液，真火生丹，丹道同天，万古清风，三天之上，二虎朝龙，妙夺天机，符合天机，玉宇清光，婴儿显相，一玄栖命，玄玉云香，金宝内炼，道法玄微，仙家之乐，一性空虚，金丹大道，鸾飞凤舞，寿春洞府，婴儿姹女，玉液金浆，天宫仙乐，金府天仙。

图 39. 两面刻　天仙秘宝

1 童翊汉：《中国道教与戏曲》页 67，宗教文化出版社，2009 年。

图 40. 六面印　道包天地

3. 八字的印文有：

闲中风月，静里乾坤（图 41）；静与道具，动与天合（图 42）；功成九转，寿齐天地；大罗纯阳，道气自然；五云深处，一粒风光；大道无形，变化莫测；太清仙客，真进入道；太微玉清，至玄妙道；山林钟鼎，与造化游；一气循还，三关转运；寸心不动，一法无为；府有金丹，目生神彩；秘密丹旨，保命长生；一玄栖命，万化归真。

4. 多字的印文有：

（1）功成九转，妙在一言（两面刻）。

（2）通真显圣，神永气固（两面刻，图 43）。

（3）顿悟圆通，究明玄旨（两面刻）。

（4）河车不可暂留停、运入昆仑山峰顶（图 44）。

（5）醍醐直上昆仑顶、昼夜河车几万遭。

（6）至道趣中趣、朝元身外身、静来观物理、醉后乐天真。

（7）一孔三开窍、玄关要路头、忽然轻运动、神水自周流。

（8）空囊龙钵、长松鹤巢、枝头百钱、云霞与交。

（9）天圆行不息、妙运一轮高、万物由生化、茫茫道外包。

（10）默契天心、静探玄堀、一树金花、香凝秋月。

（11）壶中一景少人知、知者无迷达者稀、莫指此经图自悟、须

图 41. 闲中风月、静里乾坤

图 42. 静与道具、动与天合

图 43. 通真显圣，神永气固

图 44. 河车不可暂留停、运入昆仑山峰顶

凭口诀泯它非、延年必藉玄珠力、得药深穷造化机、频饮一个阴鬼去、极阳轻体向空飞。

（12）五星聚奎（上面），月华莹净（下面），心下贤上处、肝西吨左东、非肠非胃腑、一气自流通，火枣元无核、交梨岂有查、终朝无火候、神水灌金花，紫府寻离女、瑶池配坎男、黄□媒合处、太极自含三，沐浴□坤水、吹嘘□巽风、婴儿无一字、烛处太微宫（六面刻，图 45）。

（13）洞府烟霞蓬壶日月，灵养长生药、云裁万寿袍、洞天真逸会、春色燕蟠桃（两面刻，图 46）。

（14）云卧天方子（上面），守中养浩、白里贞居、恬澹无为、无体自如（下面）（两面刻）。

（15）道与天人合、心同日月明、瑶空香雾散、鹤背□风轻。

（16）道德养形久、乾坤任化机、苍飞□竹枝、一气运玄薇。

（17）丹月生光彩、青天无片云、此时多乐趣、日月在逡巡。

（18）秋水芙蓉，火药生灵质、真源静百疴、金沙闲沐浴、静里养太和（两面刻）。

图 45. 六面印

图 45-1. 五星聚奎

图 45-2. 月华莹净

图 45-3. 心下贤上处、肝西吨左东、非肠非胃腑、一气自流通

图 45-4. 火枣元无核、交梨岂有查、终朝无火候、神水灌金花

图 45-5. 紫府寻离女、瑶池配坎男、黄□媒合处、太极自含三

图 45-6. 沐浴□坤水、吹嘘□巽风、婴儿无一字、烛处太微宫

（19）阳后归于子、勤耕养性田、种成白玉粒、颗颗似珠圆。

（20）恕如天、智如神、就之真、□之云。

（21）道运乾坤泰、阳回天地春、九霞霄汉上、光里现真人。

（22）自饮长生酒、逍遥谁得知。

这些词句浅显易懂，阐述了道教理论、思辨方法及炼丹感受。表现出了皇帝渴望求仙的欲望。明帝宪宗（朱见深）即位以后，对道教的崇拜尤甚，他宠信的道士、方士有 10 多人。明成化二十二年（1486 年）诰封张三丰为韬光尚志真仙，周颠仙为宣猷辅化成仙，成化二十三年（1487 年）封真人王文彬父为太常寺卿，母封安人。武宗（朱厚照）继位之初，对于前几代弊政有所革新，如诏除国师、真人、高士等 30 多人的名号，严禁僧道出入禁中，罢斋醮，止建塔，禁造像，沙汰僧尼。然而未及两年，又继续崇奉道、释，传升僧道官。世宗（朱厚熜）即位以后，崇道行为登峰造极，其狂热程度与唐玄宗、宋徽宗相比毫不逊色。世宗崇道的主要表现，一是崇尚斋醮，二是宠信方士和道士，三是迷信仙丹方药。

图 46-1. 洞府烟霞蓬壶日月

图 46-2. 灵养长生药、云裁万寿袍、洞天真逸会、春色燕蟠桃

图 47. 金丹要识水中金、春到丹经理趣深、妙在无中生有象、世间□几是知音

图 48. 妙妙妙中妙、玄玄玄更玄，动言俱演道、语默尽神仙
在掌如珠异、当空似月圆、他时功满后、直入大罗天

（二）炼丹诗句印

在道教发展过程中，形成了一整套修炼方法。道教修炼长生以体魄健康为初步功夫，故重养生健身之道。在崇奉道教的过程中，世宗派太监送张璁“居常合药数味”，所以，有学者认为世宗之所以奉道，其主要原因在于疗疾。他入宫后即设坛斋醮，一为习俗所染，二则为疗疾病。世宗朱厚熜自幼生长在敬事鬼神的环境中，这种环境对他的影响很大。其父亲兴献王也信奉道教，自号“大明兴国纯一道人”。世宗因身体羸弱，希望通过学道而延年益寿，也是其专事斋醮的重要原因。

故宫博物院现藏炼丹诗句印有：

1. 单面印：

金鼎蟠龙虎三年养神丹。

金丹要识水中金、春到丹经理趣深、妙在无中生有象、世间□几是知音。（图 47）

一阳才动作丹时、铅鼎温温照幌帏、受气之初容易得、抽添运用切防危。

2. 两面刻：

妙妙妙中妙、玄玄玄更玄，动言俱演道、语默尽神仙，在掌如珠异、当空似月圆、他时功满后、直入大罗天。（图 48）

3. 四面刻：

藏真天表，陶□百玄、荡涤千古，服弭金石药、流观山海图、飞神乘白鹤、纵步游清都，万壑云松隐竹房、芙蓉火□玉脂香、山中夜有金银水、煮熟丹砂自发光（图 49）。

4. 五面印：

（1）阴阳无始（上面），铅汞结丹砂，耿耿紫金色，木汞一点红，金铅两斤黑。后四句为诗，是对印文的解释。诗中讲炼丹的制造过程，铅和汞的结合等。

（2）鼎立（上面），朱砂练阳气，朱砂而水银，水银烹金精，□精□□气。

（3）温养沐浴，丹鼎烹成汞，炉中炼就铅，依时服一粒，白日上冲天（图 50）。

（4）紫宸黄道，云轩芝术良，方外目遍长，雾洞琴书润，壶中

图 49. 四面印

图 49-1. 藏真天表

图 49-2. 陶□百玄、荡涤千古

图 49-3. 服弭金石药、流观山海图、飞神乘白鹤、纵步游清都

图 49-4. 万壑云松隐竹房、芙蓉火口玉脂香、山中夜有金银水、煮熟丹砂自发光

图 50. 五面印

图 50-1. 温养沐浴

图 50-2. 丹鼎烹成汞

图 50-3. 炉中炼就铅

图 50-4. 依时服一粒

图 50-5. 白日上冲天

春不老。

（5）万物化醇（上面），姹女过南国，其用在于坎，真汞产于离，手持玉橄榄。

5. 六面印：

（1）天仙庆会，悟道玄微处，天上驾云轩，若能勤志力，修真止一言，洞府烟霞（图 51）。

（2）洞箫吹月，玉榻瞑王，丹光映月，宝篆笼霞，蟠桃春宴，碧海珠光。

（3）瑞烟覆洞，紫气盈轩，云笈丹符，金篆朱文，恩沾万有，道洽群黎。

这些有关修炼金丹的诗句印，印质地多为白石质，以多面印居多，多无印纽。由于白石

图 51. 六面印

图 51-1. 天仙庆会

图 51-2. 悟道玄微处

图 51-3. 天上驾云轩

图 51-4. 若能勤志力

图 51-5. 修真止一言

图 51-6. 洞府烟霞

较软，印纽残损严重，但从石质、雕刻工艺看，多数为明中晚期。其特点是多面刻，有一些五面刻或六面刻，上下为印文，四周为印款，用来解释和说明印文，比如，五面刻“温养沐浴，丹鼎烹成汞，炉中炼就铅，依时服一粒，白日上冲天”。前面四字是印文。明万历以后，吕洞宾在民间信仰中占有重要的地位。嘉靖年间，吕洞宾有“纯阳孚佑帝君”封号。明代印中有的是道教经典名句，有的出自吕洞宾的诗，有的印文中还篆刻有动物图像。这些印或是大臣和宦官投其所好进献，或是皇帝令人镌刻的。

三、封道号及赐印

明代术士得皇帝宠幸，一般均有封号。明太祖封张正常为真人。宣宗宠用刘渊然。成化二十三年（1487 年）诏封王文彬为“静一冲元修道清修履和养默崇教抱朴安恬真人”。世宗宠幸方士、道人有加，邵元节凭方士得以宠用，被世宗封为“致一真人”。嘉靖十二年（1533 年），“仍掌道教事，赐之诰命”[1]。嘉靖十五年（1536 年），因皇嗣诞生，加授邵元节为礼部尚书，“给文官一品俸”[2]。嘉靖三年（1524 年），改皇城寺观为“显灵宫”，供奉道家诸神，由邵元节主持祷祀事宜。此后，又封邵元节“清微妙济守静修真凝玄衍范志默秉诚致一真人”，统辖朝天、显灵、灵济三宫，总领道教。嘉靖帝同时还赐给他金、玉、银、象牙印各一枚[3]。

1 《明世宗实录》卷一四六，嘉靖十二年正月辛未。
2 《明世宗实录》卷一九五，嘉靖十五年闰十二月。
3 《明史》卷三〇七《邵元节传》，页 3273，武英殿刻本。

洪武十三年（1380 年），张正常之子宇出继承“真人”之职。元代时曾有“正一玄坛符箓之印”，专门用于盖在符箓之上，而今钦赐的“真人”银印，只敢在上表笺时使用，乞求皇帝再赐“龙虎山正一玄坛符箓之印”，以便在符箓上使用。明太祖下诏，同意其请，赐印，曰“龙虎山正一玄坛之印”，制同六品[1]。万历五年（1577 年），因张国祥上奏请求，明神宗命铸“龙虎山玄坛”铜印一颗，赐予张国祥，并给他“正一嗣教真人”金印。

成化二十一年（1485 年），道官真人以下达 130 多人。成化崇尚道教，宠幸方士。李孜省靠符箓之法得宠，升为通政司右通政，赐金冠、法剑各一，图书二，印文为“忠贞和直”“妙悟道玄”。邓常恩通过太监，进奉内廷，传升太常寺卿，宪宗赐他图书印，印文为“橐钥行阴阳”[2]。

明代道教印是皇帝精神和生活状态的真实反映，世宗在嘉靖初年是较有作为的。《明世宗实录》中记载，世宗“严以治吏，宽以治民”，但自其信道炼丹以后，尤其自嘉靖十七年后，世宗一意在内宫修炼不理朝政了，从精神到政治上都有所懈怠。

这些道教印主要是成化和嘉靖时期的，明朝皇帝比较重视正一派，所以现收藏明道教印多为正一派印。道教印，是明代流行于社会的文化艺术形式在宫廷中的体现，是表达皇帝崇道、信道的思想，是我们研究明代皇帝的珍贵实物，是研究道教教义、思想、神仙学说等方面的历史资料。

---

1 陈宝良：《明代社会生活史》页 483，中国社会科学出版社，2004 年。
2 《明宪宗实录》卷一八九，成化十五年夏四月；《明宪宗实录》卷八，成化二十三年十二月。

佛教印

故宫博物院现藏有明代佛教印40余方，原藏内务府，多为晚明时期之印。这些印章是1929年单士魁等先生在文献馆工作时发现的。印章质地有寿山、滑石等，并雕有动物、龙、螭、象、羊、马等或异兽纽，多为阳篆，尺寸均在5厘米之内，有一部分为佛教词语印，一部分为佛教图像印。在印章上这样大规模地镌刻佛像是不多见的，现流传下来的古代印章很少有佛像印，保存在故宫的这些印章，为宫廷皇帝印之首创。

一、佛教用语

佛教起源于古印度恒河流域，随后渐渐发展，不但于印度传播，且北至中国、朝鲜而播及日本，南至锡兰、缅甸、泰国、越南等地。因为佛教的发展，而关于佛教的建筑艺术、造像艺术、装饰艺术等亦依次产生、进步、变迁，形成了一项独树一帜的艺术门类。故宫博物院现藏的这些佛教用语印多为一面印，也有双面刻和四面刻。

图52. 大藏光明

（一）单面印

1. 寿山石卧虎纽“大藏光明”印（图52），通高5.2厘米，纽高2.5厘米，印面方5.6厘米，阳文篆书。印文为佛教语，大藏光明，指佛性佛法之所在。真心是万事万法的本体，它是明的，光明的。真心就是自性，所以见性之后，你看到整个宇宙是一片光明，叫大藏光明，见性的人再看不到黑暗，这就是真正智慧的显现。

2. 寿山石螭纽“大乘法宝”印（图53），通高3.8厘米，纽高 2 厘米，印面方 3.8 厘米，阳文篆书。大乘法宝，指大乘佛教的教法。大乘，世界佛教的一个派别，梵文 Mahāyāna，音译摩诃衍，汉译为大乘，即世间菩萨的法门，以救世利他为宗旨，最高的果位是大乘佛果。大乘佛教谓诸大菩萨将无量无边众生从生、老、病、死的苦难中度化到西方极乐世界，故名“大乘”。公元 1 世纪左右逐步形成，在印度经历了中观学派、瑜伽行派和密教这三个发展时期。北传中国以后，又有所发展。法宝，佛教语，指教义和教典。法宝是构成佛教的佛、法、僧三宝之一。佛法无垢清净、稀有难得、不可思议，故称为法宝。释迦牟尼佛涅槃后，佛的教法都保存在经过数次集结的经、律、论“三藏”中。因此，佛经也称法宝。此外，僧人的用物如衣钵、锡杖之类，亦称法宝。

图 53. 大乘法宝

3. 寿山石“法轮常转”印（图 54），高 2.2 厘米，长 4.3 厘米，宽 3 厘米，阳文篆书。法轮常转，指佛法无边，普济众生。法轮常转出自《维摩诘所说经·佛国品》：“三转法轮于大千，其轮本来常清净。”[1] 法轮，佛家语，轮有二义，一为运转，一为摧碾。佛清净妙法度人，且摧毁世俗一切邪惑之见。

图 54. 法轮常转

4. 寿山石弥勒像纽“一尘不染，顿悟真空”印（图 55），通高 5.5 厘米，纽高 2.7 厘米，长 4.6 厘米，宽 4.3 厘米，阳文篆书。一尘不染顿悟真空，指不为六尘所玷污，保持心地清静地实现顿悟。佛家把色、声、香、味、触、法叫做“六尘”，说道者不为六尘所玷污，保持心地清静。顿悟是禅宗的一个法门，相对于渐悟法门，也就是六祖惠能提倡的“明心见性”法门。它通过正确的修行方法，迅速地领悟佛法的要领，从而指导正确的实践而获得成就。当然这不是唯一途径，顿悟更主要的是通过灵感来完成，通过体现佛教禅宗精神目的的直觉领会，而获得的突然的领悟和一种意识状态。真空，指真无，同道家的无。

图 55. 一尘不染、顿悟真空

5. 寿山石“寸心不动，一法无为”印（图 56），高 2.2 厘米，长 3.5 厘米，宽 3.4 厘米，纽残缺，阳文篆书。寸心不动，一法无为，指如果能每个起心动念都能够觉察到、看到，而又不随它跑掉，这就是无

1 （后秦）鸠摩罗什译：《维摩诘所说经》页 2，大正新修大藏经本。

图 56. 寸心不动、一法无为

图 57. 禅机、妙旨

图 58. 顿悟圆通、究明玄旨

为法，而且是最高的修行方法。“一切无为法，如虚亦如空，如如心不动，万法在其中”，出自圆瑛法师《金刚般若波罗蜜经讲义》。

（二）多面印

1. 寿山石“禅机、妙旨”二面印（图 57），通高 2.8 厘米，印面方 3 厘米，阳文篆书。禅机、妙旨，指能发人深省富有意味的妙语和精微幽深的旨意。禅机，佛教禅宗和尚谈禅说法时，用含有机要秘诀的言辞、动作或事物来暗示教义，使人得以触机领悟，故名。

2. 寿山石“顿悟圆通、究明玄旨”二面印（图 58），高 2.1 厘米，印面方 2.4 厘米，阳文篆书。顿悟圆通，指佛家表示彻底醒悟的意思。智慧神通，圆融无碍，称为“圆通”。据《三藏法数》解释：“性体周遍曰圆，妙用无碍曰通。乃一切众生本有之心源，诸佛菩萨所证之圣境也。”《楞严经》中介绍了二十五位大士“一门深入”、各证“圆通”之事，至观世音菩萨“耳根圆通”为止。观音是耳根通（一根通）即六根（眼、耳、鼻、舌、身、意）通。因此，观世音菩萨又称“圆通大士”。“圆通”是观音的 32 个法号之一，意思就是明白、开窍、不偏倚、无阻碍、圆满通达。究明玄旨，指研究清楚深奥的义理。

3. 黄杨木“三教一家、明心见性、万法归一、静探显密”四面印（图 59），高 4.1 厘米，印面方 3.9 厘米，阳文篆书。这是讲三教融合的印，诸如此类者还有“三教宗主”一面印、“功圆、行满”二面印等。

第一面“三教一家”，意为儒教、道教、佛教三家不论是出于哪一家之口，都是从维护社会道德、利于政治统治为出发点和归宿。从这方面来讲三教是完全一致的，所以称为“三教一家”，即所谓“三教虽殊，同归于善”。三教虽然各自保持着独立的形态，但相互间在观念和思想方式上，不断地进行交流和融合，一定程度上从外在功能上的互补加深到内在思想上的融通。如果将“合一”视作儒、道、佛三家在内在义理上，特别是在道德标准取向上走向融合的一种趋势，在明代之前是称为“三教合流”或“三教归一”的。因此，“三教一家”主要指三家在道德价值观念上的一致性。

第二面“明心见性”，意为禅宗追求明心见性，指摒弃世俗一切杂念，彻悟因杂念而迷失了的本性（即佛性）。明心是发现自己的真心，见性是见到自己本来的真性。明本心，见不生不灭的本性，乃禅宗悟道之境界。

图 59-1. 三教一家

图 59-2. 明心见性

图 59-3. 万法归一

图 59-4. 静探显密

第三面“万法归一”，指的是八万四千法门，最后的指归是自性、是佛性、是每一个人都具有的妙真如性。归一就是回归自性、回归真我、重新找回自己。法，指的是成佛的方法。归，指回归本源妙明的自性。“万法归一，一归何处”，这是赵州禅师的语录[1]。佛经中说道：万法是一切诸法，是千差万别种种不同的现象；一是指本体或是全体，是完整的、统一的局面。不要把“万法”和“一”当成两样东西。从统一来看是一，从分析来看是一切。可是一即一切、一切即一，这就是佛法中所谓的“万法不离一心”。

第四面“静探显密”，指显宗和密宗要结合起来，静心深入地进行全面的学习、思考、探索，以发现其关联，互相助益，不能偏颇其

1 赵州禅师（778—897），唐代禅僧，法号从谂。任继愈主编：《佛教大词典》页311，江苏古籍出版社，2002 年。

一。显宗和密宗，佛教的宗派划分。“显”指的是佛教经典教义，“密”指的是手印、密咒、灌顶等佛法。简单地说，显法是理论范围，密法是修持范围。

这些印有的纽为盘螭、骆驼、蹲螭、海水蛟龙、卧虎、子母兽、万字纽、莲花纽及弥勒像纽。另外有 5 件梵文印，大多为六字真言。

二、佛教图像印

肖形印是古代篆刻艺术中的独特创造，有两种形式：一种纯图像形，另一种附有文字。图像形一般刻有人物、鸟兽、建筑等纹饰，肖形印又称“象形印”“图像印”“图案印”“浮雕印”“虫鸟印”等。取材多样，布局简练，造型生动，古朴大方。现见到的最早的肖形印为战国时期的，而肖形印于两汉时期较为盛行。现存世实物多数为汉代，常见的有虎、凤、鹿、鹤、车马印等。东汉时佛教开始传入中国，以释迦牟尼为佛祖，俗称“释教”。

肖形印产生原因及用途有两种：

一是古代图腾所留下来的一种表现形式。在原始部落中，每个部落都以一种动物、植物或自然现象作为本部落的名称和标志，这个名称和标志就是“图腾”。

二是镌刻印章原为取信，同时还代表了一种信仰。佛教的图像不仅具有庄严崇高之美，而且具有特殊的意义。由于地域的差异，形成了不同形式的图像。如宫廷佛教图像印，就有西藏佛像和汉地佛像两种。在印章侧面刻有标准的佛像汉字名称，而印本身的佛像又受汉风影响较重。

故宫博物院藏佛像印有佛像、菩萨像、护法神像、佛母像、祖师像等。

图 60. 宝生佛

（一）佛像印

佛像有释迦牟尼像、宝生佛、不动佛、阿弥陀佛等。故宫博物院现存佛像印中，印面为图像，印边款上有汉字，有的为音译或清代对其的称谓。

1. “宝生佛”印（图 60）

此佛为五方佛之一宝生如来，主掌南方，为南方月轮之中尊。为全跏趺坐坐姿，面目慈祥，头戴五叶冠，身着装饰富丽的菩萨装，左手置于脐前结禅定印，右手施与愿印，这也是宝生佛的标志。这种菩萨装的宝生佛形象在同时期金铜造像上也较为常见。

2.“不动佛”印（图 61）

此佛又称不动如来、阿閦如来。不动如来之刹土在此世界东方，称东方妙喜刹土。位于五解脱轮中之正东月轮中央，为金刚族诸神之主尊。在藏传佛教造像中，阿閦佛造像是较为常见的一种佛像类型，通常形象有着较为严格的制造范式，个体差异不大。为全跏趺坐于仰覆莲座上，左手掌心向上置于腿上持禅定印，右手着于右膝之上，中指微触莲台，以示降伏魔众。左手或莲台上还常见一金刚杵。

3.“阿弥陀佛”印（图 62）

此佛是为五方佛之一（其余四尊为中央的毗卢遮那佛、东方阿閦佛、南方宝生佛、北方不空成就佛），为莲花部主，主妙观察智，主持西方极乐净土，与左胁侍观音菩萨和右胁侍大势至菩萨合称西方三圣，密教亦认为阿弥陀佛之化身为无量光佛，其报身则为无量寿佛。

4.“独角六十二”印（图 63）

此佛即上乐金刚佛，又称胜乐金刚，是无上瑜伽部母续的本尊，是三世诸佛的金刚身、语、意所依，是诸佛功德的总集代表，为嘿鲁嘎明王的一种，也是藏传佛教无上瑜伽修法中尊奉的五大本尊之一。

5.“吉祥语金刚”印（图 64）

因为印面残损，根据图像判断亦为胜乐金刚。胜乐金刚的形象

图 61. 不动佛

图 62. 阿弥陀佛

图 63. 独角六十二

图 64. 吉祥语金刚

有很多种，本件佛印表现为一面二臂两足的形象。

从这些佛像特征来看，与今日常见的这些佛像并不完全符合，不知明代制作之时，图像和印章内容是否完全相符，但由于印面较小且有损坏，无法准确辨识图像特征和人物身份。

（二）菩萨像

菩萨有金刚手菩萨、观音菩萨、弥勒菩萨、金刚勇识菩萨。

1.“金刚手菩萨”印（图65）

印边款为“金刚手菩萨”与印面内容似有不符，可能是当时明代制作时有误。图像更像是一佛二弟子组合，画面中央为一全跏趺坐释迦牟尼，其后两侧侍立两弟子，佛左右两手似有持物，但难以辨识。

2.“观音菩萨”印（图66）

本件佛印图像漫漶不清，根据中央尊神的衣着神态再结合座下狮子，猜测其可能为观音菩萨化身之一的狮吼观音。后侧侍立两童子。

3.“弥勒菩萨”印（图67）

又称慈氏菩萨，他是释迦的弟子，接受释迦的化导，他未来成佛后将继承释迦的业绩，也叫弥勒如来。印章因有磕缺，佛像面部不可辨，两旁各有一弟子，右下方还有一头狮子，佛像受汉风影响较重。

4.“金刚勇识菩萨”印（图68）

又称金刚萨埵，是藏传佛教密乘百部本尊之共主。萨埵意为有情

图65. 金刚手菩萨

图66. 观音菩萨

图67. 弥勒菩萨

图68. 金刚勇识菩萨

之义、勇猛之义，总言勇猛之大士。此佛为真言宗八祖中之第二祖，大日如来为第一，金刚萨埵菩萨为第二。他是藏传佛教密宗极为推崇的圣尊，代表人所具足的菩提心。菩提心的性质坚固如金刚，无法摧毁破坏。金刚萨埵一般形象为左手持铃，右手持金刚杵，金刚铃代表诸佛的般若清净智教化一切有情，金刚杵可以摧毁烦恼。

（三）护法神像

护法神像有除灾金刚、声火金刚、辟毒金刚、定除灾金刚、随求金刚、黑金翅金刚（大鹏金翅护法）、葛利噜巴、持国天王等。

1.“除灾金刚”印（图 69）

能除一切众生灾殃，悉令其消灭（主大海）。与声火金刚通常同时出现，在《金刚般若波罗蜜经》仪轨——奉请八金刚中对其有提及。

2.“声火金刚”印（图 70）

又称“赤声金刚”，能照一切众生光明所得见佛（主能生风），在《金刚般若波罗蜜经》仪轨——奉请八金刚中对其有提及。

3.“辟毒金刚”印（图 71）

能除一切众生热毒病苦（主除灾毒）。与前述声火金刚、除灾金刚通常同时出现，在《金刚般若波罗蜜经》仪轨——奉请八金刚中对其有提及。

4.“随求金刚”印（图 72）

能令一切众生所求如愿所愿皆得。与前述声火金刚、除灾金刚、

图 69. 除灾金刚

图 70. 声火金刚

图 71. 辟毒金刚

图 72. 随求金刚

辟毒金刚通常同时出现，在《金刚般若波罗蜜经》仪轨——奉请八金刚中对其有提及。

5.“定除灾金刚”印（图73）

能除一切众生三灾八难之苦（主琉璃宝）。与前述声火金刚、除灾金刚通常同时出现，在《金刚般若波罗蜜经》仪轨——奉请八金刚中对其有提及。

6.“黑金翅金刚”印（图74）

又称“大鹏鸟”或“金翅鸟”，梵语迦楼罗，为藏传佛教常见的护法形象。传说威力强大，以龙为食，两翼相去36万里，居于须弥山北方。迦楼罗的形象为人面、鸟嘴、羽冠，腰部以上为人身，以下为鸟身，经常出现在佛造像背光正中顶部。

7.“葛剌噜吧”印（图75）

又名嘎拉路巴，是藏传佛教中要护法神，其为因果法之法主，能支持行者生起出离心。

8.“持国天王”印（图76）

持国天王驻守东方，为四大天王之一，头戴战盔，身着甲胄，手持宝慧琵琶，表现为武士装扮，负责守护东胜神洲。通常与南方增长天王、西方广目天王、北方多闻天王成对出现。

（四）佛母像

佛母像有白衣母、星曜佛母、救度佛母、咕噜咕列。

图73. 定除灾金刚

图74. 黑金翅金刚

图75. 葛剌噜吧

图76. 持国天王

1. “白衣母”印（图 77）

又称为白衣佛母，其为五方佛母中的西方佛母，常与阿弥陀佛成对出现。图像上一般表现为头戴五叶冠，佩戴项链、璎珞等饰物，外披天衣，左手结禅定印于腹前，右手持奔巴瓶，双腿跏趺坐于莲花座上。

2. “星曜佛母”印（图 78）

根据印章图像判断，实为三面六臂准提佛母，准提佛母是观音大士的化身。作准提佛母的修持，可令行者回遮任何周、年、月、日、时而引致之不良影响，也能遮止任何由星曜、节令及方向不吉祥所导致之不良影响。

3. “救度佛母”印（图 79）

救度佛母又称为度母，一般被认为是观世音菩萨的化身，常见的有绿度母、白度母、救八难度母等，本件佛印上的度母较不常见，其左手抚膝，右手似执一莲花，根据这一特征，判断其可能为虚空吽音救度佛母。

4. “咕噜咕列”印（图 80）

即智行佛母，又音译弧列弧列，以其所在山而得名。她是佛教最浪漫的尊神之一，相当于西方传说中的爱神。据说她有特别的魔力将男女双方吸引到一起，想得到爱情的人，只要将她的咒诵一万遍，一切愿望均能实现。

（五）祖师像

祖师像有米噜呃巴像、伐阇罗林多罗尊者、因竭陀尊者、伐那波

图 77. 白衣母

图 78. 星曜佛母

图 79. 救度佛母

图 80. 咕噜咕列

图 81. 米噜呧巴像

图 82. 伐阇罗林多罗尊者

斯尊者。

1. “米噜呧巴像”印（图 81）

即“毗卢巴”，是印度八十四大成就者之一。其出生于东印度的一个小国，并于南印度的苏摩普利寺出家学法。他得到金刚亥母的灌顶与口诀，又受到空行母的鼓励，终于修得大成就。后来毗卢巴放弃了出家人的身份，成为一个云游四方的瑜伽修行者，不断展现其神奇能力。有一次，毗卢巴在一个集市上向一卖酒妇买酒。他喝了无数碗酒，吃了许多饭食，太阳三天不曾落下。国王大惊失色，赶忙令人打听。太阳神托梦告诉国王说，有一位大瑜伽修行者，将之抵押给了卖酒妇。国王与众大臣凑钱将酒钱付清，毗卢巴才使太阳西下。现在见到的毗卢巴金铜造像，也多为以指定日的造型，这也成为了辨识其形象的图像学准则。

2. “伐阇罗林多罗尊者”印（图 82）

又名伐阇罗弗多罗尊者，为梵语 Vajraputra 的音译，与其眷属 1100 阿罗汉守护正法，乃证不死不坏金刚子之果位。终日静坐，岿然不动，博学强记，通晓经书，闻思究竟。其父亲为古印度一国王，母叫多吉姆（金刚女），伐阇罗林多罗，藏语意译即为“金刚女之子”。在圣者引导下，他舍弃王位继承权出家为僧，后获阿罗汉果位。图像

图 83. 因竭陀尊者

图 84. 戌那波斯尊者

上的显著特征是左手执拂子一杆。“伐阇罗林多罗尊者”，身披袈裟，双手合十，怀抱拂尘。

3. “因竭陀尊者”印（图 83）

因竭陀尊者在图像上通常表现为一老者，头顶光秃，眼角下耷，额头、眉间、嘴角布满皱纹。据唐玄奘法师汉译的《大阿罗汉难提蜜多罗所说法住记》记载，因竭陀尊者在十六罗汉中位居第十三，“与自眷属千三百阿罗汉，多分住在广胁山中”[1]。而依据班钦·释迦室利（1127—1225 年）所造《十六罗汉礼供文》，因陀罗尊者是证得声闻乘四果中最高果位的圣者。“因竭陀尊者”，有头光披袈裟，左手托经，垂首注视，右手捻念珠。

4. “戌那波斯尊者”印（图 84）

印款为“戌那波斯尊者”，常写作“伐那婆斯尊者”。伐那婆斯尊者是藏传佛教传统十六罗汉之一。伐那婆斯出生于古印度库萨拉地区一婆罗门家中，成人后成为精通四种吠陀和多种学科知识的大学者。因苦于世间烦恼，于是放弃家产来到室罗伐悉底城七叶山中丛林静修。

1 （唐）释道世：《法苑珠林》卷四〇，页 478，四部丛刊影印明万历本。

后皈依释迦牟尼修习佛法，终获罗汉果位。据班钦·释迦室利（1127—1225 年）所造《十六罗汉礼供文》。“戌那波斯尊者”，有头光，身披袈裟，手捧经书，注目观经。

“伐阇罗林多罗尊者”“因竭陀尊者”“伐那婆斯尊者”，这三个尊者是十六罗汉中的三尊。十六罗汉本是为了护持正法而延请来的一群修行者，在禅的系统中都把他们作为修行的过程来加以崇拜。

这些印章上的佛像造型生动，形象逼真。所以说“佛像的雕刻与佛教的传播同步，中国在接受佛教思想的同时，也接受了来自印度的佛像雕刻艺术”[1]。

三、明代皇帝的信仰与佛教印章

佛教在中国流传 1000 多年，随着历代统治者的好恶而时有兴衰。明代皇帝刻这套佛像印有何用呢？是否盖在佛经上呢？目前还没有资料能够证明，但印面有使用磨损痕迹。明代皇帝把佛教词语和图像刻在印章上，反映出其对佛教的崇拜和信仰。

明代诸帝多崇尚方术。明太祖朱元璋曾为禅僧，登基后，自然支持传统的佛教学派。为了安抚西藏，明太祖奉元之帝师喃咖巴藏卜为国师。后明成祖、明宪宗等，对藏族喇嘛均礼遇有加，“宪宗（成化帝）之宠遇番僧，较前代尤甚，受惑于若辈之方术也。如番僧劄实巴等加以法王名号，赏赉隆厚，出乘棱轿，道用金杖，奉养过于亲王”[2]。

在成化年间开度僧道人是最多的，只成化二年（1466 年）至二十年先后三次开度就有 37 万余人，成化十七年（1481 年）以前京师敕赐寺观即有 639 所，《明宪宗实录》记“后复增建，以至西山等处相望不绝，自古佛寺之多，未有过于此者”，“报国寺之二甫毕，崇国寺之役有兴，所费动数十万计”[3]。

明武宗正德帝，也颇好佛事，自正德五年（1510 年）六月起，他便自称“大庆法王西王觉道圆明自在大定慧佛”，令所司铸印以进，所下诏旨亦称“大庆法王与圣旨并”。他聪慧过人，很快通晓了梵文佛经，经常在宫内顶礼事佛，并在西华门修建寺庙，任用喇嘛住持，封了许多西僧为国师、禅师，为此靡费无度。来自异域喇嘛教的奇异装束、法器和幽深的经义、法术都使武宗为之倾倒。他在豹房为番僧修建了护国寺，封贡使绰吉我些儿为大德法王，又封其两个徒弟为国师，给诰命使返乌斯藏。武宗自己也穿起喇嘛教僧衣，在内廷讲演佛法。

宗教是一种文化表征。人们的宗教信仰，无论是帝王、士大夫，抑或一般的大众，从某

1 欧阳启明：《佛教造像》页 290，文化艺术出版社，2004 年。
2 杨启樵：《明清史抉奥》页 57，香港广角镜出版社，1984 年。
3 《明宪宗实录》卷二六〇，页 99。

种程度上都反映了他们内心世界的一种倾向[1]。明代太祖朱元璋、惠帝朱允炆、成祖朱棣等均信佛，仁宗、宣宗、英宗、代宗均奉道教，宪宗信佛教，孝宗反佛教，武宗也信佛教，以后诸帝大多信奉道教，而成化帝和正德帝崇尚佛教的程度，可以说达到了明朝时期的顶峰。

根据《明宪宗实录》中记载，按制度规定，僧人司额设官员 8 员，到成化二十一年（1485 年），僧官善世以下共计 98 人，增加了十余倍。成化年间，由于明宪宗信奉佛教，在北京各座大的寺院，均设有一些“书办人员”，专门传录佛经，由近幸太监一两人统领其事。书成上进，以供御览。明代凡进行修斋之时，其疏文上往往采用“自制木印”[2]。《明武宗实录》中讲到，皇帝还拨给皇家寺院一些庙户，以供寺庙的洒扫之用。故宫博物院现存的明代印章中，带皇帝年号的只有成化帝的印章，以上印章为一批制造，应是明成化到正德年间镌刻的。

“佛教在中国生根滋长，佛教艺术也随之在中国繁衍发展。中国的僧人和艺术家在接受外来影响的同时，又以中华民族的思想去诠释、以中华民族的艺术观赋予外来艺术以新的活力，展现出全新的风采”[3]，故宫明代佛教印就是最好的证明。印章代表了皇帝的权力，印章的内容及形式反映了皇帝的个人爱好、喜怒哀乐等。一般而言，改朝换代统治者上台，都要把上一朝代统治者印玺毁掉，而清朝统治者却把这批明代佛像印保留下来。一方面与清帝大多崇尚佛教有关；另一方面，这批宫廷佛像印镌刻得非常成功，因为，图像印一般比较简单，阴文较多，也便于镌刻，而这批佛像印均为阳文，图像也比较复杂，佛像有的有多个头面、多只眼、多只手臂，并将法器和各种手印、饰物等成套镌刻。

这些印是皇权至上的象征，不仅是明代皇帝个人统治思想的反映，也是朝廷用佛教思想统治人民的体现。

1 陈宝良：《明代社会生活史》页 462，中国社会科学出版社，2004 年。
2 陈宝良：《明代社会生活史》页 472，中国社会科学出版社，2004 年。
3 欧阳启明：《佛教造像》页 290，文化艺术出版社，2004 年。

皇帝谥册

在古代人死后，按其生前事迹之美恶给予谥号。加谥号之制，一般的说法认为是源于周朝，到了明朝，谥法进入了衰败期，谥号的作用也由过去的抑恶扬善，变成了只褒不贬。学界对于明代谥仪及谥法制度多有研究，而对于明代谥册、谥宝文物研究甚少。故宫博物院现藏明代皇帝谥册 12 件，另有嘉靖皇帝生父睿宗（兴献帝）谥册 1 件，而原藏太庙的明代谥宝则至今不知所踪。明代共有 16 位皇帝，北京十三陵有明代 13 位皇帝的陵墓，而故宫藏 13 件谥册并不完全和十三陵皇帝相对应。

一、皇帝升祔庙号谥号册

谥册是根据皇帝去世后的谥号按制度制造。帝王之谥，由礼官议上；臣下之谥，由朝廷赐予。帝王谥号之上还有庙号，即某祖、某宗。朝廷根据他的生前事迹，给予一个褒贬善恶的称号，相沿成制，这种制度称为谥法[1]。

秦始皇统一全国后废除谥法。西汉时又恢复，并逐渐繁复严密，至唐宋极盛。元以后取消恶谥。皇帝的谥号，由嗣位皇帝上谥配天。其原则是开国和初期建立基业有殊勋的皇帝称“祖”，而后来的守成皇帝称“宗”。谥号字数有明确规定，《明会要》载：凡皇帝 17 字，皇后 13 字。谥号的选字也有一定范围，上谥时从中挑选确定。谥号用字皆有释义，如：绥柔士民曰德，夸志多穷曰武，小心畏忌曰僖，安乐抚民曰康。相同之字释义也有不同，如“恭”：尊贤敬让曰恭，执事坚固曰恭，既过能改曰恭，芘亲之阙曰恭；“文”：道德闻博曰文，慈惠爱民曰文，赐民爵位曰文[2]。前两个字为庙号，其后是颂词，颂词两字为一组，最后是谥号。

上谥号前，先制作所需的册、宝 3 份，分别为玉质、木质和绢质。放于陵寝地宫的册宝

---

1 汪受宽：《谥法研究》刘乃和序，页 1，上海古籍出版社，1995 年。
2 （明）郭良翰：《明谥纪汇编》卷二，页 2，清四库全书本。

为木质，称为香册、香宝，绢质册宝焚烧，玉质册宝供奉太庙。

故宫博物院现存实物中没有明代皇后谥册。但从定陵出土谥册看，帝后册文格式基本相同，只是有尊卑之分。皇帝的谥册，首称年、月、日，次称孝子嗣皇帝某臣，其后是赞词说明定谥理由，之后为“请命于天，敬奉册宝，上尊谥某某”，最后是赞语。

皇后的谥册，首称年、月、日，次为皇帝制曰，其后则为赞语，最后为“兹以册宝谥尔某某”。

定陵发掘所得谥宝共 4 件，出土时分别置于随葬物箱内的盝顶匣内。孝靖皇后谥册与谥宝同置一箱内，其余 3 件都各置一箱。谥宝匣内铺有黄方缎垫，宝置其上，匣外包以罗袱。谥宝均为梨木制成，不髹不染，呈褐色，宝方形，上雕龙纽。纽与宝可分离，印面阳文篆书。纽部穿黄丝绶带，交于龙纽上面。另用丝线结住，使绶带两端丝穗交于纽前。谥宝 3 件完好，1 件仅剩残纽。分别属于万历帝、孝靖皇后、孝端皇后；其中万历帝印纽残，无丝穗。印文曰“神宗范天合道哲肃敦简光文章武安止孝显皇帝之宝”，通高 14 厘米，印面方 13 厘米。孝端皇后印文曰“孝端贞恪庄惠仁明媲天毓圣显皇后宝”，印文有一半已经腐朽，字迹模糊，通高 15.5 厘米，印面方 13.5 厘米。孝靖皇后印文曰“孝靖温懿敬让贞慈参天胤圣皇后宝”，通高 14.5 厘米，印面方 13 厘米[1]。这几件谥宝与文献记载相同，均为盘龙纽，但做工比较粗糙。

二、上玉谥册时间及背景

根据明史学者的观点，明代宫廷史分为早、中、晚三个阶段[2]，下面按上谥时间及背景介绍：

（一）明早期

1. 永乐元年（1403 年）上太祖高皇帝谥册

明太祖朱元璋，元天顺元年（1328 年）生，幼名重八，又名兴宗，字国瑞，濠州钟离（今安徽凤阳）人。家贫，曾剃度为僧。1368 年正月，即皇帝位，定国号明，建元洪武，定都南京。朱元璋在政治上强化封建专制中央集权统治，使明王朝得以集中更多的人力和财产，维护和巩固多民族国家的统一。他兴建了许多规模宏大的文化工程以及一些具有文化价值的政治、军事工程。经济上他实行休养生息政策，促进经济的恢复和发展。从而为明中期农业和手工业的进一步发展、商品经济的繁荣和资本主义萌芽的出现创造了物质条件。这是明代文化发展的经济基础[3]。洪武三十一年（1398 年）闰五月卒，年七十一岁，谥号高皇帝。永乐元年上尊谥为“圣神文武钦明启运俊德成功统天大孝高皇帝”，庙号太祖，葬孝陵。嘉靖十七年（1538 年）又改

1 定陵博物馆编：《定陵：地下博物馆》，人民出版社，1973 年。
2 赵中男：《试论明代宫廷史的分期与特点》，《故宫博物院院刊》2007 年第 4 期。
3 陈梧桐：《朱元璋与明代文化》，《明代文化研究——南京专刊》页 57，中国文史出版社，2003 年。

太祖高皇帝谥为“开天行道肇纪立极大圣至神仁文义武俊德成功高皇帝”，按规定应该重新制作玉册，但现未见其改后的谥册。

2．洪熙元年（1425 年）上仁宗昭皇帝谥册

明仁宗洪熙皇帝名朱高炽，洪武十一年（1378 年）七月二十三日生于凤阳，成祖长子，母仁孝文皇后徐氏为开国元勋徐达之女。永乐二十二年（1424 年）七月，永乐帝死于北征归途。皇太子朱高炽在大学士杨士奇、杨荣和尚书蹇义、夏原吉等支持下登基，次年改年号为洪熙。洪熙帝针对朝政的弊病，采取了减轻民困、调整统治阶级内部关系等一系列措施。体弱多病的洪熙皇帝从政仅 8 个月，就一病不起，于洪熙元年五月十二日，卒于钦安殿，年 48 岁。谥曰“敬天体道纯诚至德弘文钦武章圣达孝昭皇帝”，庙号仁宗，葬北京昌平献陵。

3．宣德十年（1435 年）上宣宗章皇帝谥册

明宣宗宣德皇帝名朱瞻基，洪武三十一年（1398 年）二月初九日生于燕王府邸，仁宗长子，母诚孝昭皇后张氏。洪熙元年五月即位，改元宣德。朱瞻基在位 10 年，继承了洪熙时代的政策，使宣宗朝成为明代初期统治秩序最稳定的时期。宣德帝既是一个有较高文化素质的统治者，又是一个喜欢射猎、斗促织，嬉游无度的皇帝。故宫收藏有宣德皇帝的亲笔绘画。如《武侯高卧图》、《三阳开泰图》、《瓜鼠图》、《射猎图》（后人定名为《明宣宗射猎图》）、《行乐图》（后人定名为《明宣宗行乐图》）等。宣宗一朝，是明朝由开创转向建设的重要转折点。宣德十年正月初三日，朱瞻基卒于乾清宫，年三十八岁。谥曰“宪天崇道英明神圣钦文昭武宽仁纯孝章皇帝”，庙号宣宗，葬北京昌平景陵。

这里我们看到，明早期 3 位皇帝的玉册有两种形式。一种是永乐元年（1403 年）上太祖高皇帝谥册、宣德十年上宣宗章皇帝谥册，均为四条玉拼为一片描金字册。虽然实际上是英宗（正统帝）为宣德皇帝上的谥册，但按规定转年才能够称为正统元年，所以宣德皇帝去世当年上的谥号，仍书称宣德年号。而另一种为洪熙元年上仁宗昭皇帝谥册，为整片描蓝字册。

（二）明中期

1．天顺八年（1464 年）上英宗睿皇帝谥册

明英宗名朱祁镇，宣德二年（1427 年）十一月十一日生，宣宗长子，母贵妃孙氏。9 岁即位，改元正统，做了 14 年的皇帝。在正统十四年（1449 年）八月土木堡之变中被瓦剌俘去。其弟朱祁钰即位，改元景泰，朱祁镇被尊为太上皇。次年被释归京，居南宫。景泰八年（1456 年）朱祁钰生病，武清侯石亨、副都御史徐有贞及王振余党太监曹吉祥等乘机发动“夺门之变”，英宗再复帝位，改年号天顺。英宗前后在位共 22 年，共有两个年号。死前遗诏罢宫妃殉葬。天顺八年正月十七日，朱祁镇卒于乾清宫，年三十八岁，谥曰“法天立道仁明诚敬昭文宪武至德广孝睿皇帝”，庙号英宗，葬北京昌平裕陵。

2. 成化二十三年（1487年）上宪宗纯皇帝谥册

明宪宗成化皇帝名朱见深，正统十二年（1447年）十一月初二日生。英宗长子，母贵妃周氏。宪宗继位之初，恢复了郕王朱祁钰的帝号，上谥号为景帝，平反了于谦冤案，让大量被贬逐的正直大臣复职，朝政颇有振兴的气象。但好景不长，宪宗渐渐沉迷于神仙、佛道和长寿秘术，纵情声色之娱和货利之乐，政务陷入一片迷茫之中。成化帝是个比较复杂的人物，朝廷中的权力斗争，社会上的各种矛盾，造就了这样一个矛盾集中于一身、善恶兼备、前后不一的人物，其心态和品格自有其特殊性[1]。成化二十三年八月二十二日，宪宗卒于乾清宫，年四十一岁。他在位23年，谥曰“继天凝道诚明仁敬崇文肃武宏德圣孝纯皇帝”，庙号宪宗，葬北京昌平茂陵。

3. 弘治十八年（1505年）上孝宗敬皇帝谥册

明孝宗弘治皇帝名朱祐樘，成化六年（1470年）七月三日生于西宫。宪宗第三子，母淑妃纪氏。因万贵妃所生第一子及贤妃柏氏所生悼恭太子夭折，成化十一年（1475年）朱祐樘被立为皇太子。孝宗在位18年间，吏治清明，任贤使能，抑制宦官，勤于务政，倡导节约，与民休息，是明代历史上少有的经济繁荣、人民安居乐业的和平时期。但孝宗疏于武备，在军事上无所建树，对于北部边患没有采取什么强有力的措施。明孝宗是中国历史上一位罕见的对女色少欲的皇帝，后宫中只有一位皇后张氏，恩爱和谐如民间夫妇，别无其他嫔妃。由于先天体弱，孝宗于弘治十八年五月初七日卒于乾清宫，年三十六岁，谥曰“建天明道诚纯中正圣文神武至仁大德敬皇帝”，庙号孝宗，葬北京昌平泰陵。

4. 正德十六年（1521年）上武宗毅皇帝谥册

明武宗正德皇帝名朱厚照，弘治四年（1491年）九月二十四日生，孝宗长子，母孝康敬皇后张氏。在位16年，是明代历史上最为荒唐的皇帝之一。他最初信用“八虎”，终日醉心于淫乐，政治黑暗，奸党横行，忠良正直之士仵逐殆尽，以致王朝反叛四起。安化王、宁王相继造反。朱厚照是位顽童皇帝，却给历史留下了三大疑团：

一是他的身世之谜；二是他只想做大将军而不愿做皇帝；三是纵情玩乐至死。

正德十五年（1520年），朱厚照在南巡游乐中翻船落水，回北京后于第二年三月十四日卒于豹房。年三十一岁，正德十六年谥曰：“承天达道英肃睿哲昭德显功弘文思孝毅皇帝，”庙号武宗，葬北京昌平康陵。

明中期谥册基本为同一种形式，即四条玉拼为一片描金字册，但文字比早期有所增加。

---

1 刁书仁、赵兴元：《成化帝》页5，吉林文史出版社，1996年。

（三）明晚期

1．嘉靖十七年（1538 年）上成祖文皇帝谥册

明成祖朱棣是太祖朱元璋第四子，生于元至正二十年（1360 年）四月十七日，母孝慈高皇后马氏，一说为碽妃生。洪武三年（1370 年）四月封为燕王。朱棣智勇双全，屡次率诸将出征，皆建战绩，颇有威名。建文帝朱允炆登基后，采取削藩措施，不甘束手就擒的朱棣在建文元年（1399 年）发动“靖难之役”，经过约 4 年的战争，朱棣取得了帝位。在位时间共 22 年。他被后继者认为是明王朝的第二位创立者：一方面，朱棣恢复了洪武时期的制度，否定了建文皇帝的改革。另一方面，他恩威并用，扩充了明朝的统治基业：迁都北京，派兵南征安南，亲统大军五讨漠北蒙古，还对西北地区、东北地区和青藏地区实施了有效的管理，组织编纂了《永乐大典》。

朱棣卒于永乐二十二年（1424 年）七月十八日，年六十四岁。谥曰“体天弘道高明广运圣武神功纯仁至孝文皇帝”，庙号“太宗”，葬北京昌平长陵。嘉庆十七年九月，改谥曰“启天弘道高明肇运圣武神功纯仁至孝文皇帝”，庙号为“成祖”。

2．嘉靖十七年上睿宗献皇帝谥册

明宪宗第四子朱祐杬，成化十二年（1476 年）七月生，其母为邵氏宸妃，后进为贵妃、皇太后，即“寿安皇太后”。祐杬于成化二十三年（1487 年）封兴王，弘治七年（1494 年）就藩安陆，正德十四年（1519 年）去世，年四十四岁。谥为“献王”，葬藩国所在湖广安陆州的松林山。两年后武宗去世，因身后无子嗣，献王之子朱厚熜被迎立为皇帝，即明世宗。世宗以藩王入皇位，曾发生一场规模巨大、旷日持久的皇统问题上的政治争论，史称“大礼议”。其焦点就是如何确定朱祐杬的尊号。

先是廷臣议推尊礼，称孝宗皇考，慈寿（张氏）皇太后为圣母。其父为“皇叔父”、生母（蒋氏）为“皇叔母”。嘉靖三年（1524 年）九月定称孝宗为皇伯考，皇太后为皇伯母，献帝为皇考，生母章圣皇太后为圣母。

嘉靖十七年九月上献皇帝尊谥曰“知天守道洪德渊仁宽穆纯圣恭俭敬文献皇帝”，庙号“睿宗”，神主供奉于太庙，位在孝宗之下、武宗之上，又取严父配天意，明堂祭天配享。这年十二月，蒋太后病逝，上尊谥曰“慈孝贞顺仁敬诚一安天诞圣献皇后”。初欲迁献皇帝梓宫合葬于天寿山，几经权衡，朱厚熜又于次年三月亲自返回安陆相度显陵，最后决定于闰七月奉皇太后梓宫南还合葬，太后神主升祔睿宗庙。朱厚熜父母已完全等同于先代正式帝后[1]。朱厚熜是兴王朱祐杬的独子，幼时聪敏，遇事有主见。他是由藩王入承大统，对名分毫不妥协。

---

1 刘毅：《明清皇室》页 137，紫禁城出版社，1997 年。

3．隆庆元年（1567 年）上世宗肃皇帝谥册

明世宗嘉靖皇帝名朱厚熜，正德二年（1507 年）八月初十生于安陆（今湖北钟祥）的兴王府。明武宗死后无子，按“兄终弟及”的规则，15 岁的朱厚熜于正德十六年（1521 年）四月二十二日即皇帝位，以次年为嘉靖元年（1522 年），朱厚熜统治前期，对国事尚有作为，他诛杀了明武宗时期的宦官汪直，节用宽民，但中晚期荒淫无度，迷恋道教，政治腐败，边患严重。嘉靖二十一年（1542 年），朱厚熜的荒淫激起了“壬寅宫变”，差点被宫女杨金英等杀死。从此，他在西苑设醮炼丹，20 多年不回大内，放纵首辅严嵩乱政。北方鞑靼骚乱，南方倭寇入侵，人民生活困苦。嘉靖四十五年（1566 年）十二月十四日，朱厚熜卒于乾清宫，享年六十岁。谥曰“钦天履道英毅圣神宣文广武仁大孝肃皇帝”，庙号世宗，葬北京昌平永陵。

4．隆庆六年（1572 年）上穆宗庄皇帝谥册

明穆宗隆庆皇帝名朱载垕，嘉靖十六年（1537 年）正月二十三日生。明世宗第三子，母康妃杜氏。因哀冲太子朱载基和庄敬太子朱载壡早逝，嘉靖四十五年（1566 年）明世宗崩，朱载垕入承皇位，以次年为隆庆元年。隆庆帝在位 6 年，首先倚靠高拱、陈以勤、张居正等大臣的鼎力相助，实行革弊施新的政策。罢一切斋醮，收方士悉付法司治罪。减营建，躬行节俭，尚食岁省巨万。隆庆帝还采取恤商与开关政策，减轻商人的负担。隆庆时期这些作为都是超过前朝的。然权臣相倾，门户之争渐兴，遗患后世，党争之端肇于穆宗之世。朱载垕于隆庆六年五月二十六日卒于乾清宫，年三十六岁。谥曰“天隆道渊懿宽仁显文光武纯德弘孝庄皇帝”，庙号穆宗，葬北京昌平昭陵。

5．泰昌元年（1620 年）上光宗贞皇帝谥册

明光宗泰昌皇帝名朱常洛，万历十年（1582 年）八月十一日生。神宗长子，母恭妃王氏原为慈圣皇太后的宫女。万历四十八年（1620 年），万历帝去世，朱常洛登极，年号泰昌。朱常洛登极后，面临着其父朱翊钧遗留下的严峻形势，朝纲腐败，经济凋落，宫内纠纷无休无止，军力日衰，边疆吃紧，后金崛起，封疆残破，大明王朝的江山摇摇欲坠。而体弱、孤僻、压抑而又好色的朱常洛，又无力挽回即将崩溃的局面。朝内党争和宫闱纠纷更为尖锐，先后发生了“红丸案”和“移宫案”。泰昌帝卒时仅做皇帝一个月，年三十九岁，史称“一月天子”。泰昌元年谥曰“崇天契道英睿恭纯宪文景武渊仁懿孝贞皇帝”，庙号光宗。

此时万历皇帝尸棺尚未埋葬，泰昌帝地宫也不可能在短期内速成。无奈之下，就在原北京昌平景泰陵的废址上重建新陵，明熹宗天启元年（1621 年）三月重新修缮，八月完工，九月入葬，名为庆陵。庆陵中陪葬的有孝元、孝和、孝纯三个皇后。

6．天启七年（1627 年）上熹宗悊皇帝谥册

明熹宗天启皇帝名朱由校，万历三十三年（1605 年）十一月十四日生。光宗长子，母选侍王氏。在位 7 年，朱由校在位期间，由于以国家为儿戏，致使客氏与魏忠贤专权，任其制

图 85. 青玉太祖谥册

造“乙丑诏狱”“丙寅诏狱”等冤狱，残酷迫害东林党人。不断激起民变。朱由校的性格荒唐怪异，以“倡优声伎，狗马射猎”为乐。喜机巧水戏，创演水傀儡戏。与宦官同演《宋太祖雪夜访赵普》。好油漆木工，房屋营造。选武阉三千，于紫禁城内开内操取乐。一生重用阉党祸国殃民，耽于逸乐，无心朝政。天启七年（1627 年）五月，因划船嬉戏，溺水获疾。后虽痊愈，仍沉湎于声色犬马之中，整日困倦无力，狂躁不安，饮“仙方灵露饮”，以求长生。结果全身浮肿，卧床不起，一命归天，年仅二十三岁。谥曰“达天禅道敦孝笃友张文襄武靖穆庄勤悊皇帝”，庙号熹宗，葬北京昌平德陵。

三、谥册的形式

明代关于玉册规定:“册宝皆用玉，册简长尺二寸，广一寸二分，厚五分，简数从文之多寡。联以金绳，藉以锦褥，覆以红罗泥金夹帕。册匣，朱漆镂金，龙凤纹。其宝，篆文，广四寸九分，厚一寸二分。金盘龙纽，系以锦绶，裹以红锦，加帕于盝，盝装以金。”[1] 上述 13 件谥册，均为长方形，用青玉、碧玉、墨玉制成，楷书填金，多用平金缎长联隔垫，共有三种形式。

（一）4 条玉拼为一页的描金字册

1. 青玉太祖谥册（图 85 ）

永乐元年（1403 年）上太祖高皇帝谥册，计 6 片。每片长 24.3 厘米，宽 9.7 厘米，厚 1.2 厘米。封面为描金 4 条龙。反面为光素，此册为清代乾隆时期修补过。玉册上有“孝子嗣皇

1 《明史》卷五一，页 536，清武英殿刻本。

帝臣棣谨再拜稽首”。

2．青玉宣宗谥册（图 86）

宣德十年（1435 年）上宣宗章皇帝谥册，实际为正统帝朱祁镇继位所上，一册 10 片。每片长 24.7 厘米，宽 9.6 厘米，厚 1.1 厘米。正面有描金 4 条龙，玉册上有“孝子嗣皇帝祁镇谨再拜稽首”。宣宗于宣德十年（1435 年）正月初三去世，按规定，皇帝去世的第二年才始用嗣皇帝年号。

3．青玉英宗谥册（图 87）

天顺八年(1464 年)上英宗睿皇帝谥册,一册 10 片。每片长 24.6 厘米,宽 9.5 厘米,厚 1.1 厘米。封面有描金 4 条龙，玉册上有“孝子嗣皇帝臣见深谨再拜稽首”。

4．碧玉宪宗谥册（图 88）

成化二十三年(1487 年)上宪宗纯皇帝谥册,一册 10 片。每片长 24.3 厘米,宽 9.6 厘米,厚 1.1 厘米。封面有描金 4 条龙，玉册上有“孝子嗣皇帝祐樘谨再拜稽首”。

5．青玉孝宗谥册（图 89）

弘治十八年（1505 年）上孝宗敬皇帝谥册，一册 10 片。每片长 24.2 厘米，宽 9.6 厘米，厚 1 厘米。正面有描金 4 条龙，玉册上有“孝子嗣皇帝臣厚照谨再拜稽首”。

6．青玉武宗谥册（图 90）

正德十六年（1521 年）上武宗毅皇帝谥册,一册 10 片。每片长 23.9 厘米,宽 10.8 厘米,厚 1.2 厘米。封面有描金 4 条龙，玉册上有“孝弟嗣皇帝臣厚熜谨再拜稽首”。

（二）整片描金字册

1．青玉世宗谥册（图 91）

隆庆元年(1567 年)上世宗肃皇帝谥册,一册 10 片。每片长 22.5 厘米,宽 9.2 厘米,厚 0.8 厘米。封面描金龙一，上有“孝子嗣皇帝载垕谨再拜稽首”。

2．墨玉穆宗谥册（图 92）

隆庆六年(1572 年)上穆宗庄皇帝谥册,一册 10 片。每片长 22.6 厘米,宽 10 厘米,厚 0.9 厘米。各页用黄平金缎联结。封面描金龙一，上有“孝子嗣皇帝臣翊钧谨再拜稽首”。

3．青玉光宗谥册（图 93）

泰昌元年（1620 年）上光宗贞皇帝谥册，一册 10 片。每片长 28.1 厘米，宽 12.7 厘米，厚 0.8 厘米。封面描金二龙戏珠，上有“孝子嗣皇帝臣由校百拜稽首”。

4．青玉熹宗谥册（图 94）

天启七年(1627 年)上熹宗想皇帝谥册,一册 10 片。每片长 25 厘米,宽 11.6 厘米,厚 0.8 厘米。封刻描金二龙戏珠,上有“孝弟嗣皇帝由检稽首顿首”。只有这件册文中为“稽首顿首”,其他的谥册均为“再拜稽首”。

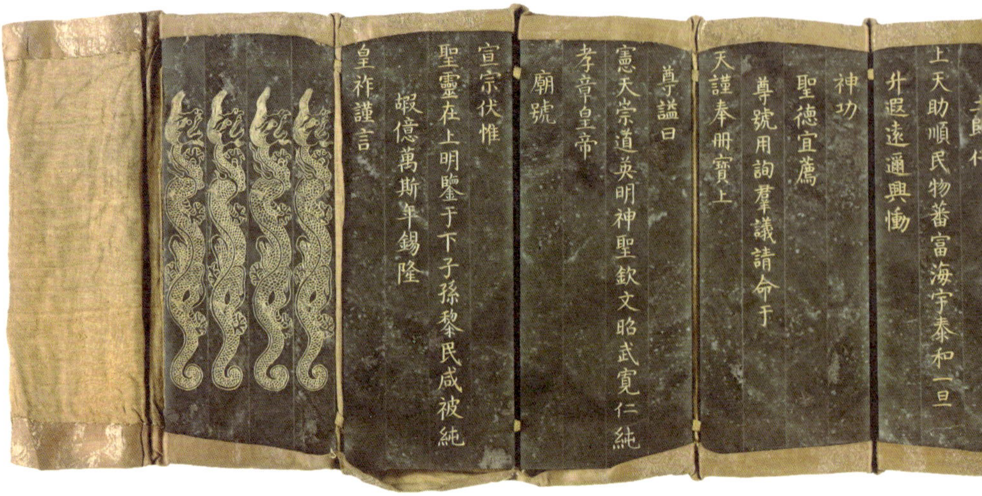

图 86. 青玉宣宗谥册

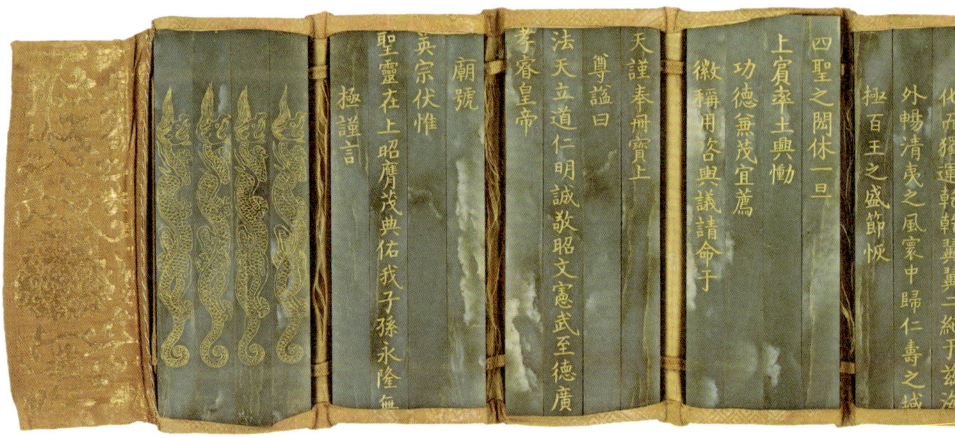

图 87. 青玉英宗谥册

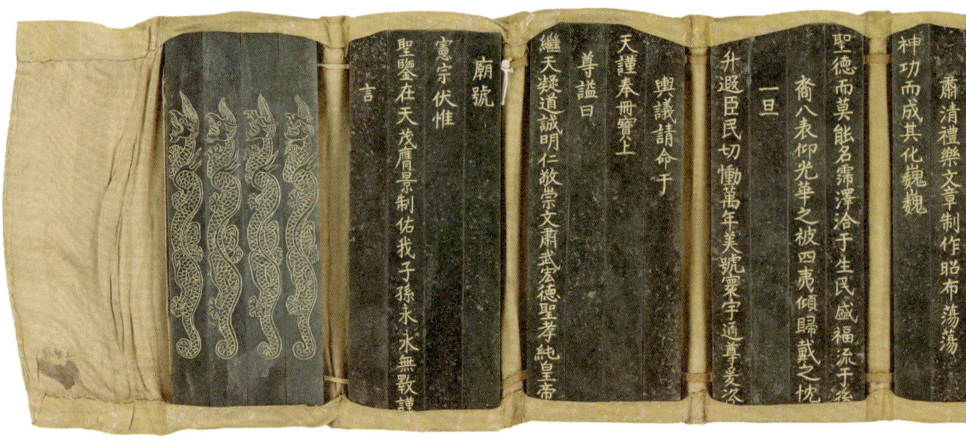

图 88. 碧玉宪宗谥册

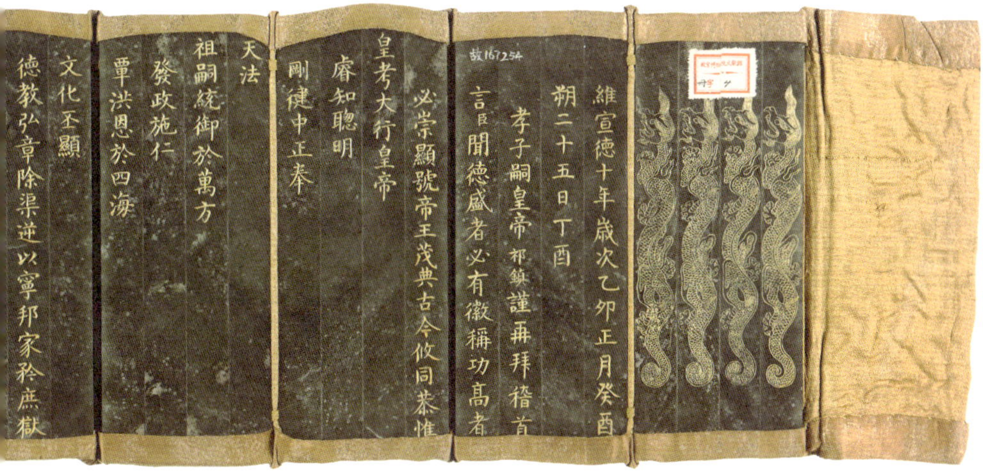
維宣德十年歲次乙卯正月癸酉
朔二十五日丁酉
孝子嗣皇帝祁鎮謹再拜稽首
言臣聞德盛者必有徽稱功高者
必崇顯號帝王茂典古今攸同恭惟
皇考大行皇帝
睿知聰明
剛健中正奉
天法
祖嗣統御於萬方
發政施仁
覃洪恩於四海
文化丕顯
德教弘章除渠逆以寧邦家矜庶獄

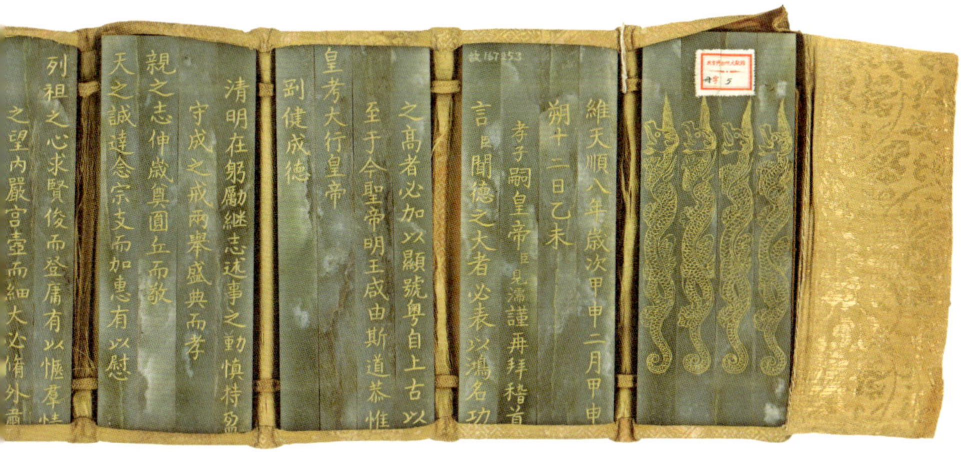
維天順八年歲次甲申二月甲申
朔十二日乙未
孝子嗣皇帝臣見深謹再拜稽首
言臣聞德之大者必表以鴻名功
之高者必加以顯號粤自上古以
至于今聖帝明王咸由斯道恭惟
皇考大行皇帝
剛健成德
清明在躬勵繼志述事之勤慎持盈
守成之戒兩舉盛典而孝
親之志伸歲眞圜丘而敬
天之誠達念宗支而加惠有以慰

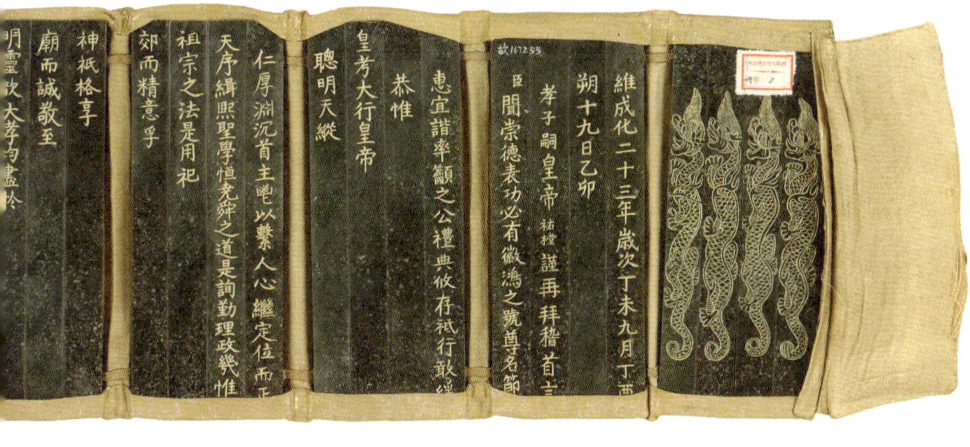
維成化二十三年歲次丁未九月
朔十九日乙卯
孝子嗣皇帝祐樘謹再拜稽首
恭惟
皇考大行皇帝
聰明天縱
祖宗之法是用祀
郊而精意孚
神祇格享
廟而誠敬至

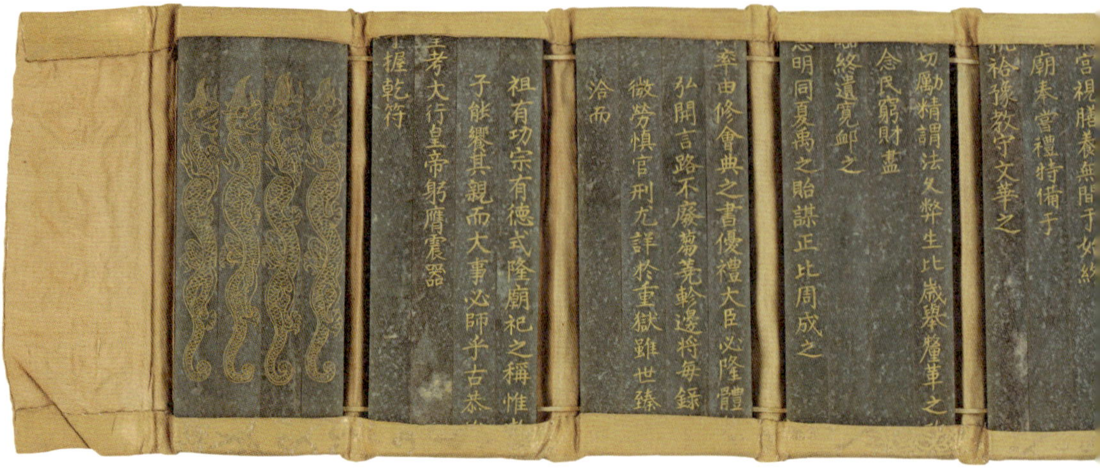

图 89. 青玉孝宗谥册

图 90. 青玉武宗谥册

图 91. 青玉世宗谥册

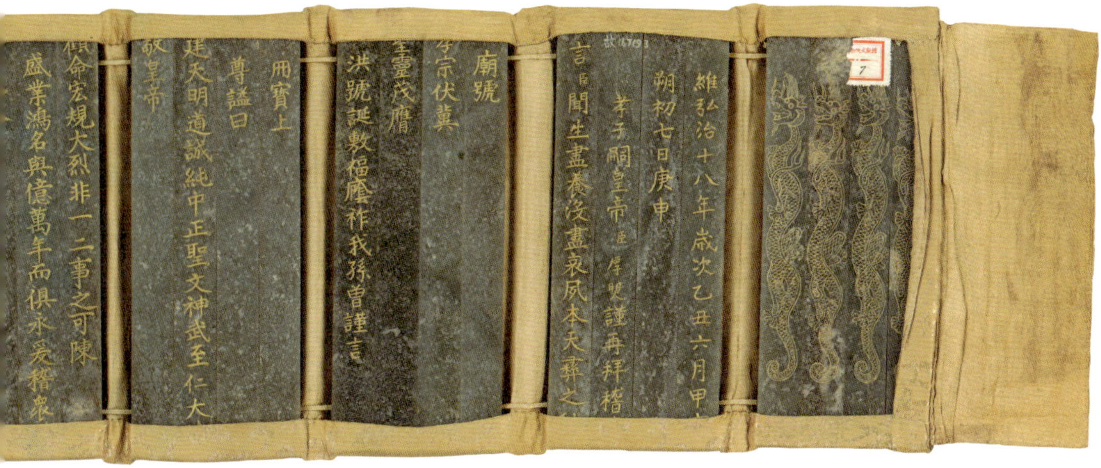

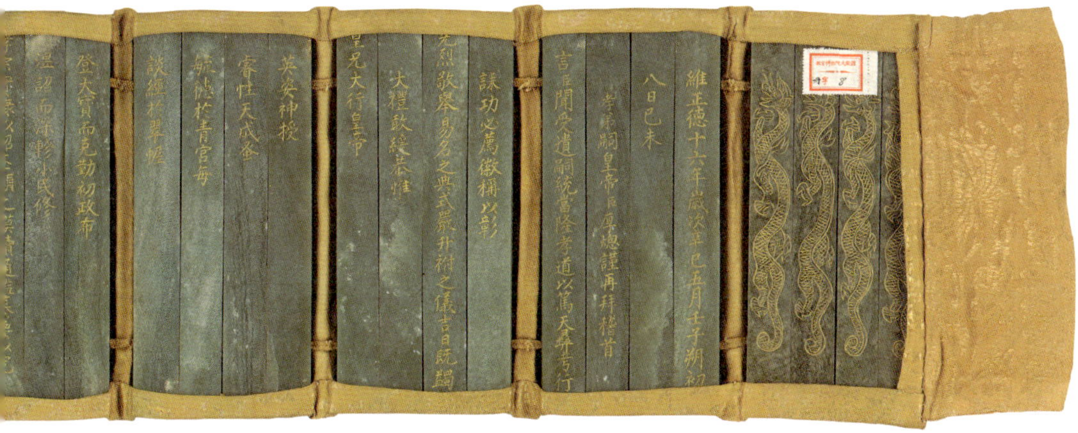

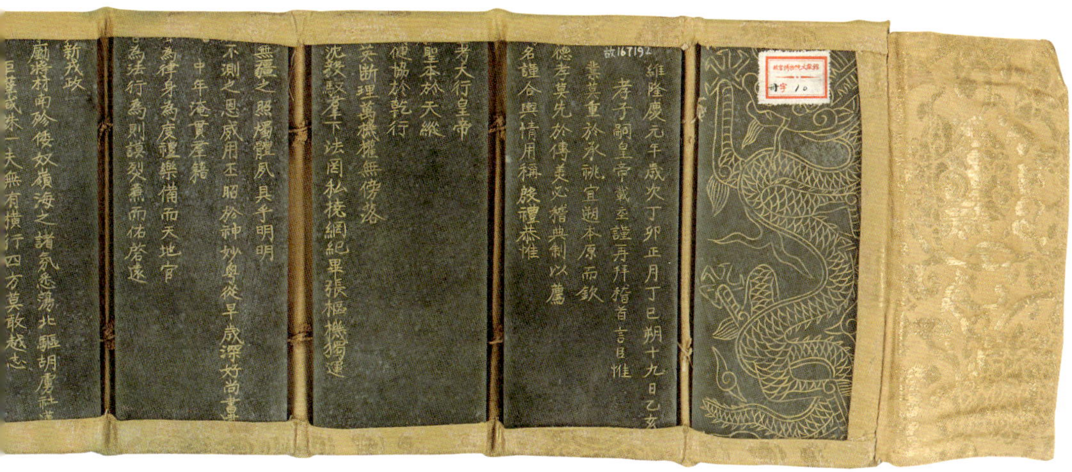

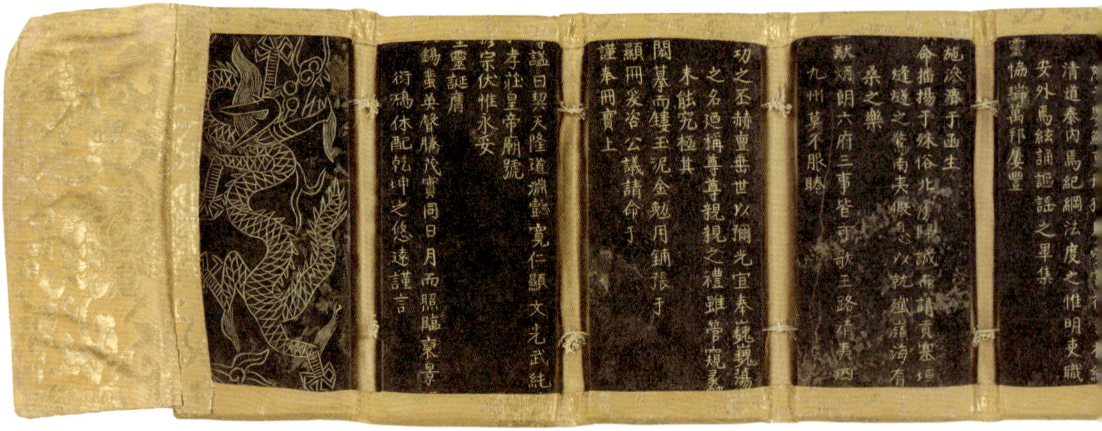

图 92. 墨玉穆宗谥册

图 93. 青玉光宗谥册

图 94. 青玉熹宗谥册

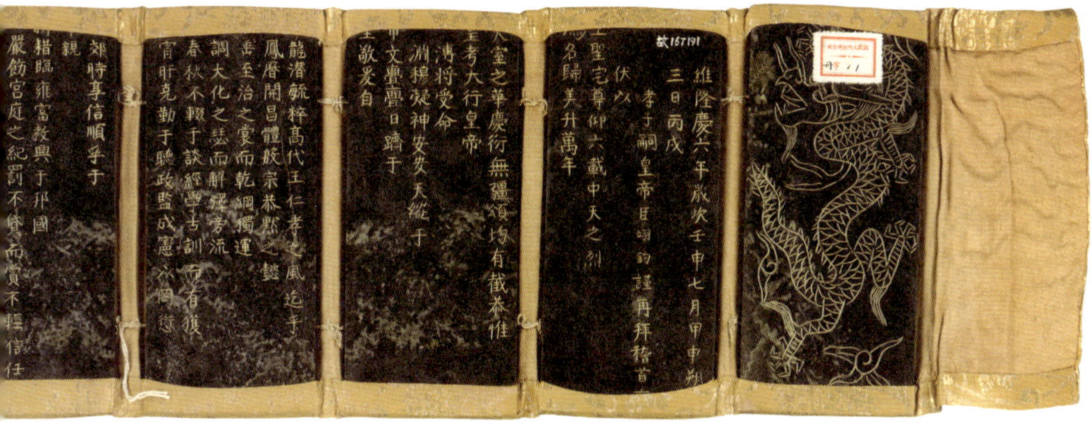

（三）整片描蓝字册

1．青玉仁宗谥册（图 95）

洪熙元年（1425 年）上仁宗昭皇帝谥册，实际为宣德即位前上，一册 10 页。长 22.9 厘米，宽 10.3 厘米，厚 0.8 厘米。封面刻描金二龙戏珠，上有“孝子嗣皇帝臣瞻基谨再拜稽首”。

2．青玉成祖谥册（图 96）

嘉靖十七年（1538 年）上成祖文皇帝谥册，一册 10 片。每片长 22.9 厘米，宽 10.5 厘米，厚 1.1 厘米。两封面刻描金二龙戏珠，上有“孝玄孙嗣皇帝臣厚熜稽首再拜”。

3．青玉睿宗谥册（图 97）

嘉靖十七年上睿宗献皇帝谥册，一册 10 片。每片长 22.6 厘米，宽 10.6 厘米，厚 0.9 厘米。封面刻描金二龙戏珠，上有“孝子嗣皇帝臣厚熜稽首再拜”。

以上 13 件玉册在乾隆时期，因有不同程度的损伤，进行了修复。多用黄绸夹袱或黄织金缎连幅包裹。册第 1 页和第 10 页各刻有龙并在其上描金，第 2—9 页刻谥文（太祖谥册除外）。乾隆十二年（1747 年），清代造办处的档案记载显示，我们看到的玉册现状是乾隆时期进行修补后的，穿带和绦子是乾隆时期换上去的。

乾隆十二年十一月玉作：初九日，司库白世秀、七品首领萨木哈来说，太监胡世杰交青玉册十三件，内光（光应为太。笔者注）祖一册上破坏。传旨：将明太祖上页上末一行字磨去，用新写的签字刻上，其下页底下的字磨去，做素的，仍做底板；用有应用穿带处添做穿带，应换绦子的即换绦子，用交出袱子，改做包裹。其余十二册，每一册上俱用交出袱子，改做一件包裹，俱要一样；应添穿带处添做穿带，应换做绦子的即换做新绦子。钦此。于十三年十二月初一日，司库白世秀，将青玉册十三册改得袱子，交银库，库使李云领去。讫。[1]

另外，上太祖谥册的最后一页为乾隆时期修复，13 件谥册的织绣包装也为乾隆时期后配。

还有一特例，早期洪熙元年（1425 年）上的仁宗昭皇帝谥册与晚期嘉靖十七年（1538 年）上的两件谥册均为整片描蓝字，从实物玉质及刻字、填蓝分析，很可能是嘉靖前后改制的。

现存明代谥册的 3 种形式，按明代早、中、晚 3 个时期分析，其同一时期也有所不同，最早的是永乐元年所上太祖谥册，4 条玉拼为一片描金字册；中期谥册形式与早期上的基本是一致；晚期谥册为整片描金字册和整片描蓝字册，最晚的是天启七年上熹宗皇帝谥册，整片描金字。但同为嘉靖十七年上的谥册，睿宗献皇帝比改上成祖文皇帝谥册的做工要精，字迹要工整很多。

1 中国第一历史档案馆：《清宫内务府造办处档案总汇》15 册，页 17，人民出版社，2005 年。

四、明代谥册的特点

在北京十三陵有明代 13 个皇帝的陵墓，而故宫有 13 个皇帝的谥册，但二者并不存在直接的对应关系。故宫收藏有明太祖谥册、明睿宗（兴献帝）谥册，二人的墓地却不在十三陵；十三陵有万历帝的定陵、崇祯帝的思陵，故宫则不见他们的谥册。除此之外，这 13 件谥册还有以下一些特点：

1. 兴王与景帝之特例

明世宗父亲兴献王没有做过一天皇帝，只因儿子强烈的孝思“父以子贵”，将其父神主迁入太庙，加入庙号睿宗，并制作了谥册。其显陵“历时 47 年最后完竣，是明代所有帝王陵墓中建筑时间最长的一座”[1]。故宫现还藏有“大明后嗣太祖玄孙宪宗之子兴王图书”印章（图 15）。

明景帝做了 8 年的皇帝，因英宗复辟被贬为庶人，死后只能葬于西山陵园，成化十一年（1475 年），追复帝号，修享殿三楹，神厨、神库等，还建立了“大明恭仁康定景皇帝之陵”碑亭。嘉靖十五年（1536 年）三月，世宗首度以天子的身份，诣金山，谒景帝陵，表达“追感之情”。但景帝却没有谥册存世。

2. 太祖和成祖之特例

明太祖朱元璋、成祖朱棣都是雄才大略之君，继任者仁宗朱高炽、宣宗朱瞻基也开创了“仁宣之治”。永乐年间颁行的《五经大全》《四书大全》《性理大全》，令全国各级学校“尽心讲明”。“程朱理学”虽然形成于宋代，但在明初最高统治者的推动下，使其在尊奉的程度和范围上达到高峰[2]。

嘉庆十七年（1538 年），改上太祖谥曰“开天行道肇纪立极大圣至神仁文义武俊德成功高皇帝”，谥册现未见实物；改成祖谥曰“启天弘道高明肇运圣武神功纯仁至孝文皇帝”，谥册现藏故宫博物院，但永乐二十二年上的原谥册却未见踪迹（太祖与成祖修改前、后的谥册文字见本章附录中）。

3. 四位皇帝之特例

《清宫内务府造办处档案汇编》和清史善后委员会编《故宫文物点查报告》第五编“内务府”第二册，均有这 13 件谥册的记载。文物点查报告中与一些未刻的玉册、玉宝存于一大木柜中，柜为“五一四”号。这说明在乾隆十二年（1747 年）和清史善后委员会点查时期，就仅存这 13 件谥册了。而缺少建文、景泰、万历、崇祯 4 位皇帝谥册。

---

1 李斌：《嘉靖皇帝与明显陵》，《世界遗产论坛——明清皇家陵寝专辑》页 60，科学出版社，2004 年。
2 张显清：《传统与启蒙》，《明代文化研究——南京专刊》页 2—3，中国文史出版社，2003 年。

图 95. 青玉仁宗谥册

图 96. 青玉成祖谥册

图 97. 青玉睿宗谥册

建文帝朱允炆继位时，朱元璋在开国初期分封各地的亲王势力逐渐坐大，他们觊觎皇权，威胁中央朝廷的统治。特别是燕王朱棣在做了充分准备后，打着“靖难”的旗号，以“恢复祖宗旧制”，起兵反叛。建文四年（1402 年）燕军攻入南京，皇宫起火，建文帝下落不明。建文皇帝在明代谥号，南明弘光年间追崇为“惠宗让皇帝”。清乾隆时追谥“恭闵惠皇帝”。朱棣继位后，朱棣认为建文皇帝本不应该登基，不能算正位，故不予谥号。

景泰帝朱祁钰，英宗朱祁镇之弟，因正统十四年（1449 年）土木堡之变中英宗被瓦剌俘去而继位。英宗返回北京后，朱祁钰当然不愿再让出帝位，因此将其软禁于南宫。景泰八年（1456 年）英宗复辟，朱祁钰病亡，年三十岁。原在十三陵的寿陵被废，以亲王身份葬京西黑山扈。其“代宗”的庙号，表明他不过是代替他人当皇帝，因此没有以皇帝身份获得谥号。

崇祯帝朱由检，在位 17 年。崇祯十七年（1644 年）李自成攻破北京后，在煤山自缢，年三十四岁。死后庙号“怀宗”，后改“思宗”。南明弘光帝上谥号“绍天绎道刚明恪俭揆文奋武敦仁懋孝烈皇帝”，清朝上谥号“守道敬俭宽文襄武体仁致孝庄烈愍皇帝”，葬于十三陵思陵。

万历帝朱翊钧，生于嘉靖四十二年（1563 年），生母贵妃李氏，在位 48 年。万历初年，得内阁首辅张居正的鼎力辅佐，明朝政治、经济曾焕然一新。万历帝独掌政权，则逐渐走上了衰败之路。他怠于临政，沉湎酒色，导致政治腐败，国库空虚，阶级矛盾激化。此时后金的崛起，明王朝灭亡的危机已然形成，正如后人评论：“明之亡，实亡于神宗。”万历四十八年（1620 年）七月二十一日，朱翊钧死于弘德殿，年五十八岁。谥曰“范天合道哲肃敦简光文章武安仁止孝显皇帝”。庙号神宗。葬于其生前耗银 800 万两修建的十三陵定陵。

明代嘉靖以前，先后有 8 位皇帝的谥册进太庙，分别为太祖、成祖、仁宗、宣宗、英宗、宪宗、孝宗、武宗，以后又有 5 位皇帝和世宗生父谥册进太庙，分别为世宗、穆宗、神宗、光宗、熹宗、睿宗，共 14 位皇帝（除 13 位皇帝外，还有 1 位嘉靖生父）谥册进太庙，目前唯独缺少神宗谥册。

胡汉生先生在《试论明代袍式衮服的性质及服用场合》中谈道：“从《南薰殿图像考》一书记载情况看，南薰殿旧藏帝王画像中没有建文帝朱允炆、景泰帝朱祁钰和崇祯帝朱由检三帝画像。……而三帝没有画像的原因，则应是三帝失去帝位后，死后无人再给他们绘制‘神像’。”[1] 这 3 位皇帝没有谥册，原因当与此相同，虽然他们后来均被补上了谥号，但只是形式而已。而万历帝谥册无存则当另有原因。胡汉生先生认为万历谥册、谥宝很可能在清代初就被一同毁掉，其原因与努尔哈赤的七大恨有关。但目前我们没有看到相关的文献记载，其历史真相仍旧是个待解之谜。

---

1 胡汉生：《试论明代袍式衮服的性质及服用场合》页 106，《世界遗产论坛——明清皇家陵寝专辑》，科学出版社，2004 年。

附录

一、明太祖高皇帝尊谥册文

1. 永乐元年上谥册文（实物抄录）

维永乐元年岁次癸未六月丁未朔越十一日丁巳，孝子嗣皇帝臣棣谨再拜稽首，言：臣闻俊德赞尧，重华美舜，禹汤文武，列圣相承，功德兼隆，咸膺显号。钦惟皇考皇帝统天肇运，奋自布衣，戡定祸乱，用夏变夷。以孝治天下四十余年，民乐雍熙，礼乐文章，垂宪万世。德合乾坤，明同日月；功超千古，道冠百王。谨奉册宝上尊谥曰：圣神文武钦明启运俊德成功统天大孝高皇帝。庙号太祖。伏惟圣灵陟降，阴骘下民，覆焘无极，与天作配（《明史》作“与天常存”[1]）。谨言。

2. 嘉靖十七年上谥册文

维嘉靖十七年，岁次戊戌，月朔日，孝玄孙嗣皇帝臣（御名）谨（谨字御加）稽首百拜上言：臣伏闻自古受命之君，躬接于天，万世不堕，号称太祖。然历选前辟功德高人，未有如我皇祖之盛者也。是故，舜禹受禅乃揖逊而有其位，汤武传业犹放伐而取诸人。钦惟我太祖高皇帝，当夷狄据华之秋，实天地易位之变，乃奋扬神武，取中国于冠裳灭裂之余，恢阐圣文，明王道于纲常沦斁之后。扫弥天之虏于宇内，经百战而帝业成。剪群雄之乱于四方，不十载而天下定。得国之正，视商周而功烈有光。受命维新，比虞夏而艰难事倍。殆与辟乾坤于混沌，肇人纪于狉獉，同一揆也。若夫制礼作乐，经文纬武，仁恩溥于万类，教化行于四海。躬帝王之大德，建圣神之极功，则又兼总百王，高视千古，独立一代，卓于无前者也。不有显号其何以昭公议于千万世乎？玄孙臣（御名）早以冲人缵承大位，永念祖德，莫可名言。兹者不量颛蒙，敢效摹拟，谨恭奉册宝，加（加字御改，原系更字）上尊号曰：太祖，开天行道肇纪立极大圣至神仁文义武俊德成功高皇帝。伏

---

1 《明史》卷五四，志二八，页648，清钞本。

惟圣灵在天，鉴观有赫，垂休委祉，启祐后人，祚我皇明与天无极，臣（御名）诚懽诚戴（戴字御改，原系忭字），稽首顿首谨言。[1]

二、明成祖文皇帝尊谥册文

1．永乐二十二年谥册文

维永乐二十二年，岁次甲辰，九月癸酉朔，初十日壬午。孝子嗣皇帝（某）谨再拜稽首言：臣闻惟圣神之德，如天地之化，至妙莫测，至大难名。然皇有羲轩之称，帝有尧舜之号，皆本谟烈，表于万年。恭惟皇考大行皇帝，体天之心，弘天之道，具大而能化之圣，存妙不可知之神，统理万邦，仁育庶类，同乾坤之发育，同日月之照临，广大而高明，刚健而不息，扬神武以靖乱，宣文教以兴治，笃继志述事之孝，兼创业守成勋，典章集百王之大成，朝贡极八纮而必至，道泰时康，于兹二纪，隆功盛德，宜荐尊谥。谨奉册宝，上尊谥曰：体天弘道高明广运圣武神功纯仁至孝文皇帝，庙号太宗。伏惟圣灵在天，昭明有赫，垂裕后嗣，咸被家国于万万年，与天无极，谨告。[2]

2．嘉靖十七年加上谥册文（文中括号内字为实物上文字）

维嘉靖十七年，岁次戊戌，九月辛未，朔（十一）日（辛巳），孝玄孙嗣皇帝臣御名（厚熜）稽首百拜上言臣：伏闻古先圣王有大功德者，必有大名，称是以见诸当时则盛大，而莫及施诸后世则震耀而无穷。然节惠之谥，虽表于至公，而述德之辞，未足以尽实。则为子孙臣庶永言孝思（思孝），而弗可谖者岂容不崇荐鸿号，以丕扬大烈乎？恭惟皇祖文皇帝，躬英圣之资，抱神睿之略，文章焕然而可述，功烈巍乎以有成。当眷顾维新之命，遭艰难末（未）造之家，将周公东征之师而大定王室，则所以成继述之孝者，何其勤。迁武王镐京之都而永建帝业，则所以成创守之功者，何其大。表章六经，垂范万世，礼乐明备，教化大行，有经天纬地之文。亲御六飞，威振绝漠，四裔君长，咸奉职贡，有戡乱除凶之武。光荐宝阼而二纪之治，坐致太平，

1 明夏言：《夏桂洲先生文集》卷九，页1178—1180，济南齐鲁书社，1997年。
2 杨士奇：《东里集》，《四库明人文集丛刊》别集卷一，页3883—3885，上海古籍出版社，1991年。

晚付皇储，而万几之勤。不废总览，至于敬天勤民，右文重道，亲贤远佞，兼有君师之众善，乃茂赏轻刑，畏灾重谷，悯农忧艾，备有帝王之全德。此则自载籍之传，未有丰功骏业（而）可以加兹者也。臣（御名）叅以支童，托承大德（大字御改，原系重，惟凉德永念先猷），比以恭建，特庙用图，百世不迁，兹者加上尊称，期于配天罔极，谨奉册宝，上尊谥曰：启天弘道高明肇运圣武神功纯仁至孝文皇帝，庙号成祖，伏惟灵德在天，顾歆庙祐，鉴兹微悃，临享徽称，保我子孙，亿万斯世。臣（御名）诚懽诚忭，稽首顿首，谨言。[1]

---

1 明夏言：《夏桂洲文集》卷九，页1182—1185，明崇祯十一年吴一璘刻本。

天豪風示融以亞草木臭味各差池
期保歲寒自爲政

第二章

清代玺册

恽丽梅

清代国事用宝

印章是我国灿烂文化的重要组成部分。自秦统一六国后，皇帝印章称“玺”或“宝”，凡是皇帝发布诏书或文告时所用印章称“宝玺”。清代皇帝宝玺，其内容有两类：

一是代表皇权的国宝；

二是皇帝收藏和鉴赏用的宝玺。

清代宝玺，除一部分由于战乱散失民间或海外，大部分较完整地保存下来，多收藏在故宫博物院。

一、清代宝玺的形成

《说文》曰:“玺,王者印也。”战国时期,“玺”一般从金从尔作“鉨”。秦制,天子称“玺”,用玉,秦官印亦有称“玺”者,但用金。一般臣以下称“章”,不得称“玺”。秦始皇始行“六玺”制度，有“皇帝行玺”“皇帝之玺”“皇帝信玺”“天子行玺”“天子之玺”“天子信玺”。汉代虽遵秦制不变，但却进入了玺印的鼎盛时期，朝廷开始设立管理玺印的机构，并以其形制区别来强化等级：皇帝玉玺为虎钮；皇后金玺为虎钮；诸侯王金玺为驼钮；皇太子及左右将军金印为龟钮。

隋代增加了“神玺”和“受命玺”二玺。“神玺”为君权神授的象征,以镇中国,藏而不用。“受命玺”以封禅礼神。唐至武后以玺音近死,遂改玺为宝。武后御宝使用了仅 11 年,唐中宗即位,复将“宝”恢复为“玺”，唐玄宗开元六年（718 年），又将玺“复为宝”[1]，从此，皇帝御宝一直称宝。

南宋中兴御府所藏御宝有十四方之多，金代使用的御宝有十五方之多[2]。

1 叶其峰：《古玺印通论》页 199，紫禁城出版社，2003 年。
2 郭福祥：《明清帝后玺印》页 10，国际文化出版公司，2003 年。

元代御宝名称和数量大体沿袭隋唐的八宝制度。元八宝曰:“受命宝、传国玺、天子之宝、皇帝之宝、天子信宝、皇帝行宝、天子行宝、皇帝信宝。”[1] 元八宝中今仅见有《集存》著录的“皇帝之宝”一方，此宝每边长12.5厘米，是迄今最长的一方八思巴字印。此印用3种文字，左为八思巴文“皇帝”二字，右为汉文“之宝”，中行是梵文，意为吉祥、隆盛。[2]

明代制宝：洪武二年（1369年）制造的6方御宝为玉质，有“造御宝六，白玉三、青玉三。文曰:天子行宝、天子信宝、天子之宝、皇帝行宝、皇帝信宝、皇帝之宝。”[3] 除上面六宝，又增加有“皇帝奉天之宝、制诰之宝、敕命之宝、广运之宝、皇帝尊亲之宝、皇帝亲亲之宝、敬天勤民之宝”，“又有御前之宝、表章经史之宝、钦文之玺、丹符出验四方”[4]。宝的种类陆续增至17种。11方御宝应多属金质，“十七宝者，大半范金为之”[5]。

据史料文献记载，洪武二十一年（1388年）五月，洪武帝规定“诏吏部自今诰命丹符用‘敕命之宝’”[6],后面11方印应是洪武二十一年前后制造的,而11方印中“其大者”应是大印，“又有”4方应是小印。但是，在正德九年（1514年），宫内发生火灾，十七宝部分损毁，嘉靖十八年（1539年）又进行了补造,分别为“奉天承运大明天子宝”“天子信宝”“天子行宝”“皇帝信宝”“皇帝行宝”“大明受命之宝”“巡狩天下之宝”“垂训之宝”“命德之宝”“讨罪安民之宝”“敕正万民之宝”，其中“天子信宝”“天子行宝”“皇帝信宝”“皇帝行宝”，[7] 为洪武原定十七宝，其余七宝为新增。明二十四宝成为定制后，经明一朝未曾改变。

随制度的改变，印玺也有变化。努尔哈赤早期用明代赐印“建州左卫之印”，天命年间用6行老满文印“天命金国汗之宝”[8]。皇太极时使用“天命金国汗之宝”外,还使用金质“金国汗之印”。当时皇太极的个人绝对权力还未能树立，因而用印尚未称“宝”[9]。清入关定都北京后，官制沿用明代制度，并在此基础上进行了一些改革，对官印的铸造和管理远比历代严格。

清入关之初，印玺还未发生变化，在顺治初年，印玺还沿袭皇太极印玺。上谕下发诏书有“皇帝之宝”“奉天之宝”“敕命之宝”“天子之宝”御宝，另外，还有元传国玺“制诰之宝”等五玺。康熙朝清代印玺制造开始有所变化，出现了二十九宝，是对明二十四宝进行了改动和增删。

康熙二十五年（1686年）编纂的《大清会典》中关于二十九宝记载：“凡宝色，行文工

---

1 《元史·舆服志》卷七九。
2 照那斯图:《元八思巴字篆书官印辑存》,《文物资料丛书》第1辑，1972年。
3 何乔远:《名山藏》卷二，页23，明崇祯刻本。
4 《明史·舆服志四》卷六八，页697，清武英殿刻本。
5 沈德符:《万历野获编》卷二，页44，清道光七年姚氏刻同治八年补修本。
6 《明太祖实录》卷一九〇，洪武二十一年五月。
7 《明史》卷一三二，志一〇六，页1619，清钞本。
8 李光涛、李学智编著:《明清档案存真选辑》第2辑，页43，台北“中央研究院”历史语言研究所专刊三十八之二。
9 任万平:《清代官印制度综论》,《明清论丛》第1辑，紫禁城出版社，1999年。

部取用御宝二十九颗，宫内收贮六颗，内库收贮二十三颗。”康熙二十九宝排序是根据用途而定的。康熙帝对二十九宝规定了用途：

（1）“皇帝奉天之宝”：即传国玺，两郊大祀，及圣节，宫中告天青词用。

（2）“大清受命之宝”：以章皇序。

（3）“皇帝之宝”：以布诏赦。

（4）“天子之宝”：以祀百神。

（5）“制诰之宝”：凡制用。

（6）“敕命之宝”：凡敕用。

（7）（8）“皇帝之宝”“皇帝行宝”：以颁赉赐。

（9）“皇帝信宝”：以征戎伍。

（10）“天子行宝”：以册外蛮。

（11）“天子信宝”：以调番卒。

（12）—（14）“制诰之宝”“敕命之宝”“广运之宝”：以谕臣僚。

（15）“御前之宝”：以肃法驾，谨封识。

（16）“皇帝尊亲之宝”：以荐徽号。

（17）“皇帝亲亲之宝”：以展宗盟。

（18）“敬天勤民之宝”：以饬觐吏。

（19）“表章经史之宝”：以崇古训。

（20）“钦文之宝”：以重文教。

（21）“丹符出验四方”：以识御封、证殊方。

（22）“巡狩天下之宝”：以从省方。

（23）“垂训之宝”：以扬国宪。

（24）“命德之宝”：以奖忠良。

（25）“奉天法祖亲贤爱民”：御书特书、大政要务布告等事。

（26）“讨罪安民之宝”：以张征伐。

（27）“敕正万邦之宝”：以诰外国。

（28）“敕正万民之宝”：以诰四方。

（29）“制驭六师之宝”：御驾亲征行营之用。[1]

清代宝玺制度是在明代基础上进行了创建，这和清初的历史背景和历史事件是有很大关联的，康熙朝改明宝也是与当时历史条件分不开的。

---

1 康熙《大清会典》卷二，页5，内阁，清康熙间内务府刻本。

（一）改宝与删宝

清代将“大明受命之宝”改为“大清受命之宝”，是因为改朝换代。而将明代二十四宝中“奉天承运大明天子宝”删去，是有特殊原因的。

“奉天承运大明天子宝”为嘉靖十八年（1539 年）新增，此宝与著名的“大礼议”事件有直接关系。因世宗帝为武宗堂弟、兴献王之子，即位后廷臣议推尊礼，称孝宗皇考，慈寿（张氏）皇太后为圣母。其父为“皇叔父”、生母（蒋氏）为“皇叔母”。嘉靖三年（1524 年）九月定称孝宗为皇伯考，皇太后为皇伯母，献帝为皇考，生母章圣皇太后为圣母。这场“大礼议”告一段落。嘉靖皇帝“大礼议”之争，与他的出身有直接关系，为使他的身份更加合法化，嘉靖十八年补造了这方“奉天承运大明天子宝”，此印应是明代嘉靖皇帝历经 18 年“大礼议”事件的产物。

“大礼议”事件结束后，朱厚熜也就失去了对政治的兴趣，嘉靖十八年二月，他册立十五年十月出生的皇次子载壡为皇太子。嘉靖中叶，其日事斋醮，不理朝政。嘉靖晚年，更是整日在内廷梵修，深居简出，迷信更甚。康熙二十五年（1686 年）所使用的二十九宝已经不改径删，表明了康熙帝对嘉靖帝“大礼议”事件的否定态度。

（二）增加的三宝

康熙帝采取了一系列措施，如除权臣鳌拜、整顿朝纲、勤政务实、绥抚蒙古、处理宗藩关系、缓和满汉矛盾等。因而增加三宝，反映出康熙帝在处理政务、战事、外交方面的需要。

1.“奉天法祖亲贤爱民”宝

此宝用途为“御书特书大政要务布告等事”。从康熙一朝的盛事中能够看到，康熙帝完成了国家统一、建立了相关的典章制度、调整政策、恢复和发展生产、治河，康熙十六年（1677 年）设南书房、选品学兼优的翰林院汉官入直，康熙二十三年（1684 年）还下令仿《唐六典》编纂《大清会典》，宣称“满汉一体”。康熙皇帝是清代皇帝中系统学习儒家经籍的开创者，他推崇程朱理学，又规定科举考试必须以朱熹注释的《四书》《五经》为完卷标准。康熙朝面临如此众多的大政要务，特别需要有关颁发要务的宝玺。

2.“敕正万邦之宝”

此宝用途为“以诰外国”。1670 年至 1720 年期间，对外交流频繁，俄国使者六次觐见康熙皇帝，请求贸易、通商等事宜。随着西方传教士的进入，中西文化交流不断扩大和深入。康熙皇帝对天主教的认知和宽容，是因为认识到传教士所具有的科学技术的重要性，并对西方科学技术进行研习和推广。康熙四十六年（1707 年）、康熙五十九年（1720 年），罗马教皇为在华耶稣会士与中国基督徒的礼仪问题，两次遣使来华觐见皇帝。这些事例在历史上超过了明朝。如此众多的外交事务，使康熙皇帝增加了这方用于外交事务的宝玺，是非常重要的。

3. “制驭六师之宝”

此宝用途为“御驾亲征行营之用”。康熙帝经过八年，平定了三藩之乱。康熙二十二年（1683 年）收复了台湾。康熙二十三年（1684 年），清政府正式解除海禁，开海贸易。康熙二十四年（1685 年）至二十五年（1686 年）进行了中国领土的两次雅克萨之战。康熙皇帝三次亲征，平定噶尔丹叛乱等，完成了国家的统一。

此三宝在“康乾盛世”中，起到了重要作用。

（三）印文重复的三宝

康熙二十九宝中有 3 种印文重复，即“皇帝之宝”“制诰之宝”和“敕命之宝”。这 3 方宝是向全国颁布诏书，向臣僚颁发上谕时使用的，这 3 方宝康熙时期使用繁多。康熙皇帝还把经常使用的印玺制作了备份，说明他在执政时期对宝玺的重视。

此三宝已各有 1 方，康熙为何还要制造同一印文的印玺呢？一是因为二十九宝中前六宝为“宫内收贮”，后二十三宝为“内库收贮”；二是因为康熙皇帝多次南巡北狩，即使在京期间也经常居住在小汤山、畅春园等离宫别苑，三宝使用率较高，为使用更加方便，才增加了这 3 方宝玺的备份。

二、二十五宝的确立

康熙二十九宝，雍正皇帝时未做改动。但乾隆初期，又陆续增加了 10 方宝玺。到乾隆十一年（1746 年），收藏在交泰殿的皇帝宝玺已有 39 方，乾隆皇帝认为宝玺的数量和设放地点尚未制度化，用途不规范，玺文篆刻亦不统一。

乾隆《御制宝谱序》中写道：

> 其质有玉、有金、有栴檀香木，玉之品有白、有青、有碧。纽有交龙、有盘龙、有蹲龙，其文自太宗文皇帝以前，专用国书，既乃兼用古篆。其大小自方六寸至二寸一分不一，尝考《大清会典》载，御宝二十有九，今交泰殿所贮三十有九；《会典》又云，宫内收贮者有六，内库收贮者二十三，今则皆贮交泰殿，数与地皆失。[1]

根据“爰取周易大衍天数二十有五之义，定为二十有五之数”，[2] 乾隆十一年（1746 年），

---

1 清鄂尔泰、张廷玉等编纂：《国朝宫史》页 212，乾隆《御制宝谱序》，北京古籍出版社，1987 年。
2 清庆桂等编纂、左步青校点：《国朝宫史续编》页 187，乾隆《御制匣衍记》，北京古籍出版社，1994 年。

从原39印中挑选出25方，以为典藏。乾隆帝确定了二十五宝的名称、尺寸、纽式和用途，并对国家御宝的宝文形制、保管、使用等，进行了制度上的改定。二十五宝代表和囊括了皇帝行使国家最高权力的各个方面，乾隆十三年（1748年），乾隆帝指授儒臣对二十五宝的厘定、改镌、位置、使用做了具体改定。

（一）二十五宝的厘定

乾隆初，建立了一系列宫廷制度，涉及面很广。乾隆七年（1742年）令内廷大学士鄂尔泰、张廷玉等编纂《国朝宫史》；五月，命将历朝《实录》缮写作满汉文各一部，送往盛京尊藏；乾隆九年（1744年），北京雍和宫改建喇嘛庙；乾隆十一年二月初一日开始对二十五宝进行整理：

> 胡世杰传与总管潘凤，将交泰殿宝薮、宝档请去，交与胡世杰伺候上览。十一年二月初一日，首领郑爱贵、文旦传旨：着总管潘凤将交泰殿宝三十九颗，安在养心殿东暖阁伺候上览。于四月十三日上览过，将御前之宝一颗、汉玉，无字宝一颗、碧玉，制诰之宝一颗、白玉，敕命之宝一颗、白檀香，上留用；其余三十五颗着总管王常贵、张云柱，交与交泰殿安二十五颗，随宝薮一册，宝谱一本。又往盛京安奉宝十颗，着胡常保代去安奉，随宝薮一册，宝谱一本。交内阁张廷玉、纳亲接去。钦此。[1]

接着乾隆帝又于四月十三日将三十九宝分为3处收藏，二十五宝存交泰殿、十宝存盛京、四宝留用，仅用两个多月就完成了二十五宝的厘定。

交泰殿二十五宝一览表

序号	印（宝）文	质地及纽式	字体	用途	十三年改镌后的变化
1	大清受命之宝	白玉盘龙纽	满汉	以章皇序	保留汉文篆书、满文本字
2	皇帝奉天之宝	碧玉盘龙纽	满汉	以章奉若	同上
3	大清嗣天子宝	金交龙纽	满汉	章继绳以	同上
4	皇帝之宝	青玉交龙纽	满文	以布昭赦	保留满文本字

1 《交泰殿日记档》陈设档644，清乾隆元年钞本，故宫博物院图书馆。

序号	印（宝）文	质地及纽式	字体	用途	十三年改镌后的变化
5	皇帝之宝	檀香木盘龙纽	满汉	以素法驾	改汉文篆书满文本字为汉文篆书满文篆书
6	天子之宝	白玉交龙纽	满汉	祭祀百神	同上
7	皇帝尊亲之宝	白玉盘龙纽	满汉	以荐徽号	同上
8	皇帝亲亲之宝	白玉交龙纽	满汉	以展宗盟	同上
9	皇帝行宝	碧玉蹲龙纽	满汉	以颁赐赉	同上
10	皇帝信宝	青玉交龙纽	满汉	以征戎武	同上
11	天子行宝	碧玉交龙纽	满汉	以册外蛮	同上
12	天子信宝	白玉交龙纽	满汉	以命诸方	同上
13	敬天勤民之宝	白玉交龙纽	满汉	以饬觐吏	同上
14	制诰之宝	青玉交龙纽	满汉	以谕臣僚	同上
15	敕命之宝	碧玉交龙纽	满汉	以钤诰敕	同上
16	垂训之宝	碧玉交龙纽	满汉	以扬国宪	同上
17	命德之宝	青玉交龙纽	满汉	以奖忠良	同上
18	钦文之玺	墨玉交龙纽	满汉	以重文教	同上
19	表章经史之宝	碧玉交龙纽	满汉	以崇古训	同上
20	巡狩天下之宝	青玉交龙纽	满汉	以从省方	同上
21	讨罪安民之宝	青玉交龙纽	满汉	以张征伐	同上
22	制驭六师之宝	墨玉交龙纽	满汉	以整戎行	同上
23	敕正万邦之宝	青玉交龙纽	满汉	以诰外国	同上
24	敕正万民之宝	白玉盘龙纽	满汉	以诰四方	同上
25	广运之宝	墨玉交龙纽	满汉	以谨封识	同上

（二）二十五宝的改镌

乾隆十三年（1748 年），乾隆皇帝指授儒臣改满、汉文为篆体，改镌二十一宝，左满篆，右汉篆，一律用玉箸文。[1] 从档案记载的请出和请进日期看，常用宝玺先改，同一次请出的不一定同时请回，共分七次才完成。自乾隆十三年始，历时 4 年零 7 个多月才全部完成二十一宝的改镌。

二十一宝改镌一览表（前 4 宝未改）

序号	宝名	请出日期	请进日期
5	皇帝之宝	十三年十二月二十六日	十四年正月十九日
6	天子之宝	十三年十二月二十六日	十四年五月初一日
7	皇帝亲亲之宝	十三年十二月二十六日	十四年五月初一日
8	天子信宝	十四年十二月二十日	十五年八月初八日
9	皇帝信宝	十四年六月十九日	十四年十月初七日
10	制诰之宝	十三年十二月二十六日	十四年六月十九日
11	皇帝尊亲之宝	十四年五月初一日	十四年十月二十日
12	天子行宝	十四年六月十九日	十五年一月二十五日
13	皇帝行宝	十四年五月初一日	十四年十二月二十日
14	敬天勤民之宝	十四年十二月初七日	十五年八月初十日
15	敕命之宝	十三年十二月二十六日	十四年六月十六日
16	垂训之宝	十四年十二月十九日	十五年八月初十日
17	钦文之玺	十五年八月初十日	十六年五月十九日
18	巡狩天下之宝	十五年八月初十日	十六年五月十七日
19	制驭六师之宝	十六年五月十七日	十七年四月二十八日
20	敕正万民之宝	十六年五月十七日	十七年四月二十八日
21	命德之宝	十五年五月二十五日	十六年五月十七日
22	表章经史之宝	十五年八月初十日	十六年五月十七日
23	讨罪安民之宝	十六年五月十七日	十七年四月二十八日
24	敕正万邦之宝	十六年五月十七日	十七年二月十五日
25	广运之宝	十六年五月十七日	十七年七月十五日

二十五宝前 4 宝中有 3 方保留了汉文篆书、满文本字，即白玉盘龙纽“大清受命之宝”、碧玉盘龙纽“皇帝奉天之宝”、金交龙纽“大清嗣天子宝”；纯满文本字 1 方，即青玉交龙纽“皇帝之宝”；而在代表皇权的宝玺上均改用满文、汉文合璧，说明乾隆皇帝对汉文化的尊崇。

清代，满语和满文成为全国的“国语”和“国书”。谕定凡属重要敕谕、表文、军报、祭词、

1 玉箸文为篆书的一种，其笔画圆润温厚，形如箸筷而得名。

交泰殿二十五宝方位图

皇帝之宝	大清嗣天子宝	大清受命之宝	皇帝奉天之宝	皇帝之宝

广运之宝	敕命之宝		制诰之宝	敕正万民之宝
敕正万邦之宝	敬天勤民之宝	宝座	天子信宝	制驭六师之宝
讨罪安民之宝	天子行宝		皇帝信宝	巡狩天下之宝
表章经史之宝	皇帝行宝		皇帝亲亲之宝	钦文之玺
命德之宝	皇帝尊亲之宝		天子之宝	垂训之宝

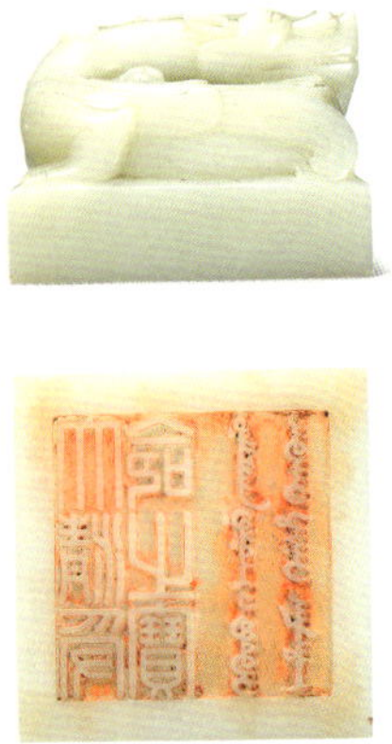

图 1. 大清受命之宝（二十五宝之一）

图 2. 皇帝之宝（二十五宝之一）

碑文、殿额等，或全系满文或满、汉文。在紫禁城宫殿的殿额和门额上，是以满、汉文书写，早期的还有蒙、藏文。

（三）二十五宝的位置

交泰殿是紫禁城内廷后三宫之一，位于乾清、坤宁两宫之间的中轴线上，明嘉靖年间建。乾隆御笔《匣衍记》载："乾隆十一年春，始因交泰殿旧藏国宝，记载流传其数失实……"[1] 说明乾隆初年，交泰殿就藏有宝玺。"国朝受天命，采古制为玺，掌以内阁，承收以宫殿监正，袭以重盝、承以髹几，设交泰殿中，以次左右列。当用，则内阁请而用之。"[2] 乾隆皇帝将二十五宝供奉在此，意义非凡。乾隆时对宝谱的安贮、宝箱等配套附件进行了一系列完善工作，乾隆十六年（1751 年）又详定二十五宝位置，并贮交泰殿。二十五宝陈设是有序的，以宝座后中间为开始、其次以东西各两排排序[3]（根据档案记载，二十五宝摆放位置与二十宝顺序不太一致）。

1. 正一排位置

四"皇帝之宝"，二"皇帝奉天之宝"，一"大清受命之宝"（图 1），

---

1 清庆桂等编纂、左步青校点：《国朝宫史续编》页 187，乾隆《御制匣衍记》，北京古籍出版社，1994 年。
2 清鄂尔泰、张廷玉等编纂：《国朝宫史》页 212，乾隆《交泰殿宝谱序》，北京古籍出版社，1987 年。
3 交泰殿陈设档，陈 666，清抄本页 1—8。

三“大清嗣天子宝”，五“皇帝之宝”（图2）。

2. 东内排位置

六“天子之宝”，七“皇帝亲亲之宝”，八“皇帝信宝”，九“天子信宝”，十“制诰之宝”。

3. 西内排位置

十一“皇帝尊亲之宝”，十二“皇帝行宝”，十三“天子行宝”，十四“敬天勤民之宝”，十五“敕命之宝”。

4. 东外排位置

十六“垂训之宝”，十八“钦文之玺”，二十“巡狩天下之宝”，二十二“制驭六师之宝”，二十四“敕正万民之宝”。

5. 西外排位置

十七“命德之宝”，十九“表章经史之宝”，二十一“讨罪安民之宝”，二十三“敕正万邦之宝”，二十五“广运之宝”。[1]

（四）二十五宝的使用

乾隆十三年（1748年），乾隆皇帝在《〈交泰殿宝谱序〉后》中说：“按谱内青玉皇帝之宝、本清字篆文，传自太宗文皇帝时，自是以上四宝，均先代相承传，为世守者，不敢轻易。其檀香皇帝之宝以下二十一宝，则朝仪纶綍所常用，宜从新。”[2]

乾隆二十五宝前4宝基本不用，只是彰显大清皇帝受命于天的正统身份，表明清代统治是奉天命而行和遵照上天的标准而行事的。另二十一宝分别用于政治、军事、文教、宗室、外交等八个方面。

用于政务6方：檀香木“皇帝之宝”“敬天勤民之宝”“敕正万民之宝”“制诰之宝”“敕命之宝”“垂训之宝”；

用于军事4方：“皇帝信宝”“命德之宝”“讨罪安民之宝”“制驭六师之宝”；

用于文教3方：“皇帝行宝”“钦文之玺”“表章经史之宝”；

用于宗室2方：“皇帝尊亲之宝”“皇帝亲亲之宝”；

用于外交及少数民族3方：“敕正万邦之宝”“天子行宝”“天子信宝”；

用于出巡1方：“巡狩天下之宝”；

用于祭祀1方：“天子之宝”；

用于亲笔题写1方：“广运之宝”。

---

1 《交泰殿》清钞本，年代不详，陈设档665。

2 《〈交泰殿宝谱序〉后》，《清史稿·舆服志》卷八六，页1634，民国十七年清史馆本。

清代御宝的使用由内阁负责，每遇用宝，先期用宝牌将使用情况奏明请旨。待皇帝批准后，按规定程序请用御宝。根据现有文献统计，清代二十五宝印文只有檀香木“皇帝之宝”、青玉“制诰之宝”、碧玉“敕命之宝”、白玉“皇帝尊亲之宝”经常钤用。

檀香木“皇帝之宝”满汉文篆书，排在二十五宝第五，此宝是钤用最多的国宝。从现档案记载看：皇帝登基、皇后册命、皇帝大婚、发布重要诏书等均用此宝。从现存文献“圣旨”中，我们可以看到它的使用情况。

青玉“制诰之宝”，敕封五品以上官员的钤此宝。

碧玉“敕命之宝”，皇帝对六品以下官员发布敕谕钤此宝。

白玉“皇帝尊亲之宝”，皇帝、皇后要有徽号，上徽号诏时钤此宝。

乾隆十六年（1751年）乾隆皇帝对用宝情况进行了重新规定：

十一月二十六日，奉旨：嗣后用宝着交泰殿立档案。十七年正月初八，胡世杰要宝谱一本，伺候上览，交与王常贵接去。十七年三月初十日，履亲王重新钉进。

乾隆十八年（1753年）三月二十一日，为保和殿“皇建有极”匾请用“广运之宝”到懋勤殿。四月一日首领郑爱贵奉旨：斋宫“敬天”匾一面，用“广运之宝”。

乾隆三十八年（1773年）四月初五日，永乐大典第一本前写《御制永乐大典序》上用，“钦文之玺”1方，在懋勤殿。

乾隆六十年（1795年）二月初九，军机大臣和珅传旨：《永乐大典》书内用“钦文之玺”1方，在懋勤殿。[1]

乾隆六十年（1795年）十二月二十八日军机大臣传旨：嘉庆元年正月初一日卯时，和珅将交泰殿设白木之玺“皇帝之宝”1方，请至太和殿，传于嘉庆皇帝。受贺毕同军机大臣阿贵、和珅请回，仍安交泰殿。[2]

三、关于原藏交泰殿三十九宝的几个问题

（一）关于“大清嗣天子宝”（图3）

在乾隆皇帝选定的二十五宝中，有在康熙二十九宝中未见的“大清嗣天子宝”，说明“康熙时期宫中所藏宝玺并不止29种，康熙起码是从30种宝玺中筛选的二十九宝”[3]。“大清嗣天

1 故宫博物院图书馆陈设档644，《交泰殿日记档》乾隆元年立（钞本）。
2 故宫博物院图书馆陈设档644，《交泰殿日记档》乾隆元年立（钞本）。
3 叶其峰：《古玺印通论》页270，紫禁城出版社，2003年。

图 3. 大清嗣天子宝（二十五宝之一）

子宝”在二十五宝中排第三。乾隆十三年（1748 年），乾隆帝在《〈交泰殿宝谱序〉后》中说：“按谱内青玉皇帝之宝、本清字篆文，传自太宗文皇帝时，自是以上四宝，均先代相承传为世守者，不敢轻易。”实际上这 4 方御宝均为太宗时期之御宝，是皇太极崇德元年（1636 年）称皇帝、改国号大清以后所制。[1] 也就是说“大清嗣天子宝”是前代相承印。

另外，“大清嗣天子宝”在文献上一直记载均为金质，实际为银镀金宝。在故宫《交泰殿奉安宝册》档案中，二十五宝中“大清嗣天子宝”下面有一黄条：“乾隆三十年五月初九日，呈览过。奉旨：交给傅恒等认看，是银镀金宝，重六十四两。奉旨仍供交泰殿。”[2] 这说明乾隆皇帝也发现了这一问题，还特别请大臣傅恒等认看，只不过没有更改，以至我们现在看到的官方文献均写作金质。

（二）盛京十宝的选定

乾隆帝确立二十五宝时淘汰了康熙原二十九宝中的五宝，即“制诰之宝”“敕命之宝”“御前之宝”“丹符出验四方”“奉天法祖亲贤爱民”，增加了“大清嗣天子宝”。乾隆帝从乾隆初年交泰殿三十九宝中厘定二十五宝后，从剩下的十四宝中又选出 10 方，为盛京十宝。

乾隆帝在《御制宝谱记》中对盛京十宝移藏做了记述：“其文或复见及国初行用者为数凡十，虽不同于现用诸宝，而未可与古玩并列。因念盛京为国家发祥之地，祖宗神爽实所式凭。”[3] 这 10 方宝文有的与二十五宝文重复，或者是清初诸帝使用过，曾经在历史上发挥了很大作用，所以乾隆帝非常重视，特将十宝送至盛京（今沈阳），藏于盛京皇宫凤凰楼上。

1 任万平：《清代官印制度综论》，《明清论丛》，紫禁城出版社，1999 年。
2 《交泰殿奉安宝册》清乾隆二十一年钞本，陈设档 325。
3 《大清会典则例》卷二，页 22，清文渊阁四库全书本。

图 4. 皇帝之宝

图 5. 皇帝之宝

图 6. 奉天之宝

盛京十宝分别为：

1. 碧玉蹲龙纽“大清受命之宝”，满汉文；

2. 青玉交龙纽“皇帝之宝”，满汉文；

3. 碧玉盘龙纽“皇帝之宝”，满汉文（图 4）；

4. 檀香木素纽“皇帝之宝”，满文（图 5）；

5. 金交龙纽“奉天之宝”，满文（图 6）；

6. 金交龙纽“天子之宝”，满文（图 7）；

图 7. 天子之宝

图 8. 奉天法祖亲贤爱民宝

图 9. 制诰之宝

7. 碧玉交龙纽“奉天法祖亲贤爱民”，满汉文（图 8）；

8. 青玉交龙纽“丹符出验四方”，后来改镌印文“制诰之宝”，汉文（图 9）；

9. 青玉交龙纽“敕命之宝”，满汉文（图 10）；

10. 金交龙纽“广运之宝”汉文。（图 11）

盛京十宝与二十五宝印文重复 8 方，只是质地不同。即“大清受命之宝”1 方，“皇帝之宝”3 方，“奉天之宝”1 方，“天子之宝”1 方，“敕

图 10. 敕命之宝

图 11. 广运之宝

命之宝”1 方，“广运之宝”1 方。另有“奉天法祖亲贤爱民”“丹符出验四方”，这两方宝不含在二十五宝之列。

1. 碧玉交龙纽“奉天法祖亲贤爱民”

满汉文。在二十五宝中没有此印文，但有“皇帝奉天之宝”，康熙时定用于“御书特书、大政要务布告等事”，与二十五宝中的“皇帝之宝”和“敕正万民之宝”在用途方面基本相同。但此印是康熙时期新增加的三宝之一，在历史上发挥过重要作用，乾隆皇帝为取“二十五”之数，不得不将其另定为盛京十宝。

2. 青玉交龙纽“丹符出验四方”

此宝文据《明史·舆服志四》记载：明初十七宝“又有御前之宝、表章经史之宝、钦文之玺、丹符出验四方”句，文中的“四方”是指这四方宝文，清人误以为“四方”2 字是宝文，于是就创造出“丹符出验四方”这方印章，奉为宝。[1] 乾隆帝在厘定二十五宝时未选此宝，盛京十宝后来将其换下。

---

1 叶其峰：《古玺印通论》页 270，紫禁城出版社，2003 年。

关于“丹符出验四方”是什么时候改镌“制诰之宝”的，档案记载:乾隆二十七年（1762 年）七月十六日奉旨 :“总管王常贵交来盛京宝谱一册，宝薮一本。乾隆二十七年八月十七日，掌仪司员外郎常恭交进，盛京请来‘丹符出验四方’青玉一颗，交交泰殿暂收。于本月九月二十九日，交造办处改刻‘制诰之宝’,于二十八年四月十二日造办处刻得,仍交交泰殿暂收。于本年十月十二日，总管王常贵交大学士忠勇公傅恒领去，制诰之宝一颗，内有清汉字识语一册、连箱，盛京宝谱两份、交泰殿宝谱两份、将军印谱一份、并匣，新宝套十个、钥匙并牌，交内阁侍读满岱领去，送往盛京。”[1] 可见，从乾隆二十七年八月十七日到二十八年四月十二日，改镌过程历时 7 个多月。

清晚期盛京十宝的存贮发生了一些变化。光绪二十六年（1900 年）东北地区义和团运动兴起，沙俄军队以“护路、剿匪”为借口，派兵入侵辽东。九月，南路俄军相继攻陷海城、牛庄、辽阳等城，逼迫盛京，盛京告急。盛京将军派人将历代皇帝“圣容”和“十宝”等藏品运出，“十宝”被送往承德避暑山庄。1914 年，故宫成立古文物陈列所，又送回北京，[2] 现藏故宫博物院。但其中碧玉蹲龙纽“大清受命之宝”和碧玉盘龙纽“皇帝之宝”二宝，1959 年分别借给中国革命博物馆和中国历史博物馆，即现在的中国国家博物馆。

（三）留用四宝

交泰殿原藏三十九宝，其中乾隆帝厘定二十五宝、确立盛京十宝后，还有 4 方宝玺。

乾隆帝在御制《交泰殿宝谱序》中只提到碧玉无字宝和所谓的传国玺也在其中。[3] 在三十九宝中,这 4 方宝印文是什么,又在何处? 这个问题一直没有答案。在查阅档案的过程中，终于发现了线索 : 乾隆“十一年四月十三日上览过（按 : 三十九宝），将御前之宝一颗、汉玉，无字宝一颗、碧玉，制诰之宝一颗、白玉，敕命之宝一颗、白檀香，上留用”[4]。关于碧玉无字宝一颗，档案记载 :“乾隆三年十二月十九日，总管李英交来，松江提督高起卫进碧玉无字宝一颗，差交泰殿收”。[5] 乾隆皇帝在《御制交泰殿宝谱序》中提到 :“雍正年故大学士高其位进未刻碧玉宝一，文未刻则未成为宝，而与诸玺同贮，亦未当。”[6]

上面提到的留用白玉宝“制诰之宝”,就是所谓的元代传国玺,被列为上等。元传国玺“制诰之宝”，相传元时曾收藏于大内，元顺帝被朱元璋打败，带此印弃都北去，后在应昌府故。200 余年后，一个牧羊人在放羊时发现了这方印。不久，此印由元皇室后裔博硕克图汗拿回保存，后来林丹汗击败博硕克图汗，得到此印。天聪九年（1635 年）多尔衮西征察哈尔，从

1 《交泰殿日记档》乾隆元年立（钞本），故宫博物院图书馆陈设档 644。
2 沈阳故宫博物院:《盛京皇宫》页 380，紫禁城出版社，1987 年。
3 《御制宝谱序》，《国朝宫史》上，北京古籍出版社，页 212。
4 《交泰殿日记档》乾隆元年立，清乾隆元年钞本，故宫博物院图书馆陈设档 644。
5 《交泰殿日记档》乾隆元年立，清乾隆元年钞本，故宫博物院图书馆陈设档 644。
6 清鄂尔泰、张廷玉等编纂:《国朝宫史》页 212—214，《御制宝谱序》，北京古籍出版社，1987 年。

苏泰太后福金那里索取了此印。多尔衮将此讯特告皇太极，皇太极大喜，在多尔衮回朝时出行百里之外出迎，并举行了隆重的接宝仪式。谕曰："此玉玺乃历代皇帝王所用之宝。"[1] 现存中国第一历史档案馆《崇德元年七月初十日封庄妃册文》上钤有"制诰之宝"，或许就是此宝的印文。故宫现不存。

那么，这四宝乾隆帝是如何"留用"的呢？造办处活计档记载：乾隆十三年（1748 年）五月匣作："二十二日，七品首领萨木哈来说：太监胡世杰交白玉宝一方，随文锦匣一件，楠木匣一件。传旨：着将文锦匣盖贴墨刻签字配包袱，入上等。其楠木匣做材料用。钦此。于乾隆十九年三月二十日配得锦匣、锦袱持进，交太监胡世杰。进讫。"[2] 这里说的是应该是白玉"制诰之宝"。

乾隆十三年五月二十二日，七品首领萨木哈来说："太监胡世杰交碧玉宝一方、汉玉宝一方、檀香木一方，各随文锦匣一件，楠木匣一件。传将楠木匣上糊锦入次等。其文锦匣做材料用。钦此。于乾隆十九年四月初六日员外郎白世秀将宝三方各配得锦匣、锦袱持进，交太监胡世杰。进讫。"这里说的就是"碧玉未刻宝"、汉玉"御前之宝"、檀香木"敕命之宝"三宝。

在乾隆十三年改镌二十五宝前将留用四宝，各配锦匣、锦袱。虽然，造办处活计档没有写明印文，但太监胡世杰其人正是乾隆厘定二十五宝时具体办事的太监。时间、人员、4 方印质地均能对上。从乾隆十三年五月做匣到十九年四月，近 6 年才完成，完成后收藏在养心殿东暖阁。道光十五年七月此宝在养心殿东暖阁档案有记载："入古上等：元'制诰之宝'一方；'八徵耄念之宝五福五代堂'二方……"这说明与"八徵耄念之宝五福五代堂"等宝一起存放，[3] 而"入次等"的三方宝没有记载。

（四）"受命于天既寿永昌"传国玺

相传秦始皇得蓝田美玉，由李斯篆文"受命于天既寿永昌"制为玺，秦亡玺归汉，作为王朝政权的象征，称为"传国玺"。王朝更替，传国玺随之易主。西晋"永嘉之乱"，传国玺散亡佚，此后传国玺迭出迭没，得者为"正统"。事实上，历代所谓"复得"，差不多全为后代伪造之物。明清两代对于所谓"传国玺"已远不如前代那样奉若神圣。

乾隆帝在《御制宝谱序》中说："交泰殿有三十九宝，'受命于天既寿永昌'一玺，不知何时附藏殿内，反置之正中。"乾隆初期宫内有两方"受命于天既寿永昌"玺，一方在交泰殿，另一方在"别殿"。档案记载："十一年二月十四日，首领郑爱贵传旨：交泰殿'受命于天既

1 中国第一历史档案馆编：《清初内国史院满文档案译编》上册，页 190。
2 中国第一历史档案馆藏：《清宫造办处活计档》16 册，页 320。
3 《入古上等时做次等多宝格式东西暖阁陈设档》清道光十五年七月钞本，故宫博物院图书馆陈设档 017。

图 12. 受命于天既寿永昌

寿永昌'宝请到启祥宫交与郎正培，旧字磨去，另刻新字样'大清受命之宝'。钦此。"[1]

此处"受命于天既寿永昌"宝没有说明质地，根据乾隆《御制宝谱序》中"独玉质莹洁如截肪，方得黍尺四寸四分，厚得方之三，以为良玉不易得"。另在造办处活计档中查到的这条档案，经过对比正好可以补充说明。"十一年二月十九日，副催总六十七持来司库郎正培、骑都尉巴尔党押帖一件，内开为二月十四日懋勤殿首领郑爱贵持来白玉宝一方。传旨：交司库郎正培，着向造办处传玉匠一名进启祥宫，将旧字磨去，着朱彩照本文刻上。钦此。"[2] 这两件档案中所说的均为宝文改镌之事，且时间和人物（郑爱贵）相符。由此可见，白玉宝一方说的就是这方"受命于天既寿永昌"，改为"大清受命之宝"，其质地为白玉，但此印故宫现无存。

而另一方收藏在"别殿"的"受命于天既寿永昌"玺（图 12），现藏于故宫。乾隆皇帝《御制宝谱序》中文中谈到的"乾隆三年，高斌督河时，奏进属员浚宝应河所得玉玺，古泽可爱，文与《辍耕录》载蔡仲平本颇合。朕谓此好事者仿制所为，贮之别殿，视为玩好旧器而已"。此宝通高 6.1 厘米，印面方 6.7 厘米，台纽，通体浅刻勾云纹。以前一直视为旧玉，20 世纪 90 年代初发现此宝外釉色在印边角处有脱落，露出里面的紫砂，笔者请故宫玉器专家李久芳先生鉴定此宝为紫砂陶制，外烧花色釉。所以乾隆皇帝认为："所得玉玺，古泽可爱。"虽然，乾隆帝将其视为玉玺，但"朕谓此好事者仿制所为，贮之别殿，视为玩好旧器而已"。

乾隆皇帝对交泰殿三十九宝的整理，特别是对二十五宝和盛京十宝的厘定，体现了乾隆皇帝的历史观和治国安民的思想，通过乾隆皇帝对交泰殿三十九宝的整理，我们认知了清代宝玺的发展与变化。

1 《交泰殿日记档》乾隆元年立（钞本），故宫博物院图书馆陈设档 644。
2 中国第一历史档案馆藏：《清宫造办处活计档》14 册，页 368。

清初皇帝宝玺

清初，由于战乱保存下来的皇帝宝玺寥寥无几，因为清康熙以前无印谱，现根据故宫藏康熙《宝薮》著录以外的清早期印章进行整理，发现仅有 10 多方，还有顺治帝 6 方小印，现将故宫现存具有清初特点的玺印进行分类介绍。

清早期皇帝宝有檀香木海马纽宝、龙纽宝、印押及玉石宝等，虽然数量不多，但也能反映出清早期宝玺概况。这些宝玺多为木质，是清代皇帝宝玺的重要组成部分。

1. 檀香木海马纽“御前之宝”（图 13）

此印文宝玺共 4 方，尺寸有所区别，但印文均在 10 至 16 厘米之间，2 行各 2 字，阳文篆字。皇帝密旨发给大臣用“御前之宝”。

2. 檀香木海马纽“广运之宝”（图 14）

通高 15.9 厘米，纽高 9.5 厘米，长 15.9 厘米，宽 15.8 厘米，2

图 13. 御前之宝

图 14. 广运之宝

图 15. 御府图书

图 16. 皇帝敬天之宝

行各 2 字，为汉文，阳文篆字，用于皇帝亲笔题写的文书之上。其组式及镌刻为清早期印玺之代表。

3. 檀香木海马纽“御府图书”（图 15）

通高 16 厘米，纽高 9. 4 厘米，长 15.5 厘米，宽 15.7 厘米。2 行各 2 字，阳文篆字。用于皇帝的书画及图书之上。

4. 檀香木蹲龙纽“皇帝敬天之宝”（图 16）

通高 15.5 厘米，纽高 10.5 厘米，长 15.9 厘米，宽 15.8 厘米。蹲龙纽。2 行各 3 字，阳文篆字，此印为皇帝祭天时使用。

5. 檀香木蹲龙纽“广运之宝”（图 17）

通高 10 厘米，纽高 6.2 厘米，印面方 10 厘米。蹲龙纽，2 行各

图 17. 广运之宝

图 18. 表章经史之宝

图 19. 勤民之玺

2 字，阳文篆字，用于奖励臣工时，皇帝亲笔题写的文书之上。

6. 檀香木蹲龙纽“表章经史之宝”（图 18）

通高 10 厘米，纽高 6 厘米，印面方 10 厘米。蹲龙纽，3 行各 2 字，阳文篆字，用于文教方面。

7. 檀香木云头纽“勤民之玺”（图 19）

通高 8 厘米，纽高 5 厘米，印方 6.8 厘米，2 行各 2 字，阳文篆字。皇帝常以“勤民”标榜自己，以勤政养民。

8. 檀香木云头纽“御府图书”（图 20）

通高 14.8 厘米，纽高 8.8 厘米，长 15.9 厘米，宽 15.8 厘米。2 行各 2 字，阳文篆字，印文解释同上。

图 20. 御府图书

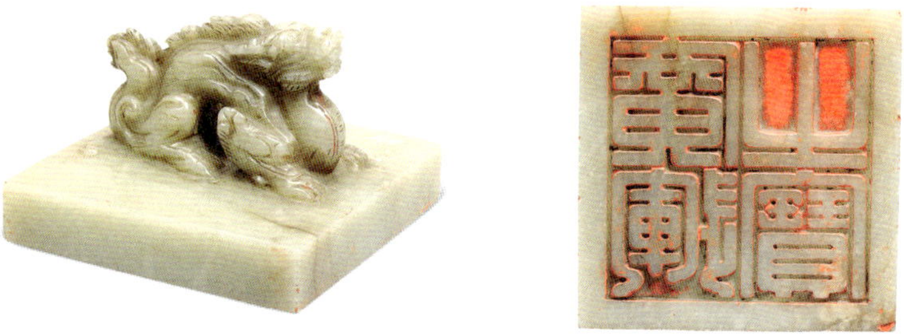

图 21. 广运之宝

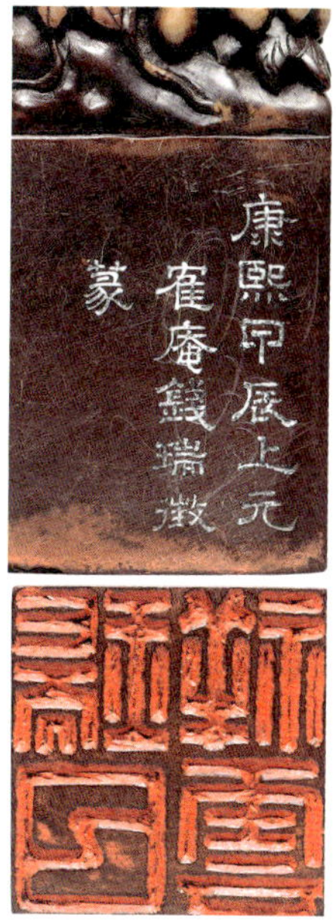

图 22. 瑞日祥云

9. 青玉蹲龙纽“广运之宝”（图 21）

通高 7.5 厘米，纽高 5.5 厘米，印面方 10.9 厘米。青玉阳文汉文篆书，2 行 2 字。蹲龙居于印模之中，龙形简练，笔法豪放，龙口方，上唇翘，凸鼻，突眼，两角后伏凸起，发后披波状，连脊背呈不规则火焰状，尾上翘，通体无鳞，四足均露前部有四爪，前腿上有火焰覆盖身部，前胸腹部有毛纹。

此宝不在康熙二十九宝之内，但为康熙时期宝玺。其印体较薄，很明显是磨刻的。清初“广运之宝”为最多，有 3 方。

10. 端石果树纽“瑞日祥云”印（图 22）

通高 9 厘米，纽高 4.7 厘米，印面方 4.4 厘米。印四边分别刻“瑞日祥云”“康熙甲辰上元鹤庵钱瑞征篆”“旦复旦纠缦缦福繁滋功巍焕，皇承庥兮蔼流昌于万斯年乐未央”“臣钱陈群恭进”。此印为康熙时期钱瑞征篆刻，其孙钱陈群进献。

11. 端石果树纽“和风甘雨”印（图 23）

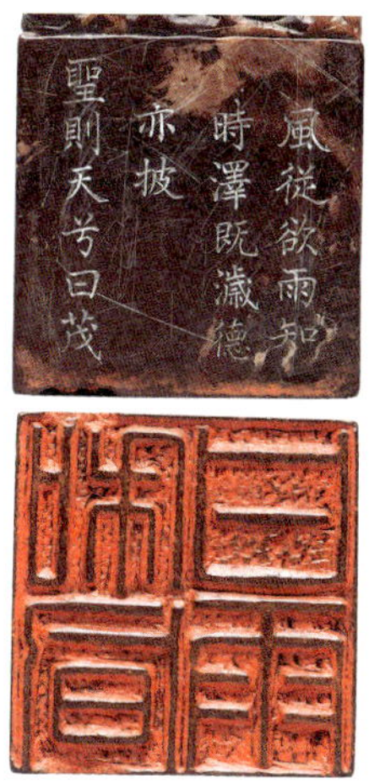

图 23. 和风甘雨

通高 9.2 厘米，纽高 5 厘米，印面方 4.3 厘米。四边分别刻“和风甘雨”“康熙甲辰上元鹤庵钱瑞征篆”“风从欲雨知时泽既瀸德亦披，圣则天兮曰茂对于万斯年乐清泰”“臣钱陈群恭进”。此印为康熙时期钱瑞征篆刻，其孙钱陈群进献。

钱瑞征，字鹤庵，嘉兴人。康熙癸卯二年（1663）举人，著《南楼诗草》《忘忧草》等集。[1]钱陈群，字主敬，清朝大臣。父纶光，早卒。钱瑞征为其祖父。此印为乾隆第四次下江南时钱陈群将其祖父镌刻的2方印章进献给乾隆皇帝。在他的文集中讲道："康熙四十四年乙酉，臣年二十随臣祖臣瑞征恭迎圣祖，法惊于吴江道上，今年臣政八十皇上四次巡典，臣随至杭州驾于观海后，幸杭州行宫，岁辰恰周甲子。"[2]

乾隆三十年（1748年），乾隆帝曾经撰写御制诗《题钱陈群进伊祖瑞征所篆瑞日祥云和风甘雨章》，记录了这2件印章的情况。

迎春帖子进南方，先以家传古篆章，
瑞日祥云兆岁美，和风甘雨卜农庆，
休征敢谓诗斯应，善颂还嘉规不忘，
愿其吾民沐新祉，春祺喈喈萃方昌。[3]

在钱陈群20岁时，曾经随其祖父钱瑞征恭迎圣祖过康熙皇帝南巡，60年后在他80岁乾隆第四次南巡时，将祖父钱瑞征镌刻的两印进献给了乾隆皇帝。当时正是乾隆盛世时期，表达了他们祖孙二人"瑞日祥云""和风甘雨"的美好愿望。此印镌刻于康熙三年，所以根据其制作时期将其归为康熙时期印。由于皇帝宝玺有专门机构镌刻，一般无款及作者署名，这2方印章也是故宫现存皇帝宝玺中带款印的佼佼者。

清初，这些玺印纽式和质地不同，很可能是不同皇帝或者不同时期制作的。以上宝玺除"皇帝敬天之宝"外，其他宝玺多用于文教和皇帝亲笔。另外，以上有的宝玺为康熙时期，在康熙《宝薮》没有著录。

顺治帝为清世宗，名爱新觉罗·福临，在位18年。福临是清太宗第九子，母为次西宫永福宫庄妃。顺治初年，福临名义上是皇帝，而真正执掌皇权的却是他的十四叔摄政王多尔衮。顺治十八年（1661年）因出痘去世于养心殿。目前，发现顺治皇帝曾经使用的印迹有15方之多，[4]故宫存有6方。

1. 檀香木"允中"印（图24）

通高4.2厘米，印面方2.5厘米。2行各1字，阳文篆字，印模圆形。

---

1 清阮元：《两浙辅轩录补遗》卷二，页40，清嘉庆刻本。
2 清钱陈群：《香树斋诗文集》卷二〇，页422，清乾隆刻本。
3 清《高宗御制诗》三集，卷四三。
4 郭福祥：《顺治皇帝御用玺印》页94，《文物》2011年10月。

图 24. 允中

图 25. 允中

图 26. 广运之宝

图 27. 太和主人

图 28. 万几余暇

2. 檀香木“允中”印（图 25）

通高 4.2 厘米，印面方 2.5 厘米。2 行各 1 字，阳文篆字，印模圆形。

3. 檀香木“广运之宝”印（图 26）

通高 3.8 厘米，印面方 1.8 厘米，2 行各 1 字，阴文篆字，印模正方形。

4. 檀香木“太和主人”印（图 27）

通高 3.9 厘米，印面方 1.8 厘米，2 行各 2 字，阴文篆字，印模正方形。

5. 檀香木“万几余暇”印（图 28）

通高 3.9 厘米，印面方 1.5 厘米，2 行各 2 字，阴文篆字，印模正方形。

6. 檀香木“体元斋”印（图 29）

通高 4.5 厘米，印长 2.6 厘米，宽 0.9 厘米，1 行 4 字，阴文篆字，印模长方形。

以上 6 方印为一组，均为同时期镌刻。前 5 方印系方柱形，最后 1 件为长方柱形。1975 年经鉴定这 6 方印为康熙时期，实际上康熙皇帝斋号印为“渊鉴斋”，顺治皇帝号为“太和主人”，斋号印为“体元斋印”。随着近年来研究的不断深入，将此 6 印改为顺治时期。

图 29. 体元斋

康熙皇帝宝玺

康熙皇帝一生勤奋好学，博览群书。在数学、天文、历法、诗画等方面，都有很高造诣。从他的宝玺中反映出了他的性格、气质、素养，以及他的兴趣爱好、道德品质、精神境界、处事方法。这些宝玺从一个侧面，为我们研究康熙皇帝治国理政提供了生动的依据。

一、康熙《宝薮》收录的宝玺

康熙皇帝有宝玺 120 多方，这在故宫现存清代编辑的康熙《宝薮》印谱中，均有实物钤印，有的在印文下面还注明用途，但遗憾的是康熙宝玺在清代晚期就已经大部佚失。此《宝薮》在世间仅存 3 部，其中两部分别藏于故宫和中国第一历史档案馆，另一部流失海外，2001 年被嘉德拍卖。为了让人们对康熙宝玺有一个全面的了解，现将康熙《宝薮》整册展示如下：

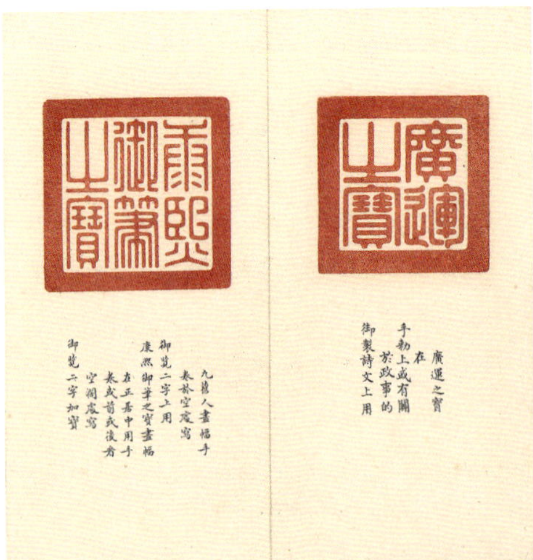

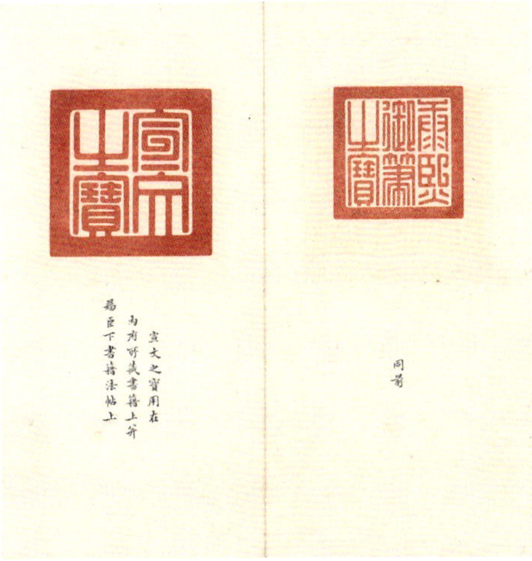

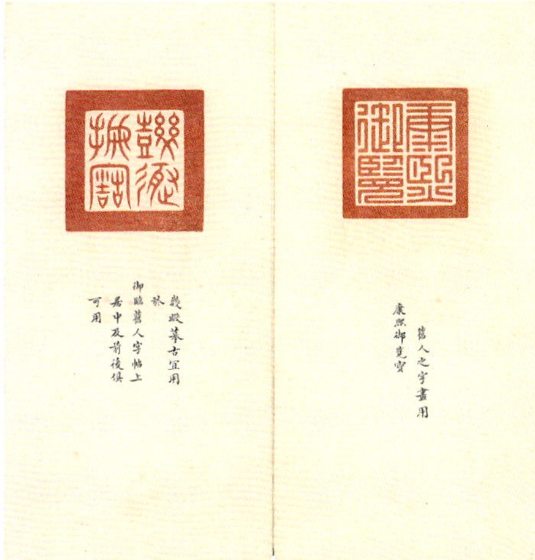

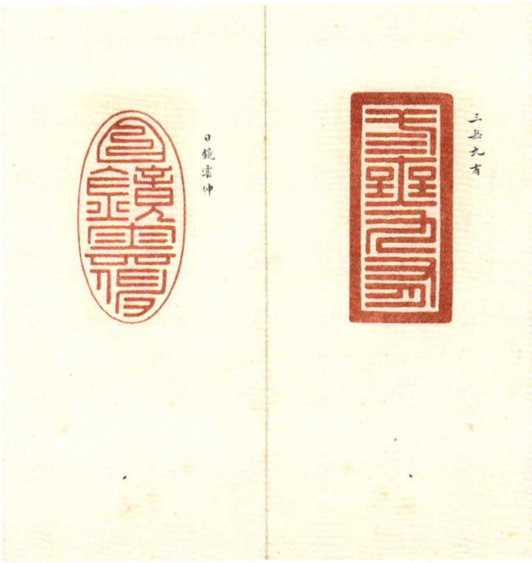

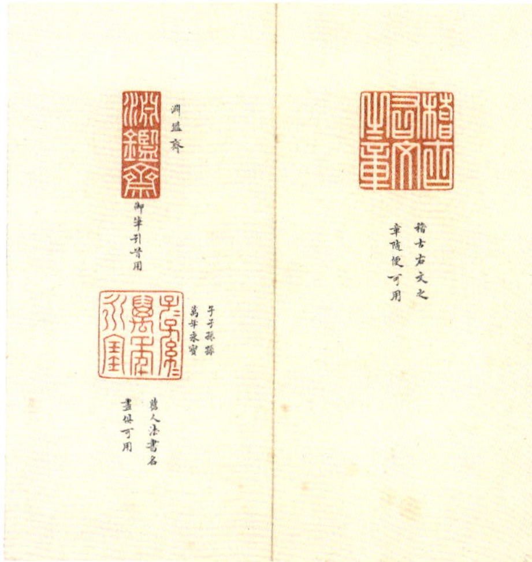

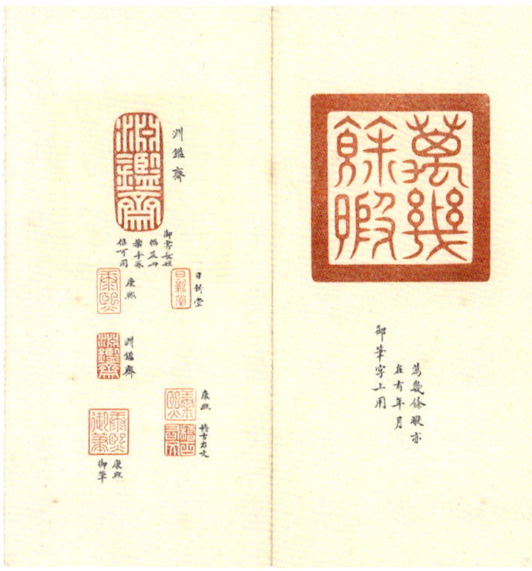

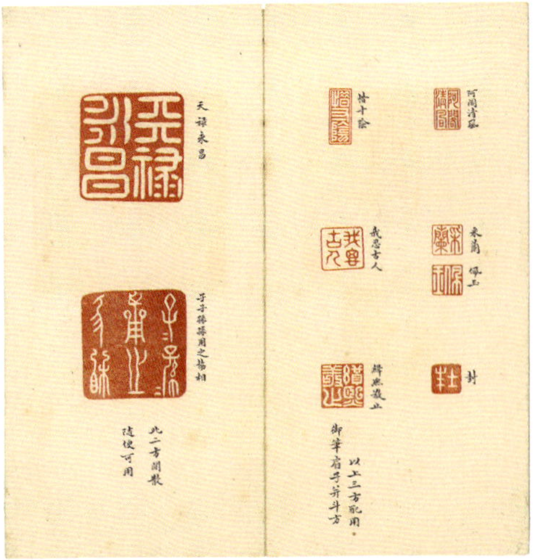

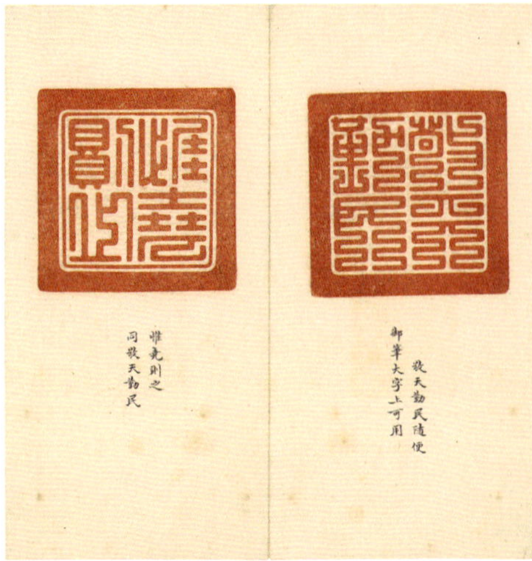

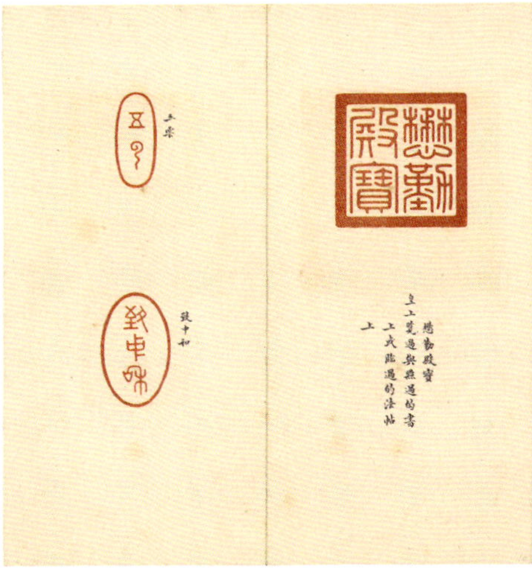

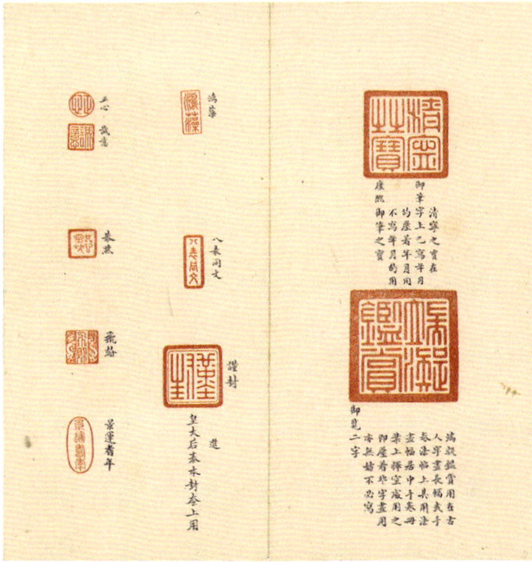

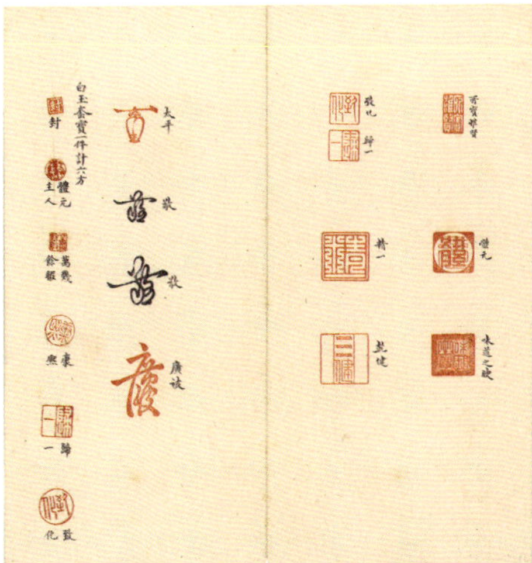

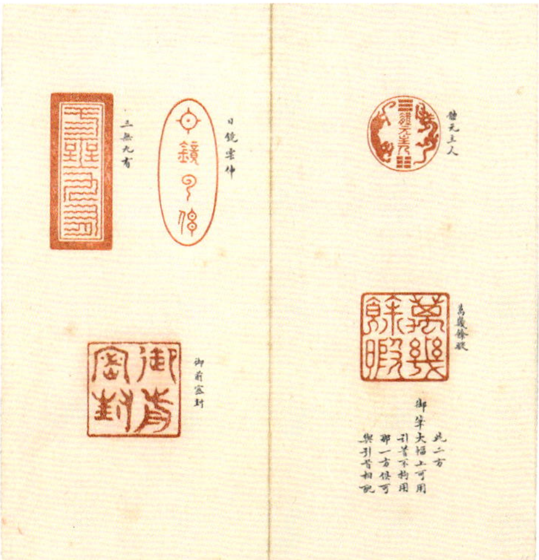

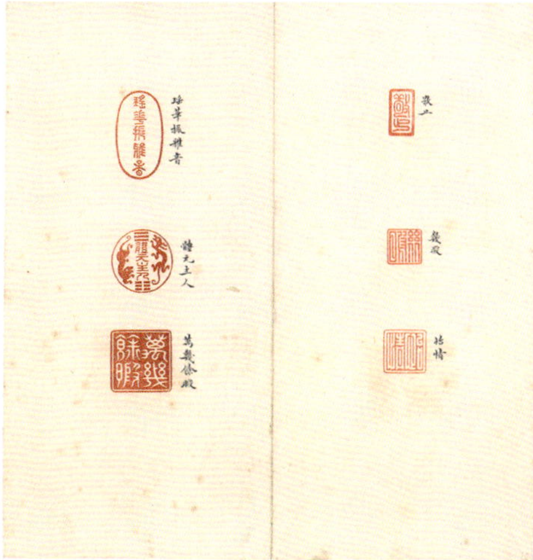

康熙宸翰
佩文齋
壽世主人

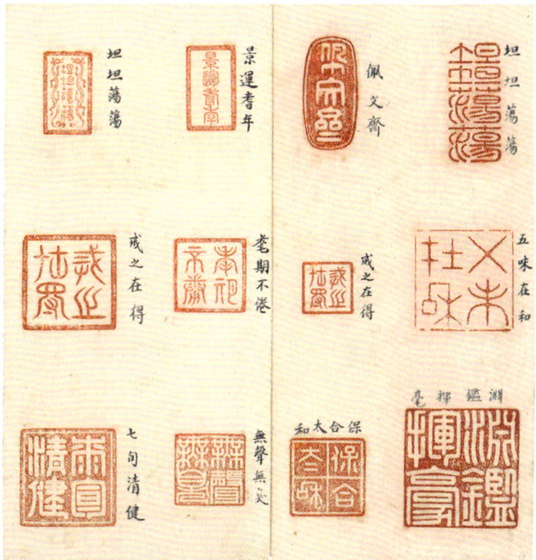
坦坦蕩蕩
景運耆年
佩文齋
坦坦蕩蕩
成之在得
耄期不倦
成之在得
五味在和
七旬清健
保合太和

康熙御筆之寶
以上六方係磁寶

（一）规定使用印

1.“广运之宝”

广运之宝在手敕上或有关于政事的御制诗文上用。

2.“康熙御笔之宝”

凡旧人画幅手卷于空处写御览二字，上用康熙御笔之宝，画幅在正居中用。手卷或前或后、看空阔处写御览二字加宝。

3.“康熙御笔之宝”

同前。

4.“宣文之宝”

宣文之宝用在内府所藏书籍上并赐臣下书籍法帖上。

5.“康熙御览”

康熙御览旧人之字画用康熙御览宝。

6.“万几余暇”

几暇摹古宜用于御临旧人字帖上居中及前后俱可用。

7.“渊鉴斋”

御笔引首用。

8.“子子孙孙万年永宝”

旧人法书名书俱可用。

9.“五云”“体元主人”“万几余暇”

此 3 方配用御笔扇小斗方。

10.“心手相师”“偶然欲书”“述而不作”

以上 3 方配用御笔临摹书法上。

11.“万几余暇”

万几余暇亦在有年月御笔字上用。

12.“渊鉴斋”

御书长短幅及册页手卷俱可用。

13.“惜寸阴”“我思古人”“缉熙敬止”

以上 3 方配用御笔扇子并斗方。

14.“天禄永昌”“子子孙孙用之协相”

此二方闲散随便可用。

15.“敬天勤民”

敬天勤民随便御笔大字上可用。

16.“惟尧则之”

惟尧则之同敬天勤民。

17.“懋勤殿宝”

懋勤殿宝，皇上览过与点过的书上或临过的法贴上。

18.“清宁之宝”

清宁之宝在御笔字上已写年月的压着年月用，不写年月的用康熙御笔之宝。

19.“端凝鉴赏”

端凝鉴赏用在古人字画长幅或手卷、法帖上，其用法画幅居中，手卷册页上择空处用之，即压着些字尽用亦无妨，不必写御览二字。

20“鸿藻”“八表同文”“谨封”

进皇太后奏本封套上用。

21.“体元主人”“万几余暇”

此二方御笔大幅上可用，引首不拘用那一方俱可与引首相配。[1]

（二）随便用印

1.“稽古右文之章”

稽古右文之章随便可用。

2.“渊鉴斋”

渊鉴斋随便可用。

3. 白玉套宝一件（计 6 方）：

封、体元主人、万几余暇、康熙、归一、致化。

4.“康熙御笔之宝”组印

康熙《宝薮》有记："康熙御笔之宝，以上六方系瓷宝。"其上 6 方印文字体、篆刻形式，基本一致。但印谱尺寸有 3 方略大一些。

以上印是没有规定使用范围，随便可用。这些印文有的虽然多为重复，但印文尺寸、字体、篆刻形式，均有不同。因为现在我们看不到实物，这些宝玺的质地、纽式还有待考证。

---

1 故宫博物院藏康熙《宝薮》，线 114178。

（三）康熙帝常用宝玺

根据康熙帝《宝薮》统计，主要为名号印、诗经文警句印、宫殿印、记事印、花押印，但收录康熙帝《宝薮》中的有些宝玺却未发现其使用的痕迹。康熙帝非常喜爱书法，他的作品被装裱成不同形式的卷、轴、册，并钤盖宝玺。如《御纂性理精义》钤“体元主人”“万几余暇”；《渊鉴斋御纂朱子全书》钤“体元主人”“稽古右文之章”等，但实物故宫无存。

1.“戒之在得”玺（印谱 1）

［印谱 1］“戒之在得”玺

乾隆皇帝在其御制文集中讲道：“我皇祖圣寿望七时，尝欲镌通用小玺，命内廷翰臣拟文，皆无当圣意者。乃定‘戒之在得’字用之。此语闻之张照，盖而时伊在南书房行走也。”此玺成，圣祖随身携带，常钤用之。“兹驻跸避暑山庄，乃皇祖朝乾夕惕用此玺之处，而予受恩之所也”。[1] 与此玺（阳文）同时使用的还有“七旬清健”（阴文）玺，从《宝薮》印文中得知两玺方形，均为 4.7 厘米，成为一组，同钤一处。

2.“惟尧则之”玺（印谱 2）

［印谱 2］“惟尧则之”玺

此玺在康熙《宝薮》中注释用途同“敬天勤民”。载于《御定渊鉴斋类函》卷三五〇。语出《孟子·滕文公上》：“是故以天下与人易，为天下得人难。孔子曰：大哉，尧之为君。惟天为大，惟尧则之，荡荡乎民无能名焉。君哉舜也，巍巍乎有天下而不与焉。尧舜之治天下，岂无所用其心哉？”

此玺为康熙帝自我鞭策而特别制作的。康熙皇帝在教子格言中训曰：“吾人凡事惟当以诚，而无务虚名。”又多次训曰：要以诚敬之心待天下，应以德服人。勿图虚名而不务实。所以在他的宝玺中有“敬天勤民”“诚意”“敬”印，这也是康熙皇帝为政的座右铭。

3.“三无九有”玺（印谱 3）

“三无”出自《礼记·孔子闲居》云：“孔子曰，无声之乐，无体之礼，无服之丧，此之谓三无。子夏曰，三无既得略而闻之矣。敢问何诗近之？孔子曰，夙夜其命宥密，无声之乐也，威仪逮逮不可选也，无体之礼也，凡民有丧，匍匐救之，无服之丧也。”“九有”出自《尚

---

1 清《高宗御制文集》第二集，卷一三，清文渊阁四库全书本。

书·商书》孔疏云："九有，九州也。"可见，此玺取以三无之盛德尽有天下之意。

此印康熙皇帝有两方，均与"日镜云升"玺成为一组一起使用。

4. "体元主人"玺（印谱 4）

此玺为康熙自号。"体元"语出《春秋·隐公元年》注云："凡人君即位，欲体元以居正。"又班固《两都赋》云："体元立制，继天而作。"盖取为人君者，要顺应天意，现仁道、施德政之意。[1]

5. "万几余暇"玺（印谱 5）

此玺为康熙皇帝处理政务之余所用。康熙在其御制文中写道："既事竟罢朝，宫中图籍盈几案。朕性好读书，丹黄评阅辄径寸，辨别古今得之趣。"[2] 此玺用途在其宝薮中标注为"几暇摹古宜用于御临旧人字帖上居中及前后俱可用"或"在有年月御笔字上用"。

康熙共有 4 方"万几余暇"玺，在他的印玺中，这方玺是印文重复最多的，说明对其印的喜爱之深。

[印谱 3] 三无九有

（四）书画使用印

在李鱓花卉卷钤有"康熙"印，康熙行书诗扇页钤有"康熙宸翰"印，康熙行书扇页"心手相师"印，康熙节临《兰亭序》扇页钤有"保合太和"印、"佩文斋"印，晋人曹娥《诔辞》题跋钤有"体元主人"印、"万几余暇"以及"宣文之宝"印。

如故宫康熙帝《柳条边望月七言绝》轴中，引首钤有"渊鉴斋"印，文尾钤有"康熙宸翰""敕几清宴"印文，使我们了解到康熙帝宝玺的使用情况。

[印谱 4] 体元主人

二、现藏康熙宝玺

康熙帝秉持满汉两个不同民族的文化特色，遵循并发展顺治帝所施行满汉关系的政策，成功地处理了满汉关系，其继承汉族文人刻治印章的传统就是最好的证明。故宫现存康熙宝玺在其《宝

[印谱 5] 万几余暇

1 故宫博物院编：《明清帝后宝玺》页 185，紫禁城出版社，2009 年。
2 清《高宗御制文集》第一集，卷二〇，清文渊阁四库全书本。

薮》中多没有收录，只有青玉蟠螭钮“宣文之宝”1 方在藏，为一级文物。

图 30. 育德勤民

（一）康熙宝玺

1. 檀香木海马纽“育德勤民”印（图 30）

通高 10.8 厘米，纽高 6.2 厘米，印面方 11 厘米。汉文篆书，阳刻。

2. 檀香木“九有一心”印（图 31）

通高 2.3 厘米印面方 9.7 厘米。汉文篆书，阳刻，“九有一心”玺，为上下同德，万众一心之意。

4. 青玉蟠螭纽“宣文之宝”（图 32）

通高 5.4 厘米，印面方 8.2 厘米。汉文篆书，阳刻，印文字为玉筯篆，用于内府所藏书籍上，及赐臣下书籍法请帖上。

图 31. 九有一心

5. 青玉覆斗纽“天禄永昌”印（图 33）

通高 3.7 厘米，纽高 1.6 厘米，印面方 5.9 厘米。印模正方形，阴文篆字，阴刻。2 行各 2 字。形仿战国，光素，有一绶带，青玉经煮抹烤而变仿古色。

故宫现藏 7 方此印，但这方比较特别，原定为明代。此印与另外 6 方印纽不同，并且与康熙《宝薮》中的“天禄永昌”印谱尺寸及篆字更为相似。在康熙《宝薮》中“天禄永昌”印与“子子孙孙用之协相”印下有注释“此二方闲散随便可用”，因此经过比较研究发现，此印的印料为明代玉料，印文是清初镌刻。

6. 檀香木海马纽御押（图 34）

通高 4.5 厘米，纽高 1.7 厘米，印面方 5.9 厘米。

图 32. 宣文之宝

（二）套印文具筒

康熙套印文具筒是康熙帝的学习用具之一，在康熙《宝薮》中没有著录。

1. 套印文具筒（图 35）

外套长 11.9 厘米，直径 3 厘长，内铜筒长 11 厘米，直径 2.3 厘米；共为 4 截组成，每截尺寸不等，另有一盖，均有螺丝扣，可以拧上、打开。

第 1 截铜筒内套直径 2 厘米、高 2.5 厘米的驼骨，这块驼骨又可分拆为 5 小件有两个带螺丝扣的驼骨套印及三个小驼骨。其中最小的 1 件为双面印，其余每件驼骨均雕刻有 1 枚印文，实际共有 6 种印文。两个有螺丝扣驼骨内装 3 个小套印：

外 1 层：1 面为“太平”印，印面为直径 1.6 厘米，圆形印；另 1 面外圆内方，“稽古右文”阴文，印面方 1.4 厘米。

中 2 层：1 面为“万几余暇”外圆内方印，印面方 1 厘米；另 1 面为“康熙”椭圆印，直径 1.2 厘米。

内 3 层：1 面“体元主人”印，圆印，直径 0.9 厘米，印文两侧刻有一龙一虎；另 1 面是镶在驼骨上的铜方印，阴刻“封”字，印面方 0.8 厘米。“体元主人”和“封”字小印章，可以称得上是宫中最小的两面印章了。

这 3 组驼骨仿佛大盒套小盒，小盒内有小印章，构思周密，雕琢精细，既有趣又实用。第 2 截螺丝扣已脱焊，铜筒里面的驼骨印无法取出，只能从两头看到它的印文，一面为“归一”，另一面是“致化”，很可能是一件套印；

第 3 截铜筒置印泥，至今还保留着当年康熙皇帝使用过的痕迹，但已经干硬了；

第 4 截铜筒小口，里面有棉丝，是盛放墨汁用的。

图 33. 天禄永昌

图 34. 御押

图 35-1. 套印文具筒（整体）

图 35-2. 套印文具筒（分拆）

2. 铜质黑皮套文具筒（图 36）

铜质黑皮套长 13 厘米，直径 3 厘米；铜筒长 13 厘米，直径 2.3 厘米，分为 5 截，盖已遗失，现只存 4 截，外形与上述介绍的一样，3、4 两截铜筒内分别储墨汁和印泥。

第 1 截铜筒内有用黄布包裹着的 3 个铜质空心筒，两端各有螺丝扣，每个铜筒长 5 厘米，直径 0.4 厘米。筒内共有 9 个零件，包括 3 种笔尖：蘸水钢笔、铜质画线笔、软铅笔；3 个空心筒；金属小工具 3 把：4 棱锥子、小刀、镊子，长均为 4.5 厘米，一端都有螺丝扣，分别可拧接在空心筒上。如把这 3 个空心筒分别和 3 个笔尖拧接在一起，便可形成一支长 15 厘米的笔。如用钢笔笔尖，即把钢笔笔尖拧在笔端，其余类似，

第 2 截铜套印，分 3 层：印文分别为“太平”“怡情”;“五云”“几暇”;“封”“体元主人”双面小印。套印文具筒的印章，印文以篆字为主，又采用了谐音、象形手法。如画两个瓶，喻义“太平”;“五云”的云不直接写成“云”字，而画一朵云；“体元主人”印文上下刻有八卦代表“乾”“坤”的符号，象征天与地，左右有龙虎门图案，以显示皇帝至高无上。

套印文具筒附有黄签，上书：“墨图书两件，铜镶漆盒内盛驼骨，图书盒有一个缺盖。光绪二年港都查过，光绪十年李都查过。”套印文具筒，原称“墨图书”。“图书”本是图画和书籍的总称，宋代有专刻印章钤在个人收藏的图画书籍上，以后人们便把一般印章亦称图书。

此套印文具筒内有墨盒，所以称“墨图书”。

这两件套印文具筒结构严谨，一环扣一环。从质地、工艺、笔尖、螺丝扣推断，可能采用了由外国传入的设计与技术，为清宫造办处制作的。明清之际，西方传教士来宫廷进贡，也带来了西方的科学知识。这两件套印文具筒小巧精致，方便适用，曾经是康熙皇帝当年出巡时携带的心爱之物。

康熙帝既是守成之君，更是开创之主。康熙一朝是清代历史进程中最重要的时期。其辉煌的历史功业，留下了引人注目的历史篇章。

图 36-1. 铜质黑皮套文具筒（整体）

图 36-2. 铜质黑皮套文具筒（分拆）

雍正皇帝宝玺

雍正皇帝是我国封建社会晚期为国家为民族作出了贡献的杰出历史人物，是一个勇于改革、励精图治的封建君主。雍正皇帝的宝玺反映了他的思想和心理、志趣与情感。故宫现存清代皇帝《宝薮》均为实物钤印，但唯独缺少雍正皇帝《宝薮》。以前曾误认为雍正皇帝宝玺存世较少，其实，雍正皇帝宝玺不仅有 160 多方，而且质地、做工都十分精良。雍正皇帝的闲章，也是清代皇帝宝玺中一级品数量最多、最精的，这批宝玺，当时大都存于清宫内的颐和轩、景祺阁、重华宫等处。

故宫现存清代各朝皇帝宝玺实物与《宝薮》有出入,可能是在宣统三年（1911 年）以后，溥仪小朝廷时遗失的。

一、雍正宝玺

从现有宝玺分析，雍正宝玺分为继位前和继位后两个时期：

（一）和硕雍亲王时期

雍正（胤祯）受赐圆明园，康熙四十八年（1709 年）至康熙六十一年（1722 年），这一时期的宝玺计 50 多方。

其中名号玺有:“胤祯之章、雍亲王宝、皇四子和硕雍亲王宝、和硕雍亲王宝、圆明主人、破尘居士”等；

斋堂玺有：“朗吟阁、御赐朗吟阁宝、圆明园、煮字亭、五福堂、竹梅烟舍、学书草堂、乐山书院、洗桐山房、深柳读书村、芝兰居、松柏室、芝兰室、敬持斋、花圃、谦斋”等；

记事及吉言成语玺有:“清可、禅悦、溪云、啸歌、临池、进德、问芳、得妙、任运、适兴、越力、娱耕织、山水趣、自在禅、泉石云林、高山流水、冰壶秋月、放情物外、博闻约礼、墨池清兴、若木一枝、朗吟珍赏、朗吟阁书画记、恭临皇父御笔、收”等。

当时雍正帝还是一个皇子，赐邸圆明园，并未过多参与政事，名号和斋堂玺中多与圆明园有关，记事吉言玺多记述他在圆明园内的活动。朗吟阁位于圆明园中路“天然图画”内，是康熙赐给胤禛的书斋。胤禛自幼在上书房接受严格的文化和军事教育，受封贝勒后，跟随康熙帝巡阅四方，开阔眼界，增长阅历。康熙四十八年（1709 年）受封和硕雍亲王，图耕织，修赐园，为继承人的地位不懈努力。其印章所反映的胤禛是一个清心寡欲、生活恬淡的富贵闲人，与僧人道士谈经论玄，似乎不问荣辱功名。

（二）皇帝宝玺

雍正元年（1623 年）至雍正十三年（1735 年），这一时期的宝玺计 100 多方。印文有：

雍正亲贤之宝、雍正尊亲之宝、亲贤爱民、敬天尊祖、雍正敕命之宝、雍正御笔之宝、雍正御览之宝、雍正宸翰、朝乾夕惕、雍正之宝、雍正宸翰、为君难、兢兢业业、花押、时中、喜起、诚求、嘉乐、宝贤、协和、静观、诚和、松掘、用中、中于民、勤政殿、四宜堂、养心殿、崇实致、懋勤殿、勤政亲贤、正大光明、天清地宁、九州清晏、万方安和、四方宁静、精一执中、主善为师、诚和万民。

雍正帝把他喜欢的、常用的宝玺和经常出入的宫殿的宫名玺，令人镌刻多方。如:“和硕雍亲王宝”有 5 方、“御赐朗吟阁宝”有 10 方、“亲贤爱民”印有 5 方、“雍正宸翰”印 4 方、“敬天尊祖”印有 4 方、“朝乾夕惕”印有 6 方、“为君难”印有 5 方等。

雍正帝在位期间，不巡幸、不狩猎，兴建圆明园是他最奢侈的挥霍了。“圆明园”的名称是康熙帝所赐，雍正帝解释说：“圆而入神，君子之时中；旺而普照，达人之睿智也。”雍正继位后，朝政以勤政亲贤为要旨，于是，刻制了多方“勤政亲贤”“雍正亲贤之宝”“雍正尊亲之宝”“亲贤爱民”等宝玺。质地以寿山石居多，因是康熙时期寿山石开采和雕刻的鼎盛时期，所以寿山石充足。

1. 寿山石螭纽“为君难”宝（图 37）

图 37. 为君难

通高 4.5 厘米，纽高 0.2 厘米，长 8.6 厘米，宽 5.2 厘米，印为长方形玺，印面为椭圆形，镌阳文“为君难”汉篆字。

印文反映了雍正帝作为一个君主，在强化皇权与维护亲情之间的矛盾心理。雍正元年（1723 年）正月二十二日，怡亲王允祥向宫中造办处交来雍正帝手书“为君难”匾字一张，御书“惟以一人治天下，岂为天下奉一人”对子一副。这块匾联道出了雍正帝的心声，也是他行动的信条。至今，在紫禁城养心殿的西暖阁北墙上，还挂有雍正帝手书的这副对联，只是原来的“为君难”匾，后来被换成“勤政亲贤”了。

图 38. 雍正亲贤之宝

雍正皇帝之所以发“为君难”的感叹，与他的经历及时代有着密切的关系。“为君难”出自《论语·子路》“为君难，为臣不易，如知为君之难也，不几乎一言而兴邦乎？”雍正帝不仅把“为君难”制成匾额，还命人刻了许多方“为君难”印章，钤于御书及古书画上，用以激励自己不要忘记作为一位皇帝的职责。乾隆皇帝也曾做《为君难跋》说：“夫为君难之言，孔子道人之言耳。而吾直以为皇考之言者何？”子对父了解颇深，点明此三字与雍正的关系。乾隆御制诗载：“且孔子非为君者也，其云难，亦不过思其理而度其势，究未身历其境，而心亲其劳。皇考禀内圣之资，行外王之道，质诸心得，验以躬行，故取孔子之言铭之楣端，所以自警，所以训予小子也，所以诏世子孙曾常凛此志以迓天庥，而基命宥密，永永无极也。”[1] 所以，乾隆也模仿其父皇制作了“为君难”印玺。

2. 寿山石云龙纽“雍正亲贤之宝”（图 38）

高 7.7 厘米，印面方 8.8 厘米。质地红色细润，纽雕 4 行龙，浮于云水之上，形态生动，阳文篆字。

3. 寿山石云龙纽“雍正敕命之宝”（图 39）

高 10.1 厘米，方 10.25 厘米。印体上端呈白色、微带灰，质地红色细润，印台四周平雕夔龙纹，纽雕九龙戏水，形态生动，阳文汉字。

4. 寿山石螭纹瓦纽“雍正御笔之宝”（图 40）

高 10.6 厘米，印面方 10.33 厘米。纽凸雕九条螭龙，戏游于云水之间，印台四周平雕蟠螭，阳文汉字。

图 39. 雍正敕命之宝

1 清《高宗御制文初集》第二集，卷一三，清文渊阁四库全书本。

5. 寿山石象纽“雍正尊亲之宝”（图 41）

通高 10 厘米，纽高 6.5 厘米，印面方 9.8 厘米。寿山石白色微黄，纽雕卧象，象侧置宝瓶一，阳文汉字。

6. 寿山石螭纹覆斗纽“雍正御览之宝”（图 42）

高 10 厘米，印面方 10 厘米。石红、白色相间，其上正中璲一，左右蟠螭各一，阳文汉字。

7. 寿山石异兽纽“敬天尊祖”宝（图 43）

高 9.5 厘米，印面方 6.6 厘米。阳文汉字。

8. 寿山石云龙纽“雍正宸翰”宝（图 44）

高 7.3 厘米，印面方 6.2 厘米。石红色、略有白，正方形雕云龙二，阳文汉字。

9. 寿山石异兽纽“亲贤爱民”宝（图 45）

高 9.2 厘米，印面方 6.6 厘米。石红、白色，纽雕异兽二，镌阴文“亲贤爱民”汉篆字。

10. 寿山石异兽纽“朝乾夕惕”宝（图 46）

通高 7 厘米，印面方 6 厘米。石红色兼白，正方形纽雕伏虎形异兽一，阴文汉字。

雍正皇帝崇尚仙道，在其登基以后，以帝王之子尊倡导奉道。清宫造办处档案记载了雍正八年（1730 年）至十三年之间雍正皇帝谕令制造法衣、道冠等情况，这在雍正宝玺中也有实物证明，如：“太上老君驱邪宝”印，在“太上老君”和“宝”字外，还刻有道教符号。

雍正帝经常使用的宝玺在一些书画中也有所表现。如：《雍正帝行书诗》轴、《雍正帝行书夏日泛舟诗》轴，钤“雍正宸翰”“朝乾夕惕”印。清人绘《胤禛耕织图》册，钤“雍亲王宝”“破

图 40. 雍正御笔之宝

图 41. 雍正尊亲之宝

图 42. 雍正御览之宝

图 43. 敬天尊祖

图 44. 雍正宸翰

图 45. 亲贤爱民

图 46. 朝乾夕惕

尘居士”印。在雍正二年（1724 年）内部刻本《御录宗镜大纲》和雍正亲自编辑的《雍正御选语录》中钤“圆明园”“雍正宸翰”印。在雍正帝书《御制骈字类编序》册上钤“雍正御笔之宝”。

二、宝玺的制作

清宫造办处为康熙初年创立，雍正元年（1723 年）有木作、画作、铜作、玉作、刻字作等 10 多个作坊，下面还附设一些小作坊，后来逐渐扩大，分工更细，各负其责，互相配合，由怡亲王等负责管理。宝玺镌刻主要是刻字作和玉作来完成的。在雍正朝清宫造办处档案中，可以了解到雍正帝宝玺的制造情况：

（一）刻字作

当时清宫里有一批刻字人，如：藤继祖（写篆字）、张魁（写篆字）、徐国正（写宋字）、吴自德（刻字）、方西华（写篆字）[1]；专门负责造办处印章等刻字任务。如：

1. 雍正元年（1723 年）正月十七日，懋勤殿首领太监苏培盛交寿山石夔龙纽宝一方，上书朱字“雍正御笔之宝”。

奉旨：篆样呈览过再镌刻。钦此。于正月十九日翰林张照篆样一张、技艺人藤继祖篆样一张、南匠袁景邵篆样一张、刻字人张魁篆样一张。怡亲王呈览。奉旨：张照篆样文范，但笔

1　朱家溍、朱传荣选编：《养心殿造办处史料辑览》第 1 辑，前言，页 4，故宫出版社，2013 年。

画微细，照袁景邵篆书的笔画另篆。再，藤继祖篆样上“之”字篆法好些，问张照“之”字篆法有何讲究。钦此。于正月廿二日翰林张照篆样二张、技艺人藤继祖篆样三张、南匠袁景邵篆样三张、刻字人张魁篆样三张，怡亲王呈览。奉旨：准张照古篆“雍正御笔之宝”，将“之”字下横取平，选吉时照样镌刻。钦此。于正月廿九日照翰林张照篆样镌刻得寿山石“雍正御笔之宝”一方，毋怡亲王呈进讫。奉旨：将此宝样好生收着。钦此。[1]

2. 雍正正月二十三日，怡亲王交：

红色寿山石双螭玦钮长方引首一方、红色寿山石飞熊钮图书一方、红色寿山石苍龙教子钮图书一方。奉旨：双螭玦钮长方引首下边砣做圆形，镌“为君难”。飞熊钮图书镌“朝乾夕惕”，苍龙教子钮图书镌“雍正宸翰”。钦此。[2]

3. 雍正二月二十六日，怡亲王交：

斗钮雕锦地夔龙风寿山石图书二方，合牌锦匣盛。奉旨：此图书样式雕刻做法俱好，嗣后若有如此图书俱照此样式做。钦此。[3]

4. 雍正八月十七日，怡亲王交：

太平有象寿山石图书一方。奉旨：镌“雍正尊亲之宝”。钦此。本日郎中保德交袁景邵、藤继祖各篆字样二张。呈怡亲王看。王谕：准袁景邵篆的三行样式，但笔看掩草，收拾好再照样镌刻。遵此。于九月十四日太平有象寿山石图书一方，镌刻“雍正尊亲之宝”完，怡亲王呈进。[4]又刻寿山石宝五件、象牙图书二件、各色石图书四十五件，又二十二件引首。又洞石图书三件。

5. 雍正二年四月十二日刻字作总管太监张起麟交：

四阿哥玉图书一方，上书“勤学好问”；水晶图章一方，上书“存诚至敬”；寿山石图章三方，

1 朱家溍、朱传荣选编：《养心殿造办处史料辑览》第1辑，页9，故宫出版社，2013年。
2 朱家溍、朱传荣选编：《养心殿造办处史料辑览》第1辑，页9—10，故宫出版社，2013年。
3 朱家溍、朱传荣选编：《养心殿造办处史料辑览》第1辑，页10，故宫出版社，2013年。
4 朱家溍、朱传荣选编：《养心殿造办处史料辑览》第1辑，页11，故宫出版社，2013年。

一方书“乐善堂”、一方“永言配命”，一方“聿修厥德”。说怡亲王谕:俱照原书字篆书镌刻，配匣盛装。遵此。[1]

6. **雍正五年八月二十七日李统忠交：**

寿山石无字图章大小五十七方，传旨:着照养心殿、圆明园、四宜堂、为君难、正大光明、九州清宴、朝乾夕惕、雍正宸翰字样，或引首，或图章刻几方，其余尔等将闲文字样配合大小亦刻几方。[2]

（二）玉作

造办处玉作当时有10多名玉匠刘廷贵、苏和文、陈廷芬、许国正、杨玉、施仁正、陈便嘉、王斌、鲍有信、邹学文、程向贵、周俊、董国柱、都志通、姚宗仁、韩士良。其中还有2名南方玉匠胡德成、袁景邵。他们不仅刻印，也奉命磨刻一些印章。如：

1. **雍正元年正月二十二日怡亲王交：**

六兽纽黄寿石头“体元主人”图书一方、双龙白玉“万几余暇”图书—方、檀香木“敬天勤民”图书一方。奉旨：白玉图书上“万几余暇”字磨平，将檀香木图书上“敬天勤民”字砣在白玉图书上，其檀香木图书不动。再将白玉图书上“万几余暇”字照“体元主人”图书式样，另寻寿山石补做一方。钦此。[3]于二月初四日刻得寿山石图书。三月初一日砣做得白玉图书。二十三日怡亲王交白玉双螭龙钮宝一方。于四月初八日砣做得“雍正御笔之宝”。

2. **雍正三年七月十五日懋勤殿首领太监苏培盛交：**

九福门白玉宝一方、坐龙白玉宝一方。传旨：着刻“雍正御笔之宝”，先篆样呈览……[4]

从上面档案中，我们得知雍正在位期间的宝玺，主要是雍正元年至六年（1723—1728年）由刻字作和玉作完成的，有的宝玺是用康熙帝的宝玺磨刻的。

雍正朝造办处的最高管理人员有怡亲王、庄亲王、裕亲王、信亲王，其中以怡亲王的管

1 朱家溍、朱传荣选编：《养心殿造办处史料辑览》第1辑，页43，故宫出版社，2013年。
2 朱家溍、朱传荣选编：《养心殿造办处史料辑览》第1辑，页127，故宫出版社，2013年。
3 朱家溍、朱传荣选编：《养心殿造办处史料辑览》第1辑，页21，故宫出版社，2013年。
4 朱家溍、朱传荣选编：《养心殿造办处史料辑览》第1辑，页77，故宫出版社，2013年。

理最全面、具体，水平最高。

三、印信制度的管理

据《宫中雍正朝奏折》和《雍正朝汉文朱批奏折汇编》记载，雍正朝帝谕令内外大小衙门均当备有印信，指示京师八旗佐领，不能以画押代替官印。在雍正帝的严格规定下，文武大员办理公务，唯印为凭。

（一）雍正帝推行养廉制

雍正时期，按每人的官职大小，每天由国库支给数量不等的银两，作为这些臣工平时办公和往来应酬之用。

1. 雍正二年（1724 年）

九月，石文焯由河南巡抚转署浙江巡抚，十一月又改任陕西巡抚。他向雍正帝奏请，这 3 个月的养廉银共 6911 两，石文焯忘了盖印，被河南巡抚田文镜退了回去。雍正三年（1725 年）三月，石文焯的盖印咨文又送到开封抚衙，田文镜这才指令布政使杨文乾如数支给养廉银两。

2. 雍正二年（1724 年）

在鸿胪寺卿张坦鳞的提议下，雍正帝谕令，此后各衙门按号印稽查，让空白印信无缝可钻。对要害部门的官印要专人收管。吏、户、礼、兵、刑、工六部，是清政府的行政职能部门，各自承办该部的日常事务。因此，各部之堂印通行天下，各省将军、督、抚、提、镇以为凭据，实属紧要，关系重大。雍正三年（1725 年）规定，中央六部各堂分别拣选满汉主事各一员，专门掌管用印事宜，凡用印均亲自送取，印毕封存库内，并建立专项账簿，将用印次数日期记录清楚。六部大堂的官印，由此得到了严格管理。

3. 雍正七年（1729 年）

十月二十一日郎中海望为八月十四日都虞来文，内称正白旗护军统领魏拉条奏，紫禁城内无关防图书等处着设立关防图书，以便出门考事一件启怡亲王。奉王谕：今护军统领魏拉既奏请设立关防图书，嗣后本造办处行取材料等件仍照前用红票，至于出紫禁城等事俱用图书。遵此。[1]

---

1 朱家溍、朱传荣选编：《养心殿造办处史料辑览》第 1 辑，页 204，故宫出版社，2013 年。

记事录档案记载了对印章使用的规定，这里的关防和图书指的就是印章。

（二）雍正帝颁布律例

为杜绝私刻官署印章，雍正帝颁布律例规定：伪造印信者，凡事关军机、冒支钱粮、假充官职、违法乱纪者，一律斩立决，从犯绞监候；如果只图诓骗财物，为数较多的，主犯绞监候，从犯杖流；若是为数不多，诈骗之银不及 10 两，为首雕刻者杖流，为从知情行用者，各减一等处置。

1. 雍正元年（1723 年）二月，江西南康府都昌县有个新委派的巡检吴廷相到任，当他赴衙办理手续上缴文凭时，该县县官卢兆聘觉得这位巡检交来的委任凭证比较特别。再细加查对，发现这件文凭上的印信比以往同类的窄小，原来是个假冒官吏。其结果是吴廷相官没有当成，落了个被斩的下场。对于伪造印票的此类案件，惩处极严。

2. 清代宫廷使用合符作为夜间紫禁城门禁出入凭证，应始于雍正朝。根据雍正年间定：

清代门禁之制凡四，首合符，次宿卫，次传筹，次门钥；[1] 一遵圣祖仁皇帝大事礼仪，请上前导以行。于是谕内大臣海望，持合符开门进城，同多罗履郡王允祹入乾清宫预备。[2]

3. 雍正四年（1726）八月初九日上谕：

夜间遇有开城门事件，令尔等传旨者，若无勘验实据，看门人等难以凭信。着造办处制合符四件：一交乾清门该班内大臣，一交左翼，一交右翼，其一尔等收贮。凡夜间开门，将符合对，以为凭据。[3]

大内合符，阳纹也，留京办事王大臣值宿所守者；余皆阴文。大城则正阳、德胜二门，禁城各门皆有之，步军统领亦藏之。[4]

具体实施出入紫禁城内外门禁办法，依据雍正四年谕旨亦可看出端倪：

交出阴文合符三件，一交步军统领收存，其二交正阳门、西直门存贮，二门既有阴文合符，如遇阳文合符至门，照对即行开放，不必候步军统领；其余各门皆着步军统领，将阴文合符

1 章乃炜、王蔼人：《清宫述闻》三，页 264，紫禁城出版社，1990 年。
2 《清高宗实录》卷一。
3 清鄂尔泰、张廷玉等编纂：《国朝宫史》卷三，页 23，北京古籍出版社，1987 年。
4 清英和：《恩福堂笔记》卷上，页 34，北京古籍出版社，1991 年。

亲持赴门，与阳文合符照对开门，倘无阳文合符，虽称有旨亦不得开门，钦此。[1]

清代宫廷的合符，主要在夜间为紫禁城门禁和在京城门禁出入使用，并拟定具体的章程规定：

紫禁城内景运门、隆宗门、东华门、西华门、神武门各颁阴文合符，如遇夜间有旨启门，大内出阳文合符，该步军参领即取阴文合符验明启钥，其苍震门、启祥门等门，报统领赍阴文合符，至门与阳文合符比验乃启，均于次日奏。[2]

紫禁城皇宫通往内廷的西侧为隆宗门，东侧为景运门，从两门入内即是三大殿之保和殿北与内廷乾清门之南，此为外朝与内廷中心广场，亦是外朝与内廷的中心分界线。同时，从景运门外往东至北，即是通往内廷东六宫的苍震门；从隆宗门外往北即是启祥门，此门直接通往内廷西六宫和养心殿后院北门（吉祥门）。可见，警卫位置十分重要，直接关系皇家的安全。[3]

雍正皇帝的思想、才能、性格、作风，在其印玺中，从印文内容到雕刻特点均有所体现。

20 世纪 80 年代初，清代帝后宝玺是按宝和册分类，其中宝玺是按照清代皇帝先后顺序整理的，参考清代皇帝《宝薮》对每朝皇帝宝玺进行核对。但雍正皇帝宝玺因为没有《宝薮》，只能把有雍正皇帝年号的印先找出来，再根据这些宝玺的工艺和风格进行比较，这样才基本确定出雍正皇帝的宝玺。

1 乾隆朝《大清会典则例》卷一〇八，“兵部”，页 1632，清文渊阁四库全书本。
2 乾隆朝《大清会典》卷九八，“前锋统领”，页 487，清文渊阁四库全书本。
3 毛宪民：《清宫武备兵器研究》页 283-284，文物出版社，2013 年。

乾隆皇帝宝玺

乾隆帝自幼博览群书，对汉文化的兴趣尤其浓厚，虽政务繁忙，仍不忘读书吟诗，这在他的宝玺中有充分的体现。乾隆皇帝在一些器物和书画上所题诗文及所钤印时有变化，是历朝历代皇帝中宝玺最多、内容最丰富、使用最频繁的皇帝。根据文献、档案与印章实物的分析，乾隆时期篆刻宝玺1800余方，现从乾隆帝的闲章、乾隆帝组印、宝玺在书画上的使用、诗文玉册等方面解读乾隆皇帝的艺术品位。

一、乾隆帝闲章

乾隆皇帝继位后镌刻了大量的宝玺，还下令把他特别喜欢的印文，以不同形状和不同质地制造多方，藏于不同的宫殿，或用于书画典籍中。徐邦达先生曾经讲："历代鉴藏印章可分两类，一类属于历代皇室的收藏印，我们习惯称呼为'御府'或'内府'印；一类属于私人收藏印。……清代高宗弘历的印记特别多，不能详记，可参看《石渠宝笈》续编首册凡例中的叙述。"[1] 清内府所藏书画大都钤有乾隆、嘉庆、宣统三朝玺印，尤以乾隆帝印玺为多。

故宫现存乾隆皇帝印玺实物约千方，佚失800多方。可能是存于圆明园而毁于火或者遭抢劫，或在溥仪小朝廷时期被溥仪赏赐和太监偷盗，或毁于建福宫火灾。

（一）内容

根据统计，乾隆《宝薮》共有印玺1001方（其中包括皇子时期70方）。[2] 故宫现存实物中仅有720方及乾隆改制的二十五宝和一些宫殿玺集入乾隆《宝薮》中，总计乾隆皇帝一生

1 徐邦达：《款、印、题跋及其对古书画的鉴定作用》，《故宫博物院院刊》1979年第3期。
2 故宫博物院藏乾隆《宝薮》，线114185—114186。

制作宝玺有1800多方。有很多是几件为一套或同储一印匣、质地多样、镌刻字体多变。同一内容的印文有多方，如“八徵耄念”及“八徵耄念之宝”有63方，“自强不息”45方，“古稀天子”及“古稀天子之宝”42方，“犹日孜孜”24方。

从印文中我们可以看到乾隆帝的喜好，仅“古稀天子”（或者古稀天子之宝）、“犹日孜孜”两印与不同的宫殿组合的印就有多套。如：“德日新、烟雨楼、澂观、快雪堂、颐和轩、乐寿堂、符望阁、五福五代堂、文津阁”等，分别存于不同宫殿，说明乾隆帝对这两方印的喜爱。

乾隆皇帝有多套鉴赏宝，如：

奉三无私、惟精惟一、乾隆宸翰，有9套，为白玉、汉玉等不同质地。

德日新、所宝惟贤、乾隆御笔，有4套，为寿山石、洞石、水晶不同质地。

三希堂、古稀天子、犹日孜孜，有4套，为青玉、白玉、汉玉、象牙质地。

三件一套的有几十套，如：德日新、信天主人、所其无逸，为寿山石、洞石、水晶不同质地。三希堂、致中含和、政在养民，均为墨晶；三希堂、惟精惟弋、乾隆御笔，均为白玉。

还有十余件为一套，同储一印匣。如：

12件一套：笔花墨雨、礼陶乐淑、主善为师、敬业、乐善不倦、怡情书史、谦受益、挹清芬、开卷有益、高以下基，漱六艺之芳润、学于古训乃有获，均为洞石。

12件一套：乾隆御览、几暇怡情、内府图书、永宝用之、得佳趣、清玩、席上珍、比德、朗润、含辉、古香、太璞，均为象牙。

16件一套：如是观、用笔在心、落纸云烟、笔花春雨、妙高堂、生秋庭、得大自在、陶冶赖诗篇、来青轩、寓意于物、天地为师、心清闻妙香、写心、卍有同春、即事多所欣、欢喜园，均为白玉。

18件一套：宸翰、几暇鉴藏之玺、乾隆御赏之宝、御赏、内府书画之宝、懋勤殿鉴定章、石渠宝笈、天禄琳琅、秘殿珠林、天府珍藏、思无邪、稽古右文之玺、泼墨、写生、几暇临池、神品、华端造化、亮天工，均为洞石。

19件一套：钦文之玺（汉玉）、研露（白玉）、慎修思永（玛瑙）、用厥中（洞石）、礼园书圃、以人为鉴（白玉以上两方为连珠印）、成性存存（紫英）、浴德（玛瑙）、涵虚朗鉴（紫英）、烟云书卷（白玉）、中和（玛瑙）、履信思顺（玛瑙）、庄敬日强（玛瑙）、乐天（碧玉）、丛云（玛瑙）、典学勤政（银晶）、日监在兹（银晶）、絜矩（白玉）、修学立诚（碧霞洗）、漱芳润（绿英）。

这些印玺质地有的相同、有的不同，有阴文、阳文，文字镌刻也时有变化，使用时不一定每印均钤用。而用一二方或几方，有的小巧携带出行方便。

1. 室名宝玺

室名宝玺是清代帝后宝玺的重要组成部分。室名印是将室名、楼阁、馆院等名镌刻印上，相传始于唐代宰相李泌的“端居室”鼻纽玉印，[1] 室名印始于唐的说法，已得到印学史研究者的公认。后来士人纷纷仿效，到宋代时这一风气已相当普遍。而皇帝用印称为宝玺，故宫现藏室名宝玺约 500 多方，有清初时武英殿等少量室名宝玺，有乾隆时期的室名玺，还有清晚期慈禧时期制造的一批室名鉴赏印。

故宫现收藏的室名印有 3 种形式：大印玺、同一室名的印玺及玉册、室名组合玺。一般 3 方 1 组，三玺的质地、纽制相同，其中 1 方为室名玺，另两方则为诗句成语玺。为清楚表现大印玺的制造情况，见下表（同一印文的宝玺有多方的，仅以尺寸最大和精细为例）：

乾隆帝皇帝大印玺一览表

名称	时代	质地	尺寸（厘米）	纽式
文华殿宝	乾隆	青玉	通高 10.9 纽高 5.3 印面方 12.8	交龙纽
御书房宝	乾隆	青白玉	通高 9.6 纽高 4 6 印面方 10	交龙纽
文渊阁宝	乾隆	白玉	通高 7 纽高 4 印面方 12.8	交龙纽
文溯阁	乾隆	青玉	通高 9.5 纽高 4.9 印面方 12.7	交龙纽
乾清宫宝	乾隆	青玉	通高 8.5 纽高 4.4 印面方 11.6	交龙纽
养心殿宝	乾隆	青白玉	通高 8 纽高 4.5 印面方 11.5	交龙纽
三希堂	乾隆	青玉	通高 9.6 纽高 4.8 印面方 13	交龙纽
懋勤殿宝	乾隆	青玉	通高 9.5 纽高 5.3 印面方 11.3	交龙纽
弘德殿宝	乾隆	青白玉	通高 6.4 纽高 3.2 印面方 8.1	交龙纽
重华宫	乾隆	青玉	通高 9.8 纽高 4.8 印面方 13	交龙纽
皇极殿宝	乾隆	碧玉	通高 9.5 纽高 4.7 印面方 12.7	交龙纽
宁寿宫宝	乾隆	青玉	通高 9 纽高 5 印面方 12.9	交龙纽
养性殿宝	乾隆	碧玉	通高 9.8 纽高 5 印面方 12.6	交龙纽
五福五代堂宝	乾隆	青玉	通高 9.8 纽高 4.9 印面方 13	交龙纽
符望阁宝	乾隆	碧玉	通高 8.5 纽高 4.5 印面方 10.8	交龙纽
延春阁宝	乾隆	碧玉	通高 8.9 纽高 4.2 印面方 9.8	交龙纽

1 明甘旸：《集古印谱》卷五，吉林出版社，2010 年。

名称	时代	质地	尺寸（厘米）	纽式
乐寿堂宝	乾隆	碧玉	通高 9.5 纽高 4.8 印面方 11.2	交龙纽
知过堂宝	乾隆	碧玉	通高 9 纽高 5 印面方 12.7	交龙纽
抑斋	乾隆	青玉	通高 8.3 纽高 4 印面方 10.7	交龙纽
诚肃殿宝	乾隆	青玉	通高 10 纽高 5 印面方 12.8	交龙纽
南海子南行宫宝	乾隆	青玉	通高 8 纽高 4 印面方 12.8	交龙纽
学诗堂	乾隆	青玉	通高 9.5 纽高 4.5 印面方 12.8	交龙纽
山近轩宝	乾隆	碧玉	通高 13 纽高 4.2 印面方 12.7	交龙纽
水芳岩秀	乾隆	碧玉	通高 10.3 纽高 5.2 印面方 11.5	交龙纽
古香斋	乾隆	碧玉	通高 8.8 纽高 4.5 印面方 9.6	交龙纽
文园狮子林	乾隆	碧玉	通高 8.7 纽高 4.7 印面方 10.6	交龙纽
避暑山庄	乾隆	青玉	通高 13 纽高 4.7 印面方 11.5	交龙纽
避暑山庄五福五代堂宝	乾隆	青玉	通高 10 纽高 5.3 印面方 12.7	交龙纽
戒得堂宝	乾隆	青玉	通高 9.3 纽高 4.5 印面方 12.9	交龙纽
继德堂宝	乾隆	碧玉	通高 9.4 纽高 4.5 印面方 11.9	交龙纽
纪恩堂宝	乾隆	青玉	通高 10 纽高 5.1 印面方 13	交龙纽
四知书屋	乾隆	碧玉	通高 9.3 纽高 4.6 印面方 11.3	交龙纽
秀起堂宝	乾隆	碧玉	通高 10.3 纽高 5.2 印面方 12.9	交龙纽
烟雨楼宝	乾隆	青玉	通高 9.3 纽高 4.1 印面方 13	交龙纽
同乐园宝	乾隆	碧玉	通高 9.3 纽高 4.1 印面方 13	交龙纽
圆明园宝	乾隆	煅玉（经火）	通高 9.5 纽高 5.2 印面方 10.5	交龙纽
快雪堂	乾隆	青玉	通高 10.1 纽高 5.2 印面方 13	交龙纽
清舒山馆之宝	乾隆	碧玉	通高 11 纽高 5.3 印面方 13	交龙纽
承光殿宝	乾隆	碧玉	通高 8.5 纽高 4.3 印面方 9.9	交龙纽

这些宝玺为乾隆时期制造，尺寸较大，纽式为瑞兽纽。乾隆以后玺印均为玉质，纽式多为交龙纽，一些印四周还镌刻御制诗文。

故宫室名宝既有印、又有册，主要以乾隆时期的为主。乾隆时期大修土木，并为建筑取室名，再加上有了新疆和田玉充足的玉源，乾隆令人把许多殿名都镌刻成宝玺，并亲自撰写室名记文，论述该殿建造、命名源起，再将他的得意之作制作成玉册，以垂之永久。见下表：

清代室名玺册对照表

室名	印玺（方）	玉册（件）	备注
重华宫	4	4	
乐善堂	2	2	
宁寿宫	2	7	另有“宁寿宫续入石渠宝笈”1方
抑斋	3	3	
建福宫		1	
毓庆宫	6	1	
养心殿	10	1	
乾清宫	1		
味余书室	2	1	
三希堂	2	1	
文渊阁	2	3	
文津阁	1	1	
文溯阁	1	1	另有以上三阁御制诗玉册2件
避暑山庄	4	1	
避暑山庄五福五代堂	1	7	
戒得堂	5	8	
四知书屋	3	7	
五福五代堂	2	7	另有“五福五代堂古稀天子”3方
含德斋	2	1	
秀起堂	2	1	
皇史宬		1	
合计	55	59	

通过上表可以看出，皇帝对这些室名的重视程度。

乾隆时期室名组合玺一览表

成套印玺名称	数量（套）	质地
奉三无私、惟精惟一、乾隆宸翰	9	白玉、汉玉等不同质地
德日新、所宝惟贤、乾隆御笔	4	分别为寿山石、洞石、水晶不同质地
三希堂、古稀天子、犹日孜孜	4	分别为青玉、白玉、汉玉、象牙质地
德日新、信天主人、所其无逸	1	分别为寿山石、洞石、水晶不同质地
三希堂、致中含和、政在养民	1	均为墨晶
三希堂、惟精惟一、乾隆御笔	1	均为白玉

成套印玺名称	数量（套）	质地
三希堂、画禅室、乾、隆	1	均为汉玉
澂观、德充符、会心不远	1	均为汉玉
石渠宝笈、自强不息、与物皆春	1	均为青田石
乾隆御玩、内府图书、长春书屋御制	1	均为寿山石
乾清宫鉴藏宝、养心殿鉴藏宝、重华宫鉴藏宝、御书房鉴藏宝	1	均为碧玉
淳化轩、信天主人、乾隆宸翰	1	均为白玉
烟雨楼、古稀天子之宝、犹日孜孜	1	分别为青汉玉、竹文质地
戒得堂、古稀天子之宝、犹日孜孜	1	为竹文质地
如如水镜、得象外意、乾隆宸翰	1	均为汉玉
芝田、敛福宜民、敬用五事	1	均为白玉
含和、情赏为美、圭璋文府	1	均为汉玉
智仁山水德、所乐在人和、与和气游	1	分别为紫晶、紫英、碧霞洗
鉴古、学古有获、学耨礼耕	1	均为碧霞洗质地
☰（乾卦）、古稀天子之宝	1	均为汉玉
石渠继鉴、石渠继鉴、天禄秘藏	1	为洞石
泉香亭、乾隆宸翰、落花自有文章趣	1	均为白玉
信天主人、古稀天子	1	汉玉圆印
石渠定鉴、宝笈重编	1	青玉
古稀天子之宝、犹日孜孜	1	汉玉质地
乾、隆、古稀堂	1	均为白玉
寿、古稀天子之宝、石渠宝笈所藏	1	汉玉、汉玉、青白玉
秘殿珠林藏、秘殿新编、珠林重定	1	青汉玉

另外，有40方分为两匣，为乾隆御制诗语或圆明园四十景题额。质地为寿山石，有阴文、阳文，文字镌刻也时有变化。乾隆帝在他经常出没的室名都镌刻印玺，存于不同室名。这些印玺体积大小不等，质地多样，纽式多为瑞兽纽。

从成套印玺数量一览表及现清宫档案中，可以了解制造宝玺的过程。特别是完成后交哪个部门、摆在那个宫殿，都记录得非常明确。

2. “犹日孜孜”与“自强不息”组印

“犹日孜孜”是“古稀天子之宝”的副章，是乾隆七十寿辰镌刻的；“自强不息”是“八徵耄念之宝”的副章，是乾隆八十寿辰镌刻的。笔者在研究清代皇帝室名宝玺时，发现乾隆晚年“犹日孜孜”和“自强不息”两玺与不同宫殿制成的印有数十套，将其进行整理，发现这些宫殿名印充分地反映了乾隆晚年的生活区域、活动范围、生活环境和思想意识等。根据乾隆《宝薮》与故宫印章实物及文献，分析乾隆

图 70. 八徵耄念之宝、古稀天子之宝组印

晚年将“犹日孜孜”“自强不息”印与紫禁城、圆明园和避暑山庄等宫殿印组合的原因和意义，总结乾隆帝晚年壮志未泯、励精图治以至勤政而终的精神状态（图 70）。

（1）“犹日孜孜”印与宫殿印

乾隆四十五年（1780 年）八月十八日，年已七十高寿的乾隆帝在承德避暑山庄的澹泊敬诚殿，接受大臣官员的庆贺。江苏学政彭元瑞因贺皇上七旬万寿，镌刻“古稀天子之宝”，撰进颂册。乾隆帝把自己比喻成千古之中唯一年登古稀的英明君主，为此他特撰写《古稀说》曰：“余以今年登七帙，因用杜甫句刻‘古稀天子之宝’，其次章即继之曰‘犹日孜孜’，盖予宿志有年，至八旬有六即归政而颐志于宁寿宫，其未归政以前，不敢弛惕，犹日孜孜，所以答天庥而励己躬也。”

图 71. 犹日孜孜

“犹日孜孜”玺（图 71），作为“古稀天子之宝”的副章相配使用。“古稀天子”，在封建社会中，天子就是指皇帝，他享有至高无上的统治权力。乾隆帝在《古稀说》曰：“古稀之六帝元明二祖为创业之君……其余四帝予所不足为法。”

乾隆帝借此夸耀自己是古稀全人。他还刻制了“古稀天子”玺，与“犹日孜孜”玺及其他经常出入的宫殿的玺印制成套印，便于使用或收藏。根据乾隆《宝薮》整理，此类玺印约有 20 组。

①紫禁城宫殿有 7 处：

印文有："三希堂、德日新、宁寿宫、乐寿堂、颐和轩、符望阁、五福五代堂"，其中，三希堂在养心殿，德日新在建福宫花园内，其余五处均在宁寿宫区。三希堂因藏晋代大书法家王羲之《快雪时晴帖》、王羲之《中秋帖》和王珣《伯远帖》三件稀世珍宝而题名为"三希堂"，乾隆为此还撰写了御制诗文《三希堂记》。

②避暑山庄宫殿有 3 处：

印文有："烟雨楼、戒得堂、文津阁"，这三处是避暑山庄比较著名的宫殿。乾隆四十五年（1780 年）仿照浙江嘉兴南湖的烟雨楼而建。戒得堂位于避暑山庄清舒山馆之左，建于乾隆四十五年。"戒得"，即孔子所谓"戒之在得"之意。[1] 文津阁位于承德避暑山庄内，建于乾隆三十九年（1774 年），形制仿浙江宁波范氏天一阁藏书楼，曾珍藏《古书图书集成》《四库全书》各一部。

③西苑宫殿有 1 处：

印文有："快雪堂"，快雪堂位于西苑北岸浴兰轩后，乾隆四十四年（1779 年）杨景素献《快雪帖》石刻，于此增建一进院落，名为"快雪堂"。

这些宫殿大多是乾隆时期修建或命名的。与"犹日孜孜"相配的宫殿印有 11 处，有的一处制作多组印，这说明乾隆帝对这些宫殿是情有独钟。

（2）"自强不息"印与宫殿印

乾隆五十五年（1790 年），乾隆八十万寿之时为此玺特撰写"八徵耄念之宝记"曰："予年七十时，用杜甫句镌'古稀天子之宝'，而即继之曰'犹日孜孜'，不敢怠于政也。蒙天眷佑，幸无大陨，越于兹又浃旬矣，思有所以副八旬开袠之庆，镌诸玺，以殿诸御笔，盖莫若《洪范》八徵之念。"

乾隆帝在"八徵耄念之宝记"中说明了镌刻"八徵耄念之宝"的原因，同时又镌刻"自强不息"玺（图 72）作为"八徵耄念之宝"的副章，进一步表明了他的用意。乾隆"八徵耄念"及"八徵耄念之宝"有 60 多方，"自强不息"40 多方。根据乾隆《宝薮》整理，"自强不息"与宫殿成套玺就有 28 组。

图 72. 自强不息

---

1 恽丽梅：《乾隆御制玉册：清宫特殊的文化现象》页 374，《明清论丛》2008 年刊。

①紫禁城宫殿有 13 处：

印文有："懋勤殿、弘德殿、五经萃室、景祺阁、翠赏楼、墨云室、重华宫、翠云馆、漱芳斋、静怡轩、延春阁、敬胜斋、凝晖堂。"实际上主要是四个宫殿区：乾清宫区、宁寿宫区、重华宫区、建福宫花园区。

②避暑山庄宫殿有 5 处：

印文有："四知书屋、狮子园、含青斋、戒得堂、文津阁。"四知书屋是清帝接见王公大臣、同御前大臣商议军国大事的地方。四知是取知微、知彰、知柔、知刚之意。狮子园在避暑山庄西北，建于康熙年间，初时为胤禛的皇子花园。乾隆时，因北有狮子岭，故更名为"狮子园"。[1] 含青斋建于松云峡南坡尽头，架岩为屋，叠石成阶。[2] 另外，戒得堂、文津阁在"犹日孜孜"组印中已经出现过。

③圆明园宫殿有 6 处：

印文有："知过堂、淳化轩、同乐园、九州清晏、奉三无私、飞云轩。"知过堂位于圆明园濂溪乐处正殿慎修思永北，淳化轩是长春园含经堂后面的一座大型建筑，增建于乾隆三十五年（1770 年），同乐园位于圆明园后湖与福海两个著名景区之间，是清帝在御园的活动中心之一。九州清晏为圆明园的帝后寝宫区，主要集中在御园正衙——正大光明殿直北一带。九州清晏一景前殿悬挂康熙御书"圆明园"匾，殿内明间设宝座；中间"奉三无私"殿；后殿为九州清晏殿，是清帝居住御园的主要寝宫。[3]

圆明园勤政亲贤殿东为飞云轩、静鉴阁，北为怀清芬、秀木佳荫、生秋庭，即于九州景区西南的长春仙馆东。

④香山 1 处：

印文有："勤政殿。"乾隆十年（1745 年），乾隆帝在香山大兴土木，筑墙为园，并命名静宜园。勤政殿为二十八景之首，位于公园东宫门内，是乾隆帝来园驻跸临时处理政务，接见王公大臣之所，它取意勤政务本、勤于思政之意。香山静宜园与玉泉山静明园、万寿山清漪园（颐和园的前身）、圆明园、畅春园并列为京西"三山五园"。

以上共计 25 处，有几处制作多组印，说明这几处宫殿与乾隆帝的政务和日常生活紧密相关，表明了乾隆帝对这些印的重视。乾隆帝是中国历代帝王中寿命最长和主持政务最长的一位皇帝。"对这样一位几乎与世纪同龄的政治巨人的是非功罪实在难作出简单的评断"。[4] 乾隆帝晚年制造的"犹日孜孜""自强不息"等多组宝玺，充分反映了乾隆晚年仍然是勤政的。

---

1 何本方、岳庆平主编：《中国宫廷知识词典》页 401，中国国际广播出版社，1990 年。
2 石林、春江：《承德览胜》页 41，地质出版社，1983 年。
3 张恩荫：《圆明大观话盛衰》页 23 — 24，紫禁城出版社，1998 年。
4 郭成康：《乾隆大帝》，前言，页 1，中国华侨出版社，2003 年。

3. “宝典福书”与“元音寿牒”组印

乾隆帝自幼博览群书，对汉文化的兴趣尤其浓厚，虽政务繁忙，仍不忘读书吟诗。近年来北京故宫博物院 2.8 万乾隆帝御制诗手稿的发现，加上过去库房里保存的 1.7 万首诗手稿，共计 4 万余首，对学界存疑的代笔说有了一个佐证，说明乾隆帝将这些诗亲自进行了抄录，有些上面还留下修改痕迹，它的历史价值大大超过其艺术价值。乾隆即位后刻制了大量的宝玺，乾隆帝许多印文出自经史典籍，历代诗文中名篇佳句和皇帝有感而发的诗文，并将一些诗文名句镌刻入印。但这些诗在乾隆印章中的体现，还不为大众所知，而发表的文章和网上的介绍也有一些不实。

故宫现藏有 3 份《宝典福书》与《元音寿牒》组印，每份 240 方，共 720 方，是乾隆五十五年（1790 年）寿辰时，文华殿大学士和珅、工部尚书金简各自进献 1 组。乾隆皇帝非常喜欢这组印章，因此清宫内务府又制作了 1 组。

这 3 组印的印文相同，均从乾隆御制诗文中选出带“福”字和带“寿”字的诗文辑成，并镌刻成不同质地和不同规格的印章均附有印谱，印谱名分别为《宝典福书》《元音寿牒》。

“宝典福书”中的宝典指珍贵的典籍，一般将帝王用于上尊号或册立、册封的典册称为宝典；书为书册，将乾隆御制诗文中写有福字的诗文，集册成书称为“宝典福书”。“元音寿牒”中的元同圆字，音为声音，牒有的也写作耋（为年老之意）；古代小简为牒，大简为册；将乾隆的寿字诗句集为册称为“元音寿牒”。

这 3 套印印文内容均摘自乾隆皇帝御制诗文中的吉语，印文一般 4 至 10 余字，根据内容及字多少镌刻成方、圆、椭圆形、葫芦等不同形状。这些印尺寸均在 2—5 厘米左右，用铜镀金、青田石、寿山石不同质地制造。需要说明的是因内务府制作这组印质地不同，分为 4 匣，将其 4 匣分为 2 份，每份各 120 件。

《宝典福书》与《元音寿牒》统计表

<table>
<tr><th>类别</th><th>和珅进献</th><th>金简进献</th><th colspan="2">清宫制作</th></tr>
<tr><td>《宝典福书》</td><td>青田石 120 方（图 73）</td><td>铜镀金 120 方，实存 114 方，现后补 6 方（图 75）</td><td>青田石 60 方</td><td>青田石 60 方（图 77）</td></tr>
<tr><td>《元音寿牒》</td><td>青田石 120 方（图 74）</td><td>铜镀金 120 方</td><td>青田石 60 方（图 76）</td><td>寿山石 60 方（图 78）</td></tr>
<tr><td>件数</td><td>240 方</td><td>240 方</td><td>120 方</td><td>120 方</td></tr>
<tr><td colspan="5">共计 720 方</td></tr>
</table>

图 73. 和珅进献《宝典福书》青田石（120 方）

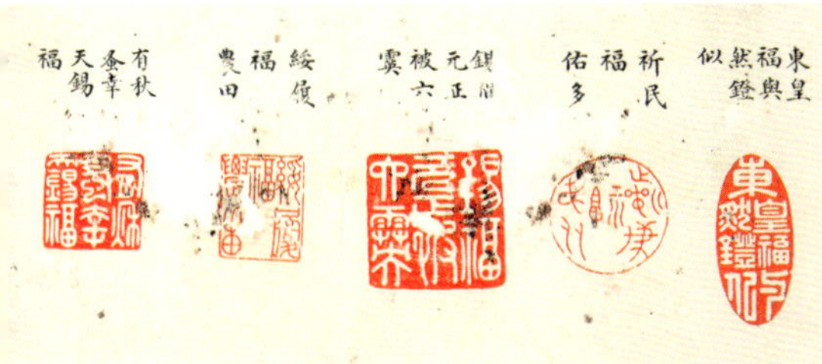
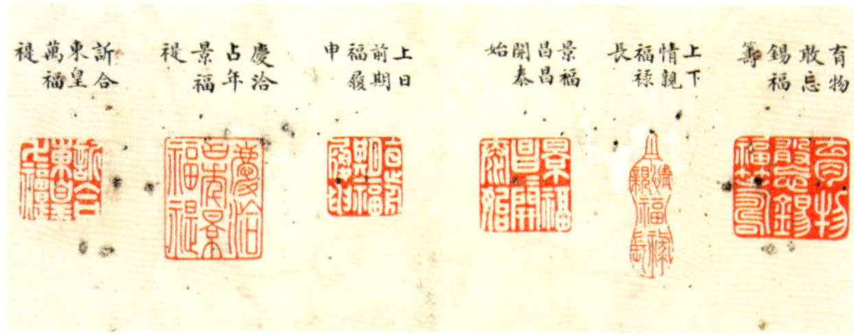
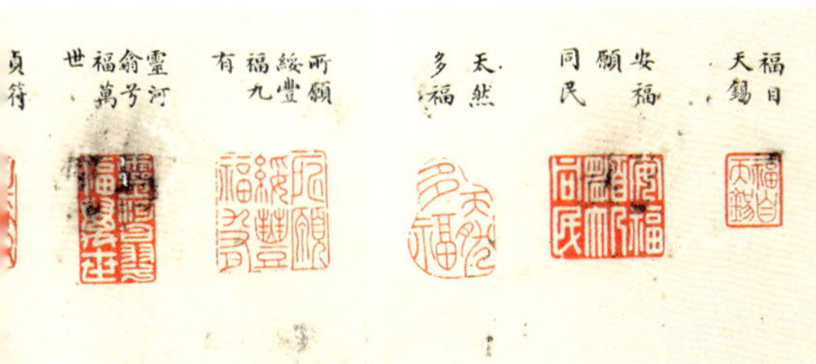

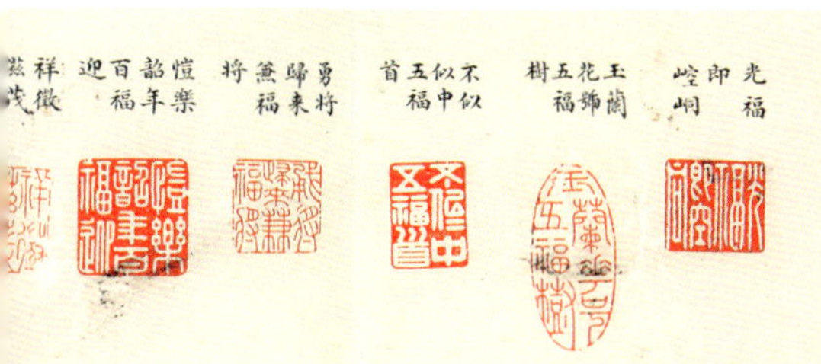
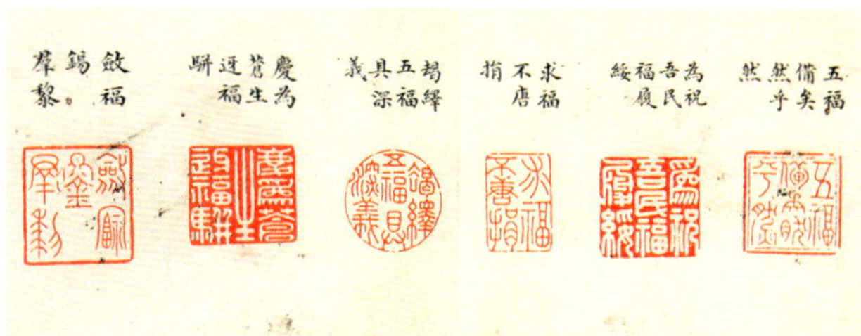
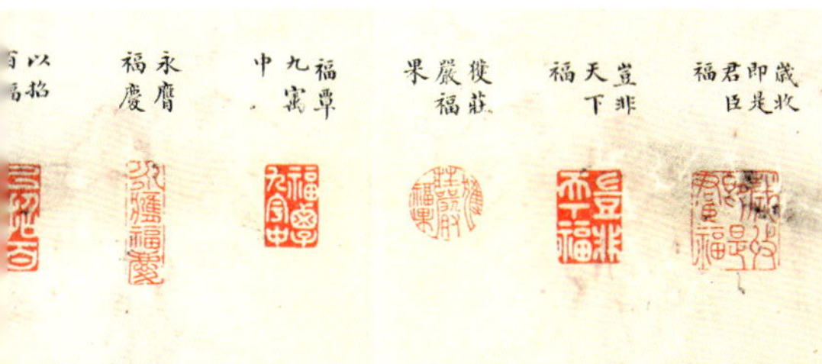
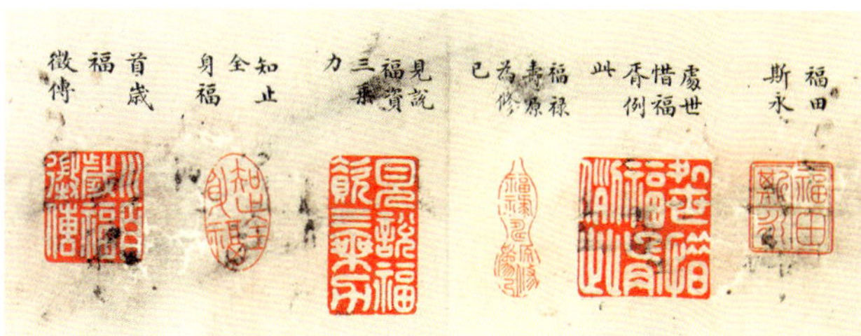
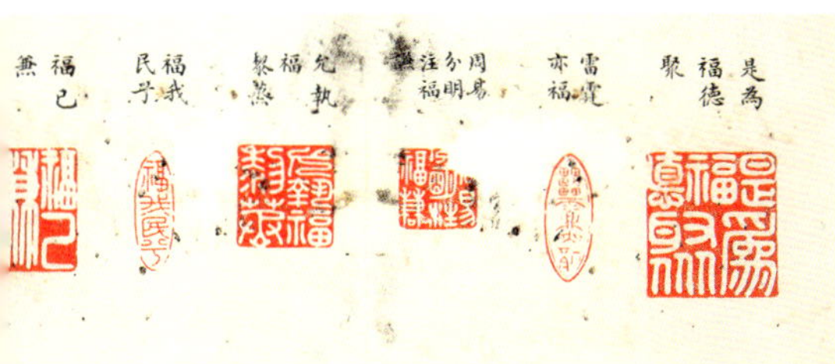
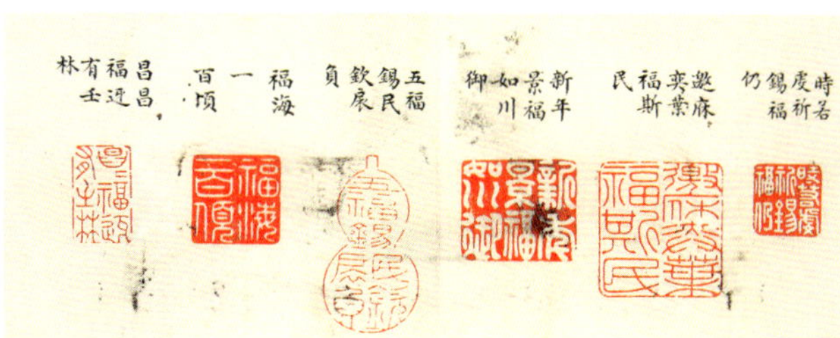

图 74. 和珅进献《元音寿牒》青田石（120 方）

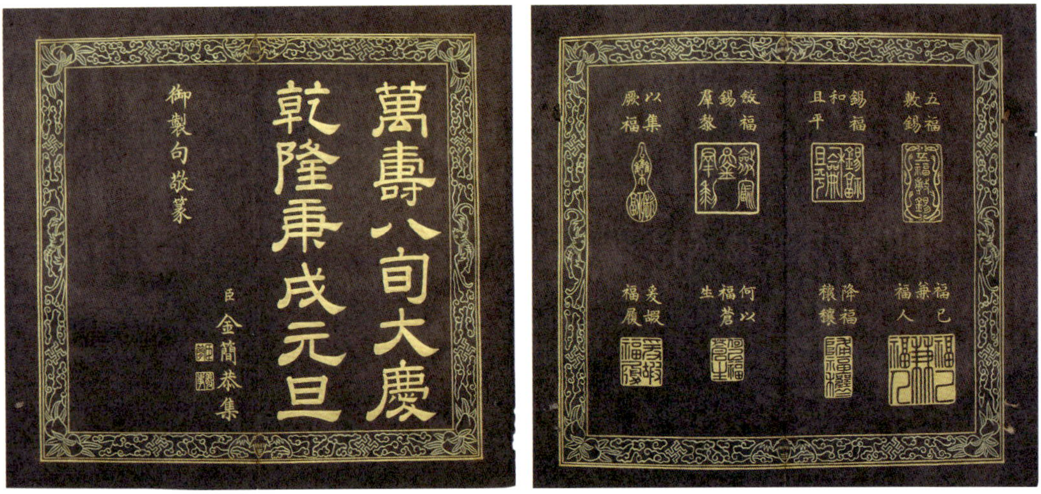

图 75. 金简进献《宝典福书》铜镀金（120 方）

图 76. 清宫制作《元音寿牒》青田石（60 方）

图 77. 清宫制作《宝典福书》青田石（60 方）

图 78. 清宫制作《元音寿牒》寿山石（60 方）

（1）和珅进献

乾隆皇帝八十寿辰时，和珅进献了青田石《宝典福书》《元音寿牒》二套印，各 120 方一套，共 240 方。《宝典福书》在故宫的文物编号为故 167590–1/120，《元音寿牒》为故 167591–1/120。这些印有的为兽纽、瓦纽，有的随形雕花、雕山水，做工非常讲究，并附《宝典福书》《元音寿牒》印谱。

（2）金简进献

乾隆皇帝八十寿辰时，金简进献铜镀金《宝典福书》《元音寿牒》二套印，各 120 方一套，共 240 方。《宝典福书》在故宫的文物编号为故 167631—167745，其中故 167697“寿为福先语可思”，印文不仅有“寿”字，还有“福”字，所以当年贯号时，与《宝典福书》顺序号排在一起，笔者与《宝典福书》《元音寿牒》印谱进行比对，“寿为福先语可思”句在《宝典福书》中不存，而在《元音寿牒》内查到此句。因现故宫文物简目已经上网，不了解情况之人，会误认为连号的为一组。而文物号一经贯号，是不能轻易更改的，所以这里特别说明。另外，《宝典福书》组印原缺 6 方，经过与印谱核对，又与和珅进献的组印列表对比（见下表），发现缺少与和珅所进献的“蓬岛瑶台福海中、绥将福禄、堨绎五福具深义、咸得福庆、祈民福佑多、各各受诸福”印（现由文保科技部后补了 6 方木印），这也许正是当年没有像和珅进献的那组印贯 120 个分号的原因。《元音寿牒》为故 167746—167864，将上面提到的文物账排在《宝典福书》中的故 167697“寿为福先语可思”这方印归入《元音寿牒》组印中，正好 120 件。这组印多为回纹纽、桥纽，并附《宝典福书》《元音寿牒》印谱。

（3）清宫制造

内务府造办处制作的这两组印质地不同，原文物帐将其 4 匣（每匣 60 件）分为 2 份，每份各120件，文物总账按每匣将其记录为4组，其实这2份印与和珅、金简所进组印内容相同，可视为1组，即分别为《宝典福书》《元音寿牒》，4匣组印配有木匣。

配紫檀木匣《宝典福书》《元音寿牒》组印二套，各60方，共120方。《宝典福书》为故167877分号1–60，《元音寿牒》故167878分号1–60。这组印原账记录为化石，实为青田石，无纽光素；2组印均附紫檀木匣，《宝典福书》为紫檀木雕龙匣、《元音寿牒》为紫檀木雕松石吉祥匣。

残缺后配匣《宝典福书》《元音寿牒》组印，各60方，共120方。《宝典福书》为故167865分号1–60，为青田石；《元音寿牒》为故167128—167187，60件1组，原《故宫物品点查报告》质地原记为鸡血石，实为红寿山石。这组印均为光素随形，《宝典福书》青田石质地较软，均有不同程度的磕伤，印匣为现代后配；《元音寿牒》寿山石多有绺及磕伤，印匣为紫檀木，缺盖。

以上3组《宝典福书》《元音寿牒》组印各有异同，和珅进献与金简进献的120件各2组，一为青田石，一为铜镀金，均有纽，而清宫制作的为光素无纽，但3组印文内容及篆法均相同。

《宝典福书》组印（印文括号内文字为与御制诗文有出入的文字，有的为祝寿或刻字需要）

文物名称	和珅进献（120方）故167590	金简进献（120方）	造办处制造（60方）故167877	造办处制造（60方）故167865	乾隆御制诗文出处
“额手天锡福”印	1/120	故167744	8/60		诗四集卷14《麦价》
“元宵百福并”印	2/120	故167639		17/60	诗初集卷12《元宵联句》
“愿阐福之门”印	3/120	故167736	17/60		诗四集卷77《题涵元殿》
“长期福禄（履）佑尘寰”印	4/120	故167645		23/60	诗初集卷11《写雾轩》
“得教福地续琅书”印	5/120	故167657		5/60	诗二集卷50《再题避暑山庄三十六景有序》，文二集卷17《避暑山庄后序》
“豫（预）日符年福卜几”印	6/120	故167678		41/60	诗三集卷4《预日诣斋宫叠去岁韵》
“战则克而祭受福”印	7/120	故167673		52/60	文初集卷23《盛京赋》
“庆为苍生迓福骈”印	8/120	故167695	45/60		诗四集卷45《元旦试笔》
“临轩书福庆恩昭”印	9/120	故167656		4/60	诗二集卷13《书福诗》
“恰与安福为清陪”印	10/120	故167689		38/60	诗三集卷19《盆柏》
“不似似中五福首”印	11/120	故167710	42/60		诗五集卷39《题汪承霈画二帖》
“勇将归来兼福将”印	12/120	故167686		34/60	诗三集卷3《二月廿七郊劳出征将军兆惠富德及诸将士礼成纪事》
“永膺福庆”印	13/120	故167732	48/60		文二集卷38《宁寿宫铭》

文物名称	和珅进献（120方）	金简进献（120方）	造办处制造（60方）	造办处制造（60方）	乾隆御制诗文出处
“允执福黎蒸”印	14/120	故167712	5/60		诗五集卷9《赋得心如止水》
“以集厥福”印	15/120	故167637		30/60	诗初集卷9《斋宫六章章十四句》
“福禄寿原修为已”印	16/120	故167682		45/60	诗四集卷55《咏嘉靖雕漆三里盒》
“降福穰穰”印	17/120	故167634		27/60	诗初集卷2《冬至有事于南郊敬成八章八句》，文初集卷28《福禄寿三星赞》
“福我民兮”印	18/120	故167641		19/60	文初集卷19《浙海神庙碑文》
“昌昌福迓有壬林”印	19/120	故167694	23/60		诗四集卷33《元旦试笔》
“福佑三千与大千”印	20/120	故167692	36/60		诗三集卷35《刘松年东山丝竹图》
“何以福苍生”印	21/120	故167636		29/60	诗初集卷3《赐大学士赵国麟》
“佐天福万民”印	22/120	故167701	35/60		诗四集卷52《祭北镇医巫闾山》
“福海一百顷”印	23/120	故167722	12/60		诗三集卷25《泛月杂兴用陆游诗落景余清晖轻桡弄溪注以句为韵赋得原韵》
“叙是五伦敛时五福以建皇极”印	24/120	故167723	21/60		文二集卷1《皇建其有极敛时五福用敷锡厥庶民》
“福地无双擅地灵”印	25/120	故167666		60/60	诗二集卷68《金山叠旧作韵》
“余日享清福”印	26/120	故167727	30/60		诗四集卷33《题养性殿》
“岁收即是君臣福”印	27/120	故167703	50/60		诗三集卷44《紫泉行宫赐随营诸臣及直隶各官食》
“东皇福与然灯似”印	28/120	故167670		50/60	诗二集卷83《上元灯词》
“庄严获福果”印	29/120	故167658		6/60	诗二集卷23《甘露寺和苏轼颂》
“蓬岛瑶台福海中”印	30/120		44/60		诗四集卷3《蓬岛瑶台》
“合与金仙作福田”印	31/120	故167704	32/60		诗三集卷80《万松寺三首》
“岂非天下福”印	32/120	故167659		7/60	诗二集卷33《清可轩》
“农扈有厚福”印	33/120	故167671		49/60	诗二集卷89《热》

文物名称	和珅进献（120方）	金简进献（120方）	造办处制造（60方）	造办处制造（60方）	乾隆御制诗文出处
“知止全身福”印	34/120	故 167745		9/60	诗二集卷 22《咏史》
“福自天锡”印	35/120	故 167643		21/60	文初集卷 19《平定准噶尔勒铭伊犁之碑》
“从禽屡获福还申”印	36/120	故 167654		2/60	诗二集卷 51《蒙古土风杂詠十二首有序》
“以招百福繁生息”印	37/120	故 167677		40/60	诗三集卷 29《碧玉盘谣》
“五福敷锡”印	38/120	故 167631		24/60	文初集卷 27《多福砚铭》
“䜣合东皇万福禔”印	39/120	故 167665		59/60	诗二集卷 75《重华宫新正》
“绥履福农田”印	40/120	故 167711	46/60		诗四集卷 99《谒显佑宫》
“锡兹介福”印	41/120	故 167647		10/60	文初集卷 16《重建泰山神庙碑文》
“丰实予之福”印	42/120	故 167649		12/60	诗二集卷 15《过定兴》
“永资福锡万民邀”印	43/120	故 167690	6/60		诗五集卷 40《命晋增天后徽称诗以昭灵志谢》
“绥将福禄”印	44/120		22/60		文初集卷 28《列代贤明妃后垂称奕世者取绘十二系以赞》
“斯苍生之多福即予一人之多福”印	45/120	故 167739	15/60		文初集卷 27《多福砚铭》
“揭绎五福具深义”印	46/120		18/60		诗五集卷 29《五福堂对玉兰花二十韵》
“景福昌昌开泰始”印	47/120	故 167675		37/60	诗初集卷 24《立春日春帖子》
“千祥万福萃元正”印	48/120	故 167684		32/60	诗三集卷 35《元旦试笔》
“告汝（尔）种福因”印	49/120	故 167725	40/60		文初集卷 16《阐福寺碑文》
“雷霆亦福”印	50/120	故 167688		36/60	文初集卷 26《七情箴》
“听之天锡福”印	51/120	故 167720	13/60		诗五集卷 26《问月楼有会》
“敬己勤民吁天福”印	52/120	故 167685		33/60	诗二集卷 88《密云行》
“福履万年绥”印	53/120	故 167648		11/60	诗初集卷 43《避暑山庄百韵诗》
“灵河翕兮福万世”印	54/120	故 167687		35/60	文初集卷 18《重修惠济祠碑》
“世世钦遵福永膺”印	55/120	故 167696	25/60		诗四集卷 48《全韵诗下平声十五首》
“咸得福庆”印	56/120		24/60		文初集卷 16《阐福寺碑文》

文物名称	和珅进献（120 方）	金简进献（120 方）	造办处制造（60 方）	造办处制造（60 方）	乾隆御制诗文出处
“处世惜福胥例此”印	57/120	故 167708	53/60		诗四集卷 82《过界湖楼有会》
“善作心田福自申”印	58/120	故 167650		13/60	诗二集卷 31《壬申元旦》
“肯构亿年延福履”印	59/120	故 167683		31/60	诗三集卷 27《岁朝图联句有序》
“锡福元正被六霙”印	60/120	故 167714	58/60		诗四集卷 66《祈谷礼成述事》
“上下情亲福禄长”印	61/120	故 167676		39/60	诗三集卷 31《题王毂祥仿夏森画册二十六帧》
“洪范有言敛时五福敷锡庶民”印	62/120	故 167700	37/60		文初集卷 23《建福宫赋》
“洞天福地列第九”印	63/120	故 167660		54/60	诗二集卷 24《吴山十六景》
“福德无涯”印	64/120	故 167713	59/60		文二集卷 44《观音像赞》
“于万斯年恒保此福”印	65/120	故 167680		43/60	文二集卷 15《五福五代堂记》
“邀庥奕叶福斯民”印	66/120	故 167729	10/60		诗四集卷 85《元旦试笔》
“见说福资三乘力”印	67/120	故 167735	19/60		诗四集卷 91《扎什伦布庙再叠庚子韵》
“凡此诸福众生自有”印	68/120	故 167721	55/60		文初集卷 16《阐福寺碑文》
“玉兰花号五福树”印	69/120	故 167707	52/60		诗五集卷 98《五福堂对玉兰花叠去岁诗韵》
“基福即于斯”印	70/120	故 167743	26/60		诗四集卷 99《赫图阿拉》
“育物敢忘锡福筹”印	71/120	故 167709	51/60		诗三集卷 46《御安福舻》
“新年景福如川御”印	72/120	故 167631		18/60	诗初集卷 24《上辛日祈穀礼成纪事》
“祈民福佑多”印	73/120		28/60		诗四集卷 36《香林院瞻礼》
“和气一家时敛福”印	74/120	故 167668		47/60	诗二集卷 54《乾清宫宴亲藩即席赋句》
“恺乐韶年百福迎”印	75/120	故 167702	20/60		诗三集卷 43《重华宫曲宴内廷大学士翰林等雪象联句并成二律》
“敛福锡群黎”印	76/120	故 167635		28/60	诗初集卷 5《辛酉仲春祭》
“福履永绵长”印	77/120	故 167705	31/60		诗三集卷 54《乐寿堂》
“贞符首庆福吾民”印	78/120	故 167740	9/60		诗二集卷 75《人日》
“锡福和且平”印	79/120	故 167633		26/60	诗二集卷 22《祈谷斋宫》
“种福德田”印	80/120	故 167734	29/60		文二集卷 41《丁观鹏画十六应真赞》

文物名称	和珅进献（120方）	金简进献（120方）	造办处制造（60方）	造办处制造（60方）	乾隆御制诗文出处
“施惠需云受福宜”印	81/120	故 167699	60/60		诗四集卷 18《上元前赐宴外藩即席成什》
“为祝吾民福履绥”印	82/120	故 167718	7/60		诗五集卷 44《上元灯词》
“福己兼福人”印	83/120	故 167632		25/60	诗二集卷 33《四帝诗有序》
“万年福永茂”印	84/120	故 167674		53/60	诗二集卷 90《孟冬时享太庙》
“安然福九垓”印	85/120	故 167669		48/60	诗三集卷 12《题安福舻》
“百福昌昌入凤城”印	86/120	故 167644		22/60	诗初集卷 20《咏爆竹》
“福田斯永”印	87/120	故 167719	54/60		文初集卷 27《古砚铭》
“庆洽（恰）占年景福禔”印	88/120	故 167672		51/60	诗三集卷 1《元正太和殿朝会庸作歌》
“邓尉光福相连延”印	89/120	故 167646		8/60	诗二集卷 24《吴山十六景》
“景福希邀奕叶绵”印	90/120	故 167653		1/60	诗二集卷 44《南郊告成正值长至大祀九奏葳韶七言纪什》
“光福即崆峒”印	91/120	故 167661		55/60	诗二集卷 69《邓尉山恭瞻皇祖题额松风水月四字各得八句以题为韵》
“烟凝万福臻”印	92/120	故 167733	39/60		诗三集卷 84《除夕》
“首岁福徽传”印	93/120	故 167730	11/60		诗四集卷 85《题大西天草书萨尔瓦莽噶拉穆汉语译为普吉祥玉印六韵》
“周易分明注福谦”印	94/120	故 167663		57/60	诗二集卷 66《同豫轩得句》
“所愿绥丰福九有”印	95/120	故 167737	34/60		诗四集卷 50《旧端石骊珠砚歌》
“各各受诸福”印	96/120		27/60		文初集卷 16《阐福寺碑文》
“在沙福禄来”印	97/120	故 167662		56/60	诗二集卷 58《和李峤杂咏诗百二十首韵有序》
“万福共春来”印	98/120	故 167642		20/60	诗二集卷 7《立春日春帖子》
“上日前期福履申”印	99/120	故 167667		46/60	诗三集卷 4《上巳日凯宴成功诸将士有序》
“富者福也花无万”印	100/120	故 167726	43/60		诗五集卷 38《五福堂对玉兰花叠去岁诗韵》
“天然多福”印	101/120	故 167741	14/60		文二集卷 40《旧端砚多福砚铭》

文物名称	和珅进献（120 方）	金简进献（120 方）	造办处制造（60 方）	造办处制造（60 方）	乾隆御制诗文出处
“如是则福”印	102/120	故 167655		3/60	文初集卷 10《协纪辨方书序》
“福覃九宇（寓）中”印	103/120	故 167731	41/60		诗四集卷 46《仲春祭社稷坛礼成述事》
“大地回春福如海”印	104/120	故 167717	16/60		诗三集卷 94《上元前夕小宴亲藩有作》
“欣蒙（逢）元旦福如几”印	105/120	故 167693	56/60		诗四集卷 65《元旦日雪》
“五福锡民钦扆负”印	106/120	故 167664		58/60	诗二集卷 60《丙子元旦》
“白鹤紫霄皆福地”印	107/120	故 167652		15/60	诗二集卷 23《清江浦》
“欢同百福成”印	108/120	故 167679		42/60	诗三集卷 35《集张照春联字为春朝吉语得诗十七首有序》
“养此寸田福万民”印	109/120	故 167706	33/60		诗四集卷 83《题清娱室》
“时若虔祈锡福仍”印	110/120	故 167681		44/60	诗三集卷 29《东岳庙瞻礼》
“有秋蚤（早）幸天锡福”印	111/120	故 167651		14/60	诗初集卷 15《进宫见路旁禾麦喜而有作》
“普诸福缘”印	112/120	故 167716	1/60		文二集卷 26《宝相寺碑文》
“洵为福出群”印	113/120	故 167724	4/60		诗五集卷 28《题倦勤斋》
“是为福德聚”印	114/120	故 167742	2/60		文初集卷 16《阐福寺碑文》
“爰椵福履”印	115/120	故 167638		16/60	文初集卷 24《哨鹿赋有序》
“五福备矣然乎然”印	116/120	故 167738	47/60		诗二集卷 38《五福堂对玉兰花叠去岁诗韵》分号 100
“祥征滋茂福苍生”印	117/120	故 167715	57/60		诗二集卷 83《诣斋宫作》
“求福不唐捐”印	118/120	故 167698	38/60		文二集卷 26《普乐寺碑记》
“安福愿同民”印	119/120	故 167728	3/60		诗四集卷 35《题安福舻》
“万福自骈臻”印	120/120	故 167824	49/60		诗四集卷 1《壬辰帖子》

《元音寿牒》组印（括号为御制诗原文）

文物名称	和珅进献（120方）故167591	金简进献（120方*）	造办处制造（60方）故167878	造办处制造（60方）	乾隆御制诗文出处
“饮泉仙致寿”印	1/120	故 167764	38/60		诗初集卷 42《秋日即目用唐太宗爽气澄兰沼诗八句为题各赋一首》
“一般扶老称灵寿”印	2/120	故 167816	4/60		诗四集卷 55《咏和阗玉喜鹊杖头有序》
“寿星传古貌”印	3/120	故 167849		故 167184	诗初集卷 44《项元汴竹石》
“嘉夜宝灯辉万寿”印	4/120	故 167831		故 167159	诗五集卷 2《元宵乾清宫家宴即事成什》
“其寿无量”印	5/120	故 167861	14/60		文二集卷 44《写姿罗树寿班禅喇嘛并为赞言》文初集卷 29《丁观鹏摹贯休十六应真像赞》
“雅化育材欣寿世”印	6/120	故 167768		故 167180	诗三集卷 97《江西兴安县举人李炜年跻百龄来应万寿恩科会试三场纳卷神采倍增洵为熙朝上瑞虽榜放未经入彀特赐国子监司业职衔加赏内府缎匹并亲制诗以纪盛事》
“眉寿用蕲绾莫穷”印	7/120	故 167776	16/60		诗四集卷 10《题晋姜鼎》
“寿酒介春觥”印	8/120	故 167807	54/60		诗初集卷 14《康亲王七十寿辰诗以赐之》
“所嘉彼亦知献寿”印	9/120	故 167847		故 167171	诗三集卷 92《咏龙泉盘子》
“阅几沧桑静以寿”印	10/120	故 167830		故 167170	诗初集卷 30《汉玉屏风歌》
“鼎篆旋成寿字文”印	11/120	故 167786		故 167154	诗四集卷 41《元旦试笔》
“华言福寿等须弥”印	12/120	故 167759		故 167179	诗四集卷 75《扎什伦布庙落成纪事》
“宝阁便成无量寿”印	13/120	故 167859	58/60		诗二集卷 45《元夕灯词》
“称觞献寿自（是）家家”印	14/120	故 167811	41/60		诗四集卷 86《上元灯词八首》
“酬节介眉寿”印	15/120	故 167822		故 167148	诗三集卷 2《即事》
“寿卍（万）八千”印	16/120	故 167826	34/60		文初集卷 29《丁观鹏摹贯休十六应真像赞》
“寿为福先语可思”印	17/120	* 故 167697	11/60		诗五集卷 38《五福堂对玉兰花叠去岁诗韵》

文物名称	和珅进献（120方）故167591	金简进献（120方*）	造办处制造（60方）故167878	造办处制造(60方)	乾隆御制诗文出处
“即是万寿图”印	18/120	故 167825		故 167165	诗三集卷 11《自长城岭至台怀再依皇祖元韵》
“众生登寿世”印	19/120	故 167787		故 167158	文二集卷 30《须弥福寿之庙记》
“奉觞起上寿”印	20/120	故 167814	3/60		诗二集卷 33《读叔孙通传》
“屠苏延寿玉为觞”印	21/120	故 167805	24/60		诗初集卷 24《乙丑元旦》
“坚不如松寿胜松”印	22/120	故 167844	53/60		诗五集卷 38《五福堂对玉兰花叠去岁》
“一老百年登寿袠”印	23/120	故 167842	27/60		诗五集卷 11《重华宫茶宴廷臣及内廷翰林以千叟宴为题得近体二首》
“寿阅百千岁”印	24/120	故 167794	40/60		诗四集卷 29《融神精舍咏松》
“应知寿比松”印	25/120	故 167863	13/60		诗三集卷 47《赐闽浙总督苏昌》
“寿世共春台”印	26/120	故 167788	9/60		诗二集卷 53《乙亥春帖子》
“有人我寿者众生”印	27/120	故 167815	25/60		诗三集卷 81《偶仿郑重达摩渡江并题以句》
“于（於）今多寿者”印	28/120	故 167780	10/60		诗二集卷 17《三多谣》
“俾寿而藏”印	29/120	故 167777	21/60		文初集卷 16《重建泰山神庙碑文》
“献寿南山斝醴浮”印	30/120	故 167829		故 167187	诗初集卷 17《科尔沁归化最久世结姻盟今过其扎萨克见王公以至舆隶咸倾心效顺出于至诚实可嘉也》
“六星惟寿”印	31/120	故 167823		故 167161	文二集卷 37《缂丝三星图颂》
“是谁欲上南山寿”印	32/120	故 167843		故 167178	诗四集卷 90《宋迪南山松鹤》
“岩秀原增寿”印	33/120	故 167798	52/60		诗初集卷 43《避暑山庄百韵诗》
“是无量寿是两足尊”印	34/120	故 167836		故 167156	文初集卷 30《卢楞伽无量寿佛赞》
“益寿何须九转丹”印	35/120	故 167841		故 167128	诗二集卷 32《大学士高斌七十寿辰诗以赐之》
“菊泉益寿传佳话”印	36/120	故 167838	36/60		诗四集卷 78《咏痕都斯坦白玉益寿壶》

文物名称	和珅进献（120方）故167591	金简进献（120方*）	造办处制造（60方）故167878	造办处制造(60方)	乾隆御制诗文出处
“寿何如之”印	37/120	故 167827	31/60		文二集卷 2《知者乐仁者寿》
“一日寿实花之身”印	38/120	故 167817		故 167176	诗五集卷 29《五福堂对玉兰花二十韵》
“惟无量寿福无量”印	39/120	故 167795	44/60		诗三集卷 7《重修弘仁寺敬赞旃檀宝相》
“仁寿镜呈献寿图”印	40/120	故 167751	56/60		诗三集卷 62《上元灯词八首》
“智者乐兮仁者寿”印	41/120	故 167778		故 167146	诗二集卷 28《青芝岫有序》
“宁寿乐寿堂”印	42/120	故 167845		故 167173	诗五集卷 12《题乐寿堂》
“亿万人增亿万寿”印	43/120	故 167837		故 167163	诗四集卷 1《元旦试笔》
“江山介寿庆如何”印	44/120	故 167850		故 167133	诗二集卷 68《金山寺恭依皇祖诗韵》
“万寿叶贞符”印	45/120	故 167819		故 167135	诗三集卷 12《万寿寺》
“嘉名万寿荐寿樽”印	46/120	故 167789	32/60		诗初集卷 12《题邹一桂百花卷》
“苍松本寿客”印	47/120	故 167783		故 167168	诗二集卷 55《万松寺》
“彩屏延寿玉麟洲”印	48/120	故 167839		故 167149	诗三集卷 17《新正瀛台》
“介寿祥征亚岁骈”印	49/120	故 167833		故 167130	诗二集卷 21《偶为梅竹双清图用王世贞题王冕吴镇梅竹合卷韵》
“现寿者相”印	50/120	故 167796	49/60		诗五集卷 51《八徵耄念之宝联句有序》
“座对南山是寿山”印	51/120	故 167851	39/60		诗二集卷 52《八月十三日作》
“却喜园林接寿山”印	52/120	故 167852	43/60		诗二集卷 64《中秋帖子词七叠前韵有序》
“其寿端由在朴间”印	53/120	故 167766		故 167177	诗四集卷 75《咏三松刻秋菘竹根笔筒》
“寿庆肇三阳”印	54/120	故 167782		故 167144	诗二集卷 22《辛未帖子词》
“共迓天恩而益寿”印	55/120	故 167791		故 167174	诗五集卷 11《千叟宴联句用柏梁体有序》
“际此繁滋仁寿世”印	56/120	故 167769		故 167141	诗五集卷 11《四川达州百岁寿民张子翼五世同堂诗以赐之》

文物名称	和珅进献（120方）故167591	金简进献（120方*）	造办处制造（60方）故167878	造办处制造（60方）	乾隆御制诗文出处
“无量寿希与佛同”印	57/120	故 167806	22/60		诗三集卷 84《诣溥仁寺瞻礼》
“祝寿外藩称（将）内吏”印	58/120	故 167800		故 167147	诗二集卷 54《上元灯词》
“献春将介寿”印	59/120	故 167757		故 167172	诗二集卷 1《戊辰春帖子》
“鹤其性人寿其似”印	60/120	故 167747		故 167136	诗三集卷 21《过嘉兴再和钱陈群田园杂兴十首》
“安乐老寿”印	61/120	故 167763	8/60		文初集卷 16《阐福寺碑文》
“献寿都为海屋筹”印	62/120	故 167773		故 167151	诗三集卷 36《上元灯词》
“即现无量寿身而为说法”印	63/120	故 167853		故 167152	文初集卷 21《重修弘仁寺碑文》
“普度恒河沙数众生举登安乐寿命世界”印	64/120	故 167790		故 167132	文初集卷 18《梵香寺碑文》
“敷天寿域庆方长”印	65/120	故 167772		故 167145	诗二集卷 22《辛未元旦》
“正寿之庆”印	66/120	故 167840		故 167153	文二集卷 6《古稀说》
“红玉盘承万寿觞”印	67/120	故 167781	29/60		诗四集卷 18《题钱维城山水花卉合璧小册》
“永明及寿宁”印	68/120	故 167809		故 167137	诗四集卷 71《净慈方丈咏古》
“介寿还欣福似川”印	69/120	故 167752	26/60		诗二集卷 14《二十一叔慎郡王生辰诗以寿之》
“卍（万）寿灯明卍（万）福全”印	70/120	故 167784	33/60		诗四集卷 34《上元灯词》
“如冻梨貌寿而贞”印	71/120	故 167785	60/60		诗三集卷 13《汉玉辟邪璧》
“无量寿佛卍（万）字胸坐莲花须者其寿尽与无量寿佛同”印	72/120	故 167812		故 167169	诗二集卷 32《登云罩寺定光塔作歌》
“曰富曰寿曰颜泽曰多力曰身安”印	73/120	故 167855	19/60		文初集卷 6《万寿山五百罗汉堂记》
“桂月光浮万寿觞”印	74/120	故 167753		故 167183	诗二集卷 6《西风》
“寿世熙民宜赋詠”印	75/120	故 167797	35/60		诗五集卷 34《山东巡抚长麟奏济南百岁寿民赵琳五世同堂诗以纪瑞》

文物名称	和珅进献（120方）故167591	金简进献（120方*）	造办处制造（60方）故167878	造办处制造（60方）	乾隆御制诗文出处
“寿过赫胥及骊连”印	76/120	故 167771	57/60		诗三集卷 5《汉玉璧》
“东皇善锡无量寿”印	77/120	故 167857	1/60		诗二集卷 14《新正试笔》
“亥字书年寿世长”印	78/120	故 167835	5/60		诗初集卷 12《新春试笔》
“试看骅骝寿”印	79/120	故 167765		故 167150	诗三集卷 36《题韩幹马性图》
“欣征人寿樽浮柏”印	80/120	故 167803	6/60		诗二集卷 54《乾清宫宴亲藩即席赋句》
“虚空万古静为寿”印	81/120	故 167750		故 167167	诗四集卷 80《寿宁寺》
“可汗起奉酒称万寿”印	82/120	故 167828		故 167182	文初集卷 19《普宁寺碑文》
“寿德醇风耀闾里”印	83/120	故 167856		故 167181	诗三集卷 58《山东巨野县民姚宏毅年一百一岁妻年一百岁齐眉难老人瑞所希因成是咏赐之》
“万寿齐朝衣与冠”印	84/120	故 167775		故 167129	诗二集卷 19《万寿日题》
“庶使此图更因寿”印	85/120	故 167755	51/60		诗初集卷 37《余既辨明黄子久山居图即富春山居图乃叠旧韵更为长歌以书其后》
“胜彼兕觥万寿筵”印	86/120	故 167770		故 167139	诗四集卷 16《题邹一桂秋花九种》
“因之寿莫穷”印	87/120	故 167774		故 167157	诗二集卷 86《咏竹根钵》
“乐易斯长寿”印	88/120	故 167832	55/60		诗初集卷 15《工部侍郎德龄有贤母诗以赐之》
“大圆镜前礼无量寿”印	89/120	故 167749		故 167138	文二集卷 41《緙绣释迦摩尼佛赞》
“寿身兼寿世”印	90/120	故 167762	42/60		诗初集卷《大学士福敏七十寿辰诗以赐之》
“太（泰）平克壮寿骈臻”印	91/120	故 167756	2/60		诗三集卷 16《九老会诗有序》
“万寿无疆”印	92/120	故 167821	7/60		文初集卷 23《恭祝圣母皇太后万寿无疆赋》
“无量寿如是我闻寿超一切两足尊”印	93/120	故 167810		故 167134	诗三集卷 12《正定隆兴寺礼大佛叠旧作韵》
“峙成寿字傍长春”印	94/120	故 167813		故 167155	诗五集卷 39《题汪承霈二幅》
“迎銮祝寿陪臣价”印	95/120	故 167748		故 167175	诗四集卷 99《赐朝鲜国王李算》

文物名称	和珅进献（120方）故167591	金简进献（120方*）	造办处制造（60方）故167878	造办处制造（60方）	乾隆御制诗文出处
“寿民寿妇本常披”印	96/120	故167848	12/60		诗四集卷65《亳州寿民陈洪如寿百六岁妻王百一岁诗以纪瑞》
“世共登仁寿”印	97/120	故167820	17/60		诗三集卷19《三依皇祖示江南大小诸吏韵》
“乐寿接颐和”印	98/120	故167804	28/60		诗四集卷65《颐和轩》
“鹿云介寿鹤称仙”印	99/120	故167808	46/60		诗二集卷16《莲池书院杂咏》
“颂是曼寿”印	100/120	故167799		故167142	文二集卷37《五福颂有序》
“寿世频开千叟筵”印	101/120	故167758	50/60		诗五集卷11《千叟宴联句用柏梁体有序》
“寿为初祜”印	102/120	故167760		故167160	诗五集卷61《洪范九五福之一曰寿联句有序》
“恰喜天香映寿筵”印	103/120	故167793	18/60		诗二集卷36《截漕诗有序》
“珠躔应寿星”印	104/120	故167836		故167186	诗二集卷30《瑞麕诗六韵有序》
“万寿增如大海并”印	105/120	故167854		故167164	诗四集卷35《至宝稼营作》
“永寿无终极”印	106/120	故167801	47/60		诗四集卷49《再用沈德潜游摄山十二诗韵仍令沈德潜并钱陈群和之》
“大德得其寿”印	107/120	故167860	30/60		诗四集卷12《德寿寺》
“万年征寿永”印	108/120	故167754		故167143	诗二集卷35《赋得风动万年枝五言六韵得名字》
“盛时寿冠众黎元”印	109/120	故167818		故167140	诗五集卷44《湖北巡抚惠龄奏百岁寿民吴国瑞孙曾四世一堂诗以志事》
“延寿戬禧晖（辉）吉语”印	110/120	故167792		故167162	诗四集卷42《上元灯词》
“得寿拟彭钱”印	111/120	故167761	23/60		诗二集卷25《翰林院侍讲刘起振年一百三岁自粤东来浙迎驾诗以赐之》
“丁甲呵持自能寿”印	112/120	故167837	20/60		诗初集卷30《黄子久山居图》
“苍官寿客结好友”印	113/120	故167767		故167131	诗二集卷41《邹一桂松菊图》
“箕畴五福居一斯寿”印	114/120	故167858		故167166	文二集卷37《缂丝三星图颂》
“寿缘最高”印	115/120	故167864	37/60		文二集卷41《丁观鹏画十六应真赞》

文物名称	和珅进献（120方）故167591	金简进献（120方*）	造办处制造（60方）故167878	造办处制造(60方)	乾隆御制诗文出处
“少者扶其寿”印	116/120	故 167862	48/60		诗四集卷 68《五依皇祖示江南大小诸吏韵》
“个个来添祝寿筹”印	117/120	故 167802	45/60		诗三集卷 94《上元灯词》
“我以尔寿”印	118/120	故 167846		故 167185	诗初集卷 39《再用旧韵题黄子久富春山居图》
“已勒琬琰寿”印	119/120	故 167779	15/60		诗三集卷 45《四依皇祖示江南大小诸吏韵》
“藉以永厥寿”印	120/120	故 167824	59/60		诗三集卷 5《再题李唐江山小景叠旧作韵》
备注：* 故 167697 文物账在当初排号时误列在《宝典福书》中，特别说明。					

（二）印质与纽式

乾隆帝经常使用的印章有 500 多方[1]，有白玉、青玉、碧玉、寿山石、昌化石、青田石、木、金、银、铜、各种宝石等材质。乾隆对清玉的要求可概括为“精、细、秀、雅”4 字。当时，宫廷收藏的玉器以相当可观，宫殿内不仅有大件玉器陈列，多有玉器收入“百什件”的记载。

乾隆帝经常使用的印章纽式有交龙、盘龙、蹲龙、螭、凤、龟、麒麟、狮、牛、羊、马、象、虎、鹤、鸳鸯、松、竹、梅、菊、桃、荷花、葡萄、石榴等，另外，还有乾卦、回纹、万字纹，图画类的松亭、楼阁等。特别是昌化石随形雕鸳鸯荷花“乾隆宸翰”印，此印通体青黄色，中有血斑，随形雕鸳鸯荷花，使整个印章四面非常紧凑。此印将昌化石的色彩与西湖的美景相结合，篆刻刀工圆润、流畅，是一件很好的工艺品，深得乾隆皇帝的喜爱。

（三）宝玺的使用

乾隆皇帝在书画经常使用的印玺在《中国书画家印鉴款识》中收录有 172 方，[2] 这些印玺有的故宫现不存，但从乾隆《宝薮》中能够看到其质地和尺寸，可以得知它们的一些信息。现将乾隆皇帝经常使用的几方归纳如下：

1. 乾隆帝有多方“乾隆御览之宝”

书画上经常钤用的有两方椭圆形“乾隆御览之宝”，一方正方形“乾隆御览之宝”。椭圆形圆“乾隆御览之宝”，一件为长 4.1 厘米，宽 3.4 厘米的寿山石印（印谱 6），在邹一桂《山水卷》上曾钤用此印；另外

［印谱 6］乾隆御览之宝

1 天秀：《乾隆的图章》页 44，《紫禁城》1992 年第 5 期。
2 《中国书画家印鉴款识》上册，页 242，文物出版社，1987 年。

[印谱 7] 乾隆御览之宝

[印谱 8] 乾隆御览之宝

[印谱 9] 乾清宫鉴藏宝

[印谱 10] 养心殿鉴藏宝

[印谱 11] 重华宫鉴藏宝

[印谱 12] 御书房鉴藏宝

一件长 4.2 厘米，宽 3.5 厘米（印谱 7），在文伯仁《金陵十八景册》中钤用此印。两方镌刻略有差异：在“乾”字的“乙”、“之”字、“御”字、“览”字的“臣”等多处镌法均有不同。正方形“乾隆御览之宝”（印谱 8），方 7.9 厘米，为寿山石。经常钤用的还有汉玉“乾隆鉴赏”圆形印，直径 2.8 厘米，阴文；汉玉“寿”字长方形印，长 4.2 厘米，宽 2.5 厘米，阴文。乾隆皇帝即位后镌刻的第一方印玺就是“乾隆御览之宝”，是一方铜印，在乾隆《宝薮》中著录。

乾隆三年正月初四日档案记载，“司库刘山久来说，太监毛团、胡世杰交出铜宝一方，传旨：着刻‘乾隆御览之宝’，钦此。于正月初十日篆得阴文、阳文字样二张，司库刘山久持进交太监毛团呈览。奉旨：着准阴文，钦此。于二月二十日司库刘山久、催总白世秀将刻完字铜宝一方交太监胡世杰、高玉呈进讫”。[1]

2. 宫殿鉴藏宝

“乾清宫鉴藏宝”（印谱 9）、“养心殿鉴藏宝”（印谱 10）、“重华宫鉴藏宝”（印谱 11）、“御书房鉴藏宝”（印谱 12），四方印为一匣，均为碧玉，阳文篆刻，只有“御书房鉴藏宝”为椭圆印，其他 3 方均为长方形。乾隆皇帝书画常用两方“石渠宝笈”印，分别长 2.7 厘米，宽 2

1 中国第一历史档案、香港中文大学文物馆：《清宫内务府造办处档案总汇》第 8 册，页 160，人民出版社，2005 年。

厘米和长 2.4 厘米，宽 1.2 厘米。

还有一些印故宫现已不存，如：“秘殿珠林”洞石印；“秘殿珠林所藏”青汉玉印，阳文；“秘殿新编”青汉玉印，阳文；“珠林重定”青汉玉印，阴文；“石渠定鉴”青玉圆印，阳文；“宝笈重编”青玉印，阴文。

3. “三希堂精鉴玺”、“宜子孙”印玺

故宫现存有乾隆“三希堂精鉴玺”（图 47），青玉螭纽；“宜子孙”印（图 48），汉玉瓦纽，阴文。两印与“乾隆鉴赏”一起在《石渠宝笈》《秘殿珠林》初、续编上钤用，但“乾隆鉴赏”印现故宫无存。现存“宁寿宫续入石渠宝笈”玺，青玉交龙纽，乾隆晚期制作。

4. “乾隆宸翰”与“惟精惟一”组印

“乾隆宸翰”9 方，“惟精惟一”4 方。“乾隆宸翰”（图 49）与“惟精惟一”（图 50）在一起使用有两种形式：一种是“乾隆宸翰”阳文篆书在上边，“惟精惟一”阴文古篆书在下边；第二种是“惟精惟一”阴文粗道篆书在上边，“乾隆宸翰”阳文篆书在下边。另外，在元代钱选《孤山图》卷（元人仿）有“乾隆宸翰”印文。乾隆皇帝的田黄石三联印曾经被末代皇帝溥仪带出宫，其印文为“乾隆宸翰”“惟精惟一”和“乐天”，1950 年归还，现在故宫博物院珍宝馆陈列。

5. 书画上钤用的闲章

我们在书画中经常能够看到乾隆皇帝的印文，如：“五福五代堂古稀天子之宝”（图 51）、“古稀天子之宝”（图 52）、“八徵耄念之宝”（图 53）、“太上皇帝之宝”（图 54）、“太上皇帝”和“古希天子”等。这里要特别说明“古希天子”圆印（印谱 13），这方印在书画中经常钤用。因为乾隆“古稀天子”印有多方，笔者根据此印钤在书画上的尺寸和镌字大小，与乾隆《宝薮》对照，此印为直径 4.5 厘米，汉玉。印谱文下有这样一段文字：“古玉轴头，长二寸，围

图 47. 三希堂精鉴玺

图 48. 宜子孙

图 49. 乾隆宸翰

图 50. 惟精惟一

图 51. 五福五代堂古稀天子之宝

图 52. 古稀天子之宝

图 53. 八徵耄念之宝

图 54. 太上皇帝之宝

[印谱 13] 古希天子

一寸有分寸五，截为二。一则琢韘（音射），一则就围圆刻宝，宝文曰‘古稀天子’，用以抑埴书画。可韘则佽之，觉太粗，中规削半留半，取削者玉质乃全呈留者缛华，原作玉或者用之，日以长受汗气，仍珍璘吐，既思臂病，用不数刻咏何为意，徵怃。乾隆壬寅秋御题（下镌乾隆连珠小玺）。”[1] 乾隆壬寅年为乾隆四十七年（1782 年），从文中我们看到在书画中经常钤用“古希天子”圆印，原来是古玉轴头改制而成，一半制成印，一半制成扳指。为乾隆四十七年镌刻，此印为鉴定书画的一个重要依据。

虽然以上印玺有的已经不存，但我们从乾隆《宝薮》中依然能够看到乾隆印玺的重要信息，在原印谱中有不同质地、尺寸、几方为一匣的记载，有的还在重要的印谱旁做了注释，为今人鉴定古代书画提供了重要依据。

二、乾隆宝玺在书画上的钤用

书画上钤印最早见于唐代法书上，绘画上尚未见，宋代书画用印也很少，元末和明初才渐渐多起来，明中期以后几乎没有不用印的书画了。绘画有落款的大都钤在款题下，亦有用“起首”印的，手卷另在图前后加钤印章，挂轴、册页则在左右下角加钤“押角”印，无款的

1 故宫博物院藏乾隆《宝薮》，线 114185 — 114186。

图 55. 即事多所欣

手卷钤在图前、图末，挂轴和册页钤在左右下角，也有钤在上方空隙处的。书画长卷连接二纸以上，往往在接纸中缝钤印，为骑缝印。[1] 乾隆帝玺印有些书画上的多至一二十方，是有规律的。

（一）绘画上用印

现存最早的山水画是隋代的展子虔《游春图》卷，前隔水及画心前段钤有："太上皇帝之宝、石渠宝笈、宁寿宫续入石渠宝笈、乾隆鉴赏、三希堂精鉴玺、宜子孙"，画心中段钤有："乾隆御览之宝"，画心后段钤有："古希天子、寿、八徵耄念之宝"等印文[2]。

宋代燕肃《春山图》卷前隔水钤有："乾隆御览之宝、太上皇帝之宝"，画心前段钤有："乾隆御赏之宝、石渠宝笈"，画心后段钤有："养心殿鉴藏宝、乾隆鉴赏、三希堂精鉴玺、宜子孙"，后隔水钤有："五福五代堂古稀天子之宝、古稀天子之宝、八徵耄念之宝"等[3]。

北宋王诜《行书自书诗词》卷有乾隆"五福五代堂古稀天子宝、八徵耄念之宝、太上皇帝之宝"三方大印竖排排列，还有"乾隆鉴赏、乾隆宸翰、淳化轩、信天主人、古稀天子、乾隆御览之宝、三希堂精鉴玺、宜子孙、石渠宝笈、宝笈重编"等印玺。[4]

董其昌《临柳公权兰亭诗》卷开卷有："五福五代堂古稀天子之宝、八徵耄念之宝，太上皇帝之宝。题跋后有："五福五代堂古稀天子宝、古希天子，石渠宝笈、乾隆御览之宝、石渠定鉴、宝笈重编"，后有："乾隆鉴赏、重华宫鉴藏宝、寿、三希堂精鉴玺、宜子孙、八徵耄念之宝、研露、即事多所欣（图 55）"等印玺。[5]

乾隆皇帝不仅鉴赏名人字画时钤盖玺印，还亲笔作画，并时常在书画上题字作诗。故宫现藏书画中很多都有乾隆帝的印文和题跋。

（二）《石渠宝笈》使用的宝玺

乾隆对古代艺术非常重视，他在位期间对艺术品进行了钦定，编纂了《石渠宝笈》《秘殿珠林》《西清古鉴》《宁寿鉴古》《西清砚谱》等书籍，并将收入书目中的艺术品钤上相应的印玺。编纂《石渠宝笈》《秘殿珠林》时，乾隆帝还亲自指挥，从书画的删选，到著录文字的审校，乃至书画的装裱、御玺的钤印，都要过问，使得《石渠宝笈》《秘殿珠林》成为

1 徐邦达：《再谈古书画鉴别——款、印、题跋及其对古书画的鉴定作用》，《故宫博物院院刊》1979 年第 3 期。
2 《故宫博物院藏文物珍品全集·晋唐两宋绘画·山水楼阁》页 21，（香港）商务印书馆，2001 年。
3 《故宫博物院藏文物珍品全集·书画卷晋唐两宋绘画·山水楼阁》页 58，（香港）商务印书馆，2001 年。
4 故宫博物院、上海博物馆编：《中国古代书画藏品集》，2006 年。
5 《故宫博物院藏文物珍品全集·明代书法》页 248，（香港）商务印书馆，2001 年。

清代宫廷编纂的两部大型书画著作。两书分初编、续编、三编，是乾隆、嘉庆二朝相继将内府所藏书画编纂的著录书。每件书画一经编就，除在本幅加盖“乾隆御览之宝”或“嘉庆鉴赏”等五玺或八玺外，还在书中分别注明该件收贮处所，以重典守，其中尤以《石渠宝笈》初编收录书画的水平最高。

《石渠宝笈》初编以书册、画册、书画合册，书卷、画卷、书画合卷，书轴、画轴、书画合轴为次序，编成登记目录，共 44 卷，于乾隆十年完成。书内将每件作品的尺寸、款识、印迹，历代收藏家的题咏跋语及御题等全部记录无遗。《石渠宝笈》所载存贮书画地点按乾清宫、养心殿、重华宫、御书房、三希堂、学诗堂等贮藏之所序列，每一藏处又按书画上下等的序列为目;所收录书画的著录内容，上等书画详明，次等书画简要;所收录书画加钤诸御玺。在该书基本完成之后，又按照乾隆帝的特别喜好，增添了一些书画，并分贮于三希堂、学诗堂、画禅室等处，另列“漱芳斋”一处，附于《石渠》之后。

乾隆和嘉庆时期编纂《石渠宝笈》初编、续编、三编后，凡经著录的古代书画都要钤盖印玺。《石渠宝笈》所载存贮书画地点共 14 处。内府藏书画原来分为四等，后归并为上下两等。《石渠宝笈》初编“凡例”中说明:“书画分贮乾清宫、养心殿、重华宫、御书房四处，俱各用鉴藏玺以别之。又‘石渠宝笈’‘乾隆御览之宝’二玺，册、卷、轴皆同。上等者则益以‘乾隆鉴赏’‘三希堂精鉴玺’‘宜子孙’三玺。既分贮四处，所编字号仍分部排次，取其便于观览。”按“凡例”的规定，凡收录书画均钤收藏殿所等三玺，上等书画又加钤“乾隆鉴赏”等三玺。即上等书画钤六玺，次等书画钤三玺。从《石渠宝笈》初编著录的书画看，乾隆用印是有规律的。《石渠宝笈》续编、三编的书画钤御玺，少变化。《石渠宝笈》续编著录的书画，不分上下等，除所说的“乾隆五玺”外，又加钤了“石渠定鉴”朱文圆印、“宝笈重编”白文方印，并按收藏殿所，加钤“乾清宫精鉴玺”等，共成“八玺”。[1]

《石渠宝笈》初编、二编、三编钤加印玺一览表[2]

玺数	内容
一玺	乾隆御览之宝
二玺	石渠宝笈、乾隆御览之宝
三玺	石渠宝笈、乾隆御览之宝、乾清宫（或养心殿、重华宫、御书房）鉴藏玺
五玺	乾隆御览之宝、乾隆鉴赏、石渠宝笈、三希堂精鉴玺、宜子孙
六玺	乾隆御览之宝、石渠宝笈、乾清宫（或养心殿、重华宫、御书房）鉴藏玺、乾隆鉴赏、三希堂精鉴玺、宜子孙
七玺	石渠宝笈、乾隆御览之宝、乾隆鉴赏、宜子孙、三希堂精鉴玺、养心殿鉴藏玺、三希堂
八玺	石渠宝笈、乾隆御览之宝、乾隆鉴赏、宜子孙、三希堂精鉴玺、石渠定鉴、宝笈重编、御书房鉴藏宝

1 肖燕翼:《石渠宝笈初编的编纂》页 185,《第一届清宫典籍国际研讨会论文集》，故宫出版社，2014 年。
2 同上。

（三）《盘山图》使用的宝玺

故宫现藏书画中很多都钤有乾隆帝的印玺，乾隆帝的《盘山图》很有代表性。其上有乾隆帝34处题跋，诗后均有乾隆钤印，它详实地记录了乾隆帝印玺的钤用情况。乾隆五十四年（1789年），在《受宜居》诗后用印；“古稀天子”“犹日孜孜”印；乾隆五十六年，在《杏花》诗后用“八徵耄念”、“自强不息”印；乾隆五十八年，在《庭松》诗后用“八徵耄念”印。

这些题跋和印迹记录了乾隆帝从三十五岁到八十三岁近50年的历程。这些印章以“乾隆宸翰、几暇临池、奉三无私”开头，以“古稀天子、犹日孜孜、八徵耄念、自强不息”结束。[1]

（四）钤用的规律

现故宫藏书画手卷大都钤在本幅前后下方角上，偶有钤在上边角上的。长卷接缝也往往有鉴藏家骑缝印。此外，前引首、后赙纸以及绫、绢隔水等处也都可钤印。挂轴、册页等也总钤在本幅左、右下角或兼及上角、裱边上。各代内府鉴藏印所见有成套的，也大都有一定格式。清乾隆内府五玺也有一定规定，大致右上钤“三希堂精鉴玺”“宜子孙”二印，中上钤“乾隆御览之宝”（椭圆形）一印，左下钤“乾隆鉴赏”（圆形）、“石渠宝笈”二印，这是常见的规格，但有时或增或减，变化亦多。[2]

乾隆帝印有人名、室名、鉴赏、收藏印等，他当太子时用“皇四子印、弘历图书、和硕宝亲王宝、长春居士”；当皇帝后，用“信天主人、十全老人”等。室名印有“重华宫、养心殿、乐寿堂、烟雨楼、避暑山庄五福五代堂、文渊阁”等。收藏印用“三希堂精鉴玺、宜子孙、御书房鉴藏宝、石渠宝笈所藏、毓庆宫书画记”等。而闲章多用“勤学好问、存心养性”等。乾隆七十岁以前钤有“乾”“隆”名玺七十岁以后钤用“古稀天子之宝”和“犹日孜孜”；八十岁后用“八徵耄念之宝”和“自强不息”；嘉庆元年用“太上皇帝”，次年用青玉双龙纽“归政仍训政”（图56）。

乾隆帝印玺在乾隆《宝薮》中没有具体规定和注明，但从故宫藏书画中我们还是能够看出它的使用规律。

关于印玺的钤印位置、顺序也并不完全固定，也不可能每枚印章都盖得一样清晰，乾隆印玺质地多为玉质材料，质地坚密，一般在画心骑缝处的大印多为玉质材料，钤盖时用印泥往印上拓匀，再钤于画上，而石质和木质分量轻的印玺，打出印文饱满，线条清晰。质地稀疏的印材钤盖时，印材吸收了很多印油，钤在画心上的印文就较浅[3]。

---

1 邵彦：《时空转换中的行宫图像——对几件〈盘山图〉的研究》页34，《故宫博物院院刊》2008年第1期。
2 徐邦达：《再谈古书画鉴别——款、印、题跋及其对古书画的鉴定作用》页82，《故宫博物院院刊》1979年第3期。
3 聂崇正：《再谈郎世宁〈平安春信图〉轴》页167，《紫禁城》2008年第7期。

图 56. 归政仍训政

故宫收藏的一些古代绘画精品，其中大多数是乾隆皇帝最珍爱的。通过对这些绘画作品的鉴赏，我们可深入了解画中人物的精神及绘画主题和绘画技巧等。乾隆皇帝印玺成为我们鉴定乾隆皇帝御览、御笔书画真伪和断代的重要依据。书画印玺和收藏鉴赏印，在印文、印形、印质、印色方面，各时期也有一些变化。尽管现在乾隆皇帝的许多印玺已经佚失，但我们从现存书画中，仍然可以欣赏到乾隆皇帝的印迹，领会到他的思想情趣和文化内涵。乾隆帝印玺在书画上的钤用与他的政治态度、文化修养、文人情趣是紧密相连的，我们从他在不同时期、不同书画上的用印可以体会到。

三、乾隆玉册

乾隆皇帝是清朝一代英主，他不仅学识渊博，善理朝政，万机之暇还特别喜欢寄情翰墨。外出巡行时，每到一处必作诗纪胜。这些诗文从一个侧面反映了乾隆盛世、文治武功、天下一统的繁荣景象。乾隆帝令人将其中一些得意之作制成玉册，置于座右把玩欣赏，以求自娱，亦求自警。这些玉册是研究乾隆思想发展的脉络，是研究乾隆时期政治、经济、文化发展的一份不可多得的实物。

（一）玉册类别

故宫现存玉册 458 件，其中有 19 件未刻的空白玉册。按其内容，可分为：宫殿类、园囿类、励志类、功德类、记事类、佛教类等。其中宫殿类、园囿类、励志类、功德类、记事类所镌刻之文，均收录于乾隆御制诗文集之中。而佛教类之文，均为乾隆或大臣抄写。

1. 宫殿类

乾隆时期大修土木建筑宫殿，令人把许多殿名都镌刻成印章，并亲自撰写宫殿记文，论述该殿建造、命名源起，再将他的得意之作制作成玉册，以垂之永久。凡圆亭行馆有可静憩观书者，率以“抑斋”为名。紫禁城有一个抑斋，圆明园有两个抑斋。

抑斋册为白玉浅刻填金小楷书，共四版装成，小册封页为原玉拓本，首末版面均为双龙花纹，雕花檀香木册面，此册原藏漱芳斋。

宁寿宫位于皇极殿后，宫制如坤宁宫。乾隆镌刻《宁寿宫铭》（图 57）达七册之多，可见他对宁寿宫的重视。

2. 园囿类

乾隆帝六下江南，并且仿照其美景建造园囿，特别是热河的避暑山庄。康熙皇帝时开始修建避暑山庄，乾隆时进行了改建。这里便成了清朝皇帝处理民族事务的重要场所。皇帝每年要在避暑山庄居住半年，所以避暑山庄是清代第二个政治中心。热河诗文玉册有 :《热河文庙碑记》《热河志》《热河考》《避暑山庄五福五代堂记》《避暑山庄纪恩堂》《避暑山庄后序》《戒得堂》《四知书屋》《文津阁》《秀起堂》《含德斋》《文园狮子林》等。

乾隆为避暑山庄戒得堂写记，制作玉册 8 册。其中有《戒得堂记》6 册、《戒得堂前后记》2 册（图 58），“戒得”，即孔子所谓“戒之在得”之意。他认为为君者，既要戒搜括无度，又不能以戒为辞，不思进取。这是乾隆七旬大寿时所做，玉册则由宠臣梁国治等敬书。

乾隆御笔《秀起堂》册（图 59），文后有乾卦（☰）印文、“八徵耄念”“自强不息”“比德”“朗润”印文，此册是把《高宗御制诗集》中有关“秀起堂”的诗集为一册，共三十余首。

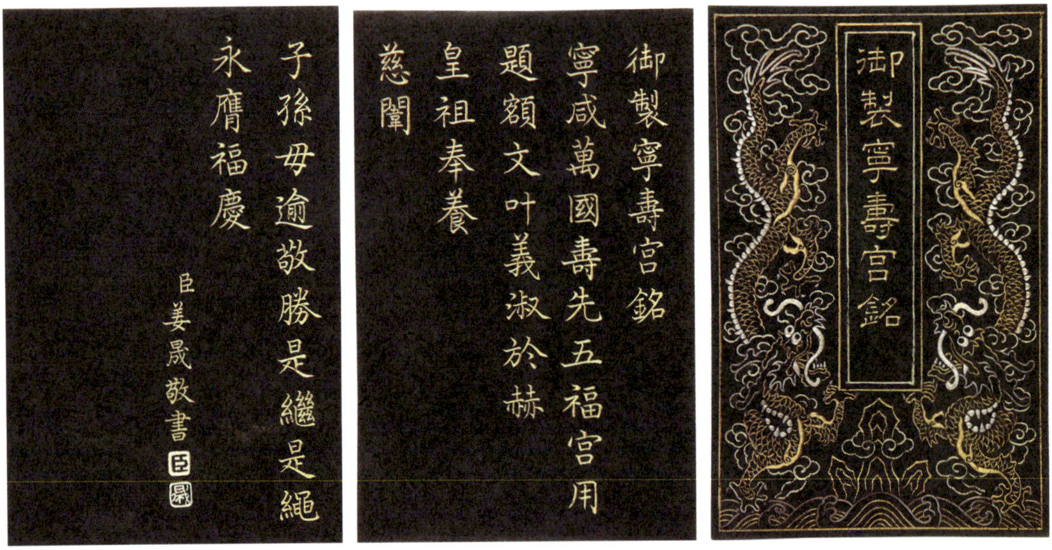

图 57. 碧玉御制《宁寿宫铭》册

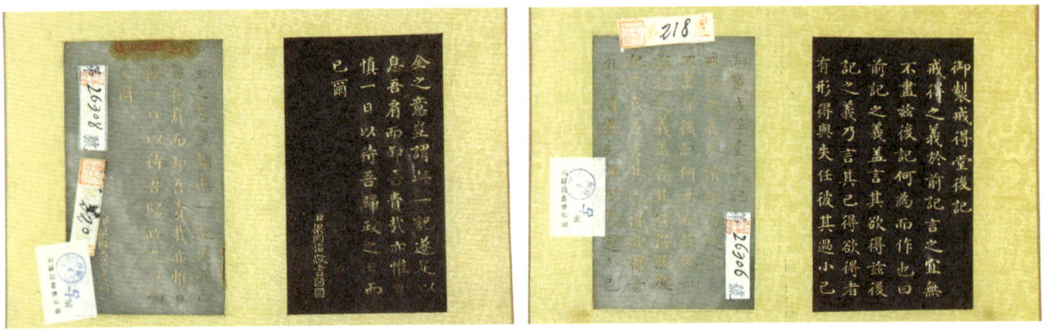

图 58. 白玉梁国治书御制《戒得堂后记》册

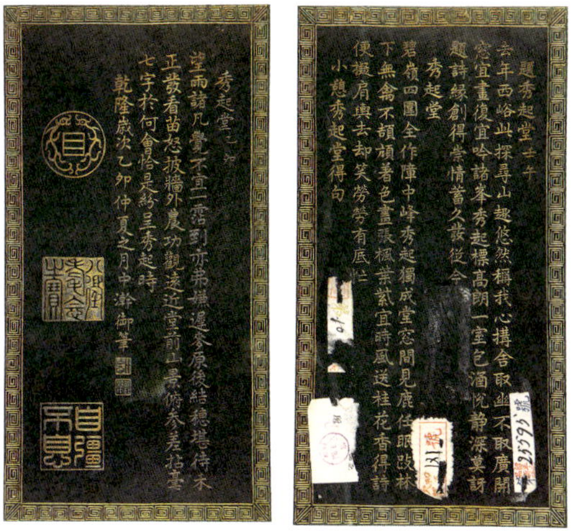

图 59. 碧玉题《秀起堂》册

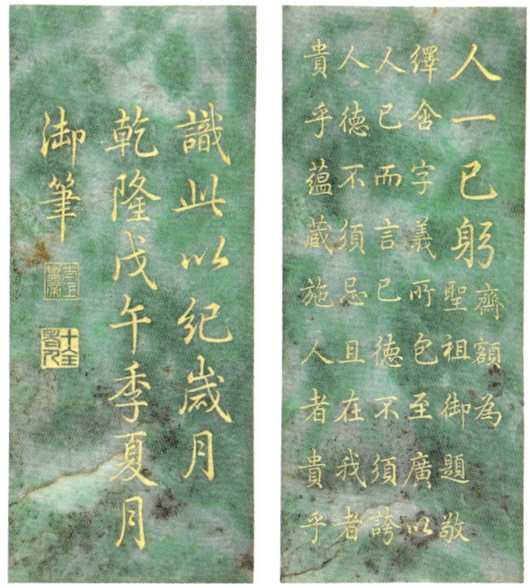

图 60. 翠玉乾隆御笔《含德斋》双文册

乾隆八十八岁写下的含德斋诗,《含德斋》册(图 60),玉册呈散离状,有“太上皇帝”“十全老人”印文。

与此同时，大臣们也绞尽脑汁去迎合乾隆帝的喜好。于敏中书《文园狮子林》册，制为书籍式玉册，内容为狮子林十六景。还有狮子林八景册，文后有“乾、隆”一圆一方两枚印文。于敏中书《三阁记》册，书籍式。

故宫现藏避暑山庄诗文玉册最多,有 53 件,其中乾隆御笔玉册有 24 件,大臣书写 23 件,无款 6 件。虽然大臣敬书的玉册无年款，但从宫殿兴建、事件发生、书者生平、乾隆御制诗文写出时间，可推断出大致年代。

3. 励志类

在乾隆玉册中,有一部分是总结一生为政经验、训谕子孙何以为君、何以治国的诗文,如《为君难》即为显例。“为君难”最初是雍正皇帝的一方宝玺。在圆明园正大光明殿东侧的勤政亲贤殿(为雍正接见臣僚，批阅奏章，处理日常政务的地方)后楹悬挂亲书的“为君难”匾。

乾隆帝把大臣于敏中为其书写的《为君难跋》陈于其父手书“为君难”匾的西壁，东壁是大臣梁诗正写的乾隆《创业守成难易说》，这是乾隆就唐大宗与群臣辩论创业、守成孰难孰易的历史故事写的一篇文章。他学其父镌刻了“为君难”印，并为其父“为君难”匾写跋，用他的话说是“以阐皇考之义”，并且制成玉册(图 61)。正如他自己在册文中所说:“难与不易轻重悬殊，不可同日而语。”

4. 功德类

乾隆帝好大喜功,号称“武功十全”,玉册中有大批夸耀自己文治武功的作品。仅他的《十全记》(图 62)现存有 14 册、《十全老人》就有 20 册，另外还有《古稀天子之宝说》《八徵

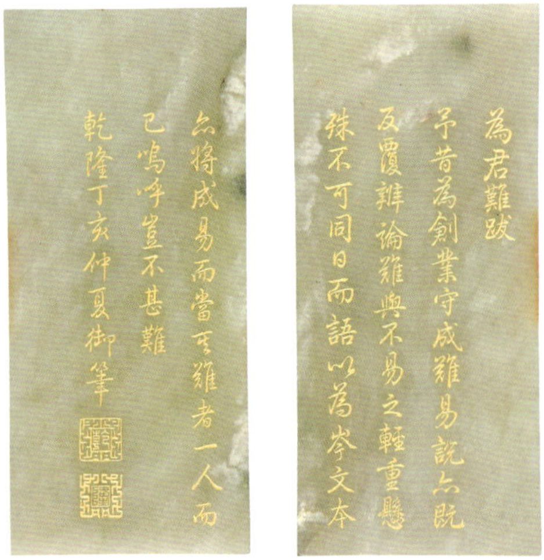

图 61. 青玉《为君难跋》册

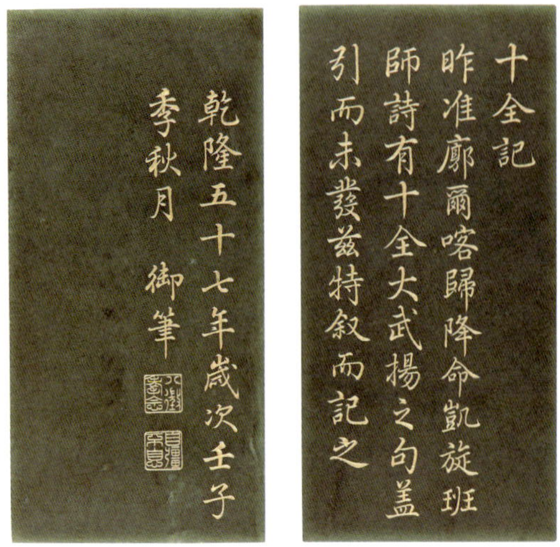

图 62. 碧玉乾隆御笔《十全记》册

耄念之宝说》等御制诗文玉册。

乾隆十四年（1749 年）二月十五日，捷报飞递北京，金川平定。十六日，乾隆命修《平定金川方略》，并仿康熙帝平定沙漠、雍正帝平定青海后御制碑文例，乾隆帝撰《平定金川文》，勒石太学，垂示久远。另外，乾隆还将《廓尔喀所贡象驻京以志事》《平定台湾告成热河文庙碑文》等诗文镌刻成玉册。从《平定台湾告成热河文庙碑文》册面镌双龙签题“绩综知几”，就可以看出乾隆帝对其业绩的沾沾自喜。

乾隆七年六月二十六日，自圆明园奉皇太后启銮，首次举行木兰秋狝大典。乾隆十四年（1749 年）和十八年（1753 年）、十九（1754 年）将《哨鹿赋》制成 5 份，分别为青玉、碧玉、白玉，均为乾隆御笔。3 件是《哨鹿赋》、1 件为《前哨鹿赋》、1 件为《后哨鹿赋》，可见，乾隆对哨鹿是非常重视。所谓“哨鹿”，即是通过人为模仿鹿鸣之声招引鹿群，诱鹿入围，然后合而杀之。

乾隆二十四年（1759 年）十月二十四日，西师成功，乾隆帝为回答舆论对准回之役的种种疑惑责难，特“仿四子讲德之遗意”，作《开惑论》。至今，在故宫宁寿宫颐和轩明间内东西两侧隔扇上方，镌有乾隆御笔的《开惑论》和《西师诗》御制诗文。

乾隆五十七年（1792 年）十月初三日，八十二岁的乾隆皇帝因允准廓尔喀国王拉特纳巴都尔修贡停兵议和，亲撰《十全记》。此前，他在承德兴建规模宏大的普乐寺、普宁寺、安远庙、普陀宗乘之庙等建筑，以纪念这些历史事件，为自己树碑立传。

5. 记事类

乾隆御制诗文中，有很多记录了一些重大事件，或对事件有感而发。如：《御制英吉利国王差使臣马嘎尔尼等奉表贡至诗以志事》册（图 64），记述了马戛尔尼使团于乾隆五十八

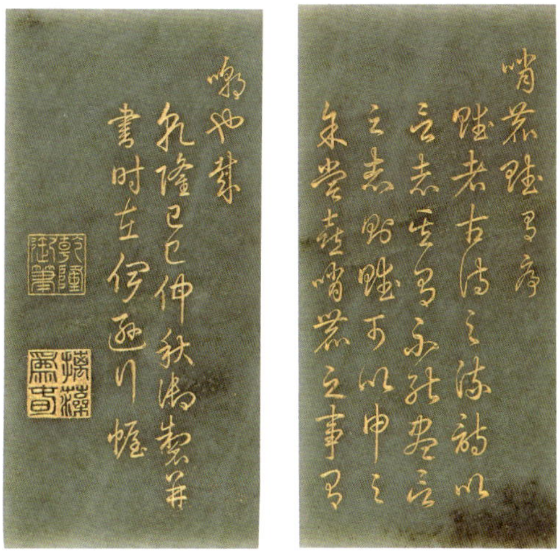

图 63. 青玉御笔《哨鹿赋》册

年（1793 年）六月十八日到达天津大沽，由于英使在礼仪上的让步，乾隆皇帝于八月十日在热河行宫避暑山庄万树园宴请了英国使团。八月十三日即皇帝八十三岁生日那天，在澹泊敬诚殿举行庆寿典礼，英使马戛尔尼在庆寿典礼上呈递了国书和礼品清单，乾隆帝接受了国书并向英国国王和使团正副使臣回赠了礼物，随后赐宴并派大臣陪同使团游览了避暑山庄，但拒绝了英使提出的通商等要求。

乾隆皇帝的这篇御制诗文制成 5 件玉册。从本质上讲，清廷限制对外贸易是一种闭关政策，这种政策的实施，并不可能阻止西方殖民者的入侵。

6. 佛教类

佛教类册是以佛像、佛经为内容的玉册。乾隆崇信佛教，乾隆九年（1744 年），已将有关释教的图像、经文等书画作品登记编目，名为《秘殿珠林》。乾隆的御制古佛赞册较多，册的封面及封底均镌刻有佛像，极为传神。在御制玉册中乾隆不仅描摹佛的形象，而且阐释佛教教义，宣扬佛教思想，表现了他在佛学上的造诣。从这些赞辞中，可见乾隆帝崇佛敬佛之诚溢于言表。

乾隆还镌刻了一些佛经玉册。其中有《般若波罗蜜多心经》（图 65）、《佛说十吉祥经》（图

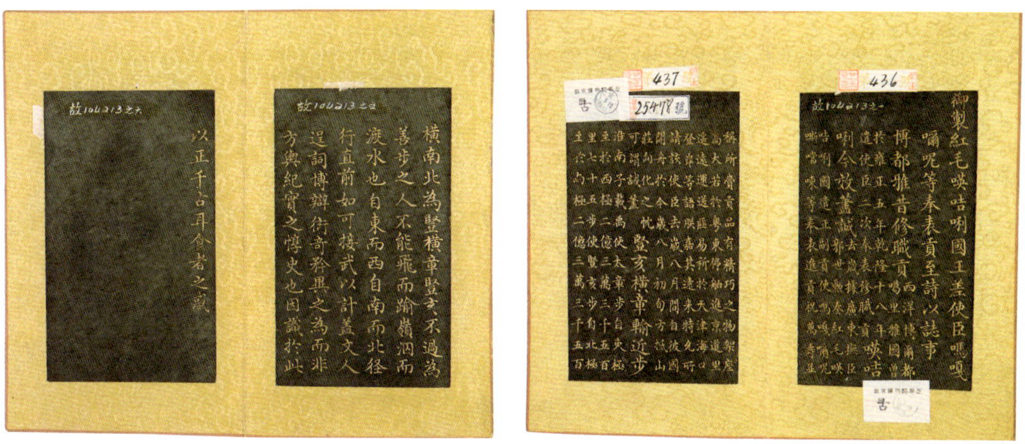

图 64. 碧玉《御制英吉利国王差使臣马嘎尔尼等奉表贡至诗以志事》册

66)、《佛说贤者五福德经》(图67)等。乾隆帝对以上这些经十分欣赏，将它刻成玉册多份，有青玉、白玉、碧玉各种质地，制作工艺丰富多彩。它既是乾隆帝崇信佛教的历史见证，也是乾隆时期艺术高度发展的见证。

(二)玉册形式及装潢

玉册质地有青玉、白玉、碧玉、墨玉、翠玉等，一般每件为4至12片，尺寸大小不等。玉册有两种形式：

一种为散离状玉片，每片之间用明黄色绸缎垫隔开。一般玉片正反两面镌刻册文，首页及末页有的镌刻升降龙、二龙戏珠等图案；第二面开始是册文。

另一种是以玉片为册心，装帧成书籍形式，打开后，两面为对应的文字，一面为玉质册文，一面为磁青纸描金字或玉册拓本，册文字体工整，四周用黄色撒金硬纸镶嵌，玉册以雕刻各种花纹的紫檀木板或檀香木板为封面及封底，再分别装于扣封内；锦套上有纸标注册名，

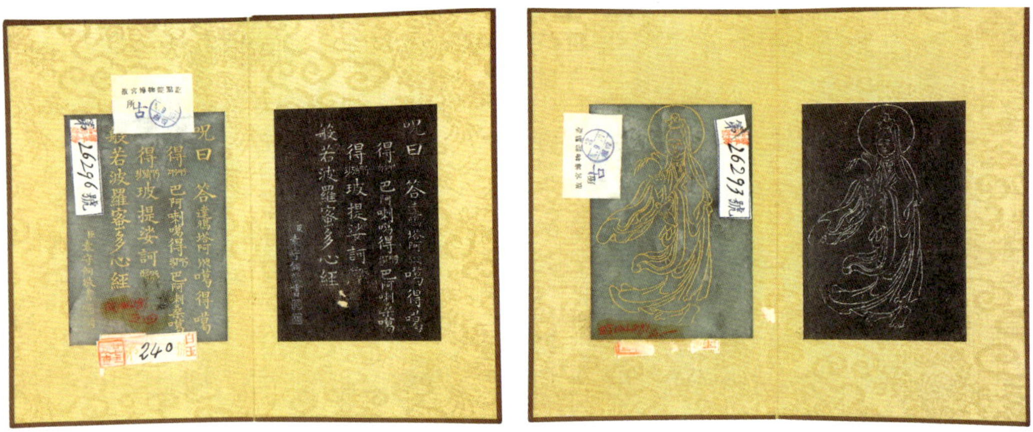

图65. 碧玉《般若波罗蜜多心经》册

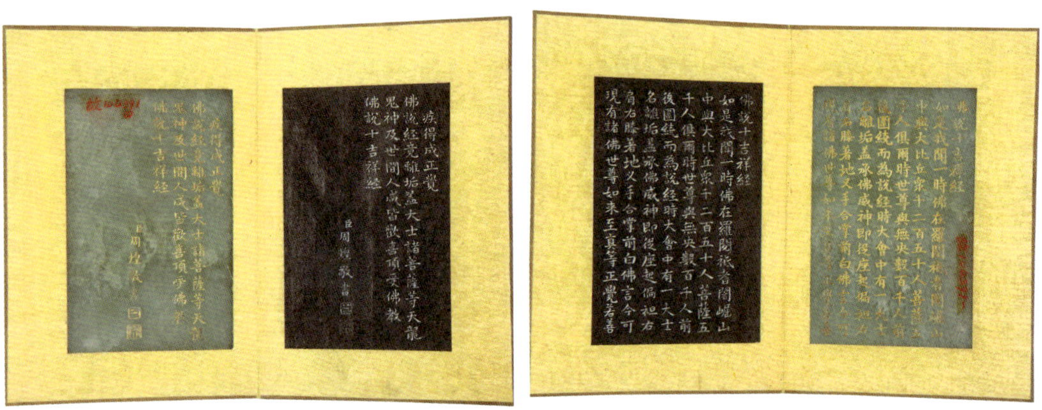

图66. 青玉周煌书《佛说十吉祥经》册

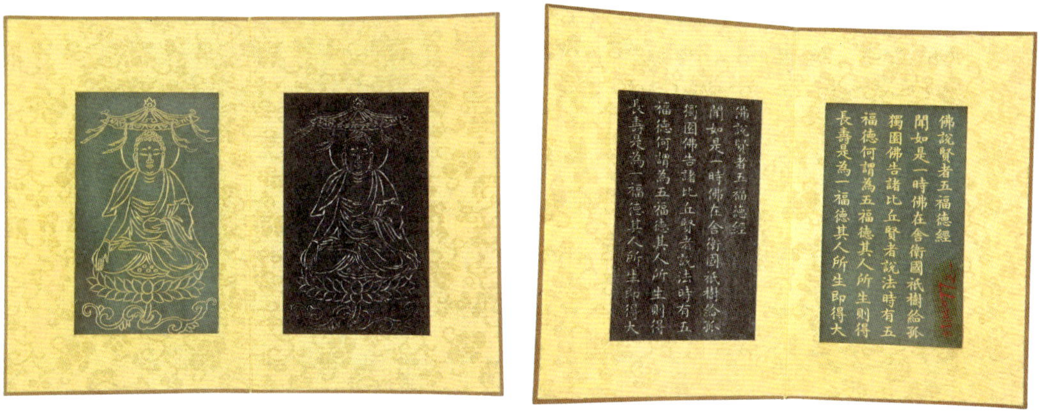

图 67. 青玉于敏中书《佛说贤者五福德经》册

锦套外另有紫檀雕各式图案木匣。有乾隆帝御笔，有大臣书，还有一部分无书者名款，文字多为浅刻后再描金，也有少量是用金粉直接书于写玉片上。

乾隆朝白玉一般制成工艺品，青玉多做玺册，偶尔也有用翠玉。乾隆御笔的玉册多用碧玉，并且为散离状玉片；大臣敬书玉册多是以玉片为册心的书籍形式。乾隆御制玉册与大臣敬书玉册，在制作和包装上是有区别的，反映了清代制度的等级差别。

这些玉册一部分是乾隆帝谕令内务府制作，另一部分是大臣在三大节敬献的。乾隆御制册散离状玉片，在两片玉片之间均加黄绸缎垫，有的在垫上还用彩色丝线绣寿字及八宝图案。以玉片为册心的书籍式册，装裱方式采用“袍套装”或“惜古衬”，又称“金镶玉”的方法。“书皮”用紫檀木或檀香木，上雕各式花纹，玉册用硬板折合式，表面粘裱万寿纹等织锦制成的如意锦套，回纹锦套，万字锦套扣封，锦套再盛装紫檀匣内。紫檀匣多为雕龙海水江崖图案，是典型的宫廷纹饰；龙纹矫健雄壮，海水江崖起伏有致，体现了皇权思想的至高无上。有些玉册匣是以紫檀嵌金丝或银丝、嵌螺钿、嵌玉片、嵌珊瑚等为装饰的吉祥图案，非常精美。在紫檀匣上除雕刻图案外，还镌刻册名，极富艺术气息。从玉册的做工、装饰方法、包装艺术等方面，充分反映了乾隆时期较高的工艺水平。

乾隆时期，由于前三朝积累了大量财富，为宫廷内务府造办处的发展，奠定了雄厚的基础。乾隆时各种工艺品的种类、数量和制造工艺等均精益求精，从造型、装潢上处处体现皇家气派。造办处有“刻字作”“玉作”“匣作”等，是专为皇家服务的机构。

（三）玉册的制作

乾隆御制诗文，或状物抒情，或托物言志，或直抒胸臆，或告诫子孙，形式题材多种多样。有以下程序：

1. 选定诗文

乾隆十四年六月十五日御制《御制诗初集》成，共四十四卷，辑录了乾隆元年至十二年乾隆帝所作之诗。四十五年（1780年）八月十八日，年已七十高寿的乾隆帝在承德避暑山庄的澹泊敬诚殿，接受大臣官员的庆贺。江苏学政彭元瑞因贺皇上七旬万寿，镌刻“古稀天子之宝”，撰进颂册。

乾隆对御制诗文非常重视，曾传谕各督抚加紧收缴旧版《乐善堂全集》，谕称：“原本内因朕名屡见，尚存旧邸原文”，“各省如不及时收缴，又岂臣子敬谨之义。”[1] 所以，在选择诗文中是非常认真和谨慎的。如清宫档案记载：

乾隆四十五年二月二十一日催长大达色金江来说，太监厄鲁里交青白玉宝一方、系两淮送到随红木匣，青白册页一分。传旨：将青白玉宝一方交乾清宫时做次等，其册页一分着懋勤殿查诗呈览，准时交如意馆刻字，红木匣做材料用。钦此。于本日分（别）交前清宫、懋勤殿。[2]

乾隆四十五年九月二十五日员外郎五德、催长大达色等将苏州送到：刻字快雪堂青白玉宝一方、青玉碗三件、青玉册页一件、计十片……奉旨：玉宝一方配匣先呈样，玉册页交懋勤殿拟诗。钦此。[3]

五十八年正月行文：十八日太监梅进宝来说，总管张进喜交：青玉册页一分，计十片，随红色木匣一件，上贴十全记本文……传旨：交苏州照本文字刻送来。钦此。……于九月二十九日将苏州送到刻得十全记玉册页一分，随紫檀木匣一件；呈进交宁寿宫讫。[4] 乾隆四十五年九月记事录：二十五日员外郎五德催长大达色舒兴，将苏州送到刻字快雪堂青白玉宝一方、青玉册页一分，计十片。呈览奉旨：将玉宝一方配匣先呈样，玉册页交懋勤殿拟诗。钦此。[5]

御制玉册的制造要先由懋勤殿拟诗，懋勤殿在乾隆十二年就已有词臣在此入直了。然后如意馆挑玉呈览，交杉木册页样；上贴御制本文，面签本文各一。传旨后将册片木样并本文报发造办处或苏州，新做玉版，得时照此本文刻字。而送往苏州的玉册，待苏州织造照本文刻字

1 郭成康编：《清史编年·乾隆朝上》页671，中国人民大学出版社，1990年。
2 中国第一历史档案馆、香港中文大学文物馆合编：《清宫内务府造办处档案总汇》第44册，乾隆四十五年，页600，人民出版社，2005年。
3 中国第一历史档案馆、香港中文大学文物馆合编：《清宫内务府造办处档案总汇》第44册，乾隆四十五年，页551，人民出版社，2005年。
4 中国第一历史档案馆、香港中文大学文物馆合编：《清宫内务府造办处档案总汇》第53册，页214－215，人民出版社，2005年。
5 中国第一历史档案馆、香港中文大学文物馆合编：《清宫内务府造办处档案总汇》第44册，乾隆四十五年，页600，人民出版社，2005年。

送回，再由如意馆裱册页，木匣交造办处做拉道填金，最后交重华宫、宁寿宫等殿陈列保存。

2. 书写册文

清朝皇帝，其语言、文字及文化氛围与广大汉民族完全不同，读史论经对他们来说格外必要。保和殿、文化殿、弘德殿，作为皇帝接受教育的书房，乾隆时期除了在养心殿增设书房外，又在建福宫、宁寿宫、御花园三区设立了许多书房。有三希堂、寻沿书屋、长春书屋；在西苑和三海还有若干个。乾隆帝在大兴土木时，山水花木、亭台楼阁必不可少，而园内房舍、书房又几乎必备。

乾隆一朝，凡文学侍从文臣，大多能书善画，他们大都是通过科举考试的途径成为各部官员，他们作书进画是因皇帝喜欢他们的作品，他们也以此取悦皇帝。这些大臣多分掌图书经籍和编修国史等事务，常须应制做文章，其文体、书体皆力求典重工致，清代称之为"馆阁体"。故宫保存的玉册中，乾隆御笔83件，大臣书写50余件。这些大臣有梁诗正、董诰、于敏中、梁国治、汪廷琪、曹文埴、费淳、福宁、庆桂、勒保、沈初、金士松、谢墉等。

清宫档案记载：

乾隆四十六年五月匣作初五日员外郎五德、催长大达色、金江来说，太监厄鲁里交：曹文埴册页一册、沈初册页一册、梁国治册页一册、董诰册页一册、于敏中册页二册（随插套）、于敏中册页三册（随插套），传旨：收贮入百什件。钦此。[1]

乾隆四十五年九月记事录：二十七日员外郎五德、催长金江舒与将苏州织造全德送到：广陵涛疆域辨刻字玉册一分，计十片随墨榻一分，攻克勒乌围贼巢红旗报捷七言十首刻字玉册一分，计十片随墨榻一分，本文十八张……交太监鄂鲁里呈览奉旨：玉册二分着董诰填金，得时配紫檀木拉道填金罩盖匣盛装墨榻，交如意馆裱册页，本文交懋勤殿。钦此。于九月二十二日将广陵涛疆域辨玉册页一分，配得匣交太监鄂鲁里呈进交圆明园。于九月二十五日将攻克勒乌围玉册页一分配得匣，交太监鄂鲁里呈进交圆明园。[2]

乾隆四十六年记事册：十一月二十八日员外郎五德、催长大达色等将苏州送到：刻戒得堂字玉册页一分……呈览奉旨：玉册页交董诰填金，配紫檀木拉道填金匣……于四十八年五月初一日，将刻戒得堂字玉册页一分，配得紫檀木拉道填金罩盖匣盛装。交太监鄂鲁里呈览奉旨:交懋勤殿刻签字得时代往热河。钦此。于五月二十二日,催长常存将戒得堂玉册页一分，随匣送往热河。[3]

1 中国第一历史档案馆、香港中文大学文物馆合编：《清宫内务府造办处档案总汇》第44册，乾隆四十五年，页644，人民出版社，2005年。
2 中国第一历史档案馆、香港中文大学文物馆合编：《清宫内务府造办处档案总汇》第44册，乾隆四十五年，页438，人民出版社，2005年。
3 中国第一历史档案馆、香港中文大学文物馆合编：《清宫内务府造办处档案总汇》第44册，乾隆四十五年，页489。

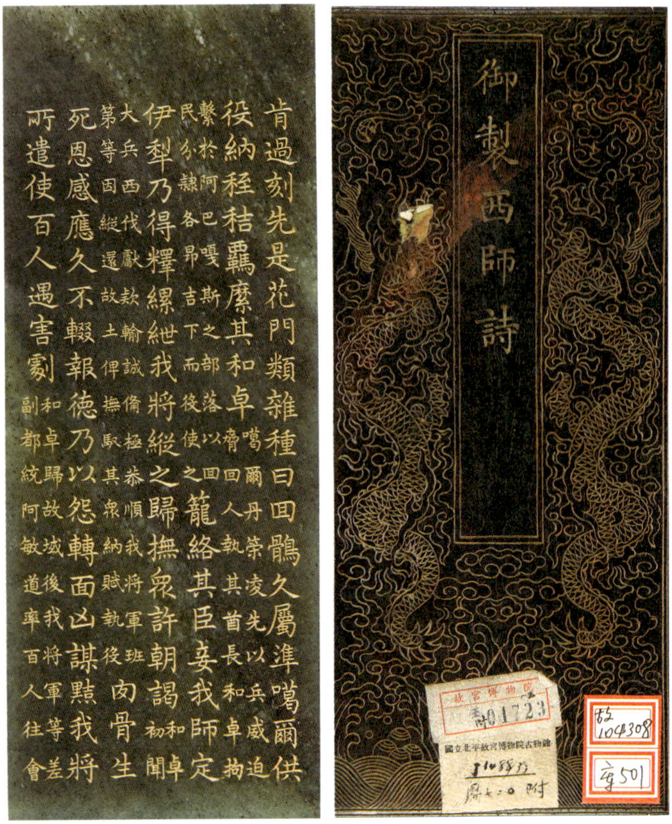

图68. 墨玉《御制西师诗》册

乾隆四十六年记事册：如意馆十月初二日，接得郎中保成库掌福庆押帖一件，内开八月二十五日董五经交：乾清宫五屏风铭玉册页一分十片，传旨：交如意馆着照刻。钦此。[1]

为乾隆皇帝敬书玉册的这些大臣，大多是通过科举步八仕途的汉族文人，他们往往受命作诗、作画进呈，深受皇帝赏识。故宫藏《御制西师诗》（图68）玉册后有“臣于敏中奉敕敬书”字，这说明出于对某个大臣的欣赏，也有皇帝指令大臣抄写其诗文收藏。清代有严格、固定的进贡制度，大臣们总是想方设法借此机会讨好皇帝。而乾隆对这些大臣也非常爱护，乾隆二十八年十一月二十四日，大学士梁诗正卒，谥“文庄”。乾隆四十五年乾隆御制《怀旧诗》，列诗正于五词臣首，充分表现了乾隆皇帝对词臣们的厚爱。

3. 镌刻册文

乾隆时期平定了准噶尔和大小和卓叛乱，统一了新疆。乾隆二十四年，将西域划归版图。从此新疆和阗玉料来源充足，再加之乾隆帝爱玉成癖，宫廷玉器体现出皇权思想。乾隆四十五年至六十年，甚至在他退位的三年多，大量的制造玉册，同时还镌刻了一些与玉册同名的玉宝，再在玉宝的印台四周镌刻御制诗文。

乾隆四十六年记事册载：

初十日接得郎中保成押帖一件，内开九月二十七日管理养心殿造办处舒文奏准，奉旨：

1 中国第一历史档案馆、香港中文大学文物馆合编：《清宫内务府造办处档案总汇》第44册，乾隆四十五年，页51。

二等玉子一百七十一块，三等玉子十一块，四等玉子一百八十七块，共四百三十八块，交启祥宫收贮。钦此。[1]

乾隆四十六年记事册载：

二十六日员外郎五德、催长大达色金江、舒内，将苏州送到：青白玉宴瓶一对、刻东林列传青白玉册页一分，计八片，随墨榻，本文无黄缎垫……太监鄂鲁里呈览奉旨：玉册页交懋勤殿填金，先配匣样呈览，其册片内配黄缎垫，宴瓶交如意馆刻款……于四月二十七日将御题刻东林列传白玉册页一分，配得紫檀木拉道填金罩盖匣一件持进，交太监鄂鲁里呈览奉旨：交懋勤殿刻签字。钦此。于四月三十日将玉册页一分随匣懋勤殿刻得签字呈进交圆明园。[2]

乾隆五十八年（正月）三十日员外郎大达色，将苏州送到：刻平定台湾告成热河文庙碑文青玉册页一分，计八片；刻御制书安南始末事记玉册页一分，计八片，随墨榻两分、本文两分，并造办处做得拉道填金，紫檀木罩盖匣二件持进，交太监鄂鲁里呈览。奉旨：将玉册页并紫檀木匣交懋勤殿，在匣上刻签字基（及）墨榻交如意馆裱册页本文亦交懋勤殿。钦此。[3]

五十七年三月如意馆，二十日接得员外郎金江押帖，内开二月十五日懋勤殿交：御制平定台湾告成热河文庙碑文二册，书安南始末事记二册，各墨拓八开。传旨：交如意馆裱册页四册，耿绢挖嵌裱。钦此。[4]于十五日如意馆挑玉做玉册页四分，计三十二片。钦此。随挑得三等青玉子二块，重八十一斤，画得册页三十二片，内长六寸七分，宽二寸六分八厘，厚二分五厘。册片二分，每分计八片持进。呈览奉旨交苏州织造五德成做发去，本文各刻册页二分，其匣子俟苏州送到时京内成做。钦此。于六月二十五日接得报上寄来信帖一件，内开六月二十二日太监厄勒里交杉木册页片一分八片；上贴御制平定廓尔喀十五功臣图赞序本文，面签本文一条。御制平定廓尔喀十五功臣图赞序宣纸本文十四张，随签本文一条。传旨：将册片木样并本之报发往京内，俱交苏州新做玉片得时照此本文刻字，俟送到时将有款二分摆乾清宫，无款二分交重华宫。钦此。[5]

乾隆五十七年十月行文，初四日太监梅进宝来说，总管张进喜交：青玉册页一分，计十片，随御笔肇元衍庆签字本文一条，上贴御笔壬子元旦诗本文；青玉宝一方，上贴御笔壬子元旦之宝本文。青玉册页二分，每分计十片，各贴戒得堂本文，随御笔前后记戒得堂签字本文二

1 中国第一历史档案馆、香港中文大学文物馆合编：《清宫内务府造办处档案总汇》第45册，乾隆四十六年，页56。
2 中国第一历史档案馆、香港中文大学文物馆合编：《清宫内务府造办处档案总汇》第45册，乾隆四十六年，页427。
3 中国第一历史档案馆、香港中文大学文物馆合编：《清宫内务府造办处档案总汇》第53册，乾隆五十八年，页135。
4 中国第一历史档案馆、香港中文大学文物馆合编：《清宫内务府造办处档案总汇》第53册，乾隆五十七年，页222。
5 中国第一历史档案馆、香港中文大学文物馆合编：《清宫内务府造办处档案总汇》第53册，乾隆五十七年，页602。

条；青玉宝二方，各贴戒得堂本文。青玉册页二分，每分计十片，各贴十全记本文，随御笔十全记签字本文二条;青玉宝二方，各贴武功十全之宝本文。传旨发往苏州，照本文加深刻字，其册宝交造办处配雕龙书样呈览。钦此。于十月初八日将青玉御笔壬子元旦诗册宝一分，配雕龙合牌罩盖匣样二件持进，交太监鄂鲁里呈览，奉旨发往苏州册宝，照本文加深刻字，照样配雕龙匣盛装。钦此。[1] 于五十八年正月二十五日苏州送到刻壬子元旦青玉册宝一分，各随雕龙匣，呈进交宁寿宫讫。于三月十五日苏州送到刻武功十全之宝一方，刻十全记青玉册一分，呈进俱交懋勤殿将宝墙上贴十全记本文讫。于五十八年六月初十日苏州送到刻戒得堂青玉册宝一分,随雕龙匣,呈进交热河戒得堂摆讫。于八月初八日苏州送到刻武功十全之宝一方，刻十全记青玉册一分，各随雕龙匣一件，呈进交热河戒得堂摆讫。[2]

玉片硬度高，在玉片上镌字非常不易，还要在玉片上镌雕龙图案，镌刻文字。所以册文镌刻一般由内务府造办处办理，大多交苏州织造承担。乾隆御笔的册文字体较大，字与字之间空隙宽，所以玉册页数多为 10 页。大臣敬书的玉册根据乾隆帝御制诗文的长短，一般为 4 至 8 页。玉册字体均在 1 至 2 厘米之间，空隙小，比较紧凑。而大臣敬书的玉册有隶书、行书、楷书，书者笔力雄健，收放有度，展现了书者笔墨修养，刻制者的功力水平。

4. 玉册收藏

乾隆朝是清代建筑宫殿园林的高峰期，在北京所有著名的建筑和设施上，几乎都留下了乾隆帝的印迹。

玉册贮存：乾隆玺册贮存大多经过皇帝旨意："乾隆四十五年八月，高宗七旬圣寿，用杜甫句刻'古稀天子之宝'，并御制《古稀说》，兼系以诗。四十六年正月，用乾清宫西暖阁贮'敬天勤民'宝之例，贮'古稀天子之宝'于东西暖阁。[3] 还有'太上皇帝授玺后，爰将旧存和阗贡玉喜字第一号玉宝镌为'太上皇帝之宝'，并镌圣《太上皇帝之宝说》作为玉册，于皇极殿御案陈设。[4]

乾隆四十六年记事册：

初十日员外郎五德、催长大达色、副催长福来将苏州送到：青玉秋山行旅陈设一件、白玉册页一分、青玉刻字册页一分……于十月十三日员外郎五德，将御笔平定两金川告成太学碑文玉册页一分、御笔五福颂玉册页一分，各配得紫檀木拉道填金罩盖匣一件，呈览奉旨：

1 中国第一历史档案馆、香港中文大学文物馆合编：《清宫内务府造办处档案总汇》第 53 册，乾隆五十七年，页 214。
2 中国第一历史档案馆、香港中文大学文物馆合编：《清宫内务府造办处档案总汇》第 53 册，乾隆五十八年，页 602。
3 《清史稿》卷一〇四，页 1634，民国十七年，清史馆本。
4 《清高宗御制诗余集》卷一，页 33，清文渊阁四库全书钞本。

交懋勤殿将册页上字填金。钦此。于十月二十四日将青玉册页一分，配得紫檀木拉道填金罩盖匣一件，呈览奉旨：交懋勤殿刻签字。钦此。于十二月十六日懋勤殿将五福颂一分、平定两金川册页一分各填得金呈进。五福颂册页交宁寿宫，平定两金川册页交重华宫。[1]

乾隆五十八年正月行文：五月十三日库掌舒兴催长恒善来说，太监鄂鲁里交刻御制开惑论青玉册一分，计八片，随紫檀木拉道填金，长方罩盖匣一件。系重华宫，玉册页后无臣工名，系大些。传旨：如意馆挑玉成做玉册页四分先挑玉呈览，准时交苏州刻做平定廓尔喀玉册页二分，十全记玉册页二分，俱配紫檀木拉道填金长方罩盖匣，其匣交造办处成做，送到时给重华宫一分。钦此。乾隆五十八年四月行文：二十九日太监梅进宝来说，总管张进喜交：青玉宝一方，上贴天贶十全之宝本文，紫檀刁（雕）龙罩盖匣一件。青玉册页一分，计十片，上贴御笔十全记本文，紫檀刁（雕）龙罩盖匣一件，匣盖上贴御笔十全记签子本文一条。传旨：俱交苏州织造五德照本文刻字送来。钦此。于五十九年正月二十七日苏州送到：刻字玉册宝一分，随雕龙匣呈进，交宁寿宫讫。[2]五十八年正月记事录：二十五日员外郎大达色库长舒兴将苏州送到，刻字青玉册页一分、宝一分，各随紫檀木雕龙匣一件，并随本文一分持进，交太监厄勒里。呈览奉旨：玉册页一分、宝一分，交宁寿宫。[3]

档案表明，玉册陈放地点并不是随意摆放的。乾隆不厌其烦地多次下旨，将玉册陈于重华宫、宁寿宫，可以看出他对两宫的重视。重华宫原为乾西五所之西二所，为乾隆当皇太子时的寝宫，也是兆祥之所；宁寿宫位于皇极殿后，宫制如坤宁宫，西楹为祭神之所，东楹为东暖阁。在修建宁寿宫后，他就不断地把喜爱之物收藏于此。乾隆御制诗玉册的收藏以重华宫和宁寿宫为最丰。

陈放其他宫殿：乾隆还将一些玉册陈放其他宫殿，如《五经萃室记》。五经萃室位于乾清宫东昭仁殿后楹，乾隆四十八年（1783年）《四库全书》修成。新收书中有南宋岳珂校刻的《易》《书》《诗》《礼记》四经。于是从昭仁殿《天禄琳琅》藏书中拨出岳刻《春秋》，与新四经同贮于昭仁殿后楹，赐名“五经萃室”，并御题匾额悬室内宝座后，屏风上刻《五经萃室记》。乾隆在收齐了宋人岳珂刊刻的《五经》兴奋之余，在《五经萃室记》中感慨道：“吾于是慨武穆之忠，而喜其有文孙承继家声也。又恨宋高宗之信奸相，忘复仇而自坏其长城也。”高度赞扬抗金名将岳武穆，斥责宋高宗自毁长城的卑劣行为。[4]

碧玉《五经萃室岳珂宋版五经》册（图69），为董诰书，共有玉版4页。以玉版为册心，

1 中国第一历史档案馆、香港中文大学文物馆合编：《清宫内务府造办处档案总汇》第44册，乾隆四十六年，页129。
2 中国第一历史档案馆、香港中文大学文物馆合编：《清宫内务府造办处档案总汇》第53册，乾隆五十八年，页589。
3 中国第一历史档案馆、香港中文大学文物馆合编：《清宫内务府造办处档案总汇》第53册，乾隆五十八年，页629。
4 刘潞：《论清代宫中书房》页19，《故宫博物院院刊》1999年第3期。

图 69. 碧玉御制题《五经萃室岳珂宋版五经》册

装裱成书籍形式，一面为玉版，一面为拓片。此册存于织锦制成的如意锦套内。五经萃室在嘉庆二年（1797 年）乾清宫失火时与昭仁殿同烬，一年后重建昭仁殿和五经萃室，重新拨集善本图书，室中陈设匾额及屏风均重制。

从文献记载中，我们对制造册宝的过程一目了然，特别是完成后交哪儿、摆在哪个宫殿都记录得非常明确。在乾隆制作收藏的众多玉册中，一般都收藏于他认为比较重要的宫殿，如乾清宫、重华宫、宁寿宫等，那里不仅有他喜欢的大量珍宝，如“大禹治水玉山”等，还有他的得意之作御制诗玉册，它们有着独特的陈设功效和收藏价值。

综上所述，乾隆皇帝号“长春居士”“信天主人”，老年以“武功十全”自称“十全老人”，我们从乾隆时期的文物中和《乾隆朝养心殿造办处史料辑览》中不难看到，乾隆皇帝的艺术品位是造型与美感的统一，在造型、纹饰、画法、题诗、诗文字体、款识、工艺等方面追求十全十美和华丽之美。在古代、近现代书画艺术品鉴赏、辨伪方面，印章发挥着无法替代的重要作用。古代皇帝的“御玺”，既是珍贵的历史文物，更是集章料、篆刻艺术和其自身特有的文化内涵于一身的珍宝。

嘉庆皇帝宝玺

嘉庆帝是清王朝入主中原的第五代皇帝，在位 25 年，终年六十一岁。他所处的时代是世界风云剧变的时代，是清王朝从盛到衰的重要转折的时代。虽然他继位后进行了一些改革，但他在处理事务上比较保守，这在其印玺中也有体现。

一、嘉庆宝玺

嘉庆皇帝一生制印 500 余方，故宫现仅存其中的一半，带“嘉庆”名款的印玺有 40 多方，多为鉴赏印，这与编纂《石渠宝笈》《秘殿珠林》三编有关。嘉庆《宝薮》中除嘉庆帝自制印外，有一部分是模仿乾隆印玺，有的甚至就是直接收录乾隆宝玺，这种情况在清代皇帝宝玺使用中比较特殊。特别是嘉庆帝制作的宫殿名或诗文警句的组印，基本是对乾隆宝玺的模仿。

（一）名款印

故宫现存带“嘉庆”名款的宝玺有 48 方，其中“嘉庆御笔”及“嘉庆御笔之宝”26 方，“嘉庆御览”及“嘉庆御览之宝”7 方，“嘉庆”及“嘉”“庆”8 方，“嘉庆宸翰”5 方，“嘉庆鉴赏”“嘉庆尊亲之宝”各 1 方。介绍如下：

1. 寿山石“嘉庆尊亲之宝”（图 83），此宝玺在嘉庆《宝薮》中排在第一。[1] 阳文篆字，3 行各 2 字，寿山石通体青黄色赤斑，镂雕云螭、

图 83. 嘉庆尊亲之宝

1 故宫博物院藏嘉庆《宝薮》，线 114177。

树木、流水山峦，随形雕九如、左日右月。阴刻“如山如阜，如冈如陵，如川之方至，如月之恒，如日之升，如南山之寿，如松柏之茂”。下面刻有阳文，“含章发采，镂形九如，羲标雅什，珍俪璠玙，旃蒙大渊献月在执徐”。从最后一句我们得知是年为乙亥年，即嘉庆二十年（1815年）制作。此印做工非常精美，“尊亲之宝”应在上尊号时使用。此宝排在《宝薮》之首，表明嘉庆皇帝把敬天尊祖放在首位。

图84. 嘉庆御笔之宝

2. 昌化石随形雕赤壁图纽“嘉庆御笔之宝”（图84）“嘉庆宸翰”“嘉庆御览之宝”组印。“嘉庆御笔之宝”印模正方形，阳文、篆字，3行各2字，字镌刻较浅。印模左侧阴刻“后赤壁赋”文，疑为“古歙罗子敬书”，右、上、下侧展示为一画面：上侧雕刻树石；右侧雕刻瀑布、小桥流水；下侧雕刻岩壁下有一游船，船上乘坐3人，1人在撑船；纽顶系巧做，黑色雕刻松树，白色雕刻云鹤，雕刻线条有力，做工较细。

3. 昌化石随形雕云龙纽“惟几惟康”印（图85），方形，阴文篆字，2行各2字，随形云龙纽，云中二龙，突目，长须，露齿，火焰眉披发，两角短，各两现，通体青黄色，有血斑。此昌化石及随形雕云龙纽为康熙时期制，嘉庆时期篆印文。“嘉庆御笔之宝”“嘉庆宸翰”，用于他的亲笔书画上，而“嘉庆御览之宝”，用于嘉庆鉴赏和收藏的书画上。

4. 昌化石随形“笃祜繁禧”印（图86），雕刻后赤壁赋图，印之右侧雕一舟，舟上坐4人，摇橹1人，舟后边是江壁，上边有松，有岩石突出，岩上有流云。印上侧雕刻岩石、松树、流云。左侧小桥一座，桥下有流水。桥之左边雕刻岩石、松树，顶端有流云，印的下侧雕刻《后赤壁赋》全文。

以上序号2–4三印为一组印，当年排文物号时并未排在一起，在整理文物时，根据嘉庆《宝薮》印谱将其集中在一起。

图85. 惟几惟康

（二）室名宝

嘉庆皇帝大的宝玺尺寸10厘米左右，其中有：

懋勤殿宝、长春园宝、淳化轩、继德堂宝、继德堂精鉴玺、敷春堂宝、玉玲珑馆、味余书室、诚素殿宝、涵秋馆、凤麟洲宝、养心室宝、烟雨楼宝、如园之宝，敬天明理、敬天明理之宝、稽古右文之宝、庄敬日强、执两用中、所其无逸、九有一心、执中建极、茂对时育万物。

嘉庆皇帝共制作了"周甲延禧之宝"9方，大印有"周甲延禧之宝"5方，其中1件与"健行不息"组合。其余4方均与"庄敬日强"和"健行不息"（图87–89）为一组，只是尺寸、质地不同，有阴篆和阳篆的区别。大印多为青玉，均为阳刻。虽然有的不存，但笔者将嘉庆《宝薮》中收录的印文与乾隆《宝薮》[1]中印文尺寸、质地及镌刻文字进行了核对，有些是乾隆帝时期镌刻制作并收录在嘉庆《宝薮》中。

图86. 笃祜繁禧

1. 沿用乾隆皇帝宝玺

"懋勤殿宝"印载嘉庆《宝薮》第8开，与乾隆《宝薮》第75开同；

"长春园宝"载嘉庆《宝薮》第12开，与乾隆《宝薮》第77开同；

"淳化轩"宝载嘉庆《宝薮》第16开，与乾隆《宝薮》第39开同；

"敬天明理"宝载嘉庆《宝薮》第1开，与乾隆《宝薮》第54开同；

"所其无逸"宝载嘉庆《宝薮》第7开，与乾隆《宝薮》第61开同；

"稽古右文之宝"（图90）载嘉庆《宝薮》第4开，与乾隆《宝

图87. 周甲延禧之宝

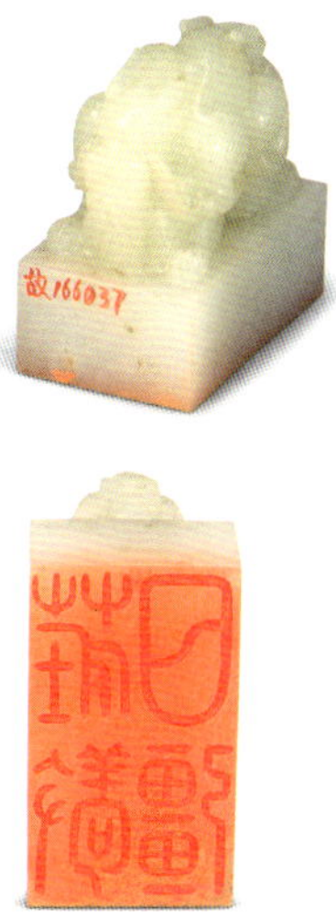

图88. 庄敬日强

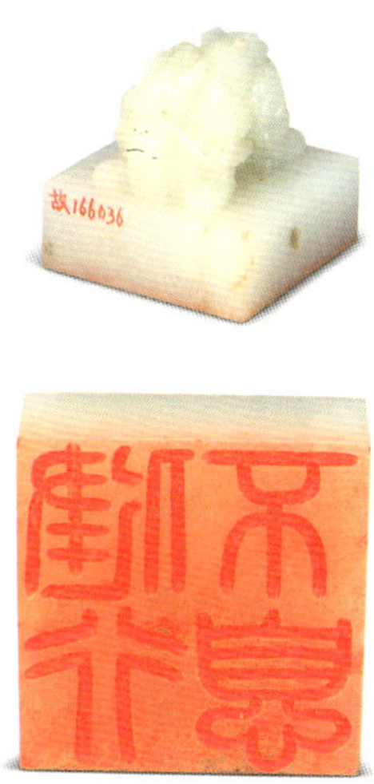

图89. 健行不息

1 故宫博物院藏乾隆《宝薮》，线114185—114186。

图 90. 稽古右文之宝

图 91. 继德堂

薮》第 91 开同，青玉交龙纽上附黄条："同治五年七月廿日，廿二周文玉看。"另外还有一印"茂对时育万物"附有黄条："同治五年七月二十日常禄交玉匠周文玉认看。"说明这些印在同治五年（1866 年）七月整理过。由于乾隆皇帝宝玺数量比较多，嘉庆帝对乾隆帝的大印是有选择性地收录的。这说明嘉庆时期还准备使用这些印，也有助于我们了解嘉庆帝的活动区域和治国理念。

2. 嘉庆皇帝特色印

嘉庆帝有 3 方"继德堂"宝玺，各有特点：

①青玉交龙纽"继德堂宝"，印面方 13 厘米，阳文镌刻。

②青玉螭纽"继德堂"（图 91），印为圆形，阳文篆字，中行 3 字，纽为 2 螭，大小 2 螭身曲爬卧，大螭有两耳，突眉，两眼，方口张嘴，4 足 2 爪，两卷尾，小螭有两耳，突眉，两眼，尖嘴，两足两爪，两卷尾；印石为明代，附雕花印盒，嘉庆时磨刻，印文为嘉庆以后篆刻。

③白玉螭纽"继德堂精鉴玺"，方形，阳文篆字 3 行各 2 字，闭咀，长须，耳卷曲作云头独犄角，见三足，尾卷于额下。印石为明代，印文为嘉庆时磨刻。纽式雕刻比较有特点。毓庆宫的后殿室内明间悬匾

曰“继德堂”，为乾隆皇帝封其为皇太子时所赐，所以嘉庆帝对继德堂情有独钟。

3. “九有一心”印

乾隆有些印，嘉庆也制作一方。碧玉颙琰书抑斋记册与碧玉交龙纽“九有一心”宝为一匣的两件一组组合（图 92），这是颙琰当太子时期抄录的乾隆《抑斋记》御制文，上有“子颙琰”和“敬书”两印款，字体描金，并制成玉册。因此抑斋记册与“九有一心”印组合是颙琰为太子时期所作，所以为乾隆时期的文物。

二、嘉庆皇帝组玺

从嘉庆《宝薮》中我们可以看到，嘉庆皇帝有的是刻意模仿乾隆帝印玺制造的。有 3 方一组和多方一组等。

（一）3 方组印

嘉庆皇帝组印一般 3 玺的质地、组制相同，一方为宫殿印，另两方则为诗文名句或者对宫殿名称的解释，有的与“御笔之宝”等印配合使用，3 印存于一紫檀木匣，宝文篆法均一致，但分阴刻和阳刻。

嘉庆皇帝《宝薮》的组印有 160 多组，下面将嘉庆《宝薮》中现存的一部分组印列表如下（除标出阴文外，没有标注的为阳文）：

图 92. 碧玉颙琰书抑斋记册与碧玉交龙纽“九有一心”宝

嘉庆帝组印一览表

序号	名称	质地	尺寸（厘米）	纽式	嘉庆《宝薮》	备注
1	笃祜繁禧	昌化石	高 16.3 长 7 宽 6	随形雕赤壁赋	第 3 开	
	嘉庆御笔之宝		高 13.5 长 6 宽 5.9	纽雕刻赤壁图		印模左侧阴刻“后赤壁赋”文，疑为“古歙罗子敬书”
	惟几惟康（阴文）		高 14 长 7.1 宽 7.1	随形云龙纽		纽为云中二龙
2	毓庆宫	檀香木	高 4.2 长 4.6 宽 2.95	盘龙纽	第 3 开	一行三字，阳文，篆字
	嘉庆御笔		高 4.2 长 4.1 宽 4.1			二行各二字，阳文，篆字
	传心基命（阴文）		高 4.2 长 4.15 宽 4.15			三行，中二字，阴文，篆字其二行各一字
3	毓庆宫	青玉	高 7.3 长 4.6 宽 2.8	云龙纽	第 4 开	
	嘉庆御笔		高 7.3 长 4.1 宽 4.1			
	传心基命（阴文）		高 7.3 长 4.1 宽 4.1			
4	毓庆宫	洞石	高 8.4 长 4.1 宽 2.1	雕梅雀	第 5 开	干黄石，印石为雍乾时期，字嘉庆磨刻
	嘉庆宸翰		高 7.5 长 3.3 宽 3.3	随形雕老松、兰花、山石、小亭		干黄石，印石为雍乾时期，字嘉庆磨刻
	佛时仔肩（阴文）		高 7.9 长 3.2 宽 3.2	随形雕松鼠、瓜叶		干黄石，印石为雍乾时期，字嘉庆磨刻
5	毓庆宫	青玉	高 2.1 长 2.05 宽 2.85	光素	第 6 开	
	嘉庆御笔（阴文）		高 2.2 长 3.1 宽 3			
	传心基命		高 2.2 长 3.1 宽 3.1			
6	主善为师	寿山石	高 12.4 长 12.5 宽 6.8	狮纽	第 6 开	椭圆章
	所宝惟贤（阴文）		高 15 长 7.4 宽 7.4	狮纽		
	嘉庆御笔		高 14.7 长 7.3 宽 7.4	太狮少狮纽		四周雕山水人物
7	菑畬经训	白玉	高 2.6 长 4.7 宽 2	卧虎纽	第 9 开	葫芦形
	嘉庆宸翰		高 3 长 4.5 宽 4.4	覆斗纽		
	几暇临池（阴文）		高 3 长 4.6 宽 4.4			
8	长春仙馆（阴文）	青玉	高 6 长 6.5 宽 3.7	交龙纽	第 9 开	
	嘉庆御笔之宝（阴文）		高 5.9 长 6.5 宽 6.5			
	夙闻诗礼凛心传		高 5.8 长 6.5 宽 6.5			
9	万有同春（阴文）	昌化石	高 7.3 长 3.2 宽 1.5	随形长方章	第 10 开	
	政在养民（阴文）		高 8.65 长 3.3 宽 3.3			
	嘉庆宸翰		高 8.65 长 3.3 宽 3.3			
10	三友轩（阴文）	碧玉	高 8 长 4.1 宽 2.5	螭纽	第 12 开	《宝薮》注为洞石
	玉局正见（阴文）		高 7.9 长 3.5 宽 3.5			
	天然同德		高 8 长 3.6 宽 3.6			以上 3 件见乾隆《宝薮》12 开

11	保泰持盈	寿山石	高 10.1 长 4.2 宽 2.6	雕荷花纽	第 12 开	椭圆章
	嘉庆御笔（阴文）		高 9.55 长 4 宽 4			
	典学勤政		高 9.5 长 4 宽 4			
12	嘉庆御笔（阴文）	青玉	高 2.9 长 2.6 宽 2.6	螭纽	第 13 开	
	保泰持盈		高 3. 1 长 4.1 宽 2.4			
	典学勤政		高 3.7 长 2.7 宽 2.7			
13	菑畬经训（阴文）	田黄石	高 7.4 长 4.7 宽 2.7	随形光素	第 13 开	《宝薮》注为洞石
	嘉庆宸翰		高 10.2 长 4 宽 4			
	几暇临池（阴文）		高 10.45 长 3.9 宽 3.9			
14	嘉庆（连珠）（阴文）	汉玉	高 2.1 直径 1.8	螭纽	第 15 开	
	嘉庆御览之宝		高 2.6 长 8 宽 3.6			
	主善为师		高 1.9 长 4.9 宽 2.5			账上为白玉
15	长春仙馆（阴文）	碧玉	高 6.9 长 4 宽 2.3	云龙纽	第 15 开	
	朝乾夕惕		高 6.9 长 3.9 宽 3.9			
	嘉庆御笔（阴文）		高 6.9 长 3.8 宽 3			
16	笔华墨雨（阴文）	花寿山	高 6.6 长 5.5 宽 3	螭纽	第 16 开	实为五螭纽
	执两用中		高 10 长 5.7 宽 5.7			
	嘉庆御笔之宝（阴文）		高 10 长 5.7 宽 5.7			
17	如石如衡	青玉	高 7 长 4.6 宽 4.6	交龙纽	第 19 开	实为云龙纽
	志以道宁（阴文）		高 7 长 4.6 宽 4.6			
	学于古训乃有获（阴文）		高 6.8 长 4.8 宽 2.6			
18	节用爱人	青白玉	高 4.6 长 2.8 宽 2.8	螭纽	第 32 开	
	慎俭德（阴文）		高 4.6 长 2.8 宽 1.7			玉印规一件
	朝乾夕惕（阴文）		高 4.6 长 2.8 宽 2.8			
19	上下同流	碧玉	高 6 长 6.4 宽 6.4	交龙纽	第 32 开	
	动静相养（阴文）		高 6 长 6.35 宽 6.35			
	烟波致爽		高 6 长 6.35 宽 6.35			
20	太和洋溢（阴文）	青金石	高 5.35 长 3.25 宽 3.25	蹲龙纽	第 33 开	
	仁心流露（阴文）		高 5.35 长 3.25 宽 3.25			
	春好轩（阴文）		高 5.5 长 3.4 宽 1.7			
21	山静日长	青白玉	高 6.7 长 4 宽 4	云龙纽	第 33 开	
	云行雨施（阴文）		长 3.9 宽 3.9 高 6.7			
	云山胜地（阴文）		长 3.9 宽 2.8 高 7.1			
22	怀保惠鲜	青金石	高 5.5 长 3.9 宽 3.9	蟠螭纽	第 33 开	
	严恭寅畏（阴文）	青金石	高 5.5 长 3.9 宽 3.9		第 33 开	
	能见室		高 5.5 长 3.9 宽 2.8			
23	静憩轩	翠玉	高 5.3 长 3.85 宽 1.85	龙纽	第 33 开	
	空潭写春		高 5.25 长 3.7 宽 3.7			
	虚室生白（阴文）		高 5.3 长 3.7 宽 3.7			

<table>
<tr><td rowspan="3">24</td><td>昭明有融</td><td rowspan="3">翡翠</td><td>高 2.7 长 3.55 宽 3.55</td><td>龙纽</td><td rowspan="3">第 34 开</td><td></td></tr>
<tr><td>温润而泽（阴文）</td><td>高 2.7 长 3.55 宽 3.55</td><td></td><td></td></tr>
<tr><td>玉壶冰（阴文）</td><td>高 2.7 长 3.6 宽 1.75</td><td></td><td></td></tr>
<tr><td rowspan="3">25</td><td>求宁观成（阴文）</td><td rowspan="3">青玉</td><td>高 6.9 长 3.45 宽 3.45</td><td>兽纽</td><td rowspan="3">第 34 开</td><td>《宝薮》标注青白玉</td></tr>
<tr><td>久安长治</td><td>高 6.9 长 3.4 宽 3.45</td><td></td><td></td></tr>
<tr><td>怀永图</td><td>高 6.9 长 3.5 宽 2.6</td><td></td><td></td></tr>
<tr><td rowspan="3">26</td><td>执冲含和</td><td rowspan="3">青玉</td><td>高 6.7 长 3.85 宽 3.85</td><td>兽纽</td><td rowspan="3">第 34 开</td><td></td></tr>
<tr><td>太古心</td><td>高 6.8 长 3.8 宽 2.5</td><td></td><td></td></tr>
<tr><td>抱素怀朴（阴文）</td><td>长 3.85 宽 3.85 高 6.8</td><td></td><td></td></tr>
<tr><td rowspan="3">27</td><td>昭仁殿</td><td rowspan="3">青玉</td><td>高 5.8 长 6.5 宽 4</td><td>交龙纽</td><td rowspan="3">第 35 开</td><td>《宝薮》标注青白玉</td></tr>
<tr><td>足以长人</td><td>高 5.8 长 6.5 宽 6.5</td><td></td><td></td></tr>
<tr><td>何以守位（阴文）</td><td>高 5.8 长 6.5 宽 6.5</td><td>交龙纽</td><td></td></tr>
<tr><td rowspan="3">28</td><td>其旋元吉（阴文）</td><td rowspan="3">青玉</td><td>高 3 长 6.6 宽 6.6</td><td>交龙纽</td><td rowspan="3">第 46 开</td><td>《宝薮》标注白玉</td></tr>
<tr><td>洁素履</td><td>高 3 长 3.75 宽 6.6</td><td></td><td></td></tr>
<tr><td>素位而行</td><td>高 3 长 6.6 宽 6.6</td><td></td><td></td></tr>
<tr><td rowspan="3">29</td><td>金锡炼而精</td><td rowspan="3">碧玉</td><td>高 3.5 长 4.5 宽 4.5</td><td>龙纽</td><td rowspan="3">第 47 开</td><td>《宝薮》标注青玉</td></tr>
<tr><td>圭碧性有质（阴文）</td><td>高 3.5 长 4.5 宽 24.5</td><td></td><td></td></tr>
<tr><td>金昭玉粹</td><td>高 3.5 长 4.5 宽 2.9</td><td></td><td></td></tr>
<tr><td rowspan="3">30</td><td>静观自得（阴文）</td><td rowspan="3">青玉</td><td>高 5.4 长 2.5 宽 3.4</td><td>龙纽</td><td rowspan="3">第 47 开</td><td></td></tr>
<tr><td>大观在上</td><td>高 5.4 长 6.5 宽 6.5</td><td></td><td></td></tr>
<tr><td>其静也专（阴文）</td><td>高 5.4 长 6.5 宽 6.5</td><td></td><td></td></tr>
<tr><td rowspan="3">31</td><td>有真意轩</td><td rowspan="3">杜陵坑石</td><td>高 5.4 长 3.4 宽 2.3</td><td></td><td rowspan="3">第 51 开</td><td></td></tr>
<tr><td>四彻中绳</td><td>高 3.8 长 3.7 宽 3.8</td><td></td><td></td></tr>
<tr><td>只岑一曲（阴文）</td><td>高 3.8 长 3.7 宽 3.8</td><td></td><td></td></tr>
<tr><td rowspan="3">32</td><td>嘉庆御览</td><td rowspan="3">青玉</td><td>高 5.1 长 3.05 宽 1.6</td><td>蹲龙纽</td><td rowspan="3">第 74 开</td><td></td></tr>
<tr><td>珠林三编</td><td>高 5.1 长 3 宽 3</td><td></td><td></td></tr>
<tr><td>宝笈三编</td><td>高 5.1 长 3 宽 3</td><td></td><td></td></tr>
<tr><td rowspan="3">33</td><td>周甲延禧之宝</td><td rowspan="3">白玉</td><td>高 4 长 4.45 宽 2.6</td><td>交龙纽</td><td rowspan="3">第 77 开</td><td></td></tr>
<tr><td>庄敬日强</td><td>高 4 长 4.45 宽 2.6</td><td></td><td></td></tr>
<tr><td>健行不息（阴文）</td><td>高 4 长 4.45 宽 4.45</td><td></td><td></td></tr>
</table>

通过上表可以看到，现存嘉庆皇帝以“毓庆宫”为组印的就有 4 套。因为“毓庆宫”对于嘉庆皇帝有非常重要的意义。毓庆宫原是康熙十八年（1679 年）为皇太子允礽特建。雍正年间乾隆皇帝为皇子时从十二岁到十七岁曾经在此居住，之后迁居乾西二所。嘉庆皇帝少年时期在毓庆宫生活了 10 年，十五岁移居东二所。[1] 乾隆六十年（1795 年），嘉庆皇帝被公开

1 清庆桂等编纂、左步青校点：《国朝宫史续编》卷六〇，“宫殿十”，页 345，北京古籍出版社，1994 年。

图 93. 表中序号 3 组印

立储及继位之后，乾隆帝训政之 3 年多也居住在此，实际上嘉庆皇帝在此生活了 13 年之久。故宫现还藏有碧玉嘉庆御笔《毓庆宫记》玉册 1 件，为 10 开，上面为“嘉庆十年岁乙次丑仲冬月之中浣御笔”款，下面有“嘉”（阳文）“庆”（阴文）印，诗文表现了他的心态。

表中序号 2、3 组印的尺寸、镌刻方式一致，只是质地不同而已（图 93），有人认为此木质应该是印样，笔者认为如果是印样就不会收录在嘉庆《宝薮》中，序号 4 与“毓庆宫”组合的印为“嘉庆宸翰”和“佛时仔肩”，“嘉庆宸翰”印是用于嘉庆皇帝亲笔手札的闲章，“佛时仔肩，显我示德行”，出自《诗・周颂・敬之》，意为凡是身体力行，才能显示我价值和品德。

在表中共有 4 组“毓庆宫”印，其中有 3 组为“嘉庆御笔”和“传心基命”（图 94）印组合，“传心基命”玺原存嘉庆做太子时所居的毓庆宫，《仁宗御制诗余集》“周甲延禧之宝联句”曰：“传心基命，帝心之宥密可见。”紫禁城内有传心殿，位于文华殿东，是皇帝御经前行“祭祀礼”的场所。

毓庆宫中的“继德堂”“味余书室”（图 95）“知不足斋”“宛委别藏”等室名和匾额，记载了嘉庆皇帝读书、藏书之地，东耳房内悬匾“味余书室”，东侧围房内悬匾“知不足斋”，为嘉庆皇帝御笔。嘉庆皇帝也将其镌刻为印。这些组印也反映了嘉庆皇帝的生活区域、生活环境和精神状态。这几套印应该是嘉庆继位后的前 3 年制作的。

图 94. 传心基命

[印谱 14-1. 嘉、庆]

[印谱 14-2. 嘉、庆]

（二）嘉庆多方组印

通过核对故宫现存的嘉庆组印与嘉庆《宝薮》收录的玺印，发现大多宝玺已不存。但从嘉庆《宝薮》中，仍能够看到其质地、印文内容、镌刻形式等。

1. 4 方一组

有嘉庆《宝薮》第 11 开中印：“毓庆宫宝”“惇本殿宝”（阴文），“长春仙馆”“继德堂宝”（阴文），均洞石。

2. 6 方一组

有嘉庆《宝薮》第 8 开中印：马纽“谦受益”印（图 96）（椭圆形），狮纽“天倪道筦”印（图 97），马纽“嘉庆宸翰”印（图 98），狮纽“御书”印（图 99），马纽“政在养民”印（图 100），狮纽“得象外意”印（图 101），均白玉。

3. 7 方一组

有嘉庆《宝薮》第 11 开中印：“澄观”印，“漱润”印，“万有同春”印，连珠“嘉庆御笔之宝”“惟精惟一”印，连珠“嘉”“庆”印，“嘉”“庆”印，均白玉。（印谱 14）

4. 9 方一组

有嘉庆《宝薮》第 13 开中印：兽纽“墨池云”印，螭纽“绿荫轩”印，螭纽“含碧堂”印，螭纽“嘉庆”印，玉螭纽“随安室”印，玉凤纽

图 95. 味余书室

图 96. 谦受益

图 97. 天倪道筦

图 98. 嘉庆宸翰

图 99. 御书

图 100. 政在养民

图 101. 得象外意

“丽景轩”印，覆斗纽“味余书室”印，螭纽“林虚桂静”印，兽纽“藤影花丛”印，均白玉。

5．9 方一组

有嘉庆《宝薮》第 20 开中印:“嘉庆御笔之宝”“惟精惟一”方印，“谦受益”印，“漱润”印，“嘉”“庆”印，“嘉”“庆”印，“澂观”印，均昌化石。

6．12 方一组

有嘉庆《宝薮》第 27 开中印：凤纽“律中太簇”，鹿纽“律中夹钟”，狮纽“律中姑洗”，虎纽“律中蕤宾”，狮纽“律中林钟”，狮纽“律中夷则”，象纽“律中南吕”，狮纽“律中无射”，马纽“律中应钟”，兽纽“律中黄钟”，双熊纽“律中大吕”，鹤纽“律中中吕”，均青白玉，长圆或长方形。

7．12 方一组

有嘉庆《宝薮》第 28 开中印:墨玉螭纽“大渊献”,墨玉螭纽“大渊献”,青玉螭纽“作噩”方，青玉螭纽“涒滩”，青玉螭纽“协洽”，黄玉螭纽“敦牂”，白玉兽纽“大荒落”，青玉瓦纽“执徐”，白玉兽纽“单阏”，青玉螭纽“摄提格”，青白玉鼻纽“赤奋若”，白玉瓦纽“困敦”,《宝薮》中标为“俱汉玉”，实际为有白玉、青玉等多种。

从这些统计中，可以看到嘉庆帝印玺的丰富多彩，数量、质地、组印内容仅逊于乾隆帝印。

图 102. 三希堂精鉴玺

图 103. 宜子孙

图 104. 嘉庆鉴赏

（三）**常用宝玺**

还有几组鉴赏印，是嘉庆皇帝经常使用的宝玺。

1. 故宫现存有两套“三希堂精鉴玺”“宜子孙”印玺。一套为乾隆皇帝青玉螭纽“三希堂精鉴玺”（长 4 厘米，宽 2.2 厘米）[1] 和汉玉瓦纽“宜子孙”玺（方 2.4 厘米），与“乾隆鉴赏”一起在《石渠宝笈》《秘殿珠林》初、续编上钤用。另一套为白玉兽纽嘉庆“三希堂精鉴玺”（图 102，长 4.4 厘米，宽 2.3 厘米）和青玉蟠螭纽“宜子孙”玺（图 103，方 2.9 厘米），与“嘉庆鉴赏”印 [2]（图 104）一起在《石渠宝笈》《秘殿珠林》三编上钤用。嘉庆这套印是仿乾隆印，尺寸稍大，镌刻略有不同。

2. 嘉庆皇帝制作的组印，受了乾隆皇帝很大的影响，如碧玉蹲龙纽“高云情”（图 105）、“阳春布德泽”（图 106）、“玉宇来清风”（图 107）3 印，存于一木匣中。故宫漱芳斋东室为“高云情”。“阳春布德泽”玺文出自汉乐府“阳春布德泽，万物生光辉”，含意是为人君贵乎有德，仅独善其身是不够的，必思施于民。“玉宇来清风”含意是皇恩似和风吹拂众生。

1 故宫博物院藏乾隆《宝薮》第 16 开，线 114185-114186。
2 故宫博物院藏嘉庆《宝薮》第 29 开，线 114177。

3. 嘉庆皇帝还仿先帝印文制作相同的印，如：乾隆帝的“所宝惟闲”“主善惟师”印，雍正皇帝的“朝乾夕惕”印，以表明学习其祖父朝乾夕惕、励精图治的决心。

4. 还有比以上 3 组印稍大一些的两印为一组的印青玉覆斗纽“执两用中”印、“嘉庆御笔之宝”，载嘉庆《宝薮》第 7 开（现存）；汉玉“六位时成”“九德咸事”方印，载嘉庆《宝薮》第 40 开，实为玉皮卧螭纽（现存）；青玉“竟川含绿”“秀木佳荫”（不存），载嘉庆《宝薮》第 53 开，印文均为一阳一阴。乾隆皇帝有“所宝惟贤”印，阳文，卧兽纽。嘉庆帝也有“所宝惟贤”印阴文，篆字，2 行各 2 字，狮纽，印四周雕山水人物，通体青黄色，狮头向右侧突目，翘眉，口衔绣球彩带，背负二小狮，下方一小狮均面视绣球，球镂雕，与“嘉庆御笔”为组印。

嘉庆皇帝在书画上常用“珠林三编”（图 108）、“嘉庆鉴赏”（图 109）、“宝笈三编”（图 110）、“西清秘赏”“周甲延禧之宝”等。

（四）嘉庆《宝薮》中收录的乾隆组印

嘉庆《宝薮》是在继承乾隆印玺基础上完成的，前面大印玺有的直接沿用乾隆帝的印玺，虽然这些印有的故宫现已无存，但从印尺寸、阴阳文篆法上看，很明显应该是同一方印。

1. 汉玉“陶冶性灵”印

在嘉庆《宝薮》第 10 开，乾隆《宝薮》第 3 开。

图 105. 高云情

图 106. 阳春布德泽

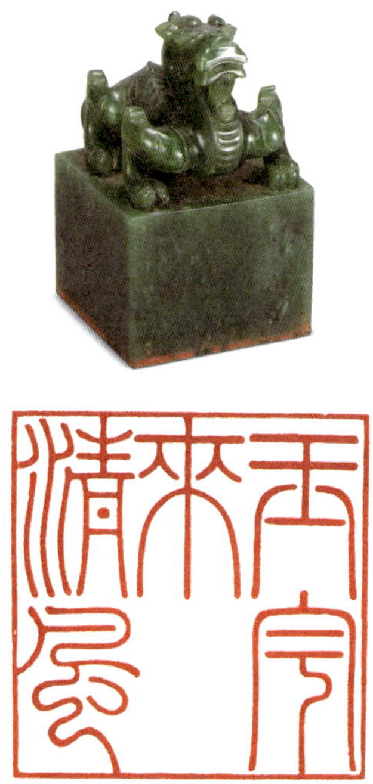

图 107. 玉宇来清风

2. 白玉3方1组

“芝田”“敬用五事”“敛福宜民”三方组印，在嘉庆《宝薮》第9开，乾隆《宝薮》第14开。

3. 洞石3方1组

“三友轩”“玉局正见”“天然同德”印，在嘉庆《宝薮》第12开，乾隆《宝薮》第12开。

4. 碧玉4方1组

“乾清宫鉴藏宝”“养心殿鉴藏宝”“御书房鉴藏宝”“重华宫鉴藏宝”，在嘉庆《宝薮》第20开，乾隆《宝薮》第16开。

5. 白玉4方1组

“寓意真可人”智水仁山理趣源“涉笔偶值几闻”“妙理得俯仰”，在嘉庆《宝薮》第17开，乾隆《宝薮》第37开。

6. 洞石9方1组

“含经味道”“意在笔先”“辞尚体要”“涵养用敬”“虚受人”“惟善为宝”“摛藻为春”“含豪邈然”“有典有则”，在嘉庆《宝薮》第22开，乾隆《宝薮》第40开。

7. 洞石9方1组

“旨远辞文”“公德并观”“有孚会心”“深心托豪素”“德惟一”“广辟四门聪”“陶冶性灵”“善与人同”“慈俭为宝”，9方1组均洞石。在嘉庆《宝薮》第23开，乾隆《宝薮》第22–23开。

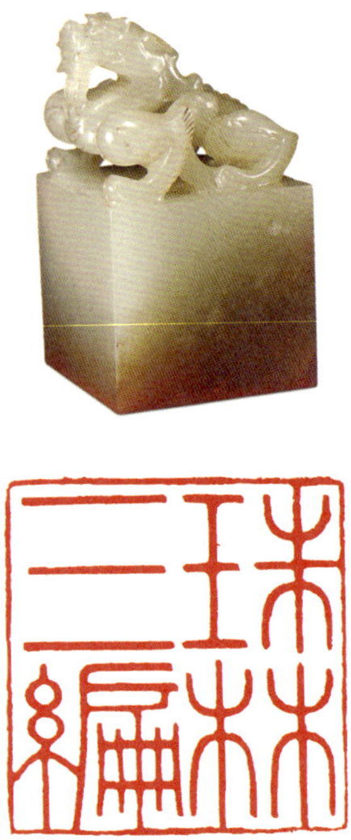

图108. 珠林三编

图109. 嘉庆御览

图110. 宝笈三编

8. 寿山石 9 方 1 组

“与民用勤”“保泰”“旰食宵衣”“翌太和”“体仁”“章志尊仁”“进德修业”“务时敏”“虚衷徵照”，见嘉庆《宝薮》第 21 开，乾隆《宝薮》第 40 开。

9. 象牙 12 方一组

“几暇怡情”“席上珍”“内府珍秘”“古香”“朗润”“比德”“含辉”“太卟”“三希堂”“清玩”“得佳趣”“永宝永之”，在嘉庆《宝薮》第 23 开，乾隆《宝薮》第 42 开。

10. 洞石 13 方一组

“根柢祇一诚”“绘月有色水有声”“化工四气为全池”“至味寓澹泊”“水月两徵明”“吟咏春风里”“忘机心宇旷”“入眼秋光尽是诗”“几席有余香”“忠止水静”“聊以观生意”“色香入窗虚”“取意在广求”，在嘉庆《宝薮》第 18 开，乾隆《宝薮》第 41 开。

11. 白玉 16 方一组

“写心”“妙高堂”“来清轩”“如是观”“寓意于物”“生秋庭”“清心闻妙香”“用笔在心”“落纸云烟”“陶冶赖诗篇”“万有同春”“即事多所欣”“欢喜园”“得大自在”“笔花墨雨”“天地为师”，在嘉庆《宝薮》第 22 开，乾隆《宝薮》第 18 开。

12. 洞石 18 方一组

“神品”“笔端造化”“稽古右文之玺”“几暇鉴赏之玺”“几暇临池”“泼墨”“思无邪”“御赏”“内府书画之宝”“天禄琳琅”“懋勤殿鉴定章”“内府图书”“秘殿珠林”“天府珍藏”“宸翰”“石渠宝笈”“亮天工”，在嘉庆《宝薮》第 23 开，乾隆《宝薮》第 17 开。

13. 宝石 19 方一组

白玉“研露”、绿英“漱芳润”、白玉“絜矩”、白玉“烟云舒卷”、玛瑙“浴德”、碧牙砇“修辞立诚”、玛瑙“中和”、汉玉“钦文之玺”、玛瑙“庄敬日强”、玛瑙“履信思顺”、玛瑙“慎修思永”、白玉连珠“礼园书圃”“以人为鉴”、银晶“日监在兹”、洞石“用厥中”、银晶“典学勤政”、碧玉“乐天”、紫英“诚性存存”、玛瑙“丛云”、紫英“涵虚朗鉴”，在嘉庆《宝薮》第 21 开，乾隆《宝薮》第 20 开。

在嘉庆《宝薮》第 24 开中,有“天地一家春”等 10 印一组套印,载乾隆《宝薮》第 21 开，只是印文顺序不一样。在嘉庆《宝薮》25 开中，有“读书依竹静”等 13 方组印，在乾隆《宝薮》23 开中收录,特别是在嘉庆《宝薮》中还将“游六艺圃”的“六”字在旁边错注写为“心”字了。总体感觉乾隆《宝薮》印谱排序较舒展，而嘉庆《宝薮》印谱排序过于紧密。

（五）嘉庆宝玺的特点

嘉庆帝在位期间始终坚持以身作则，身体力行、带头崇俭黜奢，禁呈宝物，返朴还淳，勤政戒情，提倡讲实话、行实政，反对弄虚作假和粉饰升平，反对侈言祥瑞符应等，嘉庆帝有多方宝玺用明代或雍乾时期的印石，而印文为嘉庆时期磨刻。另外嘉庆帝把乾隆组印重新组合为 6 方一组，如嘉庆《宝薮》17 开“得象外意”“画禅室”“春雨轩”“诗书说性存”“珠林继鉴”“松竹一庭道心”，均汉玉。

“得象外意”印原收录于乾隆《宝薮》第 14 开，与“如如水镜”和“乾隆宸翰”为一组，“画禅室”印原收录于乾隆《宝薮》第 13 开，与“三友轩”和“乾隆”为一组，而“春雨轩”“诗书说性存”“珠林继鉴”“松竹一庭道心”4 印原收录于乾隆《宝薮》第 35 开中，与两方“乾隆御览之宝”印为组印，“乾隆御览之宝”两印 1 为圆形，1 为方形，嘉庆帝将两方“乾隆御览之宝”去掉，将另外的“得象外意”与“画禅室”两印从乾隆组印抽出重新组合，不仅因为这几方印均为汉玉质，大小尺寸合适，也表明嘉庆帝对乾隆这几方组印的喜爱。

由于乾隆帝和嘉庆帝时间有交叉，有一些印章时代还有待更正，如：青玉蹲龙纽“知不足斋”“颐和书室”章，载嘉庆《宝薮》第 32 开，在乾隆《宝薮》中未见，但文物账上备注写道:“坛纽，青玉，四周刻勾云纹，上刻夔纹，乾隆仿汉。”这种情况应是嘉庆使用乾隆时期印料所致。

颙琰在皇子时代中基本上过着书斋的生活，对于他来讲是漫长而有益的“味余书室”的生活。他为自己刊刻的《味余书室全集》，是对自己读书生活的总结。在《味余书室记》中有：“承先生嘉惠之意而为之记曰:夫余之义亦大矣。民生在勤，勤则不匮。”[1] 所以他特别喜欢“味余书室”的命名，将“味余书室”镌刻成印，并以此自勉。

嘉庆皇帝大量收录乾隆宝玺入自己的《宝薮》中，这反映了他“保泰持盈”的思想理念。虽然乾隆皇帝让位，但没有让权，即“盖义虽更，大权不移也”。就连纪年对外为嘉庆纪年，对内仍为乾隆六十一、六十二、六十三年，乾隆帝作为太上皇帝发的谕旨也称为敕旨。

嘉庆皇帝亲政是以“守成继业”为指导思想的，他整饬内政、整顿军队，以“守成”为出发点最重要的是大丧之日诛和珅，其目的是以肃纲纪、以促“军剿”、以安民心。[2] 自命为守成之主，又一以仁孝著称。嘉庆皇帝尊经崇儒，不崇佛教，不信道。他以儒家经典为根本，最崇拜孔子，常以“知不足”自勉，当了皇帝仍然如此，并以“知不足斋”为题写诗。嘉庆帝勤政戒惰，提倡实政。他在位 25 年始终“夙夜忱勤”“孜孜图治、不敢暇逸”[3]。

通过嘉庆皇帝的玺印，我们也可了解到嘉庆皇帝的思想和治国理念，这是研究嘉庆皇帝非常重要的一个方面。

1 《清仁宗味余书室全集》第二册，卷三四，页 252，清嘉庆五年武英殿刻本。
2 《清仁宗御制文初集》卷一。
3 《清仁宗实录》（二）卷九〇。

道光、咸丰帝宝玺

道光皇帝在位 30 年，在清代执政时间上仅次于康熙、乾隆两位皇帝。早在嘉庆四年（1799 年），嘉庆皇帝就已经密储旻宁为皇位继承人了，因此道光是清代唯一皇后所出嫡子继位的皇帝。他在位时遇到了强大的英国殖民主义入侵，抵抗了 20 年，最终还是签订了《中英南京条约》等一系列不平等条约。

咸丰帝在位 11 年，其间由于太平天国以及第二次鸦片战争的打击，朝廷内外交困，处境十分窘迫。[1] 所以道光、咸丰二帝在位期间的宝玺，多是御书所钤的名号印，而少有抒发自己情感的心性之印。

一、道光帝宝玺概况

道光《宝薮》[2] 载入道光皇帝 300 多方，其中 2/3 为乾隆和嘉庆皇帝印，实际道光帝宝玺不足 100 方，故宫现存带其年号的宝玺约 30 方，还有一些闲章、组印及宫殿宝玺，共约 60 方。

（一）名号宝玺

1.“道光御笔”宝（共 10 方）

道光帝印材质一般，做工简洁。如：白玉兽纽“道光御笔”、碧玉龟纽“道光御笔”、白玉兽纽“道光御笔之宝”、青玉瓦纽“道光御笔”、寿山石雕云龙纽“道光御笔之宝”、花寿山石“道光御笔之宝”各 1 方，碧玉交龙纽“道光御笔之宝”、白玉兽纽“道光御笔”各 2 方。

1 杨珍：《历程、制度、人——清朝皇权略探》页 66，学苑出版社，2013 年。
2 故宫博物院藏道光《宝薮》，线 114189。

2. “道光御览”宝（共4方）

青玉双环提梁纽“道光御览”、青玉交龙纽“道光御览之宝”、青玉覆斗纽“道光御览之宝”、青玉兽纽“道光御览之宝”。另外，有铜质“道光御览之宝”两方，3行各2字，阳文篆字，实用于匾额上。

3. “宸翰”宝（共5方）

翡翠狮纽“道光宸翰”宝、青玉覆斗纽“道光宸翰”宝、寿山石“道光宸翰”宝、青玉寿山石云龙纽“道光宸翰”宝、云龙纽“道光宸翰之宝”。

4. “道光”宝（共6方）

旧玉“道光”宝1方、象牙“道光”宝5方。

5. 御赏、鉴赏、御用宝（各1方）

青玉带皮桃纽“道光御赏”宝，青玉兽纽“道光鉴赏”宝。碧玉蹲龙纽“道光御用”宝。

6. “道光尊亲之宝”（1方）

寿山石云龙纽“道光尊亲之宝”，随形纽，其印石纽为康雍时期，字为道光时期镌刻。

（二）闲章

道光帝除了名号宝外，还有一些闲章。

如:翡翠狮纽“含万物而化光”宝、翡翠狮纽“保民无疆”宝、碧玉龟纽“刚健中正”宝、青玉瓦纽“怀永图”宝、青玉瓦纽“检斋之宝”、青玉交龙纽“慎静斋宝”、青玉云龙纽“神清意平”宝、碧玉蹲龙纽“顺健无疆”等宝。

1. 碧玉蹲龙纽“顺健无疆”宝，正方形，篆字，2行2字，阳文。蹲龙钮，龙头螭身，四腿曲卧，头上有卷眉，独角，方嘴张口，嘴下有须，刻有细纹，脊背成串珠形，尾成灵芝状。

2. 青玉瓦纽“怀永图”宝，“怀永图”即期待永久图治王业之意，源自商初大臣伊尹对刚继位的太甲所提出的“慎乃俭德，惟怀永图”之建议。道光皇帝对此深有体会，不仅于道光十年（1831年）在圆明园内修建“慎德堂”行宫，并于次年建成时所作的《慎德堂记》中写道：“是以修身务存俭约之心，以期永久图治之道，可不加慎而切记之乎？”可见，道光皇帝一直将伊尹之言铭记于心，并衍化成其一生的行为准则。

我们从道光帝的闲章中,可以看出他的政治思想和主张。如“含万物而化光”语出《周易》：“坤至柔而动也刚，至静而德方，后得主而有常，含万物而化光，坤道其顺乎，承天而时行。”意为大地包容万物而化育广大，呼吁帝王时刻提醒自己要顺承天地之道。[1]

1 思履主编：《四书五经详解》页306，华侨出版社，2013年。

（三）道光组印

道光组印，多为引用雍正、乾隆、嘉庆皇帝印文。

1. 寿山石“朝乾夕惕”“虚心实行”“道光宸翰”宝，3 方，无纽，均为光素，“朝乾夕惕”宝为雍正帝、乾隆帝曾用此印文。

2. 寿山石“主善为师”“恭俭惟德”“道光御笔之宝”，“主善为师”印模长圆形，阳文篆字，随形纽，上雕六螭灵芝，一大五小，作嬉戏状，发均向后，脊背两边刻有细毛纹，四足三爪，尾作灵芝形。“恭俭惟德”“道光御笔之宝”组印，“恭俭惟德”印阳文，葡萄纽，印模正方形，篆字，2 行 2 字，随形纽，巧做黑葡萄，印下半部为朱色，上半部为淡黄色和黑色，淡黄雕叶子，黑色雕葡萄，纽与字都雕刻粗糙。“恭俭惟德”印则反映了道光皇帝的执政思想，成为他的行为准则。该语出自《尚书·周官》：“恭俭惟德，无载为伪。”“道光御笔之宝”，正方形，篆字，3 行 2 字，阳文，随形纽，雕有葡萄、叶、茎、须和果实，雕工较粗。

3. 寿山石云龙纽“政贵有恒”“道光宸翰”宝，“政贵有恒”正方形，篆字，2 行各 2 字，阴文，纽雕云龙，一龙忽隐忽显在云中游动，纽上端为龙尾。

4. 白玉兽纽“含经味道”“道光御笔”宝，“含经味道”为阳文，“道光御笔”为阴文。

5. 青玉兽纽“政在养民”“道光御笔”宝，二印均为阴文。

“主善为师”“政在养民”，嘉庆帝曾用此印文。而道光帝不仅把“恭俭惟德”之文制成贴落，张贴在宫内，还将其镌刻成印，以时时自警。[1]

二、道光帝宝玺鉴赏

道光帝室名宝玺有懋勤殿宝、求思室、养正书屋、长春园宝、长春仙馆、淳化轩、毓庆宫宝、继德堂、三友轩、春雨轩、画禅室、三希堂等，有的应是乾隆、嘉庆时期的印，其继续使用。道光朝以后，寿山石的质地、雕刻技法已大不如前。

故宫现存 1 方道光时期花寿山石“四表无尘时和岁丰”印，随形方章，花寿山，印石为清中期，因刻有道光字样，可知字为晚清时刻。

1.“道光宸翰”宝（图 111）

高 10.4 厘米，印面方 4.6 厘米。寿山石云龙纽方形玺，汉文篆书。“宸翰”专指帝王笔墨之迹。此印钤用于道光皇帝的书画、碑帖之上，曾与“虚心实行”“保民无疆”共同使用。

---

1 朱诚如主编：《清史图典·道光朝》第九册，页 15，紫禁城出版社，2002 年。

图 111. 道光宸翰

图 112. 政贵有恒

2. “政贵有恒”宝（图 112）

寿山石云龙纽，方形玺，高 9.8 厘米，印面方 4.6 厘米。汉文篆书，2 行 2 字，阴刻。通体雕云龙，一龙忽隐忽显在云中游动，印上端为龙尾。“政贵有恒”语出《尚书 · 毕命》，周康王向毕公语：“政贵有恒，辞尚体要，不惟好异。”此玺表明道光帝继位后，对国家政策保持持续性、连贯性和稳定性的基本看法，与清帝一贯遵循的“法祖”政纲正相一致。

3. “主善为师”宝（图 113）

寿山石螭纽，椭圆玺，高 12.5 厘米，长 8.2 厘米，宽 5.2 厘米。汉文篆书。“主善为师”出自《尚书 · 咸有一德》：“其难其慎，惟和惟一，德无常师，主善为师。”意为德无固定效法的榜样，以善为主，便可做楷模。道光皇帝在《养正书屋全集定本》中曾道：“善者，乃人生固有之良，所以主万物之命，而行万事之本也。”主张为君者治理天下，要以善为宝，集思广益。

4. “虚心实行”宝（图 114）

寿山石，光素方形玺，高 9.3 厘米，方 5.4 厘米。汉文篆书。道光皇帝继位之初，在政事处理上即兢兢业业、小心谨慎，并提倡实政。道光二年，他在陕甘总督那彦成的谢恩折上批道：“虚心实行四字，乃朕自励者也，特书与卿时加省察，毋忘。”“虚心实行”几字表达了道光皇帝虚心务实，善待百姓的政治主张和执政态度。

在道光《宝薮》中有一些乾隆、嘉庆帝印常用宝玺，《石渠宝笈》中的常用玺，在咸丰《宝薮》均未载，说明这些印在道光以后已经遗失。

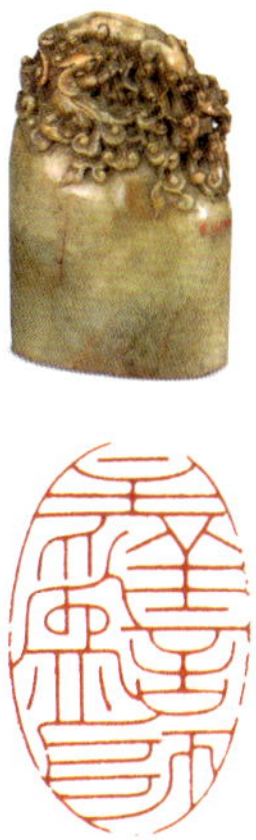

图 113. 主善为师

图 114. 虚心实行

图 115. 咸丰御笔之宝

图 116. 履信书屋鉴赏之宝

三、咸丰帝宝玺概况

根据咸丰《宝薮》[1] 统计，咸丰帝宝玺共 23 方，也有 2 方一组印，现大多在故宫收藏。

1. 咸丰御笔之宝

白玉螭纽“咸丰御笔之宝”（图 115），通高 7.3 厘米，纽高 2.85 厘米，印面方 7 厘米。阳文篆书。三螭寿字鼻钮，印四周花纹。寿面纹仿古玉。此印为随行纽巧作，印上中雕纽，上刻长寿字，印上四周巧雕紫玉螭，三螭作围绕状，中间为长寿字纽。共 2 方。

2. 履信书屋鉴赏之宝（图 116）

寿山石卧牛纽“履信书屋鉴赏之宝”，印模正方形，阴文，篆字，4 行各 2 字。牛为黄褐色，两角向后，颈前部长鬃分向两侧，蹄为两半，前两腿作卧状，后两腿微屈，尾作扫帚形，尾梢有毛纹，纽下四周边为螭纹。寿山石卧牛纽为康雍时期，印文为咸丰时期。

3. 咸丰御览之宝（图 117）

寿山石随形山子纽，通高 12.9 厘米，印面长 9 厘米，宽 9.3 厘米。通体黄褐色，有青斑。印模长方形，阳文，篆字，3 行各 2 字，下

1 故宫博物院藏咸丰《宝薮》，线 114190。

部刻有阴文“惟清”，上部刻有阳文“□□”及阴文“玉蜜滋”，左侧刻阳文“坚栗精密，泽而又光，五色发作，以和柔刚。心逸”款。印石为清康雍时代。此两方为 1 组印。

4.“咸”“丰”组印（图 118）

昌化石，印为长方形，“咸”字镌圆形阳文，“丰”字镌方形阴文，汉篆字。通高 15.7 厘米，印面方 4.2 厘米。

5. 四方一组印

墨晶狮纽“咸丰御笔”印，方形玺，高 12.3 厘米，印面方 6.2 厘米。阳文篆书。

青田石“咸丰宸翰”，通高 8.85 厘米，印面方 3.7 厘米。光素，阴文。

图 117. 咸丰御览之宝

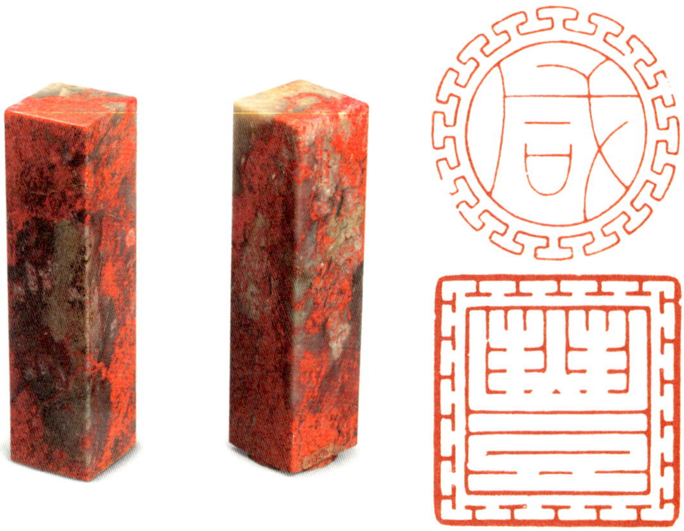

图 118. 咸、丰

图 119. 克敬居

昌化石“咸丰御览之宝”，通高 7.4 厘米，印面方 2 厘米。光素随形，阳文。

青田石“慎厥修”章，通高 8.9 厘米，印面方 3.75 厘米，光素，阳文。

6. 五方一组印

寿山石卧狮纽“咸丰鉴赏”印，为圆形，阳文。

寿山石兽纽“咸丰御览之宝”，通高 5 厘米，纽高 2.5 厘米，印面长 5.5 厘米，宽 3.7 厘米。

寿山石卧兽纽“御押”印，通高 5.8 厘米，纽 2.1 厘米，印面长 3.2 厘米，宽 2 厘米，椭圆形，阳文。

田黄石双兽纽“克敬居”印（图 119），通高 4.8 厘米，纽 2.8 厘米，印文长 4 厘米，宽 2.75 厘米，阴文。

“咸丰御用”现故宫不存。

7. 九方一组印

竹质“咸”“丰”印 2 方，“咸”字通高 3.11 厘米，印面方 2.7 厘米。“丰”字通高 3 厘米，印面方 1.7 厘米。

竹瓦纽“咸丰御览之宝”，通高 5.15 厘米，纽高 0.8 厘米，印面方 2.3 厘米，竹雕，阴文。

竹“咸丰”印，通高 3.1 厘米，印面长 1 厘米，宽 2 厘米，阳文。

图 120. 咸丰敬绘

昌化石双链纽“咸丰敬书”印，通高 2.46 厘米，印面长 2.1 厘米，宽 1.1 厘米，阳文。

昌化石寿山石“咸丰宸翰”印，通高 4.5 厘米，印面方 1.3 厘米。随形方印，阳文。

竹连珠“咸”“丰”印,通高 3.1 厘米,印面长 1 厘米,宽 2 厘米,阳文。

象牙连珠“咸”“丰”印，通高 2.3 厘米，纽高 1 厘米，印面长 2.4 厘米，宽 1.1 厘米，阳文。

昌化石“咸丰敬绘”印（图 120），通高 6.5 厘米，印面 2.3 厘米，宽 1 厘米。随形，“咸丰”为阳文，“敬绘”为阴文。咸丰《宝薮》中将此连珠印计为 2 方。

四、咸丰皇帝宝玺鉴定

咸丰皇帝宝玺印的“履信书屋鉴赏之宝”与“咸丰御览之宝”组印，印料选用的为康雍时期印料。

1. 昌化鸡血石“咸”“丰”印

通高 15.7 厘米，料大，色红，血多，血色鲜红，通体满布。

2. 寿山石双螭纽“咸丰御览之宝”

高 5 厘米，长 3.5 厘米，宽 3.7 厘米。长方玺，汉文篆书。

3. 墨晶狮纽“咸丰之宝”

高 12.3 厘米，印面方 6.2 厘米。方形玺，汉文篆书。墨晶为水晶的一种，因其晶体中混有极细微粒分布均匀的碳元素所致。此类质地在皇帝玺印中并不多见，其印用于他的亲笔和书画之上。

4.“御赏”和“同道堂”两方特殊的宝玺（图 121）

咸丰皇帝在逃往避暑山庄时将其带在身边，虽然是咸丰皇帝的两方闲章，但是在临终前将“御赏”宝，赏予当时的皇后慈安，“同道堂”宝，赐予载淳皇帝，由于皇帝年幼，此印由其生母慈禧掌管，并且成为慈禧篡权的工具。二印在同治时期发挥了重要作用。

（1）田黄石“御赏”宝（图 122）

通高 5.1 厘米，印面长 1.9 厘米，宽 1 厘米，随形光素，阳文。清代规定，顾命大臣颁布的谕旨开头，须加盖此印方能生效。

（2）青田石“同道堂”宝（图 123）

图 121. 御赏”和“同道堂”两方特殊的宝玺

图 122. 御赏

通高 7.7 厘米，印面方 2 厘米。随形光素，阴文。

同道堂位于咸福宫的后殿，咸丰皇帝临终前宣布以载淳名义发布的谕旨结尾钤盖其印，才能生效。两印有黑漆木匣，中间位置有“同治十二年正月二十六日”，两侧左为“御赏”、右为“同道堂”印文，字饰金漆。显然是同治十二年（1873 年）新配匣，并将其作为自己重要的宝玺收藏。

咸丰《宝薮》中的宝玺基本保存在故宫，只有“咸丰御用”1 方缺失，咸丰《宝薮》注为田黄石，印谱方形 2.8 厘米，阳文。但咸丰皇帝在临终前传给皇后和同治皇帝的“御赏”“同道堂”两印却不在《宝薮》中。

图 123. 同道堂

同治、光绪帝宝玺

同治帝和光绪帝的宝玺较少，没有集成《宝薮》。同治帝在位 13 年，光绪帝在位 34 年，二帝都受制于慈禧皇太后，所以他们在位期间的宝玺多是御书所钤的名号印。故宫现存同治帝宝玺约 20 方，光绪帝宝玺约 20 方。

一、同治皇帝宝玺

同治帝宝玺多为名号印，另外有一些不带名号的印，均为清晚期印。

1. 青玉龙纽，“同治御笔之宝”

通高 9.4 厘米，纽高 5.2 厘米，印面方 9.7 厘米，阳文。

2. 碧玉交龙纽，“同治御笔之宝”

通高 9.15 厘米，纽高 4.65 厘米，印面长 11.4 厘米，宽 11.3 厘米，阳文。

3. 碧玉云龙纽“同治御笔之宝”

通高 8.5 厘米，纽高 4.5 厘米，印面方 7.3 厘米，阳文。

4. 碧玉双龙纽“同治御笔之宝”

通高 13.3 厘米，纽高 6.8 厘米，印面方 12.9 厘米。印模为正方形，阳文篆字，3 行各 2 字。双龙纽具有清代特点，较前期高宽，形成图案式。龙头肥圆，张口卷舌露发，发向后平伸，须粗长下垂尖上卷，两角与额平。目位于角下端，耳大扁平，脊背串珠形，通体浅刻细鳞，胸与嘴垂直接于印模，四爪五足，腹下有小圆孔穿绶，前两足呈八形，后两足压覆前足上，蛇尾。此印为 20 世纪 50 年代从人民银行接收，为清晚期镌刻。

5. 青玉云龙纽“同治”宝

通高 5.4 厘米，纽高 2.5 厘米，印面方 3.4 厘米，阴文。

6. 昌化石“同治”宝，

高 6.15 厘米，印面方 2.55 厘米，宽 1 厘米。随形光素无纽，阳文。

7. 青玉蟠螭纽“同治之宝”

通高 4.5 厘米，纽高 2 厘米，印面方 3.5 厘米，阴文。

8. 寿山石“同治敬书”宝

通高 5.2 厘米，长 2.2 厘米，宽 0.93 厘米。随形光素，阴文。

9. 昌化石“同治敬书”宝

高 5.3 厘米，长 2.65 厘米，宽 1.1 厘米。随形光素，阴文。

10. 青玉云龙纽“敬书”宝

通高 2.25 厘米，纽高 2.5 厘米，长 3.4 厘米，宽 3.5 厘米，阳文。

11. 碧玉云龙纽“同治尊亲之宝”

通高 9.3 厘米，纽高 5.1 厘米，印面方 9.55 厘米，阳文。

12. 昌化石“同治敬绘”宝

高 2.6 厘米，长 2.8 厘米，宽 1.1 厘米。随形光素，阴文。

13. 青玉蟠螭纽“同治宸翰”印

通高 4.7 厘米，纽高 2.15 厘米，印面方 3.5 厘米，阴文。

图 124. 同治御笔之宝

二、同治帝宝玺鉴赏

同治皇帝宝玺与其他皇帝宝玺相比，尺寸较小，最大的一方“同治御笔之宝”，长 11.4 厘米，最小的“同治敬书”宝，长 2.2 厘米。

1. 碧玉云龙纽“同治御笔之宝”（图 124）

高 8.5 厘米，印面方 7.3 厘米。方形玺，汉文篆书。同治帝在位 13 年，其间他的印玺多是御书所钤的名号玺，少有抒发自己心性之印。

2. 青玉蟠螭纽“同治宸翰”（图 125）

高 4.7 厘米，印面方 3.5 厘米。方形玺，阴文篆书。此印玺多为同治帝习字、作画等活动所用。

图 125. 同治宸翰

三、光绪帝宝玺

同治帝十三年（1874 年）十二月七日去世，3 天后只有三岁半的载湉进宫，次年（1875 年）的正月二十日，继承皇位，年号光绪。光绪十五年（1889 年）大婚后亲政，二十四年八月“戊戌变法”失败后，被囚于瀛台。三十四年十月二十一日（1908 年 11 月 14 日），清廷宣布，

图 126. 光绪御笔之宝

皇帝载湉于十月二十一日酉刻“崩于瀛台之涵元殿”。

故宫现藏光绪皇帝宝玺 20 多方。另外有一些不带名号的印，有的还继续使用，如“敬书”印，均为清晚期印。

1. 寿山石牧童骑牛纽“御笔”宝

通高 8.3 厘米，纽高 3.4 厘米，长 3.5 厘米，宽 1.6 厘米，阳文。

2. 寿山石双鱼纽“御笔”宝

通高 6.4 厘米，长 3.8 厘米，宽 1.7 厘米。随形，阳文。

3. 寿山石雕兽纽“御笔”宝

通高 5.3 厘米，纽高 1.7 厘米，长 2.1 厘米，宽 0.9 厘米，阳文。

4. 寿山石双螭纽“御笔”宝

通高 5.5 厘米，纽高 1.9 厘米，长 2.3 厘米，宽 1.1 厘米，阳文。

5. 青玉交龙纽“光绪御笔之宝”（图 126）

通高 9.2 厘米，纽高 3 厘米，印面方 1.3 厘米，阳文。

6. 青玉双兽纽“光绪御笔之宝”

通高 7.35 厘米，纽高 4.5 厘米，印面方 7.1 厘米，阳文。

7. 青玉双兽纽“光绪御笔之宝”

通高 9.7 厘米，纽高 4.9 厘米，印面方 9.7 厘米，阳文。

8. 青玉交龙纽“光绪御览之宝”

通高 39.8 厘米，纽高 5.2 厘米，印面方 9.65 厘米，阴文。

9. 青玉蝉瓦纽“御览”宝

通高 4.2 厘米，纽高 3.05 厘米，印面方 6.25 厘米，阳文。

以上这些宝玺用于他的亲笔和御览的书画文献上。

10. 青玉蹲龙纽“光”“绪”宝（图 127）

通高 5 厘米，纽高 1.5 厘米，印面方 4.7 厘米，阴文。“光”字阳文，圆形，圆周刻有万字不到头；“绪”字阴文。篆字。正方形，四周刻有 T 字形纹饰。两印材质、形制均同，组合使用。

11. 檀香木交龙纽“光”“绪”宝

通高 5.2 厘米，纽高 2.5 厘米，印面方 4.7 厘米。各印 1 字，“光”字阳文，圆形，圆周刻有万字不到头；“绪”字阴文，篆字。正方形，四周刻有 T 字形纹饰。

此件与上一件基本一致，只有纽高了 1 厘米，通高只差 0.2 厘米。此檀香木为交龙纽。可能是玉印的印样。

图 127. 光、绪

图 128. 光绪尊亲之宝

12. 青玉交龙纽，“光绪之宝”

通高 9.9 厘米，纽高 5.5 厘米，印面方 9.7 厘米。阴文。

13. 檀香木柱纽 “光绪之宝”

通高 15 厘米，印高 4 厘米，纽高 10.7 厘米，印面方 10.55 厘米。阳文。可能是玉印的印样。青玉“光绪之宝”，1959 年借给中国历史博物馆（即现在的中国国家博物馆）。

14. 青白玉江山万代纽 “光” “绪” 宝

“宝光”字，通高 3.6 厘米，纽高 1.3 厘米，印面方 1.75 厘米。阳文。“绪”字，高 3.65 厘米，印面方 1.75 厘米。阴文。两印组合使用。

15. 青玉蹲龙纽 “光绪尊亲之宝”（图 128）

通高 5.1 厘米，纽高 1.9 厘米，印面方 4.9 厘米。阳文。

图 129. 光绪御用

16. 青玉交龙纽“光绪尊亲之宝”

通高 9.7 厘米，纽高 5.1 厘米，印面方 9.7 厘米。阳文。

17. 檀香木雕镂空海水江崖纽“光绪御用”宝（图 129）

通高 4.65 厘米，纽高 1.8 厘米，印面方 2.95 厘米。阳文篆字。

18. 檀香木镂空万代纽“光绪御用”宝

通高 4.5 厘米，纽高 1.6 厘米，印面方 2.9 厘米。2 行各 2 字，阴文篆字。

19. 檀香木雕万字纹纽“光绪御用”宝

通高 3.9 厘米，纽高 1.9 厘米，印面方 1.7 厘米。2 行各 2 字，阴文篆字。

20. 檀香木雕万字纹纽“光绪御用”宝

通高 3.75 厘米，纽高 1.3 厘米，印面方 1.7 厘米。阳文篆字。

另有一些印样，上有黄条，为制作印时的印样。

宣统帝宝玺

爱新觉罗·溥仪于光绪三十二年正月十四日（1906 年 2 月 7 日）生于北京什刹海北岸的醇王府。在溥仪入宫的第 3 天，十月二十二日慈禧即在中海仪鸾殿病死。十一月初九日（12 月 2 日），溥仪在紫禁城太和殿继位，年号宣统，成为清朝第十个皇帝，即中国的末代皇帝。

溥仪当皇帝宝玺较少，但从这些印玺中，我依然可以了解末代皇帝溥仪的爱好、兴趣和鉴赏水平。

一、宣统皇帝宝玺

由于宣统皇帝在位期间较短，他的印玺多是御书所钤的名号印，而抒发自己心性的成语印很少。宣统有两个印谱，故宫印章库房的为宣统《宝薮》，录有 31 方印，故宫出版社的为宣统《印谱》[1] 收录有 47 方，应是加入了小朝廷时期制作的印章。故宫库房收藏的宣统《宝薮》是和其印收藏在一起的，都是清宫旧藏留下的。

（一）宣统皇帝宝玺

宣统皇帝宝玺《印谱》

印　文	故宫出版《印谱》序号	库房《宝薮》序号	库房存印玺实物
养心殿尊藏宝	1		故 167551 檀香木
宣统御笔之宝	2		故 167513 寿山石
宣统御览之宝	3		故 167511 寿山石
宣统尊亲之宝	4		故 167515 寿山石云龙纽
宣统御笔之宝	5	1	故 167501 青玉交龙纽
宣统尊亲之宝	6	5	故 167500 青玉云蝠纽
宣统御笔之宝	7		故 167510 黄寿山石
礼耕义种	8		故 167512 黄寿山石
宣、统	9	3	故 167504 青玉云蝠纽

1 故宫博物院编：《清代帝后玺印谱·宣统卷》，紫禁城出版社，2005 年。

经纬阴阳	10	9	故 167503 青玉龙纽
宣统尊亲之宝	11		故 167463 牙质
宣统御览之宝	12		故 167472 牙质
无逸斋精鉴玺	13		故 167466 牙质
宣统	14		故 167469 牙质
宣统鉴赏	15		故 167464 牙质
无逸斋	16		故 167465 牙质
宣统御笔	17	17	故 167350 鸡血石
朝乾夕惕	18	16	故 167349 鸡血石
寡欲	19	24	故 167459 昌化石
宣统	20	14	故 167351 鸡血石
御笔	21	15	故 167352 鸡血石
养心殿尊藏宝	22		故 167461 牙质
宣统尊亲之宝	23		故 167462 牙质
宣统御览之宝	24		故 167471 牙狮纽
宣统鉴赏	25		故 167470 牙质
宣统御览之宝	26	21	故 167514 寿山石
德日新	27	20	故 167505 青玉龙纽
宣统御笔	28	13	故 167339 白寿山三兽纽
庄敬日强	29	7	故 167446 白寿山兽纽
无逸斋宝	30	12	故 167342 白寿山兽纽
宣统御赏之宝	31	8	故 167345 花寿山双兽纽
宣统御笔	32	11	故 167340 白寿山双兽纽
所其无逸	33	10	故 167341 白寿山双兽纽
宣统御笔	34	31	故 167344 白寿山兽纽
冲龄宸翰	35		故 167343 白寿山兽纽
即此是学	36	18	故 167456 白寿山兽纽
宣、统	37	25	故 167330 白玉兽纽
宣、统	38		故 167329 白玉兽纽
宣统御笔	39	30	故 167354 鸡血石
即此是学	40	26	故 167353 鸡血石
无逸斋	41	22	
宣统御笔	42	29	故 167356 鸡血石
用笔在心	43	28	故 167355 鸡血石
宣、统	44		故 167468 牙质
无逸斋精鉴玺	45		故 167467 牙质
宣统宸翰	46	23	故 167335 青田石
宣统御赏	47	19	故 167348 花寿山莲花纽

通过上表我们看到：故宫出版社出版的宣统《印谱》比库房存《宝薮》多了 16 方；另有 4 方库房存《宝薮》，而故宫出版的宣统《印谱》没有录入，即库房《宝薮》序号 2、4、6、27 号——“宣统御笔之宝”“宣统御览之宝”“宣统之宝”“冲龄宸翰”。并且，表内的“德日新”和“经纬阴阳”两印分别是乾隆时期与嘉庆时期之印，为溥仪收入他的《宝薮》之中。

现故宫出版宣统《印谱》文物基本在存，只有 1 方长方形“无逸斋”未存。故宫有实物，而库房《宝薮》中没有的印章，应是溥仪的小朝廷时期制作。其印文大小尺寸不等，印有阴文或阳文，质地有玉、牙、石、木等。

故宫库房现存有实物，而故宫出版的宣统《印谱》和库房《宝薮》都没有录入的印章还

图 130. 宣统御览之宝

有 11 方——宣、统，宣统之玺，宣统之宝，宣统御赏，宣统御览之宝，宣统御笔之宝（2 方），养心殿尊藏宝，宣统御笔、怡情翰墨、无逸斋（椭圆形），后 3 方为一组印。

（二）宣统宝玺鉴赏

故宫现存的清代皇帝宝薮，均为实物钤印。到了溥仪“小朝廷”时，已经没有了清宫造办处，不能为其制造印章。但他还在宫外民间店铺刻制一些，还有大臣们进献的。

1. 青玉交龙纽“宣统御览之宝”（图 130）

通高 9.4 厘米，纽高 5.1 厘米。印面方 12.9 厘米。钤于溥仪御览过的字画上。

2. 象牙“无逸斋精鉴玺”

通高 7.8 厘米，长 3.1 厘米，宽 1.7 米。光素长方形玺，篆书。

3. 象牙“无逸斋精鉴玺”（图 131）

通高 5.9 厘米，长 4.9 厘米，宽 4 厘米。长方形玺，“无逸斋”出自《尚书·大禹谟》：“周公曰：呜呼！君子所其无逸，先知稼穑之艰难乃逸，则知小人之依”。在故宫和圆明园均有无逸斋，故宫无逸斋在建福宫花园，1923 年毁于火。

图 131. 无逸斋精鉴玺

4. 寿山石“宣统宸翰”宝

高 2.85 厘米，印面方 1.5 厘米。光素方形玺，篆书。边题“臣

图 132. 宣统宸翰

图 133. 寡欲

图 134. 所其无逸

图 135. 宣统之玺

载洵恭刊”。钤于匾联上。宸：原指北极，即紫微垣，后借指帝王居所；翰：古以羽翰为笔，凡用笔所书者曰翰，宸翰专指帝王笔墨之迹。

载洵是醇亲王载沣六弟（1885—1949 年），曾经任海军大臣，1949 年死于天津，钤有“宣统宸翰”的匾联，有朱益藩代笔或者由人先勾边，溥仪描书的。[1]

5. 象牙“宣统鉴赏”宝（图 132）

通高 5.7 厘米，印面方 2.6 厘米。“宣统鉴赏”与“宣统宸翰”是同时刻制的，共装一檀香木匣。

6. 鸡血石“即此是学”宝

高 7.9 厘米，印面方 2 厘米。光素方形玺，阴文篆书。边刻“臣金绍城敬篆”。“即此是学”指帝王应具备的学识和涵养，都要学习。

金绍城（1878—1926 年），浙江吴兴人。嗜画，兼工书法及篆刻。

7. 昌化石“寡欲”宝（图 133）

高 6.2 厘米，长 3.4 厘米，宽 11.7 厘米。随形，为宣统九年（1917 年）二月梁鼎芬和李儒两人恭进的。

梁鼎芬（1859—1919 年）广东人，光绪朝进士。初授编修，光绪二十二年（1890 年）后佐张之洞在湖南推行洋务“新政”。光绪二十六年（1900 年）八国联军攻陷北京，慈禧太后西逃，召他前往西安，

---

1 李立夫：《末代皇帝溥仪在天津》页 13，天津人民出版社，2012 年。

任知府、按察使、署布政使。辛亥革命后，被溥仪召充毓庆宫行走。

8. 白寿山双狮纽“所其无逸”宝（图 134）

高 8.7 厘米，印面方 3 厘米见。溥仪闲章，溥仪在天津时用于谕旨上。

9. 白寿山石狮纽“即此是学”宝

高 7 厘米，长 3.6 厘米，宽 2 厘米。椭圆形，与“宣统之玺”均为白寿山狮纽，狮纽保留了清中期雕刻风格，是用清中期雕好印纽的章料镌刻的，宣统《宝薮》中已收录。

10. 白寿山石狮纽“宣统之玺”（图 135）

高 5.2 厘米，印面方 2.5 厘米。狮纽的狮头转向右侧，身蹲卧。头发、耳、胡须、脊背有横文，两侧有毛，四足四爪，尾部有毛纹。在溥仪印中，有的印是用清中期雕好印纽的章料镌刻的。

皇帝印称“宝”或者“玺”，一般名号印为“□□某某之宝”，而不是“□□某某之玺”。在清代皇帝名号印玺中还没有“□□之玺”印，而溥仪的这方“宣统之玺”印，特别强调只有皇帝才能够使用的“玺”字，而他在制造这方印的时候已经不是皇帝了，应该是他为复辟准备的。在宣统《宝薮》中有没有此印谱，应是在钤宣统《宝薮》后镌刻或者漏打印谱了。

但还有的宣统《宝薮》中没有，而宣统皇帝使用过的印。如“法天立道”印。原是慈禧太后的 2 方闲章，均为木质。在宣统退位诏书上使用的“法天立道”印，尺寸比慈禧的闲章小。这方印为鸡血石（图 136），高 4 厘米，印面方 1.7 厘米。隆裕皇太后在宣统退位时使用过，现收藏在器物部铭刻库房。

二、宣统宝玺的使用

宣统皇帝的宝玺多用于学习、读书和修身养性等，在小朝廷时期只有“法天立道”印，用于谕旨的发布，这是皇室特别指定的印玺，所有溥仪的谕旨，只有钤有此印方能有效。在天津时溥仪用的印玺是“所其无逸”，这在清宫溥仪谕旨档案中均有记载。1946 年，故宫博物院派人将溥仪在静园住所发现的物品 222 件运回故宫，很可能包括这方“所其无逸”印。

在末代皇帝溥仪尚未出宫前的一段时间，溥仪曾萌生点查物品的念头，一部分书画又被钤上了“宣统御览之宝”“无逸斋精鉴玺”

图 136. 法天立道

二印。这些印玺，也是在许多清内府收藏书画上常常见到的。故宫现藏中国历代书画中，很多都留下溥仪的印迹。如：唐代孙过庭（南宋人书）《景福殿赋》卷有："宣统御览之宝"印文；元代钱选《孤山图》卷有："宣统御览之宝""宣统御赏""无逸斋精鉴玺"印文；明代唐寅《事茗图》卷有："宣统御览之宝"印文；明代仇英《饯行图》卷有："宣统御览之宝""宣统御赏""无逸斋精鉴玺"印文；明代文徵明《林蝎煎茶图》卷有："宣统御览之宝"椭圆章印文；而明代文徵明（明人仿）《存菊图并诗卷》也有："宣统御览之宝"椭圆章印文；文徵明《惠山茶会图》卷（真迹）有："宣统御赏"印文；文徵明《为槐雨先生作园亭图》轴也有："宣统御览之宝"椭圆章印文；[1] 清代王翚《溪山红树图》卷有："宣统御览之宝"印文。通过以上溥仪印在书画的钤用看出，溥仪对文徵明的画是情有独钟。

从宣统钤印来看并没有规律和固定模式。但还是比较讲究的。如：金代武元直《赤壁图》纸本墨画，"宣统御览之宝"印文钤在"乾隆御览之宝"和"嘉庆御览之宝"下，看起来比较舒服。溥仪的印有的是成套制造的，几件盛放在一木匣中，匣上面刻有印文。

从溥仪宝玺介绍，我们可以看到他的思想理念、性格。溥仪在北京清宫当"关门皇帝"的 12 年，正是他从少年到青年的成长时期，6 岁开始在毓庆宫读书，他的老师分别有陆润庠、陈宝琛、伊克坦、徐坊、朱益藩、梁鼎芬和庄士敦。在 1914 年 9 岁起开始写日记，记录了他的宫廷生活，尤其是读书和练字。除紫禁城内的毓庆宫外，还在御花园养性斋学习。

溥仪 14 岁时开始学英文，师傅是英国人庄士敦，庄士敦除教习溥仪学习英文外，还教授数学、历史、地理等，他特别注意向溥仪灌输西方文明，大讲西方的坦克、飞机技术及穿着仪表；侈谈英国皇室生活、世界各地风光、各国政体国情……使溥仪在潜移默化中对庄士敦更加信服，并接受庄士敦为他起的英文名字"亨利"。另外，溥仪注意在外界的影响，多次在庄士敦的协助下，在紫禁城会见了英国海军司令、香港总督，以及世界名人泰戈尔等外国来宾。在他的成长道路上受老师的影响很深，使他接受了许多西方思想和事物。通过溥仪这些宝玺，不仅了解了它的制作和使用情况，还能够读到溥仪的思想内涵，对于研究末代皇帝有重要意义。

1 刘九庵：《中国历史书画鉴别图录》页 132，紫禁城出版社，1999 年。

清代官职印

在故宫还有一部分明清官印，由于现社会上不多见，且真假难辨，所以特将这类印编入其中。官印，为官吏职掌或政府机构行使权利的凭证。清代规定：亲王世子册封用金印，一二品要员及个别三品印用银印，三至九品要员官印用铜印。纽式有虎、直、云等，名上有印、关防、图记、条记等。现介绍关防、图记、条记三类印：

（一）关防

关防是沿用明制的印章名称。为总督、巡抚、钦差、各要冲镇守武吏，及部分专设事务机构如海税监督等所用之印。这类印自成系统，均长方形，品级高的为银制，其余用铜质，大小和其他官印一样，印文也依文官印信等级篆以不同书体。

（二）图记

“图记”一名见于明代私印，印体为方形。清初，八旗佐领图记只镌满文，为防作伪，遂于乾隆五十年（1785 年）改用满、汉两种文字镌刻。高级武吏及边政大臣印，均银印，蹲虎纽，汉文用柳叶篆镌刻。边政大臣印除满、汉两种文字外，还刻所辖民族之文字。

（三）条记名称

条记名称见于明代下级文武官用印，亦均长方形。印文一般是满汉两种文字并用，汉文字体有玉箸、柳叶、悬针、垂露、九叠篆等。文官用印最高等级用尚方大篆，九叠篆镌刻等。关于印文、尺寸、纽式在《清史稿》中都有明确记载。[1]

---

1 《清史稿》志八六“舆服三”，页 1635。

清代官印一览表

序号	名称	尺寸（厘米）	款识
1	白金龟纽“监国摄政王宝”	长 11.5 宽 11.5 高 11	
2.	银柱纽“袭封衍圣公印”	长 10.6 宽 10.6 高 13.2	乾隆十四年六月礼部造
3	银虎纽“左翼前锋统领印”（图 141）	长 10.6 宽 10.6 高 9.1	乾隆十四年四月礼部造
4	银虎纽“右翼前锋统领印”	长 10.8 宽 10.8 高 9.2	乾隆十四年四月礼部造
5	银虎纽“正黄旗护军统领印”	长 10.6 宽 10.6 高 9.1	乾隆十四年四月礼部造
6	银虎纽“正白旗护军统领印”	长 10.6 宽 10.6 高 9	乾隆十四年四月礼部造
7	银虎纽“正红旗护军统领印”	长 10.6 宽 10.6 高 9.1	乾隆十四年四月礼部造
8	银虎纽“正蓝旗护军统领印”	长 10.7 宽 10.7 高 9.1	乾隆十四年四月礼部造
9	银虎纽“镶黄旗护军统领印”	长 10.6 宽 10.6 高 9	乾隆十四年四月礼部造
10	银虎纽“镶白旗护军统领印”	长 10.7 宽 10.7 高 9.1	乾隆十四年四月礼部造
11	银虎纽“镶红旗护军统领印”	长 10.7 宽 10.7 高 9.1	乾隆十四年四月礼部造
12	银虎纽“镶蓝旗护军统领印”	长 10.7 宽 10.8 高 9.1	乾隆十四年四月礼部造
13	银虎纽“三旗领侍卫内大臣印”	长 10.7 宽 10.7 高 9.1	乾隆三十九年二月
14	银虎纽“额鲁特后旗扎萨克印”（满蒙文）	长 10.8 宽 10.7 高 11.6	
15	银虎纽“向导大臣之印”	长 10.7 宽 10.7 高 9.3	乾隆三十九年二月
16	银柱纽“景运门值班大臣关防”	长 10.2 宽 6.3 高 11	光绪四年三月
17	银柱纽“总管内务府印”	长 10.5 宽 10.5 高 14.1	乾隆十四年正月礼部造
18.	铜柱纽“太医院印”	长 7.6 宽 7.6 高 10.6	乾隆十四年礼正月礼部造
19	铜柱纽“行在太医院印”	长 7.6 宽 7.6 高 10.6	乾隆十四年三月礼部造
20	铜柱纽“太医院首领厅钤记”	长 5.4 宽 7.8 高 9.8	
30	铜直柄纽“宗人府左司印”	长 7.7 宽 7.7 高 10.5	乾隆十四年六月
31	铜直柄纽“宗人府右司印”	长 7.7 宽 7.7 高 10.3	乾隆十四年六月
32	铜直柄纽“宗人府经历司之印”	长 7.7 宽 7.7 高 10.4	乾隆四十六年闰五月
33	铜直柄纽“广储司印”	长 7.1 宽 7.1 高 10.3	乾隆十四年七月礼部造
34	铜直柄纽“都虞司印”	长 7 宽 7 高 9.6	
35	铜直柄纽“营造司印”	长 7 宽 7 高 11.2	光绪二十八年四月
36	铜直柄纽“庆丰司印”	长 7.1 宽 7.1 高 10	乾隆十四年七月礼部造
37	铜直柄纽“宗人府恩赏宗室银库之关防”	长 9.7 宽 6.2 高 11.3	乾隆十四年六月
38	铜柄纽“泰陵内务府总领之关防”	长 6.0 宽 9.5 高 11.7	乾隆十六年八月礼部造
39	铜柄纽“泰陵承办事务关防”	长 6.0 宽 9.5 高 11.5	乾隆十七年四月礼部造
40	铜柱纽“管理三旗银两庄头关防”	长 9.2 宽 6.2 高 11.4	乾隆十六年闰五月礼部造
41	铜柄纽“镶白旗包衣二甲喇参领关防”	长 9.6 宽 6.0 高 12	乾隆十五年八月

42	铜柄纽“镶白旗包衣二甲喇五佐领图记”	长 5.3 宽 5.4 高 9.6	咸丰九年三月礼部造
43	铜柄纽“镶白旗包衣二甲喇三管领图记”	长 5.3 宽 5 3 高 9.7	咸丰九年三月礼部造
44	铜柄纽“镶白旗包衣二甲喇四管领图记”	长 5.3 宽 5.3 高 9.8	咸丰九年三月礼部造
45	铜镀金柱纽“正红旗满洲四甲喇参领之关防”	长 9.8 宽 6.2 高 11.1	乾隆十四年十月礼部造
46	铜柱纽“镶红旗满洲四甲喇参领之关防”	长 9.8 宽 6.1 高 11.5	乾隆十四年十月礼部造
47	铜镀金柱纽“正红旗汉军二甲喇参领之关防”	长 9.8 宽 6.2 高 11.6	乾隆十四年十月礼部造
48	铜镀金柱纽“镶蓝旗汉军五甲喇参领之关防”	长 9.7 宽 6.1 高 11.2	乾隆十四年十月礼部造
49	铜柱纽“管理镶红旗看门官兵关防”	长 9.7 宽 6.2 高 11.7	乾隆十六年三月日礼部造
50	铜柱纽“镶黄旗满洲四甲喇四佐领图记”	长 5.6 宽 5.6 高 9.6	乾隆十四年十月日礼部造
51	铜柄纽“正黄旗满洲四甲喇十三佐领图记”	长 5.5 宽 5.5 高 9.2	乾隆十四年十一月
52	铜镀金柱纽“正白旗满洲四甲喇九佐领图记”	长 5.6 宽 5.6 高 9.3	乾隆十四年三礼部造
53	铜镀金柱纽“正白旗满洲五甲喇头佐领图记”	长 5.5 宽 5.5 高 9	乾隆十四年十二月礼部造
54	铜柱纽“正红旗满洲五甲喇弍佐领图记”	长 5.7 宽 5.7 高 9.6	乾隆十五年正月日礼部造
55	铜柱纽“镶红旗满洲弎甲喇十弍佐领图记”	长 5.8 宽 5. 8 高 9.4	乾隆十五年二月日礼部造
56	铜镀金柱纽“正蓝旗满洲二甲喇头佐领图记”	长 5.5 宽 5.5 高 8.5	乾隆十五年正月礼部造
57	铜柱纽印“正黄旗蒙古头甲喇十佐领图记”	长 5.7 宽 5.7 高 9.3	乾隆十四年十一月日礼部造
58	铜柱纽“正红旗汉军弍甲喇弍佐领图”印	长 5.7 宽 5.7 高 9.3	乾隆十五年正月日礼部造
59	铜直柄纽“镶红旗宗族长所属土地图记”(满文)	长 5.7 宽 5.8 高 9.5	乾隆十六年五月
60	铜柱纽“上谕馆之图记”	长 5.5 宽 5.5 高 9.5	
61	黄铜柱纽“中正殿念经处图记”	长 5.5 宽 5.5 高 10.3	乾隆十八年二月吉日礼部造
62	铜直柄纽“中正殿念经处图记”	长 5.6 宽 5.6 高 9.1	
63	铜直柄纽“养心殿造办处图记”	长 5.5 宽 5.7 高 9.5	
64	铜直柄纽“总管御饭房茶房之图记”	长 9.8 宽 6.3 高 12	乾隆十七年正月礼部造
65	铜柱纽“御药房图记”	长 5.6 宽 5.6 高 9.4	
66	铜直柄纽“三海司房图记”	长 7.6 宽 4.6 高 7.2	光绪十四年
67	圣旨步军统领衙门金牌	长 17 宽 17 厚 9	光绪二十八年二月
68	铜柱纽“办理温泉事务图记”	长 8 宽 6.7 高 11.3	乾隆七年三月吉日礼部造
69	铜柱纽“办理盘山事务图记”	长 8.3 宽 5.9 高 11.4	
70	铜柱纽“管理养雅骰处事务图记”	长 5.5 宽 5.5 高 9.4	
71	铜柱纽“西花园处条记”	长 8.1 宽 5.8 高 9.1	康熙五十三年十月礼部造
72	铁“咸安宫学记”	长 10.7 宽 3.7 厚 0.7	
73	铁“咸安宫记”	长 10.9 宽 3.7 厚 0.8	
74	铁钉柄纽“内务府记”	长 2.8 宽 2.5 高 12.8	
75	铜直柄纽“敬事房”印	长 5.8 宽 3.8 高 5.7	

76	铜如意弯头纽“圆明园司房记”	长 8 宽 4.9 高 9	同治十三年三月十二日
77	铜直柄纽“官房租库之记”	长 8.4 宽 5.4 高 10.6	乾隆十六年五月礼部造
78	铜柱纽“盛京僧录司”印	长 7.1 宽 7.1 高 11.2	乾隆十四年八月礼部造
79	铜柱纽“大同府印”印	长 8.1 宽 8.1 高 11.7	道光十五年五月礼部造
80	铜柄纽“管理河库关防”印	长 6.3 宽 10.1 高 11.2	道光四年十二月
81	寿山石“酒醋房图记”章	长 4.7 宽 6.9 高 5.6	乾隆二十四年四月
82	石“磁库”章	长 5.2 宽 3.5 高 2.7	
83	檀香木直柄纽“上档房戳记”	长 5.3 宽 3.3 高 10.6	
84	檀香木“玉牒馆记”	长 8 宽 5.3 高 3.6	
85	檀香木“长春桥立马关帝庙之印”	长 9.6 宽 9.7 高 6.9	
86	檀香木“都虞司寅夜传事图记”	长 5.9 宽 5.9 高 3	
87	牙“内殿司房”方章	长 3.3 宽 3.3 高 6.7	
88	木铜柱柄纽“国史馆之关防”	长 10.4 宽 6.4 高 12.9	民国时期
89	包铜木锤柄纽“清史馆之关防”	长 10.2 宽 6.5 高 14	民国时期
90	檀香木满文“皮库之图记”	长 3.3 宽 3.2 高 3.1	
91	檀香木柱纽“寿药房图记”	长 5.3 宽 1.9 高 3.1	
92	檀香木“长春宫寿膳房”章	长 3.5 宽 4.2 高 5.4	
93	檀香木“长春宫寿茶房”章	长 3.5 宽 5.5 高 5.3	

1. 铜如意弯头纽“圆明园司房记”印（图 137）

此印应是同治年间筹办恢复圆明园时使用的印章。咸丰十年（1860 年）圆明园被英法联军焚毁。同治年间曾拟恢复，动工一年因经费无处筹办而停工。

图 137. 圆明园司房记

2. 铜包木柄纽“清史馆之关防”

清史馆为 1914 年北洋政府仿照历代传统做法，在原清朝国史馆基础上成立的，是收藏档案和编纂清史的机构。清史馆在紫禁城东华门内，此印仅有汉文一种文字，同治帝以后印多为汉文一种文字。

3. 铜包木柄纽“国史馆之关防”

国史馆成立于 1914 年 6 月，较清史馆早，是北洋政府的正式机关，国史馆比清史馆等级略高。重要机构官印还

图 138. 总管内务府印

图 139. 养心殿造办处图记

图 140. 营造司印

是满、汉文，目的是为了强调其机构的重要性。按制度应为铜制，因国力衰败，制为铜包木胎。

4. 银扁柱纽“总管内务府印”（图 138）

总管内务府全称为总管内务府衙门，其长官为总管内务府大臣，简称“内务府大臣”或“总管大臣”，满语称“按班”或“包衣大”，汉译作内务府大臣。此印上有“乾隆十四年礼正月礼部造”款。

5. 铜“养心殿造办处图记”（图 139）

此印为满汉文印，养心殿造办处始创于康熙初年，康熙三十年（1691 年）奉旨移出，在慈宁宫茶房做造办处。另外，在景山、圆明园有许多制造地点，在编制上属于内务府养心殿造办处。印应为乾隆以后制作。

6. 铜“营造司印”（图 140）

此印为满汉文印，内务府下分广储、会计、掌仪、都虞、慎刑、营造、庆丰七司；此外还有武备、上驷、奉宸三院，均统属于总管内务府大臣。营造司犹如朝廷之工部，掌宫廷缮修工程事务。初名“借薪司”，顺治十八年（1661 年）改为“内工部”，康熙十六年（1677 年）改为“营造司”。营造司下设木、铁、房、器、薪、炭七库，及铁、漆、炮三作。

7. 白金龟纽“监国摄政王宝”（图 141）

为载沣之印，宣统元年制造。与之相配的还有金册 6 片，上有“光绪三十四年十月二十日奉上谕……”实际此印及册为册封时颁发，是身份的象征，办公时另有小印。

8. 金“圣旨步军统领衙门”（图 142）

金“圣旨步军统领衙门”牌，光绪二十八年二月制造，是清王朝分驻京师的八旗军中步兵营的统率官署。在清官书中亦称“步兵营”。步兵营设有步兵统领、左右翼总兵大等官员，领满、蒙、汉军八旗之步兵。[1] 这件金“圣旨步军统领衙门”牌，是现藏唯一一件金质圣旨牌，可见其重要性。

通过上表，我们可以看出以下几点：

其一，清代官印的时代最早为康熙五十三年（1714 年）十月礼部所造，如：铜柱纽“西花园处条记”。其次，铁“咸安宫学记”（图 143）、铁“咸安宫记”，这两件特殊的印应在雍正六年（1728 年）至乾隆十三年（1748 年）全面改制印文满篆之时制作的。[2] 现存大多官印为乾隆十三年至十七年（1752 年）改铸。乾隆十四年（1749 年）改铸的将军印，故宫不存，只留有一套印谱。

其二，关于凿毁印文，乾隆七年制定：“凡缴印内外官接到新印，于旧印篆文中加“缴”字，送部销毁。”[3] 但现存有一些只毁，未销的实物，其中在印文上有不同的凿痕，带“缴”字的不多。

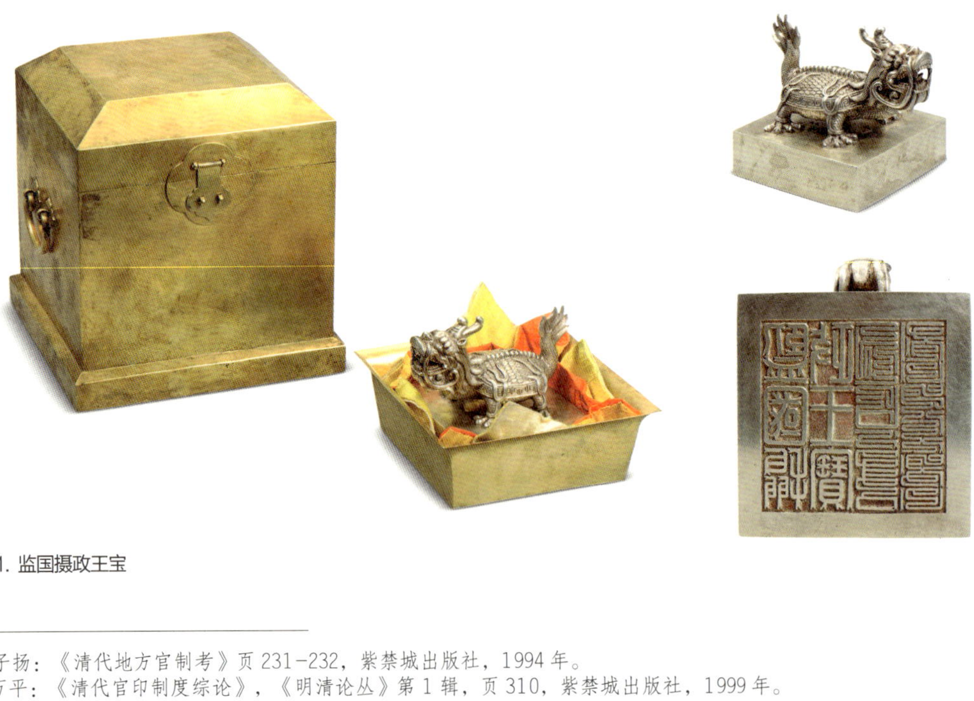

图 141. 监国摄政王宝

1 刘子扬：《清代地方官制考》页 231-232，紫禁城出版社，1994 年。
2 任万平：《清代官印制度综论》，《明清论丛》第 1 辑，页 310，紫禁城出版社，1999 年。
3 《大清会典》卷二八，礼部，页 117，清文渊阁四库全书本。

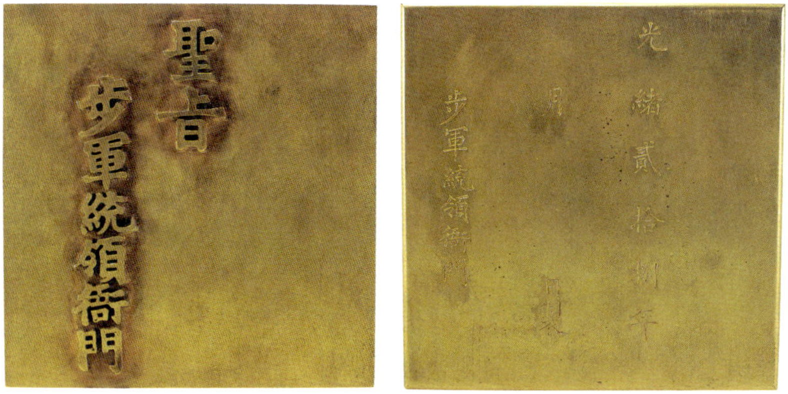

图 142. 圣旨步军统领衙门

图 143. 咸安宫学记

图 144. 向导大臣之印

图 145. 太医院印

清代官印，有少数是被凿毁的印。有银虎纽“正蓝旗护军统领印”，磨损严重，几乎看不清印文。还有银虎纽“三旗领侍卫内大臣印”、银虎纽“向导大臣之印”（图 144）、银柱纽“景运门值班大臣关防”，说明清晚期已经不用这些印。铜直柄纽“中正殿念经处图记”印有 2 方，1 方有“乾隆十八年二月吉日礼部造”款，1 方无款。无款印文有一行满文被毁。

其三，清代机构在不同情况下，使用不同的印章。铜柱纽“太医院印”（图 145）、铜柱纽“行在太医院印”，均为乾隆十四年（1749 年）制造。而铜柱纽“太医院首领厅钤记”，无年款，虽然纽与前两方一样，但尺寸为长方形，印文仅有汉文，应比前两印时代晚。檀香木柱纽“寿药房图记”更晚，寿药房应在慈禧晚年才有的。

其四，清代八旗是重要的清代军事组织，始建于万历二十九年（1601 年），初设黄、白、红、蓝四旗;四十三年（1615 年）时又建镶黄、镶白、镶红、镶蓝四旗，合为八旗。八旗有上、下之分，镶黄、正黄、正白为上三旗，其余为下五旗。八旗设护军营，担任皇家禁卫的重要任务，其编制有护军统领各一人，如“正红旗护军统领”为八旗统领之一，皇帝出行统领要护驾。铜柄纽“镶白旗包衣二甲喇参领关防”（图 146），为乾隆时期；铜柄纽“镶白旗包衣二甲喇五佐领图记”为咸丰时期。

二龙戏珠阴文“圣旨”合符，这是夜间出入紫禁城的凭证。铜符分二，双方各执其一，使用时需内容一致，两半吻合为一，方能通行。

雍正四年（1726 年）八月雍正皇帝谕旨：“夜间遇有开城门事件，令尔等传旨者，若无勘验实据，看门人等难以凭信。着造办处制合符 4 件：一交乾清门该班内大臣，一交左翼，一交右翼，其一尔等收贮，凡夜间开门，将符合对，以为凭据。”

此后,王公大臣和官员以“合符”（图 147）,“印钥”“金牌”“令旗”“腰牌”及“红绿头签”等作为进出宫门的凭证。

从战国至清代有 2000 年多年的历史。清代康熙时期，制定了皇太子宝和钦差官借印制。雍正朝确立了钦差管用印。乾隆十一年（1746 年）二十五宝改篆之后,“内外文武百官衙门印信”也进行改铸,道光二十年（1840 年）以后至清末,印制逐渐衰落。[1] 按制度官印均为银或铜质，品官印信，位尊者为银，卑者为铜；分中央和地方两级铸造。清代官印分为职官印和官署印，官印的制造为礼部铸印局，内阁审查。地方佐杂用印由各地自行解决，但需按规定和制度进行铸造。[2]

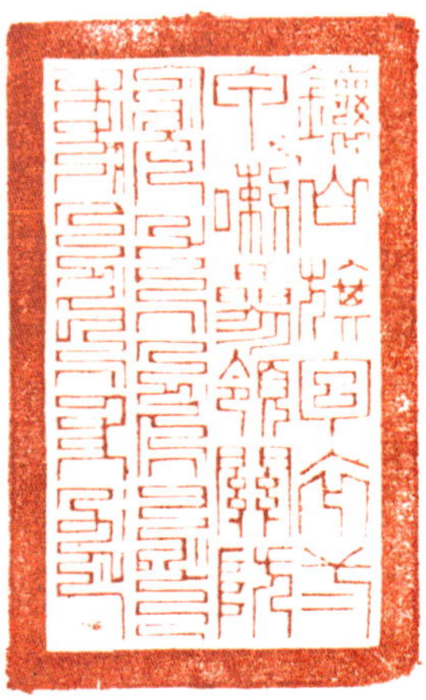

图 146. 镶白旗包衣二甲喇参领关防

图 147. 铜镀金“圣旨”合符

1 任万平：《清代官印制度综论》，《明清论丛》第 1 辑，页 299，紫禁城出版社，1999 年。
2 叶其峰：《古玺印通论》页 274-276，紫禁城出版社，2003 年 9 月。

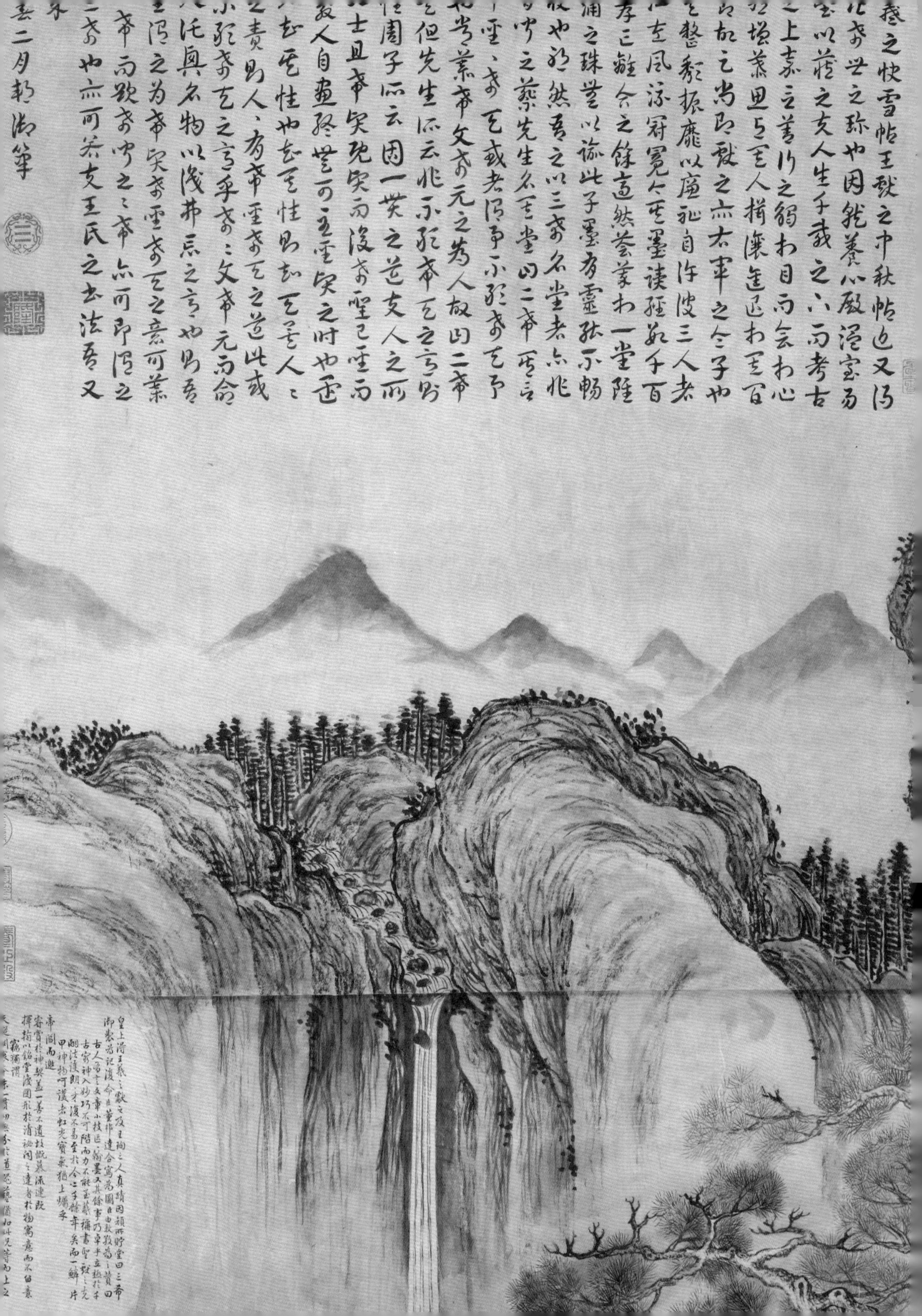

第三章

清代后妃印册

恽丽梅

后妃封号及徽号印册

唐代以前册立皇后，颁玺，并将玺改为宝。宋代基本形成比较完善的后妃册宝制度。

后妃册宝最早文献记载始于明代，明确规定了印的文字、质地、大小、纽制，明代对其很少改动。“宝用金，龟纽朱绶，文用篆书，曰‘皇后之宝’，册用金册金字二片。”明代妃子分皇贵妃、贵妃、皇妃三等，册封皇贵妃时用册、宝，而册封贵妃、皇妃时用册、印。规定“册用镀金、银册两片，其长、短、阔、厚与诸王册同。嫔以下册封时则只有银册而无印”。

清康熙时，后妃制度逐渐确立，宫廷典制日臻完备，定内廷主位分为八等，即皇后 1 人、皇贵妃 1 人、贵妃 2 人、妃 4 人、嫔 6 人，以下另外有贵人、常在、答应三等。皇后主内，居中宫，皇贵妃以下分居 12 宫。清代共有后妃 224 人，皇后 27 人。康熙朝以后，《大清会典》记载：

皇后金宝，俱用三等赤金五百五十两；皇贵妃、贵妃金宝用六成金四百两；妃金印用五成金三百两；……嫔用五成金三百两。[1]

咸丰四年（1854 年）以后，将金册、金宝，改用银质镀金。封号册宝成为后妃身份的象征，藏于所居住的宫殿内。

清代第一个被册立为皇后的是孝端文皇后。崇德元年（1636 年）四月，孝端文皇后以嫡妃正位中宫，行册立礼。顺治入关后，册立皇后礼增加了纳采大征礼、祭告天地和社稷及皇后朝见皇太后等，使册立礼仪日趋完善。《大清会典》记载：

皇太后，金册十页，每页高七寸一分，阔三寸二分，用三等赤金，十有八两。

1 光绪朝《大清会典》卷三四，礼部·铸印局，页 7。

皇后，金册，如之。

皇贵妃，金册十页，每页高七寸一分，阔三寸二分，用八成金，十有五两。

贵妃，金册十页，每页用七成金，十有五两。

妃，金册十页，每页用七成金，十有四两八钱。

嫔，金册四页，每页用六成金，十有四两六钱二分。[1]

当皇帝册立皇后的制文一下，礼部和工部会同制册宝，送内阁镌制册文、宝文，为再制造新的册宝。清代中期将前朝皇帝后妃的金册、金宝熔化，如乾隆四十二年（1777 年）乾隆生母孝圣宪皇后去世，乾隆帝为其制造金发塔，熔化了寿康宫数份金册、金宝。1923 年，逊清皇室向北京汇丰银行借款，以各种金器 80 件作为抵押，后因无力赎回，只好变卖给汇丰银行，这其中包括金印 10 件、金册 13 件、金宝箱 4 件、金印池 4 件，共计七千六两七钱。

一、清宫后妃封号印册

故宫现藏后妃封号印 21 方，册 27 件，大部分是按清代制度制造的，也有一些变化和特例。现藏封号印册，多为咸丰、同治以后册封的妃嫔。

（一）后妃封号印册

册封妃嫔应是逐级加封，但也有越级和降级的。现将故宫藏后妃册封印册，按皇帝朝代和妃嫔册封年代排序，见下表：

清宫后妃封号印一览表

序号	名称	尺寸（厘米）	备注
1	木质海马纽“贵妃之宝”	通高 13 纽高 8.1 印面方 12.8	康熙以前
2	银镀金蹲龙纽“贵妃之宝”	通高 9.8 纽高 5.9 印面方 13.1	咸丰以后
3	银镀金龟纽“彤妃之印”	通高 10.8 纽高 7.6 印面方 11.5	道光妃，咸丰十一年晋为妃
4	银镀金龟纽“佳妃之印”	通高 10.6 纽高 7.4 印面方 11.6	道光妃，咸丰十一年晋为妃
5	银镀金龟纽“丽妃之印”	通高 11.5 纽高 8 印面方 11.8	咸丰嫔，五年晋为妃
6	银镀金蹲龙纽“丽皇贵妃之宝”	通高 10.8 纽高 7 印面方 11.8	咸丰妃，十一年晋为贵妃
7	银镀金龟纽“懿妃之印”	通高 13 纽高 9.5 印面方 12.7	咸丰嫔，六年晋为妃
8	银镀金龟纽“祺妃之印”	通高 11 纽高 7.9 印面长 11.4 宽 11.5	咸丰嫔，同治十三年晋为妃

1 光绪朝《大清会典事例》卷九五三，工部九十二，页 13。

9	银镀金龟纽“玫妃之印”	通高 11 纽高 7.8 印面长 11.5 宽 11.6	咸丰嫔，同治十三年晋为妃
10	银镀金龟纽“慧妃之印”	通高 12.3 纽高 8.8 印面方 11.6	同治妃，同治十一年晋为妃
11	银镀金蹲龙纽“瑜贵妃之宝”（7600 克）	通高 10.5 纽高 7.7 印面长 12.8 宽 12.6	同治妃，光绪二十一年晋为贵妃
12	银镀金蹲龙纽“瑜皇贵妃之宝”（7140 克）	通高 12.8 纽高 8.7 印面方 12.8	同治妃，宣统元年晋为皇贵妃
13	银镀金龟纽“瑨妃之印”（6720 克）	通高 12 纽高 8.5 印面长 12.6 宽 12.5	同治妃，光绪二十一年晋为妃
14	银镀金蹲龙纽“瑨贵妃之印”（9000 克）	通高 12.6 纽高 9 印面长 13 宽 12.8	同治妃，宣统元年晋为贵妃
15	银镀金龙纽“珣贵妃之宝”	通高 10.5 纽高 6.8 印面长 12.6 宽 12.8	同治妃，光绪二十一年晋为贵妃
16	银镀金龙纽“珣皇贵妃之宝”	通高 12.8 纽高 8.7 印面方 12.8	同治妃，宣统元年晋为皇贵妃
17	银镀金龟纽“瑾妃之印”	通高 12.3 纽高 8.8 印面长 11.7 宽 11.6	光绪妃二十一年晋为妃
18	银镀金龙纽“瑾贵妃之宝”（9040 克）	通高 12.8 纽高 8.5 印面方 12.9	宣统元年晋为贵妃
19	银镀金龟纽“珍妃之印”（6700 克）	通高 11.5 纽高 8 印面方 11	光绪妃二十一年晋为妃
20	金龙纽“皇后之宝”（18200 克）	通高 10 纽高 6 印面方 14	宣统十四年封皇后
21	银镀金龟纽“淑妃之印”（6000 克）	通高 10.5 纽高 7.5 印面方 11.5	宣统十四年封为妃

清宫后妃封号册一览表

序号	名称	尺寸（厘米）	备注
1	金咸丰元佳嫔金册（2180 克）	长 22.3 宽 10.1 厚 0.18	道光妃
2	金咸丰元成嫔金册（2100 克）	长 22.3 宽 10 厚 0.15	道光妃
3	银镀金同治十三年成妃册	长 22.5 宽 10 厚 0.15	道光妃
4	银镀金同治十三年彤妃册	长 22.4 宽 10 厚 0.15	道光妃
5	银镀金咸丰四年懿嫔册	长 23 宽 10.3 厚 0.2	咸丰嫔，慈禧太后以前晋嫔册
6	银镀金咸丰六年懿妃册	长 23.1 宽 10.5 厚 0.2	咸丰妃，慈禧太后以前晋妃册
7	银镀金咸丰五年丽妃册	长 22.5 宽 10 厚 0.2	咸丰妃
8	银镀金咸丰八年玫嫔册	长 22.4 宽 10.1 厚 0.2	咸丰妃
9	银镀金咸丰十三年玫妃册	长 22.5 宽 10 厚 0.2	咸丰妃
10	银镀金咸丰八年祺嫔册	长 22.5 宽 10.4 厚 0.2	咸丰妃
11	银镀金同治十三年祺妃册	长 22.5 宽 10.3 厚 0.2	咸丰妃
12	银镀金同治十三年婉嫔满文册（只存 3 页）	长 12.4 宽 10.1 厚 0.15	咸丰妃
13	银镀金同治十三年禧嫔册	长 22.6 宽 10 厚 0.15	咸丰妃
14	银镀金同治十三年吉嫔册	长 22.6 宽 10 厚 0.15	咸丰妃
15	银镀金同治十三年庆嫔册	长 22.6 宽 10 厚 0.15	咸丰妃
16	银镀金同治十一年慧妃册	长 20.3 宽 10.3 厚 0.15	同治妃
17	银镀金同治十一年珣嫔册	长 22.6 宽 10 厚 0.15	同治嫔
18	银镀金光绪二十一年珣贵妃册	长 22 宽 10 厚 0.15	同治妃
19	银镀金光绪二十一年瑜嫔册	长 22.4 宽 10.3 厚 0.15	同治嫔
20	银镀金光绪二十一年瑜贵妃册	长 22.2 宽 10.1 厚 0.15	同治妃
21	银镀金光绪二十一年瑨妃册	长 22.3 宽 10.2 厚 0.15	同治妃
22	银镀金光绪十五年瑾嫔册	长 22.3 宽 10.2 厚 0.15	光绪嫔
23	铜镀金光绪二十一年瑾妃册	长 22.3 宽 10.2 厚 0.15	光绪妃

24	银镀金光绪十五年珍嫔册	长 22.2 宽 10.2 厚 0.2	光绪嫔
25	铜镀金光绪二十一年珍妃册	长 22.2 宽 10.2 厚 0.15	光绪妃
26	金宣统十四年皇后册（6789 克）	长 22.5 宽 9.5 厚 0.3	溥仪皇后
27	铜镀金宣统十四年淑妃册	长 22.6 宽 10 厚 0.15	溥仪妃

表中后妃封号印册按皇帝顺序及加封宝册年份排序，按清制，后妃册均为 10 页，嫔册为 4 页。有的册实物比册封时间晚一年，因为镀金册要在册封之后制作，所以以实际文物上的文字为准。晚清妃嫔册要比印的质地低，如：印为金，册为银镀金；印为银镀金，册为铜镀金，其重量不等。文献记载，光绪二十年（1894 年）正月，慈禧皇太后六旬慈庆，命晋封妃嫔。光绪二十一年（1895 年）晋封的同治皇帝遗妃印均为银镀金；光绪皇帝的两妃印为银镀金，册为铜镀金，以示区别。表中名称后面有重量的印册，以前被认为是金印，收藏在延禧宫珍宝库，但现从有磕处能够看出为银镀金质。上表第 12 的银镀金同治十三年婉嫔满文册，因仅剩 3 页满文，也不知是何人之册，原名“满文册”，后来经我院图书馆春花研究员识读后，笔者申请改名为“同治十三年九月婉嫔满文册”。

（二）后妃印册鉴赏

故宫现存清代后妃印册基本是按清代制度制造的，但也有特殊的，以下三宝需要说明：

图 1. 皇后之宝

图 2. 金皇后册

1. 皇后金宝、金册

1912 年，溥仪退位，按清室优待条件仍然在后宫居住，虽然当时财政紧张，但对后妃册宝的制作非常重视，还是为皇后婉容制造了金宝金册。

金交龙纽“皇后之宝”（图 1），是故宫现存唯一的一套金宝金册。满、汉文篆书，印纽系黄绶带。此宝附有七成金印匣一、印池一、镀金钥匙一。与之同时制造的还有金册（图 2），七成金，10 页，满、汉两种文字，附银镀金钱一枚。“皇后册文”上书“以荣源之女端资淑德立为皇后……宣统十四年岁次十月十三日”，是 1922 年溥仪结婚时制造的。

2. 贵妃之宝

现故宫收藏“贵妃之宝”有 2 件。

檀香木海马纽“贵妃之宝”（图 3），通高 13 厘米，纽高 8.1 厘米，长 12.6 厘米，宽 13 厘米。

图 3. 贵妃之宝

图 4. 贵妃之宝

汉文，阳文篆书。此为册封印，即身份的象征。

银镀金蹲龙纽“贵妃之宝”（图 4），通高 9.8 厘米，纽高 5.9 厘米，印面方 13.2 厘米，满汉文阳文篆书，附绶带。此宝为银质，因咸丰年间国力衰败，金册、金宝改为银镀金质。所以，此印应是咸丰以后的贵妃印。

“贵妃之宝”并非某个贵妃所专属，而是可传于新获位号者。此二方“贵妃之宝”，从质地、纽式、尺寸、篆书均有不同，反映了清初与清后期后妃册封印的变化。

3. 瑾妃、珍妃印

瑾妃，珍妃的姐姐。光绪二十年（1894 年）正月，慈禧皇太后六十大寿，命晋封妃。次年十一月，复册封为瑾妃。光绪二十六年（1900 年）七月，八国联军进逼北京，随太后、皇帝西逃。1924 年，在溥仪出宫前去世，终年五十一岁。

珍妃，生于光绪二年（1876 年），光绪二十年（1894 年）正月晋封为珍妃。光绪二十六年（1900 年）七月，八国联军进逼北京，慈禧皇太后与光绪帝出京西逃之前命人将珍妃沉于井，时年二十五岁。光绪二十七年（1901 年）追为贵妃。珍妃的不幸遭遇，也引起人们的同情，所以一直以来将“珍妃之印”作为珍宝特别对待。

在故宫文物账上有光绪二十一年（1895 年）颁发瑾妃、珍妃银镀金册，银镀金“瑾妃之印”、金“珍妃之印”。人们一直都认为“珍妃之印”是金质的，曾作为故宫文物精品在珍宝馆陈列。对于“珍妃之印”，曾经有专家认为是道光帝珍妃的，但很快被否定了。因为档案证明当时道光帝珍妃印已经被熔化，并说明光绪二十五年《大清会典》规定，将妃嫔银镀金改回金印。

笔者对此印曾有些质疑：“瑾妃之印”与“珍妃之印”同一时间颁发，同为妃等级质地为何不同？于是查找了光绪二十年以后的造办处活计档，没有关于此印的记录。但在奏销档中查到了有关瑾妃和珍妃的记录：光绪二十年十一月二十日，本年恭进内廷主位宫分缎绸布匹等，皇太后、皇后、瑾贵人、珍贵人。光绪二十一年皇后下女子 10 人、瑾妃下女子 6 人、珍妃下女子 5 人，后来两人名下女子又改为 4 人。

这说明尽管光绪皇帝宠爱珍妃，但瑾妃的排名是在珍妃之前的。

1980 年 2 月 1 日“珍妃之印”被盗，当天即被追回。当月 2 月 14 日取回陈列，原有伤况：印纽龟的一角有磕，尾一尖缺，左前后脚边有磕伤，印文有磕伤；新增伤况：“之”字右侧磕伤，印四周有划伤。当时鉴定为八成金，又被送回珍宝馆陈列。而 1987 年又被盗窃，被当场抓获。前不久，在一次外展退库后，笔者才近距离看到“珍妃之印”，将这两印进行了对比，并且重新称了重量。发现两方印文的做工及工艺水平均同，只是“瑾妃之印”已经露出里面的银，而“珍妃之印”镀金完好。分析其原因，可能为瑾妃寿命比珍妃长，“瑾妃之印”跟随她多年，磨损较多。

银镀金龟纽“瑾妃之印”（图 5），满、汉文。通高 12.3 厘米，纽高 8.8 厘米，印面方 11.6 厘米，重 6860 克。

图 5. 瑾妃之印

图 6. 珍妃之印

银镀金龟纽“珍妃之印”（图 6），满、汉文。通高 11.5 厘米，纽高 8 厘米，印面方 11 厘米，重 6700 克。

实际“瑾妃之印”比“珍妃之印”体积要大，并且重量还要多 160 克。故宫文保科技部用 X 射线荧光能谱仪对两印进行了无损鉴定：

“瑾妃之印”，该印表面成分主要有金（70%）、银（22%）、汞（8%）三种元素。而印侧面一顶角部位主要由银（95%）、铜（3.5%）金（1%）、汞（0.5%）组成，为银镀金印。

“珍妃之印”，表面成分主要有金（73%）、银（22%）、汞（5%）三种元素。而磕碰处主要有金（16%）、银（77%）、汞（3%）以及铜（2%）、铁（2%）五种元素。通过对“珍妃之印”被磕处测试显示，印内部主要成分为银，另外还有其他材质成分。

通过以上分析，我们看到瑾妃、珍妃之印，应该均为银镀金。妃印不得称宝，只能称印，用龟纽，但这种龟纽又与我们常见的古印龟纽不同。它首尾都做龙形，只是身躯似龟而已，龙首为独角，有人把此纽称为龙纽是不对的。

故宫现存有名号的册封印最早的为咸丰五年银镀金龟纽“丽妃之印”，册最早的是咸丰元年晋封的道光妃嫔“佳嫔金册”和“成嫔金册”，最晚的是溥仪小朝廷的皇后和淑妃。因为嫔无宝，如果不计算两方无名号的“贵妃之宝”，册比印总数多 3 件。

实际上故宫缺宣统元年瑜皇贵妃册、瑨贵妃册、瑾贵妃册，咸丰元年佳妃册，咸丰四年丽嫔册，咸丰十一年晋丽皇贵妃册。印缺同治十三年册封印“成妃之印”，宣统元年“珣皇贵妃之宝”，很可能溥仪出宫时被两妃带出，有的印在小朝廷时期可能被变卖。

二、后妃徽号宝册

新帝登极之初，奉圣祖母为太皇太后，奉母后或母妃为皇太后，此为上尊号礼。在尊号上加颂词为上徽号，每遇庆典、皇帝大婚、大战告捷、皇太后寿辰大庆时，在尊号之上加褒美之词，每次 2 字或 4 字，加上徽号以示尊崇，并颁发册宝。清代上徽号册宝，沿用明制。上尊号、徽号册宝有金、玉两种。《大清会典》记载：

太皇太后，玉宝、金宝，交龙纽。玉宝，方四寸四分，纽高二寸六分，台高一寸八分。金宝，平台，方四寸四分，厚一寸二分，俱玉柱（箸）文。[1]

雍正元年规定：

太庙尊藏玉册玉宝，每玉册计十页，各高九寸，阔四寸五分，厚四分，联以黄线扁绦上下二页，各镌升降行龙一，满镌流云，清文字三页，汉文字三页。玉钱一，径二寸，厚六分。钱孔一，见方五分，刻“天下太平”清汉字。册文填青，徽号填金。[2]

册的形式为：册文填青，徽号填金。徽册宝初制用金，康乾时兼用嘉玉，道光后专以玉为之。其原因是乾隆三十四年（1769 年）在检稽体仁阁时，看到康熙年间历次奉太皇太后玉册玉宝俱存，乾隆皇帝认为徽号册宝用金，“不辨等威”，因“下逮亲藩封爵，册宝亦得范金，是嘉玉较良金尤为宝贵”。册宝用玉，“礼特重”。乾隆三十六年（1771 年）皇太后八旬万寿时，开始用玉制造徽册徽宝。用和阗岁贡大玉中之最佳者，恭制册宝，并指定“喜字号”玉料为徽号专用。乾隆四十九年（1784 年）十月，又把五分纯洁玉料编入“喜字号”交广储司存贮。光绪二十年（1894 年），慈禧六旬大寿所用玉料，就是从中所选。玉徽册宝制造，首先要拟定徽号字样，由内阁敬拟，大学士恭阅，有司撰写拟文后，奏请钦定。

（一）后妃徽号宝册

故宫现存清代皇太后宝共有 30 方，其中玉质徽宝 23 方、金及镀金尊号宝 7 方；徽册 32 件，其中玉质徽册 23 件，金及镀金尊号册 9 件，按皇帝朝代排序。见下表：

---

1 乾隆朝《大清会典则例》卷六三，页 998，礼部·铸造库，清文渊阁四库全书本。
2 乾隆朝《大清会典则例》卷一三八，页 2247，工部·制造库，清文渊阁四库全书本。

后妃徽号宝一览表

序号	名称	尺寸（厘米）	备注
1	青玉交龙纽 “昭圣慈寿恭简安懿章庆皇太后之宝”	通高 7.7 纽高 4.9 印面长 13.6 宽 13.7	皇太极后妃（孝庄），顺治十三年徽宝。
2	青玉交龙纽 “昭圣慈寿恭简安懿章庆敦惠太皇太后之宝”	通高 11.7 纽高 7 印面方 13.4	皇太极后妃（孝庄），康熙元年徽宝。
3	青玉交龙纽“昭圣慈寿恭简安懿章庆敦惠温庄太皇太后之宝”	通高 12 纽高 7.5 印面方长 13.8	皇太极后妃（孝庄），康熙四年徽宝。
4	青玉交龙纽“昭圣慈寿恭简安懿章庆敦惠温庄康和太皇太后之宝”	通高 13.9 纽高 8 印面方 13.5	皇太极后妃（孝庄），康熙六年徽宝。
5	青玉交龙纽“昭圣慈寿恭简安懿章庆敦惠温庄康和仁宣太皇太后之宝”	通高 13.9 纽高 8 印面方 13.5	皇太极后妃（孝庄），康熙十五年徽宝。
6	青玉交龙纽“昭圣慈寿恭简安懿章庆敦惠温庄康和仁宣弘靖太皇太后之宝”	通高 14.3 纽高 8.3 印面方 14	皇太极后妃（孝庄），康熙二十年徽宝。
7	青玉交龙纽“崇庆慈宣康惠敦和裕寿纯禧恭懿安祺宁豫皇太后之宝”	通高 9.6 纽高 4.5 印面方 14.5	雍正后妃（乾隆生母），乾隆四十一年徽宝。
8	青玉交龙纽“恭慈康豫安成皇太后之宝”	通高 9.5 纽高 4.6 印面长 12.8 宽 12.9	嘉庆后妃，道光八年徽宝。
9	青玉交龙纽 “恭慈康豫安成庄惠皇太后之宝”	通高 9.2 纽高 4.4 印面方 13	嘉庆后妃，道光十四年徽宝。
10	青玉交龙纽 “恭慈康豫安成庄惠寿禧皇太后之宝”	通高 9.6 纽高 4.7 印面方 13	嘉庆后妃，道光十五年徽宝。
11	青玉交龙纽 “恭慈康豫安成庄惠寿禧崇祺皇太后之宝”	通高 9 纽高 4.3 印面方 13	嘉庆后妃，道光二十五年徽宝。
12	青玉交龙纽“慈安端裕皇太后之宝”	通高 9.5 纽高 4.7 印面方 13	咸丰皇后，同治十一年徽宝
13	碧玉交龙纽“慈安端裕康庆皇太后之宝”	通高 9.6 纽高 4.5 印面方 12.8	咸丰皇后，同治十二年徽宝。
14	碧玉交龙纽“慈安端裕康庆昭和皇太后之宝”	通高 9.6 纽高 4.8 印面方 12.8	咸丰妃（同治生母），光绪二年徽宝。
15	青玉交龙纽 “慈安端裕康庆昭和庄敬皇太后之宝”	通高 9.9 纽高 4.9 印面方 12.8	咸丰妃（同治生母），光绪二年徽宝。
16	青玉交龙纽“慈禧皇太后之宝”	通高 9.5 纽高 4.7 印面方 12.7	咸丰妃（同治生母），同治元年徽宝。
17	青玉交龙纽“慈禧端佑皇太后之宝”	通高 9.5 纽高 4.7 印面方 13	咸丰妃（同治生母），同治十一年徽宝。
18	碧玉交龙纽“慈禧端佑康颐皇太后之宝”	通高 9.5 纽高 4.6 印面方 12.9	咸丰妃（同治生母），同治十二年徽宝。
19	青玉交龙纽“慈禧端佑康颐昭豫皇太后之宝”	通高 10 纽高 5 印面方 12.7	咸丰妃（同治生母），光绪二年徽宝。
20	碧玉交龙纽“慈禧端佑康颐昭豫庄诚寿恭皇太后之宝”	通高 7.6 纽高 3.8 印面方 12.7	咸丰妃（同治生母），光绪十五年徽宝。
21	青玉交龙纽“慈禧端佑康颐昭豫庄诚寿恭钦献皇太后之宝”	通高 13 纽高 6.5 印面方 12.9	咸丰妃（同治生母），光绪十五年徽宝。
22	青玉交龙纽“慈禧端佑康颐昭豫庄诚寿恭钦献崇熙皇太后之宝”	通高 9.5 纽高 4.8 印面方 12.2	咸丰妃（同治生母），光绪二十年徽宝。
23	碧玉交龙纽“隆裕皇太后之宝”	通高 11.2 纽高 5.9 印面方 12.9	光绪皇后，宣统元年徽宝。（印体为乾隆，印文为晚清）
24	银镀金蹲龙纽“敦宜皇贵妃之宝”	通高 10.3 纽高 6.3 印面方 12.8	同治妃，同治十三年上“敦宜”2字，光绪二年颁发敦宜皇贵妃印册。
25	银镀金蹲龙纽“敦宜荣庆皇贵妃之宝”	通高 11 印高 7.3 印面长 12.5 宽 12.8 高 11	同治妃，光绪二十一年加封“荣庆”2字。

26	金龙纽“庄和皇贵妃之宝”	通高 10.6 纽高 6.6 印面长 12.8 宽 13.1	同治妃，宣统五年晋为皇贵妃。
27	金龙纽“敬懿皇贵妃之宝”（7020 克）	通高 10.5 纽高 6.5 印面长 13.1 宽 12.8	同治妃，宣统五年加封“敬懿”2 字。
28	金兽纽“敬懿皇贵太妃之宝”（7200 克）	通高 11.6 纽高 8 印面长 12.9 宽 12.6	同治妃，宣统十四年加封“皇贵太妃。”
29	银镀金蹲龙纽“端康皇贵妃之宝”	通高 11.5 纽方 7.7 印面长 12.7 宽 13.1	同治妃，宣统五年加封“端康”2 字。
30	银镀金蹲龙纽“端康皇贵太妃之宝”	通高 11.5、纽高 7.8 印面方 12.9	光绪妃，宣统十四年加封“皇贵太妃”

后妃徽号册一览表

序号	名称	尺寸（厘米）厚（每页）	备注
1	青玉顺治十三年上昭圣慈寿恭简安懿章庆皇太后徽册	长 24.2 宽 10.7 厚 0.6	皇太极后妃（孝庄）14 页
2	青玉康熙元年上昭圣太皇太后徽册	长 26 宽 11.6 厚 0.7	皇太极后妃（孝庄）15 页
3	青玉康熙四年上昭圣太皇太后徽册	长 25.5 宽 11.6 厚 0.7	皇太极后妃（孝庄）15 页
4	青玉康熙十五年上昭圣太皇太后徽册	长 25.6 宽 11.5 厚 0.7	皇太极后妃（孝庄）15 页
5	青玉康熙二十年上昭圣太皇太后徽册	长 25.6 宽 11.8 厚 0.7	皇太极后妃（孝庄）17 页
6	金康熙二十年上仁宪皇太后徽册（8071.5 克）	长 23.5 宽 9.8 厚 0.1	顺治皇后，14 页
7	青玉乾隆三十六年上崇庆皇太后徽册（图 7）	长 22.6 宽 9.7 厚 0.8	雍正皇后（乾隆母亲）10 页
8	青玉乾隆四十一年上崇庆皇太后徽册	长 29.1 宽 14.5 厚 0.8	雍正皇后（乾隆母亲）10 页
9	青玉道光八年上恭慈皇太后徽册	长 25.6 宽 11.3 厚 0.7	雍正皇后（乾隆母亲）10 页
10	青玉道光十四年上恭慈皇太后徽册	长 25.6 宽 11.1 厚 0.6	雍正皇后（乾隆母亲）10 页
11	青玉道光十五年上恭慈皇太后徽册	长 28.9 宽 12.7 厚 0.8	雍正皇后（乾隆母亲）10 页
12	青玉道光二十五年上恭慈皇太后徽册	长 29.1 宽 12.9 厚 0.9	嘉庆皇后
13	青玉同治十一年上慈安皇太后徽册	长 22.5 宽 10.2 厚 0.6	咸丰皇后
14	青玉同治十二年上慈安皇太后徽册	长 28.7 宽 12.7 厚 0.9	咸丰皇后
15	青玉光绪二年上慈安皇太后徽册	长 28.6 宽 12.7 厚 0.9	咸丰皇后
16	青玉光绪二年上慈安皇太后徽册	长 28.6 宽 12.7 厚 0.8	咸丰皇后
17	青玉同治十一年上慈禧皇太后徽册	长 22.6 宽 9.8 厚 0.5	咸丰皇后
18	青玉同治十二年上慈禧皇太后徽册	长 28.6 宽 12.7 厚 0.9	咸丰皇后
19	青玉光绪二年上慈禧皇太后徽册	长 28.8 宽 12.8 厚 0.9	咸丰妃
20	青玉光绪二年上慈禧皇太后徽册	长 28.8 宽 12.8 厚 0.9	咸丰妃
21	青玉光绪十五年上慈禧皇太后徽册	长 23 宽 10.3 厚 0.5	咸丰妃
22	碧玉光绪十五年上慈禧皇太后徽册	长 22.5 宽 10.3 厚 0.5	咸丰妃
23	碧玉光绪二十年上慈禧皇太后徽册	长 26.4 宽 12.5 厚 0.8	咸丰皇后
24	银镀金光绪二年敦宜皇贵妃册	长 22.5 宽 10.2 厚 0.2	同治皇贵妃
25	银镀金光绪二十一年敦宜荣庆皇贵妃徽册	长 22.2 宽 10 厚 0.15	同治皇贵妃
26	铜镀金宣统五年庄和皇贵妃徽册	长 22.5 宽 10.2 厚 0.1	同治皇贵妃
27	铜镀金宣统五年敬懿皇贵妃徽册	长 22.5 宽 10.2 厚 0.1	同治皇贵妃
28	铜镀金宣统十四年敬懿皇太妃徽册	长 22.6 宽 10.5 厚 0.15	同治皇贵妃
29	铜镀金宣统五年荣惠皇贵妃徽册	长 22.5 宽 10.2 厚 0.1	同治皇贵妃
30	青玉宣统元年上隆裕皇太后徽册	长 28.7 宽 12.7 厚 1	光绪皇后
31	铜镀金宣统五端康皇贵妃徽册	长 2.5 宽 10.2 厚 0.1	光绪妃
32	铜镀金宣统十四年端康皇贵太妃徽册	长 22.6 宽 10.6 厚 0.15	光绪妃

图 7. 金康熙二十年上仁宪皇太后徽册

以上只是故宫现存的实物，实际上徽号的宝册并不完整，比如上表中缺同治元年上“慈安皇太后之宝”及徽号册；而光绪二年上的“慈禧端佑康颐昭豫庄诚寿恭皇太后之宝”，于1974 年拨给东陵文物保管。

有文献记载:同治慧妃是同治十三年去世前连升两等至皇贵妃,光绪继位上“敦宜”2 字，之后去制作，所以实际颁发“敦宜皇贵妃之宝”和徽册时为光绪二年。一般印册均晚于加徽号的一至二年。

碧玉交龙纽“隆裕皇太后之宝”，通高 11.2 厘米，纽高 5.9 厘米，印面方 12.9 厘米。印纽为乾隆时期制作,印文为晚清镌刻的。印模正方形,阳文。满、汉篆文各两行,共 4 行。龙头短，两角，有鳞，脊背作串珠形，方嘴露齿，发向后平伸，须向后稍卷，胸部有阴纹横纹 9 道，四足五爪。此印应是宣统元年上的徽宝，由于清晚期国力衰败，特选用乾隆时期雕好的印料。上表序号 24–29 及 31–32 为镀金册，序号 6“金康熙二十年上仁宪皇太后徽册”是清早期徽册，制度规定就是用金。后面同治帝四位妃和光绪帝瑾妃是属于加尊号，皇太后用玉，妃用镀金册，以示等级区别。但康熙朝以前上“昭圣太皇太后徽册”有 14—17 页不等,是因为雍正以后才规定尊号册为 10 页。之后徽宝、徽册的制作基本无差别,只是有用碧玉，一般多用青玉。有的还附圆形玉别子，系在黄绸夹袱上，用来包裹玉册。每片玉册之间用平金缎幅或者黄绫纸垫隔开。宣统元年晋封的同治、光绪皇帝的遗妃印均为铜镀金，铜镀金册用镀金别子。徽宝、徽册均为满汉文两种文字，册页多为两面书写。

如青玉交龙纽“慈安端裕康庆昭和庄敬皇太后之宝”（图 8），满汉文篆书。高 9.6 厘米，方 12.8 厘米。慈安又称东太后，钮祜禄氏广西右江道穆扬阿之女。初入侍文宗藩邸。咸丰二年十月，立为皇后。后咸丰皇长子载淳嗣位，慈安与西太后慈禧并尊，为母后皇太后。同治元年，上徽号为慈安皇太后。十一年（1872 年）加“端裕”2 字，十二年加“康庆”2 字，光绪二年（1876 年）七月，四十慈庆加“昭和庄敬”四字。

图 8. 慈安端裕康庆昭和庄敬皇太后之宝

青玉慈禧端佑皇太后徽册（图 9），长 22.5 厘米，宽 9.82 厘米，每页厚 0.5 厘米。此册 10 片，满、汉文两面刻，册封面刻二龙戏珠，上有“子皇帝臣载淳谨稽首再拜”。为同治十一年上徽号册。

后妃徽号册宝基本是按清制造的，但也有变化，主要是尺寸略有差别。

图 9. 慈禧端佑皇太后青玉徽册

（二）后妃徽号宝册鉴赏

1. 孝庄与慈禧的徽号

清代唯一一位太皇太后是皇太极的庄妃，孝庄身历三朝，先后扶立两幼帝，为清王朝的巩固付出了艰辛和努力。崇德元年（1636 年）皇太极封帝，被封为永福宫庄妃。顺治八年（1651 年）为其上徽号“昭圣慈寿皇太后”，康熙元年（1622 年）尊为太皇太后，康熙二十年（1681 年）累加达到 20 字，即“昭圣慈寿恭简安懿章庆敦惠温庄康和仁宣弘靖太皇太后”。故宫现存 6 件徽宝、5 件徽册，分别为顺治十三年（图 10）、康熙元年、四年、六年、十五年、二十年（图 11）徽号册宝。

清末慈禧太后亦享太皇太后之号一日就去世了，但未正式尊封。慈禧于同治元年（1862 年）载淳即位，尊为皇太后，上尊号慈禧，称“圣母皇太后”。同治十一年、十二年、光绪二年、十五年、二十年累加五次达到 16 字，即“慈禧端佑康颐昭豫庄诚寿恭钦献崇熙皇太后”，故宫现存慈禧 7 份册宝，分别为同治十一年、十二年，光绪二年、十五年、二十年，其中光绪二年和十五年分别两次加徽号。光绪二年，第一次加“康颐”二字，第二次加“昭豫”二字，是在同一天，册文显示均为七月三日；光绪十五年光绪皇帝大婚且归政后二月十六日第一次是加“寿恭”2 字，三月十五日第二次加“钦献”2 字。其原因在光绪元年同治皇帝刚去世，没有上徽号，光绪二年补上。

有清一代，共上徽号 34 次。孝庄一生受徽号 9 次，慈禧一生受徽号 8 次，是受徽号较多的两位皇太后。有专家学者曾就慈禧和孝庄做过比较，她们经历、资格和寿命很相近，两人的政治表现和生活作风却大相径庭。清初的孝庄与晚清的孝钦（慈禧）对比：孝庄生前未垂帘，慈禧则反之。顺治、康熙两朝，孝庄对朝政实质上是干预的，“无垂帘之名，有听政之实”。而慈禧不仅有政治野心还会享受，平时衣食住行、吃喝玩乐均很讲究。孝庄皇后在康熙元年尊为太皇太后，并颁发了册宝，而慈禧在宣统元年虽尊为太皇太后，但没有颁发册宝，所以，

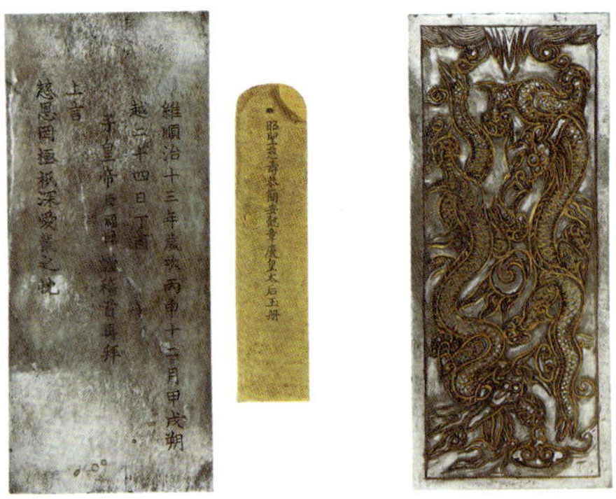

图 10. 昭圣皇太后青玉徽册

图 11. 昭圣太皇太后青玉徽册

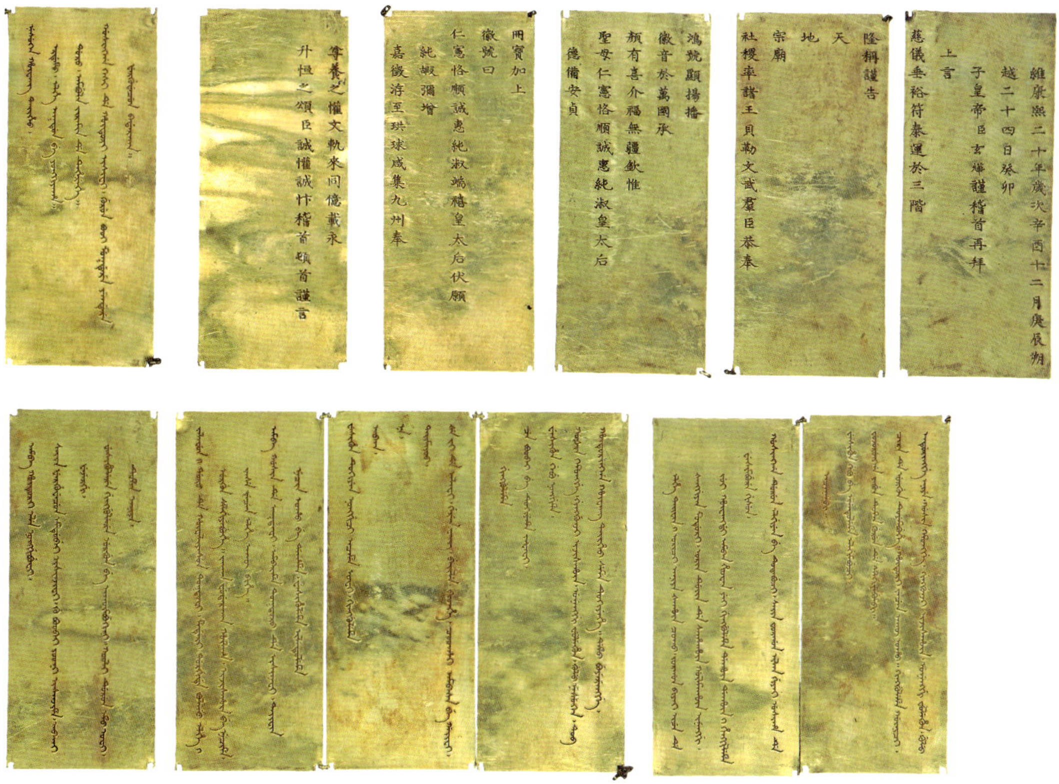

图 12. 仁宪皇太后金徽册（另两页残损）

不是真正意义上的太皇太后。孝庄皇太后徽册为单面刻，分别为 14 片、15 片、17 片，册文填青，徽号处填金；慈禧皇太后徽册为双面刻，为 10 页，册文全部填金。故宫现存徽册徽宝中，还有乾隆生母崇庆皇太后 2 件、嘉庆恭慈皇太后 4 件、咸丰慈安皇太后 4 件徽册。

2. 仁宪皇太后金册

仁宪皇太后徽号金册（图 12），共 14 页，册中写道："维康熙二十年岁次辛酉，十二月庚辰朔越二十四日癸卯，子皇帝臣玄烨谨稽首再拜……圣母仁宪恪顺诚惠纯淑皇太后，德备女贞……册宝加上徽号曰仁宪恪顺诚惠纯淑端禧皇太后……"我们看到加了"端禧"2 字。这里应说明，故宫现存皇太后徽号册均为玉质，只有此件为金质，说明康熙早期上皇太后徽册为金册，是故宫现存最早金册。1959 年 8 月 15 日此册被盗并毁坏，这就是故宫第一次武庆辉珍宝馆盗宝案：当时被盗金册 8 页，1960 年 3 月 24 日退回金钱 1 个、金册 6 页，其中一页有被毁痕迹和凹凸不平，另一片不完整，其余均破坏，有刮伤。现只藏 13 页，其中一页残损，有金双孔链环 18 个，而被毁的金册被制成金条 8、金块 7、金环圈 5、金戒指 4、散金 9。

博尔济吉特氏（1641—1717 年），蒙古科尔沁部贝勒绰尔济之女，废皇后之从侄女。顺治十一年（1654 年）五月入宫为福临皇妃，六月即封为皇后。顺治十五年正月，福临责其对皇太后礼节疏阙，停应进中宫笺表。三月皇太后命如旧制封进。顺治十八年（1661年）玄烨继承皇位，尊其为仁宪皇太后。康熙二十年平定三藩胜利尊为仁宪皇太后，康熙五十六年病逝，时年七十七岁。她是清朝在位时间最长的皇太后。

有关仁宪皇太后上徽号的记载，据《康熙起居注》载：

康熙二十年十二月初四癸未早，上御乾清门，听部院各衙门官员面奏政事。吏科给事中费扬古等同六科满汉给事中公本条奏，今逆贼扑灭，天下太平，应请加上太皇太后徽号。……初七日丙戌早，上御乾清门听部院各衙门官员面奏政事，……又满汉科臣费扬古等公本条陈，以云南荡平，请上太皇太后徽号事。上曰："尔等云何？"明珠等奏曰："臣等满汉之意，吴三桂变乱以来，太皇太后心甚忧劳。今令皇上鸿谟神略，云南业已底定，应上徽号，以仰慰太皇太后之心。"上是之。……二十三日壬寅早，上以天下荡平，上太皇太后、皇太后徽号，率内大臣、侍卫诣两宫恭进奏本，行礼毕，回宫。……二十四日癸□，早，上以加太皇太后、皇太后徽号行礼，不理政事。

午时，上率诸王内大臣侍卫文武大臣等，恭敬太皇太后、皇太后加上徽号册宝，诣太皇太后、皇太后宫行礼毕。……行庆贺礼，颁诏天下。

康熙二十年十二月二十四日癸卯，率诸王、贝勒、文武群臣，恭奉册宝，加上圣祖母昭圣慈寿恭简安懿章庆敦惠温庄康和仁宣太皇太后徽号曰：昭圣慈寿恭简安懿章庆敦惠温庄康和仁宣弘靖太皇太后；圣母仁宪恪顺诚惠纯淑皇太后徽号曰：仁宪恪顺诚惠纯淑端禧皇太后，礼既备于两宫。[1]

这说明在平定三藩之乱后，为孝庄皇太后上徽号，同时也为仁宪皇太后上了徽号册。故宫现存康熙二十年"昭圣慈寿恭简安懿章庆敦惠温庄康和仁宣弘靖太皇太后"玉册17页，为了与孝庄太皇太后等级区别，孝庄太皇太后为玉册，仁宪皇太后为金册。玉比金更显等威。

3. 同治帝、光绪帝妃徽号册宝

故宫藏8件妃嫔徽号册宝，只有光绪年间封的"敦宜"和"敦宜荣庆"皇贵妃徽册为银镀金（图13），其余6件均为铜镀金。同治帝慧妃是在光绪二十年（1894年）加上"荣庆"徽号的，其后一年制造了徽册。后面四妃上徽号册宝是1913年、1922年，按照敦宜皇贵妃的规制上徽册徽宝。如：民国二年（1913年）珣皇贵妃上"庄和"（图14）、瑜皇贵妃上"敬懿"、瑨皇贵妃上"荣惠"徽号、光绪瑾皇贵妃上"端康"徽号，1922年溥仪结婚时还加封端康等

1 《清代历朝起居注合集》卷一一，清圣祖，页58，康熙二十年十二月。

图 13. 皇贵妃银镀金徽册

为“皇贵太妃”（图 15）。但财力紧张，只能制作铜镀金册了。

慧妃（？—1904 年）为同治帝妃。同治十一年（1872 年）册封为慧妃，同治十三年十一月晋为皇贵妃，十二月奉两宫太后之命诏晋封为“敦宜皇贵妃”，上“敦宜”尊号，光绪二年颁发册宝，光绪二十一年上“荣庆”2 字，光绪三十年（1904 年）正月二十八日去世。

瑜妃（1856—1931 年）为同治帝妃。宣统帝继位，尊封为皇考瑜皇贵妃。清帝退位后，民国二年（1913 年）尊称为敬懿皇贵妃。此时清朝已经灭亡，但溥仪仍居宫中后半部分。1931 年瑜皇贵妃去世，终年七十六岁。

珣妃（1857—1921 年）为同治帝之妃，同治十一年（1872 年）册封为珣嫔，同治十三年晋为珣妃。光绪二十年正月，慈禧太后六十大寿，命晋封为珣贵妃。光绪三十四年（1908）十月，尊封为皇考珣皇贵妃。1913 年称为庄和皇贵妃，1921 年去世，终年六十四岁。

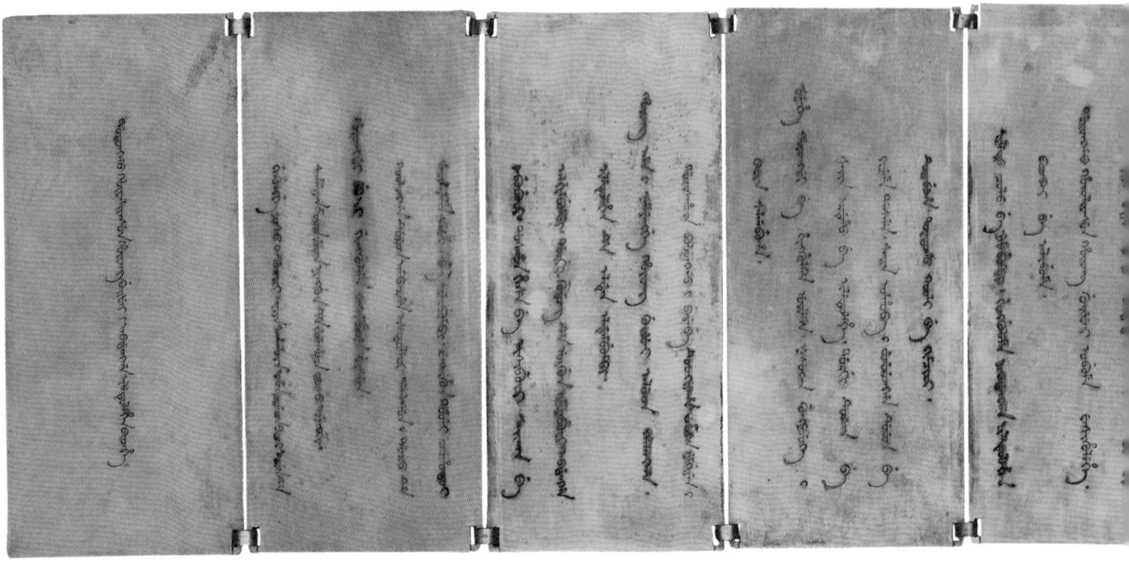

图 14. 庄和皇贵妃铜镀金徽册

图 15. 端康皇贵太妃铜镀金徽册

瑨妃（1856—1935 年）为同治帝妃，初封为贵人，同治十三年（1874 年）十一月封为嫔。光绪二十年（1894 年）慈禧太后当年六十大寿，命晋封为瑨妃。宣统帝继位，尊封为皇考瑨贵妃。清帝退位后，1913 年称为荣惠皇贵妃，终年八十岁。

这些宝册虽然是宣统退位后加封的，但是仍按清制加封和制造。由于财力有限，她们的册均为铜镀金的。因为她们的尊号册是在宣统退位后加封的，她们的册文中均为“皇帝溥仪谨言”，不再称“皇帝宣统谨言”了。

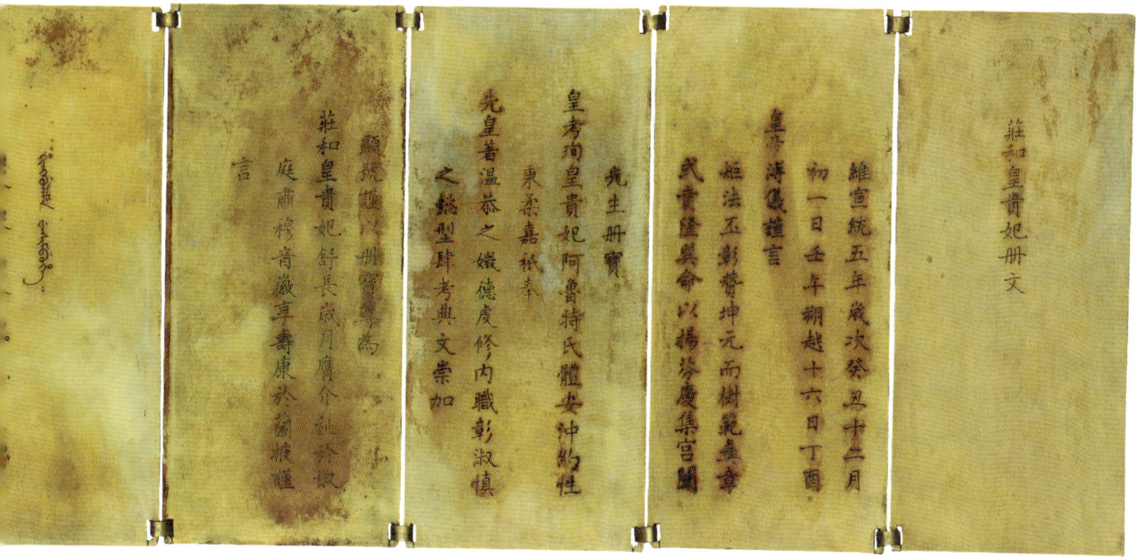

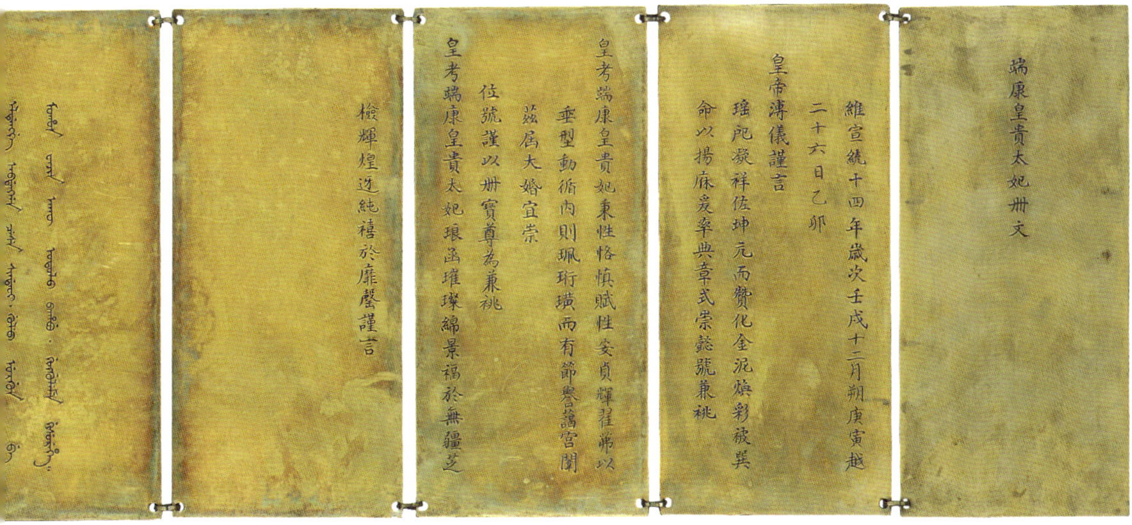

4. 调拨出院的册宝

故宫藏青玉“慈禧皇太后之宝”、玉质“慈禧端佑康颐昭豫庄诚皇太后之宝”2 宝，为支持地方博物院的展览，1974 年拨至清东陵展览。经过核对文物清单，找到了它们的信息，这对于整体研究是十分重要的。

我们整理文物资料时，还发现制造宝册时的册样和宝样，上面写有册文和印文，虽然它们时代较晚，但为我们留下了珍贵的史料，是我们研究清代典章制度及后妃册宝的重要实物。

后妃闲章

故宫现存有一部分晚清后妃的闲章，多为慈禧及同治、光绪皇帝的后妃之印。由于这些印章多为木质，雕刻水平不高，并且很少使用，所以前人对其研究甚少。

同治皇帝共有一后四妃，皇后在同治皇帝驾崩后一年间去世。在他的几个妃嫔中，除了慧妃史书没有记载其出生日，不知寿数外，敬懿皇贵妃寿命七十六岁，庄和皇贵妃寿命六十四岁，荣惠皇贵妃寿命八十岁。

光绪皇帝共有一后二妃，隆裕皇后寿命四十六岁，端康皇贵太妃（瑾妃）寿命五十一岁，珍妃仅寿命二十五岁。下面按年代先后介绍后妃印。

一、慈禧闲章

慈禧，叶赫那拉氏，清道光十五年（1835 年）生，是安徽宁池广太道惠征之女。咸丰元年（1851 年），咸丰皇帝第一次挑选秀女，叶赫那拉氏即入选。第二年五月入储秀宫，赐号“兰贵人”。咸丰四年（1854 年）晋封懿嫔。咸丰六年（1856 年）三月，叶赫那拉氏生载淳（即同治皇帝）而晋封懿妃。咸丰七年（1857 年）再晋封懿贵妃。咸丰十年（1860 年），英法联军进犯北京，随咸丰帝赴热河避暑山庄。咸丰十一年（1861 年）七月，咸丰皇帝病死避暑山庄，载淳即位，懿贵妃被尊为“圣母皇太后”，后上徽号为“慈禧皇太后”。“辛酉政变”成功后，于同年十一月与慈安皇太后在养心殿“垂帘听政”。光绪三十四年（1908 年）十月光绪皇帝驾崩，慈禧立溥仪为嗣皇帝，她被尊为太皇太后，次日即死于中海仪鸾殿，终年七十四岁，葬于河北遵化清东陵。

故宫现有《清代帝后玺印谱·慈禧卷》印谱一簿，内收录慈禧印 150 多方，这只是一少部分。在现藏的帝后印玺中，除了乾隆皇帝，属慈禧之印最多。

（一）名号印与闲章

现存仅带慈禧名号御笔、御览的印即 31 方。名号印有：

1．慈禧皇太后之宝

（1）青玉交龙纽“慈禧皇太后之宝”2 方；

（2）檀香木交龙纽“慈禧皇太后之宝”5 方；

（3）鸡血石“慈禧皇太后之宝”（图 16），通高 12.8 厘米，纽高 10.7 厘米，印面方 3.5 厘米，石中有红斑，鲜艳如鸡血，因为它出产很少，被誉为“印石之后”。

图 16. 慈禧皇太后之宝

（4）檀香木交龙纽“慈禧皇太后之宝”，是其中较大的一方。通高 17.2 厘米，印面方 25.3 厘米。

（5）檀香木盘龙纽“慈禧皇太后”印，通高 5.7 厘米，纽高 4.4 厘米。印面直径 9.6 厘米。圆形印，汉文阴刻。这件印比较特别，为盘龙纽圆形。按清制只有皇帝才可以用龙纽制印，但慈禧为显示自己的地位特殊，下令制造了一批龙纽印，纽为正龙，雕刻非常精细，印玺大部分是方形阳文印，用于政务[1]。

此印应是慈禧的闲章，用于书画上。即使是闲章，慈禧也要用龙纽，充分表现了慈禧的权利欲无时不在。

（6）青田石“慈禧皇太后之宝”，花寿山石兽纽“慈禧皇太后之宝”各 1 方。

2．慈禧皇太后御笔之宝

（1）青玉交龙纽“慈禧皇太后御笔之宝”3 方；

（2）檀香木交龙纽“慈禧皇太后御笔之宝”有 7 方，其中 1 方阴文印（图 17），通高 16.7 厘米，印面方 25.4 厘米，是清宫现存檀香木交龙纽“慈禧御笔之宝”尺寸较大的。

图 17. 慈禧皇太后御笔之宝

（3）花寿山石兽纽“慈禧皇太后御笔之宝”1 方。

在故宫西六宫储秀宫、翊坤宫、太极殿的匾上均有“慈禧皇太后御笔之宝”印文。以上 11 方有长形和方形，印文尺寸大小不等，

（4）铜质青金石纽“慈禧皇太后御笔之宝”印（图 18），通高 11 厘米，印面方 3.5 厘米。此印是慈禧的闲章，为青金石柄铜印。清代后妃经常以书画自娱，从而消磨时光[2]。慈禧喜欢写大字，“慈禧皇太后御笔”，用于慈禧的御笔书画上，反映了慈禧注重修身养性、寄情书画的心态。

1　李毅峰主编：《中国篆刻大辞典》页 296，河南美术出版社，1997 年。
2　周熙：《西太后与女画家缪嘉蕙》，《实说慈禧》页 177，紫禁城出版社，2004 年。

图 18. 慈禧太后御笔之宝

图 19. 慈禧皇太后御览之宝

图 20. 慈禧皇太后鉴赏之宝

3. 慈禧皇太后御览之宝

（1）檀香木交龙纽“慈禧皇太后御览之宝”，高 12.4 厘米，印面方 12.6 厘米，阳文。

（2）寿山石龙凤瑞兽纽“慈禧皇太后御览之宝”（图 19），高 12 厘米，印面方 12.35 厘米，阳文。印在光绪皇帝所题写的“颐和园”匾额上。位于匾额正上方钤有“慈禧皇太后御览之宝”印文，体现了她至高无上的特权[1]。

4. 慈禧皇太后鉴赏之宝

（1）寿山石“慈禧皇太后鉴赏”印，高 8.35 厘米，印面方 2.95 厘米。用于鉴赏。

（2）花寿山石人物纽“慈禧皇太后鉴赏之宝”（图 20），通高 6.25 厘米，纽 3.4 厘米，印面方 2 厘米，用于鉴赏。

5. 慈禧之宝

此印文宝共 5 方，均为檀香木交龙纽，宝文分别以阴文、阳文镌刻，其中最大的一方 29 厘米，任何场合鉴赏都可使用。

1 黄惇主编：《艺术学研究》（第 2 卷）页 198，南京大学出版社，2008 年。

图 21. 数点梅花天地心

图 22. 大雅斋

（二）慈禧闲章

慈禧掌权时期，还专门有为其代笔的女画家，名“缪嘉惠”，如慈禧画累了，即由代笔人代笔。缪嘉惠还为慈禧刻过印章。闲章有“千秋镜”“利居贞”“安贞吉”“膺多福”“芝田”“致中和”“德日新”“仁者寿”“恭则寿”“日舒长”“如是观”“欢喜园”等，但使用不多，而常用的有以下几方：

1. 檀香木交龙纽“数点梅花天地心”印（图 21）

通高 13.9 厘米，纽高 7 厘米，印面方 19 厘米。在慈禧皇太后御笔匾联上多用 3 印：“和平仁厚与天地同意”“慈禧皇太后御笔之宝”“数点梅花天地心”。故宫储秀宫檐下的“观相通乾”匾，依次钤之；体元殿西配殿的“乐道堂”匾及翊坤宫西配殿“道德堂”匾亦钤有此 3 印。该印文出自宋代翁森《四时读书乐》诗之末句：“读书之乐何处寻，数点梅花天地心。”[1]

2. 檀香木荷花纽“大雅斋”“天地一家春”“澄心正性”“乐寿堂”套印（图 22）

这是一组慈禧皇太后套印。每方印均长 3.2 厘米，宽 1.2 厘米，高 3.7 厘米。

“大雅斋”是圆明园内一匾额，“天地一家春”为圆明园内殿名，“澄心正性”是长春宫前匾额，“乐寿堂”为紫禁城宁寿宫殿名，慈禧皇太后曾经在此居住。她特别将其钟爱的堂斋“大雅斋”印制成多方，并在她喜好的瓷器等物品上冠有“大雅斋”款。慈禧御笔书画有《福禄寿字》轴、《牡丹图》轴等，上面有其钤盖的印文，还有“大雅斋”款瓷器。

慈禧为何对“大雅斋”情有独钟，并制作了多方印章？此“大雅斋”匾是慈禧为懿嫔时

1 郭福祥：《受命于天：故宫博物院藏清代御宝》页 214，紫禁城出版社，2009 年。

图 23. 安贞吉

图 24. 安贞吉

图 25. 乐在人和

图 26. 法天立道

咸丰皇帝所赐。咸丰五年（1855 年）咸丰帝曾书两幅“大雅斋”匾，分别挂于养心殿后殿耳房“平安室”和圆明园“天地一家春”殿内。平安室于同治九年（1870 年）改为燕禧堂，成为慈禧垂帘听政临时休息之处。同治大婚后，“大雅斋”匾移挂长春宫。所以，大雅斋成为慈禧的特别标志，她走到哪，其匾就搬到那里。故宫博物院藏有“大雅斋”匾，上有“大雅斋”“海涵春育”两印文。

3. 水晶狮纽“安贞吉”印（图 23、24）

此为对章，尺寸和印纽相同，1 方阴文、1 方阳文。

4. 檀香木雕花纽“乐在人和”印（图 25）

共 2 方，其中 1 方与“大圆宝镜”“清芬涵远”“天地一家春”印为一匣，另 1 方与“大雅斋”为对章。

5. 檀香木交龙纽“法天立道”（图 26）

2 方，印方形，尺寸分别为印面 3.7 厘米、3.9 厘米。印文均为阳文篆书，2 行各 2 字，其中 1 方于与“摛藻抒华”为一匣。

（三）宫殿印

慈禧的特权反映在很多方面，印章是其中之一。故宫现存有相当一部分宫殿鉴赏印，慈禧《印谱》并未载入，其原因是：一方面是数量大，另一方面只是陈设之用，基本没有使用的痕迹。

这些印有方形和长方形两种，大小不一；质地多为檀香木、岫岩石，仅有几方青玉印；

纽为交龙纽；印文也常有重复，主要是慈禧经常活动的几个宫殿，这些印按宫殿名称分别制作为大、中、小几种，同一尺寸的分别用阴阳镌刻各 1 方，所以宫殿印重复较多。慈禧曾经居住的储秀宫就有 47 方印之多，这些印章反映了慈禧的生活区域及晚年活动。

1. 精鉴玺

檀香木交龙纽“长春宫精鉴玺”、岫岩石交龙纽“翊坤宫精鉴玺”（图 27）、岫岩石交龙纽“丽景轩精鉴玺”、岫岩石交龙纽“储秀宫精鉴玺”、岫岩石交龙纽“体和殿精鉴玺”、碧玉交龙纽“绥福殿精鉴玺”等 50 多方。

2. 御赏印

檀香木交龙纽“体和殿御赏”、岫岩石交龙纽“翊坤宫御赏”、岫岩石交龙纽“养和殿御赏”（图 28）、岫岩石交龙纽“绥福殿御赏”、岫岩石交龙纽“元和殿御赏”、岫岩石交龙纽“储秀宫御赏”、岫岩玉雕花纽“丽景轩御赏”、岫岩石交龙纽“延洪殿御赏”等 20 多方。

图 27. 翊坤宫精鉴玺

图 28. 养和殿御赏

3. 珍赏印

岫岩石交龙纽“延洪殿珍赏”（图 29）、碧玉交龙纽“翊坤宫珍赏”、檀香木交龙纽“丽景轩珍赏”、檀香木交龙纽“体和殿珍赏”、檀香木交龙纽“储秀宫珍赏”、岫岩石交龙纽“绥福殿珍赏”、岫岩石交龙纽“元和殿珍赏”等 20 方。

4. 御笔印

有岫岩石交龙纽“绥福殿御笔”（图 30）、岫岩石交龙纽“延洪殿御笔”、岫岩石交龙纽“体和殿御笔”、岫岩石交龙纽“储秀宫御笔”、岫岩石雕花纽“丽景轩御笔”、岫岩石交龙纽“养和殿御笔”等 20 多方。

我们通过印文内容结合慈禧居住区域，可以了解其在紫禁城的生活环境和日常活动。长春宫为内廷西六宫之一，明永乐十八年（1420 年）建成，嘉靖十四年（1535 年）改为现名。同治、光绪时，慈禧曾在此居住数年。

储秀宫为内廷西六宫之一，明永乐十八年建成，嘉靖十四年改为现名。清晚期，慈禧在这里居住数年。养和殿为储秀宫前东配殿，绥福殿为前西配殿，南接转角游廊通体和殿。丽景轩为储秀宫后殿，慈禧太后为懿嫔时在此生同治帝载淳。光绪十年（1884 年）慈禧太后移住储秀宫时，将此殿命名为丽景轩。

翊坤宫为内廷西六宫之一，明永乐十八年（1420 年）建成，嘉

图 29. 延洪殿珍赏

图 30. 绥福殿御笔

靖十四年（1535 年）改为现名。此宫为二进院，光绪年将后殿改为穿堂殿，东西耳房亦改为一间通道与储秀宫连成四进院。

在《清代帝后玺印谱・慈禧卷》中收录有白寿山石云螭纽“昭景殿”、茶晶狮纽“万和殿”印，但经查档案文献并咨询故宫古建及颐和园有关专家，没有这些宫殿的记载，可能慈禧时期起好殿名没有起用，还有可能后来改其他殿名了，还有待今后考证。

（四）吉语印

《清代帝后玺印谱・慈禧卷》收录 4 字吉语印有 70 多方，多为檀香木，均为 5 厘米以下的小印。如“知乐仁寿”“乐民之乐”“澂心正性”“万古长乐”“如玉之福”“万物光辉”“明镜悬心”“道随时泰”“肇扬清芬”“如玉之嘉”“百顺鼎来”“爱物俭身”“养神和气”“永寿乐恺”“繁禧惟祜”“嘉承天和”“与物皆春”“承明受光”“天地同和”“万邦惟祜”等。故宫现藏慈禧吉语印介绍如下：

1. 檀香木雕云纽“赐福苍生”印

通高 3.1 厘米，纽高 1.3 厘米，印面方 1.8 厘米，一行 4 字，阳文篆字。

2. 水晶“嘉祥昭格”长圆印（图 31）

通高 4.5 厘米，长 1.65 厘米，宽 0.85 厘米。印模长圆形，篆字，一行 4 字，阴文。

图 31. 嘉祥昭格

《清代帝后玺印谱·慈禧卷》未收录的 4 字吉语印有 300 多方，在印谱中却没有收录。一方面因为印数量多，印体较大；另一方面，印文多有重复，并且不用。印多为檀香木交龙纽，也有少数雕花纽。尺寸有四种：

长 18.8 厘米，宽 19 厘米，通高 13.6 厘米；

长 12.5 厘米，宽 12.6 厘米，通高 11 厘米；

长 9.5 厘米，宽 4.79 厘米，通高 6.5 厘米；

长 3.2 厘米，宽 3.2 厘米，通高 5.3 厘米。

这 300 多方印，印文是重复的，只是有阳刻和阴刻、尺寸大小之分。有的还与印谱中 4 字印文相同，印文内容如下：

天临海镜、絜古手谟、昭章云汉、桐生茂豫、润生万物、居德思颐、翊佑传昌、贞筠瑞玉、肇扬清芬、繁霭惟祐、协此元春、春祺攸集、如春斯暄、万景攸正、以介丕祉、云和发韵、多福无疆、缉祉絣嘉、体清心远、金昭玉粹、百顺鼎来、明镜悬心、天临海镜、体仁包元、万景攸正、协此元春、与和气游、惟春之祺、嘉承天和、昭明有融、浩然天成、兰馨远馥、黄金共寿、云和发韵、康年笃祜、英华日新、光藻昭明、如玉之嘉、时和人寿、清风承景、松心竹节、河海庆膺、玉壶流渥、保定九如、居德思颐、与和气游、辉光相照、岁岁平安、罗浮真影……

“天临海镜”（图 32），檀香木交龙纽，出自南朝颜延之《应诏宴曲水作诗》中“太上正位，天临海镜”句，意为人君在上，如天之临，

图 32. 天临海镜

如海之镜[1]。

“昭章云汉”，昭章即照耀之意，云汉多义，一般形容美好的文章或文德，这里应是比喻帝王的美德。源自南朝王融的《三月三日曲水诗序》“昭章云汉，辉丽日月”[2]。

“桐生茂豫”，典自《汉书・礼乐志》“桐生茂豫，靡有所诎”，喻昌盛安乐之意[3]。

“润生万物”，典出《周易·正义》中“泽以润生万物，所以万物皆悦”，取雨水滋润万物，万物皆悦，君王恩惠养民，民亦皆悦之意[4]。

“协此元春”，出自《隋书・音乐志》“展礼肆乐，协此元春”，元春即正月初一。

“以介丕祉”，出自晋代束皙《补亡诗》“勖增尔虔，以介丕祉”，丕祉为大福之意[5]。

“惟春之祺”，与“桐生茂豫”同出自《汉书·礼乐志》，其中有“群生嘽嘽，惟春之祺”句。祺即福，幸福吉祥之意[6]。

“嘉承天和”，亦出自《汉书・礼乐志》中之“嘉承天和，伊乐厥福”句。伊，即此；厥，为其。此二句意为上天赐福，天子承受，喜庆欢乐[7]。

“昭明有融”，出自《诗经・大雅・既醉》“昭明有融，高朗令终”，形容光明盛长的样子[8]。

“黄金共寿”，据悉该语出自道光年间文人李元度的《蓍蕵赞》，其中有“黄金共寿，青膛争年”句。因蓍蕵有延年益寿之效，作者以“黄金”喻其花，“青膛”喻其叶[9]。

这些吉语印有的为慈禧活动区域的匾额：

“与和气游”（图 33），檀香木交龙纽，出自《汉书・王褒传》载《圣主得贤臣颂》：恩从祥凤翱，德与和气游。为静宜轩勤政殿内匾额，为乾隆皇帝御书。

“金昭玉粹”，典出南朝颜延之《诏宴曲水诗》“金昭玉粹，德有润身”。漱芳斋西室殿后穿堂后西向匾额“金昭玉粹”，本意为像金玉般明美，形容装饰灿烂辉煌，后比喻治国有方，政绩卓著[10]。总之，慈禧恨不得将世间美好的词语汇集一身。

综合以上慈禧的闲章，其数量之多已是少有，而印体之大更是罕见，有的尺寸甚至超过乾隆帝的碧玉“太上皇帝之宝”玺，但由于国力衰败，质地多为檀香木。慈禧闲章还有以下特点：

---

1 吴凯主编：《中国社会民俗史》（第 5 卷）页 2252，中国古籍出版社，2010 年。
2 《汉语大词典普及本》页 480，汉语大词典出版社，2000 年。
3 李土生：《土生说字》（第 8 卷）页 171，中央文献出版社，2009 年。
4 白寿彝、曹述敬主编，崔枢华等选注：《文史英华：群经卷》页 105，湖南出版社，1993 年。
5 《汉语大词典普及本》页 65，汉语大词典出版社，2000 年。
6 （宋）韩琦撰，李之亮、徐正英笺注：《安阳集编年笺注（下）》页 999，巴蜀书社，2000 年。
7 （汉）班固撰，王继如主编：《汉书今注（二）》页 576，凤凰出版社，2013 年。
8 沐言非主编：《中华经典藏书：诗经》页 309，云南人民出版社，2013 年。
9 文亚杰、刘进球主编：《南岳诗文联选粹》页 7，湖南人民出版社，2002 年。
10 冷玉龙、杨超主编：《成语辞海》页 528，上海辞书出版社，2014 年；李文君：《紫禁城六百楹联匾额通解》页 266，紫禁城出版社，2006 年。

图 33. 与和气游

图 34. 天地同和

（一）不同质地、印文相同印

比如，“天地同和”章（图 34），有寿山石章及水晶狮纽章，“含和履中”印有檀香木交龙纽及青玉圆印等。

（二）质地、印文均相同印

檀香木交龙纽“昭章云汉”印（图 35），共有 9 方，只是尺寸不同；檀香木交龙纽“道湛天初”印共有 9 方；其中有一方与檀香木交龙纽“长春宫精鉴玺”为一组；檀香木交龙纽“镜荣烛和”印 9 方；檀香木交龙纽“昭明有融”印 9 方；故宫现藏嘉庆帝有“昭明有融”印，慈禧太后也制有此印，从这里看到慈禧还继承清代皇帝的印文[1]。

（三）成组印

檀香木雕花纽“乐在人和”“大圆宝镜”“清芬涵远”“天地一家春”为一匣；檀香木交龙纽“冰清玉润”“六幕同春”（图 36）。“日报平安”“含香体洁”印为一匣；檀香木交龙纽“法天立道”“摛藻抒华”为一匣等。

（四）带款印

寿山石狮纽“中和位育”印（图 37），寿山石狮纽“保合太和”印，边刻“吴永恭制”。吴永（1865—1936 年），字渔川，浙江吴兴人，1897 年任怀来知县。后八国联军进攻北京，慈禧、光绪帝西逃，

图 35. 昭章云汉

1 郭福祥主编：《清代帝后玺印谱·嘉庆卷》页 103，《清代帝后玺印谱·慈禧卷》页 34，故宫出版社，2013 年。

图 36. 六幕同春

图 37. 中和位育

图 38. 御、笔

图 39. 养寿

吴永在怀来接驾有功，得慈禧赏识，调广东任官。1911 年以后任外交部烟台交涉使及侨工事务局局长。吴永为曾国藩孙女婿，与李鸿章关系匪浅，著有《庚子西狩丛谈》。故宫另外还有其所刻“怡情悦性”印 1 方[1]。

（五）缪嘉惠刻印

慈禧掌权时期，专门有为其代笔的女画家，名缪嘉惠。缪嘉惠也常为慈禧篆刻闲章，有鸡血石“御”“笔”印，寿山石三鱼纽“养寿”印，花寿山石兽纽“乐琴书，寿永年”印，花寿山石人物松树“福寿仁恩”方印，黄寿山石狮纽“平安”长方印，石兽纽“恩风长扇”长方印，檀香木龙纽“雅道清心”方印，檀香木兽纽“恭则寿”方印，石兽纽“吉善长久”方印，檀香木荷花纽“德日新”长方印，青玉雕龙戏珠檀香木荷花纽“德日新”长方印附青玉雕龙圆印色盒（图 38–48）。

光绪十五年（1889 年）皇帝大婚，慈禧二月初归政。但她未搬入太后宫殿慈宁宫，而是迁入乾隆年间修建的太上皇宫殿——宁寿宫。光绪十六年（1890 年）慈禧住中南海丰泽园；光绪十七年（1891 年）

图 40. 乐琴书，寿永年

1 郭福祥主编：《明清帝后玺印》页 184，北京：国际文化出版公司，2003 年。
郑宪春：《中国笔记文史》页 956，湖南大学出版社，2004 年。
杨仁恺：《中国书画鉴定学稿》页 318，辽海出版社，2000 年。

图 41. 福寿仁恩

图 42. 平安

图 43. 恩风长扇

图 44. 雅道清心

图 45. 恭则寿

图 46. 吉善长久

图 47. 德日新

图 48. 青玉雕龙圆印色盒

四月住颐和园；光绪二十四年（1898 年）八月戊戌变法失败，光绪皇帝被幽禁于瀛台。第三次垂帘听政，慈禧每日之朝，或在紫禁城乾清宫，或在中南海勤政殿，或在颐和园的仁寿殿。慈禧历经咸丰、同治、光绪三朝，以咸丰的“御赏”“同道堂”两枚闲章得到了权力，统治清代两朝达 48 年之久[1]。在慈禧统治的 48 年中，她的庆寿典礼，初在慈宁宫，晚年在宁寿宫前

1 徐启宪：《“御赏”“同道堂”章与慈禧篡权》，刘兆记：《实说慈禧》页 83，紫禁城出版社，2004 年。

殿——皇极殿，七十大寿则在颐和园仁寿殿受贺。

二、同治妃印

同治帝共有一个皇后和 4 个妃嫔。同治皇帝驾崩后，慈禧拥立载湉即位，即光绪帝。皇后在同治帝去世一年内去世。光绪帝童年深受同治帝慧妃的精心照料，对慧妃的敬爱之情也非同一般。光绪二十四年（1898 年），光绪帝被囚于瀛台，慧妃不满慈禧的做法，多次在慈禧面前为光绪帝开脱，慈禧太后对慧妃由喜欢渐渐转为厌恶。慧妃见朝政如此腐败，光绪帝身体又弱不禁风，也难有作为，心中郁郁不乐，不久病倒[1]。光绪三十年（1904 年）慧妃病逝后，谥号为淑慎皇贵妃。

故宫仅有慧妃册封的印、册各 1 件，再无其他印章。下面将同治帝另外三妃之印介绍如下：

（一）庄和皇贵妃

庄和皇贵妃（1857—1921 年）为同治帝珣妃。光绪二十年正月，慈禧太后六十大寿，晋封为珣贵妃。三十四年（1908）十月，宣统帝继位，尊封为皇考珣皇贵妃。1921 年去世，终年六十四岁。

现故宫仅存其 1 方寿山石“庄和皇贵妃之宝”，通高 9.5 厘米，印面长 4.6 厘米，宽 4.5 厘米。随形光素，此印系宣统退位后“庄和皇贵妃”的闲章，这是故宫现藏庄和皇贵妃唯一的一方闲章。

（二）敬懿皇贵妃

敬懿皇贵妃（1856—1931 年）为同治帝瑜妃。宣统帝继位，尊封为皇考瑜皇贵妃。1913 年，尊称为敬懿皇贵妃，1922 年溥仪结婚时，晋敬懿皇太妃。1931 年，瑜皇贵妃去世，终年七十六岁。由于敬懿皇贵妃在宫中生活时间较长，就其兴趣爱好而言，印章相对比同治其他妃子多，也是情理之中的。

1. 木质银龙纽“敬懿皇贵妃之宝”

通高 11.1 厘米，纽高 8.9 厘米，印面长 12 厘米，宽 12.2 厘米。印文四周刻有云龙海水花纹。此宝有仿册封宝“敬懿皇贵妃之宝”之嫌（实际上册封宝在存）。通过款边刻“宣统六年鸿兴楼制造”，看到此印不是宫内制作。此“敬懿皇贵妃之宝”制成不伦不类的印质，应是为区别一般木印。

1 邓占军：《同治帝后妃传奇》页 269，中国人民大学出版社，2001 年。

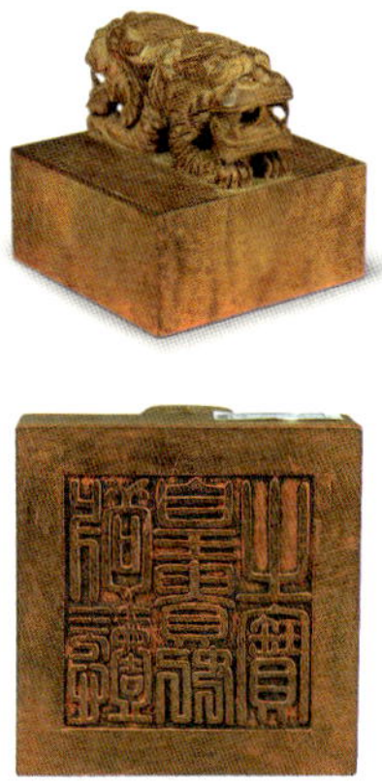

图 49. 敬懿皇贵妃之宝

图 50. 静者之怀和若春

图 51. 所乐自在山水间

图 52. 敬懿主人

2. 檀香木交龙纽“敬懿皇贵妃之宝”（图 49）

通高 9 厘米，纽高 4.7，印面方 9.5 厘米。印文 3 行，中行 3 字，其余 2 行各 2 字，阳文篆字。

3. 檀香木交龙纽“静者之怀和若春”印（图 50）

通高 9 厘米，纽高 4.5 厘米，印面方 9.6 厘米，阴文篆字。

4. 檀香木交龙纽“所乐自在山水间”印（图 51）

通高 8.8 厘米，纽高 4.4 厘米，印方 9.6 厘米，阴文篆字。以上三方为一组印。

5. 寿山石盘桃纽“敬懿皇贵妃之宝”

通高 6.2 厘米，印面方 3.3 厘米，阴文篆字。

6. 木质龙纽“敬懿皇贵妃之宝”

通高 9.5 厘米，纽高 5.2 厘米，印长 12.4 厘米，宽 12.25 厘米，阳文篆字。

7. 牙质椭圆“敬懿主人”印（图 52）

通高 3.85 厘米，印面长 1.05 厘米，宽 0.85 厘米，阳文篆字。

8. 牙质椭圆“敬懿”印

通高 3.8 厘米，印长 1.05 厘米，宽 0.8 厘米，阳文篆字。

（三）荣惠皇贵妃

荣惠皇贵妃为同治帝瑨妃，同治十三年（1874 年）十一月封为嫔。光绪二十年（1894）慈禧太后六十大寿，命晋封为瑨妃。宣统帝继位，尊封为皇考瑨贵妃。清帝退位后，称为荣惠皇贵妃，1922 年晋敬懿皇太妃，终年八十岁。故宫现存有闲章 3 件。

1. 檀香木交龙纽“荣惠皇贵妃之宝”

通高 7.5 厘米，纽高 4 厘米，印面方 7 厘米。印文 3 行，中行 3 字，其余 2 行各 2 字，阴文篆字。

2. 檀香木交龙纽“荣惠皇贵妃之宝”（图 53）

通高 8.1 厘米，纽高 4.4 厘米，印面方 12.5 厘米。印文 3 行，中行 3 字，其余 2 行各 2 字，阳文篆字。

图 53. 荣惠皇贵妃之宝

3. 寿山石雕云龙纽“荣惠皇贵妃之宝”

通高 14.85 厘米，纽高 2.5 厘米，印面方 6.9 厘米。此印虽为民国时期制作，但在后妃印中是雕刻比较好的。2016 年 10 月，赴福建“寿山石回故乡展”时，经当地专家鉴定，其质地为广绿石。

台北故宫博物院还收藏有一方檀香木双云龙纽“荣惠皇贵妃御笔之宝”，通高 8.2 厘米，纽高 4.4 厘米，印面方 12.3 厘米。附有原印匣。

同治皇帝珣妃、瑜妃、瑨妃 3 人当时都居住慈宁宫区，更重要的是她们不掌握权力，也不受重视。荣惠太妃除了整日诵经念佛外，还配制了几种药丸，供在菩萨像前诵经多日，才拿出来施舍给人。荣惠贵妃（瑨妃）1935 去世，她是后妃中寿命最长的一位。同治皇帝的 4 位妃子，有两位寿数超过隆裕皇后和瑾、珍两妃，所以，她们的闲章与其生活状态有着很重要的关系。

三、隆裕皇后闲章

隆裕皇后（1868—1913 年），在光绪十五年（1889 年）正月被立为皇后，长光绪皇帝 3 岁，光绪三十四年（1908 年）十月，溥仪即位后尊为皇太后。宣统三年（1911 年）十二月二十五日同皇帝下诏逊国[1]。因光绪帝宠爱珍妃，隆裕皇后一生不幸福。清帝逊位以后，一切并不像她想象的那样，于是终日忧郁，积郁成疾。隆裕皇太后有闲章 30 多方，均为檀香木，有“隆裕皇太后之宝”5 方，“隆裕皇太后御览之宝”4 方，“隆裕皇太后御笔之宝”8 方，“皇后御笔之宝”3 方，“皇太后御笔”4 方及“御笔”8 方，“皇太后之宝”2 方，“皇后御笔之宝”4 方，分别介绍如下：

图 54. 隆裕皇太后之宝

1 李治亭主编：《爱新觉罗家族全书·世系源流》页 433，吉林人民出版社，1997 年。

图55. 隆裕皇太后御览之宝

1. "隆裕皇太后之宝"

（1）檀香木云蝠纽，通高 3.15 厘米，纽高 1.54 厘米，印面方 3.15 厘米。

（2）檀香木交龙纽（图 54），通高 8.9 厘米，纽高 4.9 厘米，印面方 12.5 厘米。

（3）檀香木交龙纽，通高 8 厘米，纽高 4.3 厘米，印面方 9.5 厘米。

（4）檀香木交龙纽，通高 6 厘米，纽高 3 厘米，印面方 6.4 厘米。

（5）檀香木交龙纽，通高 6.2 厘米，纽高 3.5 厘米，印面方 6.7 厘米，印模为圆形。

以上 5 方应是隆裕被封为皇太后的闲章。印文均为 3 行，阳文篆字。其区别只有尺寸大小不同，其中 1 方印模为圆形。

2. "隆裕皇太后御览之宝" 4 方

（1）檀香木云蝠纽（图 55），通高 3.5 厘米，纽高 2 厘米，印面方 3.1 厘米。

（2）檀香木交龙纽，通高 5.7 厘米，纽高 2.9 厘米，印面方 6.2 厘米。

（3）檀香木交龙纽，通高 7.5 厘米，纽高 3.8 厘米，印面方 9.35 厘米。

（4）檀香木交龙纽，通高 9.7 厘米，纽高 5.1 厘米，印面方 12.6 厘米。

以上 4 方为其当皇太后御览时用的闲章。印面均为 4 行，左第 2 行 3 字，其他 3 行各 2 字，阳文篆字。

3. "隆裕皇太后御笔之宝" 8 方

（1）檀香木交龙纽，通高 4.5 厘米，纽高 2.35 厘米，印面直径 4.65 厘米。印模圆形，阳文篆字。

（2）檀香木交龙纽（图 56），通高 5.7 厘米，纽高 2.8 厘米，印面方 6.3 厘米，阳文篆字。

（3）檀香木交龙纽，通高 3.6 厘米，纽高 1.8 厘米，纽高 1.9 厘米，印面方 3.2 厘米，阳文篆字。

（4）檀香木交龙纽，通高 9.4 厘米，纽高 4.9 厘米，印面方 12.6 厘米。印文 4 行，左第 2 行 3 字，其余 3 行各 2 字，阳文篆字。

（5）檀香木交龙纽，通高 8.6 厘米，纽高 4.1 厘米，纽高 4.6 厘米，印面方 11 厘米，阳文篆字。

图56. 隆裕皇太后御笔之宝

（6）檀香木交龙纽，通高 7.9 厘米，纽高 4.25 厘米，印面方 9.4 厘米。印文 4 行，左第 2 行 3 字，其余 3 行各 2 字，阳文篆字。

（7）檀香木交龙纽，通高 4.75 厘米，纽高 2.6 厘米，纽高 2.2 厘米，印方 4.75 厘米。印文四行，左第 2 行 3 字，其余 3 行各 2 字，阳文篆字。

（8）檀香木交龙纽，通高 7.5 厘米，纽高 4 厘米，印面长 7 厘米，宽 6.8 厘米，为阴文篆字。

4. “皇太后御笔” 4 方

（1）茶晶狮纽，通高 13 厘米，纽高 5 厘米，印面方 3.85 厘米，阴文。

（2）茶晶狮纽，通高 13 厘米，纽高 5 厘米，印面方 3.85 厘米，阳文。以上两方为对章。

（3）檀香木云龙纽，通高 6.1 厘米，纽高 3 厘米，印面长 9.5 厘米，宽 4.35 厘米。1 行 5 字，阳文楷书。

（4）檀香木云龙纽，通高 6.1 厘米，纽高 3 厘米，印面长 9.4 厘米，宽 4.55 厘米。1 行 5 字，阳文楷书。以上 2 方为对章。

5. “御笔” 8 方

（1）檀香木云龙纽，通高 6.1 厘米，纽高 3 厘米，印面长 4.7 厘米，宽 3.05 厘米。1 行 2 字，阳文楷书。

（2）檀香木云龙纽，通高 6.1 厘米，纽高 3 厘米，印面长 4.7 厘米，宽 3.05 厘米。1 行 2 字，阳文楷书。以上 2 方为对章。

（3）檀香木云龙纽通高 6.1 厘米，印高 3.1 厘米，纽高 3 厘米，印面长 3.9 厘米，宽 2.2 厘米。

（4）–（8）檀香木云龙纽“御笔”小印，共 5 方，印大小相同。通高 6.1 厘米，印高 4.6 厘米，印面长 1.7 厘米，宽 1 厘米。

这 8 组“御笔”印与上组“皇太后御笔”印（3）（4），均为檀香木云龙纽，10 件为一木匣，印均为长方形，只有大、中、小之分。上有红色印泥，有使用痕迹。

6. “皇后御笔之宝” 4 方

（1）檀香木交龙纽（图 57），通高 5.25 厘米，纽高 2.9 厘米，印面方 4.7 厘米。3 行各 2 字，阳文篆字。

（2）檀香木交龙纽，通高 5.6 厘米，纽高 2.7 厘米，印面方 5 厘米。3 行各 2 字，阳文篆字。

图57. 皇后御笔之宝

图 58. 瑾印

（3）檀香木交龙纽，通高 9.8 厘米，纽高 5 厘米，印面方 12.5 厘米。3 行各 2 字，阳文篆字。

（4）檀香木交龙纽，通高 6.4 厘米，纽高 3.5 厘米，印面方 6.8 厘米。3 行各 2 字，阳文篆字。

以上有两件没有使用痕迹。所以此 4 方“皇后御笔之宝”很可能是隆裕当皇后时的印玺，当时慈禧掌握大权，没有使用的机会。

四、端康皇贵妃印

端康皇贵妃为光绪皇帝瑾妃，在溥仪小朝廷时期有一定权威，所以印章比其他年长妃要多些。故宫现存 14 件套（24 件）。

1. 田黄石凤纽“瑾印”（图 58）

通高 2.1 厘米，纽高 0.5 厘米，长 1.25 厘米，宽 1.05 厘米。印模长方形，2 行各 1 字，阳文篆字。凤纽，头向后趴在背上，翅尾刻有羽毛。这是光绪时期瑾妃唯一的闲章。

2. 寿山石组印 9 方（图 59）

（1）“端康皇贵妃御笔之宝”“永寿在天和乐且康”印

高 3.75 厘米，长 11.35 厘米，宽 5 厘米，一面阴文、一面阳文。

（2）“同顺斋”印

高 3.5 厘米，长 4.9 厘米，宽 1.9 厘米，阳文。

（3）“朱书此符能救产难”印

图 59. 寿山石组印 9 方

高 3.4 厘米，长 10.3 厘米，宽 4.5 厘米，阳文。

（4）“奉行”印

高 3.35 厘米，长 3.25 厘米，宽 1.95 厘米，阳文。

（5）“悉怛哆般怛啰”印

高 3.4 厘米，长 10 厘米，宽 2 厘米，阳文。

（6）“南无萨哆喃三藐三菩驮俱胝南怛塔唵折隶主隶准提婆诃”

高 3.5 厘米，长 18.1 厘米，宽 6.25 厘米，阳文。

（7）“顺积啰恰耶婆诃”印，高 3.3 厘米，长 10 厘米，宽 1.95 厘米，阳文。

（8）“唵嘛呢叭𠺗吽”印

高 3.5 厘米，长 10 厘米，宽 2 厘米，阳文。

（9）“曼寂啰曼寂啰室缚里楞曼寂啰”印

高 3.5 厘米，长 18.1 厘米，宽 4 厘米，阳文。

以上 9 方印附印匣一件，装于木盒内，上有绿字“慈祥仁寿”。此组印均为灰寿山石，光素，前 2 印印文为汉字，后 7 印的印文为藏文佛教用语。印顶及侧面分别有汉译的印文，字阴刻并描红，可看出端康皇贵妃对佛教的尊崇。

3. 昌化石“端康皇贵太妃御笔”印

高 11.6 厘米，印面方 5.9 厘米，光素随形。

4. 青田石“端康皇贵太妃御笔之宝”

高 6.55 厘米，长 5.7 厘米，宽 5.55 厘米，光素。

5. 花寿山石狮纽“端康皇贵太妃御笔之宝”

通高 11.75 厘米，纽高 4.3 厘米，印面方 4 厘米。

6. 檀香木圆柱纽“皇贵妃御笔之宝”

通高 13.2 厘米，纽高 10.4 厘米，长 11.9 厘米，宽 11.5 厘米。4 行各 2 字，阳文篆字。

7. 铜狮纽“端康皇贵妃御笔之宝”（图 60）

通高 11.4 厘米，纽高 7 厘米，长 15.6 厘米，宽 15.5 厘米，阳文篆字。

8. 昌化石鸡血石“端康皇贵太妃御笔”印

高 3.6 厘米，印面方 2 厘米，随形光素。

9. 檀香木长形木纽“端康皇贵太妃御笔之宝”

通高 6.85 厘米，纽高 4.5 厘米，印面方 11.5 厘米。印文 3 行，左行 2 字，其余 2 行各 4 字，阳文篆字。

10. 檀香木长方形纽“端康皇贵太妃御览之宝”

通高 8.3 厘米，纽高 4.8 厘米，印面方 15.4 厘米。印文 3 行，左行 2 字，其余 2 行各 4 字，

图 60. 端康皇贵妃御笔之宝

阳文篆字。印面白色，没有使用痕迹。

11. 檀香木长方形纽“端康皇贵太妃御览之宝”

通高 6.95 厘米，纽高 4.6 厘米，印面方 11.35 厘米，阳文篆字。

12. 檀香木交龙纽“端康皇贵太妃御笔之宝”

通高 8 厘米，纽高 4.7 厘米，印面方 11.65 厘米。印文 3 行，左行 2 字，其余 2 行 4 字，阳文篆字。上面长方形纽有黄条，字同印文。

13. 檀香木长方形纽“端康皇贵太妃御笔之宝”

通高 7.75 厘米，纽高 4.5 厘米，印面方 15.5 厘米，阳文篆字，印上有黄条，写有印文。

14. 昌化石组印

（1）“端康皇贵太妃”，通高 5.4 厘米，印面方 1.4 厘米。印模正方形，阳文篆字。

（2）“养寿”长圆印，通高 2.6 厘米，印面长 1.8 厘米，宽 0.7 厘米。印模长圆形，阳文篆字。

（3）“御笔之宝”，通高 5.45 厘米，印面方 1.35 厘米。印模正方形，阴文篆字，2 行各 2 字。

此 3 方印均随形光素，附瓷印盒，与 3 印同存 1 木匣。

瑾妃于 1924 年 9 月去世，但在溥仪小朝廷时期，其与同治的三个妃子不合而时常不愉快。1923 年，“癸亥六月，奉旨乾清宫、永和宫寿药房并为一事改组”，[1] 至今永和宫药房的匾额还存于故宫库房中，上面有端康皇贵妃（瑾妃）的印文。珣、瑾二妃先故于宫内。民国十三年（1924 年）瑜妃、瑨妃随溥仪出宫，居于东城麒麟碑胡同。数年后寿终，葬东陵妃嫔陵寝。

四位太妃里最年轻的要数端康太妃，作为光绪帝的瑾妃，她住在永和宫内，她入宫的时候是在光绪十五年（1889 年），比其他三位太妃（同治的珣妃、瑜妃、瑨妃）自然要晚些。她待客随和，处事也较为开通。宫中的四位太妃，瑜妃称珣妃为“姑姑”，珣妃等都称呼瑜妃为“三姐”，瑨妃为“九姐”，瑾妃为“胖妹妹”。[2]

1 上（宣统）药房派院判赵文魁待理一切。
2 任锡庚：《太医院志》页 8，1923 年，石印本。

清代帝后谥号册宝

由皇帝尊号、谥号、庙号、年号、陵寝号等构成的名号系统，对突出皇权、加强君主专制，有着重大意义。加上谥号之制，一般的说法认为是源于周朝。谥号自出现到清末，期间虽在秦始皇时期被明令废除，但是自汉朝恢复以后始终盛行不衰，终于形成了一套制度。按照儒家的观点，谥法的目的是通过对死者的道德功业进行评价，或肯定其一生的贡献，或斥责其伦理的沦丧，从而起到抑恶扬善、维护封建礼制的作用。

到了明清时，谥法进入了衰败期。谥号的作用也由过去的抑恶扬善，变成了只褒不贬。尤其是对清朝的皇帝、皇后和妃嫔，更是完全削去了恶谥。

一、上谥礼仪

皇帝崩，未上尊谥前称“大行皇帝”，升祔太庙之后有谥号庙号。清代上谥号礼仪，先由皇帝降旨命六部九卿议奏，奉旨圈出之后由钦天监择吉日，经礼部具奏上尊谥。

（一）上谥仪式

谥前三天斋戒，并在上谥前一日，遣官祀告天、地、太庙后殿、奉先殿、社稷等处。

是日，在太和门外中央，鸿胪寺官设宝案在右，册案在左，由銮仪卫官设宝册彩亭在阶下，册亭在前，宝亭在后，并在大行皇帝梓宫门外设大驾卤簿。

皇帝率群臣行三跪九叩礼，典仪官宣“进册”“进宝”，宣读册、宝文之后把绢宝及绢册同祀文、奠帛焚化。次日颁诏天下。

康熙六十一年（1722 年），圣祖崩，大殓，命王公大臣乾清门瞻仰梓宫，并命皇子、皇孙行礼丹墀上，公主、福晋等咸集几筵殿前，雍正帝及诸皇子成服。以东庑为倚庐，颁遗诏，论礼臣增订仪节。群臣议进尊谥，帝亲刺指血圈用“圣祖”字。礼臣进仪注未惬意，更定。前期并祇告奉先殿，至日阅册、宝讫，帝行一跪三拜礼，东次西向立，俟册宝亭行始还宫，豫至殡倚庐恭俟。

雍正元年（1723 年），世宗母仁寿皇太后乌雅氏崩，丧礼如孝惠，谥曰孝恭仁皇后，与圣祖合葬景陵。时帝遭圣祖丧，斋居善心殿，服竟，仍终太后丧。辅臣援圣祖丧礼请服阕行祫祭，帝曰：“父母之丧，人子之心则一，帝后之礼，国家之制迥殊。今届皇妣释服期，涖日祭告奉先殿，无颁谕中外为也。”

凡上大行皇帝尊谥“香册、香宝致祭时恭献后即奉安山陵，绢册、绢宝宣读送燎位，是皆上尊谥所用也。若夫进玉册、玉宝则以尊藏太庙。”[1] 又规定：“凡皇帝恭上皇考，皇妣尊谥、庙号，敕工部制玉册、玉宝，加上列圣、列后尊谥册，敕重制玉册，改镌玉宝。”[2]

玉册、玉宝之制，从顺治时始。册长八寸八分，广三寸九分，厚四分，册页数十，面底二页镌升降龙。宝方四寸二分，厚一寸五分，纽二寸七分，长四寸二分，广二寸五分，盝金质。凡太庙用宝皆用玉，色青白。册文骈体，宝文同谥号，曰“某祖某宗某皇帝之宝”，后曰“某皇后之宝”。

（二）档案记载

1. 乾隆二十四年（1759 年）规定

皇帝圈出大行帝后谥号，由礼部通过工部领取物料，准备绢册宝、香册宝。制成后，工部回报告礼部，再由钦天监选择吉日，翰林院官豫撰册文，翻书房译清文照例合篆宝文，然后移交内阁典籍厅，由刊刻工匠执刻，册宝成，敬贮内阁。

玉册计十页，每页高九寸，宽四寸五分，厚四分，龙文二页，各镌升降行龙二，折宽一寸，长一尺一寸，鳞角全，满刻流云，清文五页，汉文三页。玉钱一，径二寸，厚六分。钱孔一，见方五分，围起线边，刻满汉“天下太平”字。册文填青，徽号填金；玉宝交龙纽，纽高二寸九分，台高一寸六分，通高四寸五分，见方五寸，纽镂玲珑龙身。宝面镌清汉字，均储楠

1 《清文献通考》卷一〇九，宗庙考，页 1521，文渊阁四库全书本。
2 《清续文献通考》卷一五九，宗庙考，页 2874，民国景十通本。

木大箱，由内务府制办，另有香册香宝，祭后即奉安山陵，绢册、绢宝宣读书送燎，皆上尊谥所用。[1]

玉册、玉宝制作程序是由内务府造办处镌刻宝形及册文页码；内务府将制成的玉册、玉宝交内阁；翰林院撰写宝册清文，内开书写汉篆；由钦天监选择吉日刊刻，由内务府造办处匠作玉工镌刻册宝文。册宝文镌刻完毕，由翰林院官赴内阁核对册宝文，内阁满本堂核对满文，确定无误，交内务府，移至太庙。进册宝礼成，册宝尊藏太庙中殿柜中，柜为黄漆木质，置列帝后神龛旁；如果加议帝后尊谥，则重造玉册，改镌玉宝。

二、谥号册宝

谥册、谥宝是皇帝为已故前代皇帝、皇后进谥号时制用之物，即庙号加谥语、加庙谥。根据帝后一生事绩谥褒不谥辱的原则，清尊谥前祖，始于皇太极。皇帝谥号前两个字为庙号，其后是颂词，最后是谥号。颂词两字为一组，新帝继位后要为以前的列后加谥，谥语两字一组，清朝皇帝谥号字数，以太祖努尔哈赤最多，不包括庙号和庙谥共 24 字。以后各帝则最多为 22 字。皇帝谥号，一般是初次上 18 或 20 字，以后各代累次上谥，至 22 字为止。

皇后的谥号，初次上 12 字，后世每代加上两字，最多为 16 字。其随皇帝配享太庙者，除在谥号中有“某天某圣”字样外，还要在谥号最后加上皇帝庙谥。所谓庙谥，即是皇帝谥号中的最后一个字。妃嫔谥号，按清制皇贵妃可以谥 2 字，贵妃以下一般无谥。

（一）谥宝谥册

清代对上谥宝、谥册有严格的规定和仪式，谥册、谥宝一般 3 份:绢册、绢宝仪式后焚化，香宝、香册安葬于陵寝，玉宝、玉册尊藏于京师太庙。

1. 皇帝谥号

也有屡次议谥的，如崇德元年（1635 年）皇太极为努尔哈赤上谥曰“承天广运圣德神功肇纪立极仁孝武皇帝”。到了康熙元年（1662 年）改谥为“承天广运圣德神功肇纪立极仁孝睿武弘文定业高皇帝”，雍正元年（1723 年）加“端毅”2 字，乾隆元年（1736 年）加“钦安”2 字，致使其全谥为：“承天广运圣德神功肇纪立极仁孝睿武端毅钦安弘文定业高皇帝。”如光绪皇帝庙号为“德宗”，颂词为“同天崇运大中至正经文纬武仁孝睿智端俭宽勤”，谥号为“景”。

---

1 《清续文献通考》卷一六〇，宗庙考二，页 2876，民国景十通本。

2. 皇后谥号

随皇帝配享太庙者，除在谥号中有以“孝”字开头，中间有“某天某圣”字样外，还要在谥号最后加皇帝庙谥。所谓庙谥，即是皇帝谥号中的最后一个字，如清太祖谥号中的“高”，清世祖谥号中的“章”字，均为庙谥。皇后所系之谥必须是该皇后丈夫的谥号，如乾隆帝谥号为“法天隆运至诚先觉体元立极敷文奋武孝慈神圣纯皇帝”，他的皇后谥号为“孝贤诚正敦穆仁惠徽恭康顺辅天昌圣纯皇后”，二者都用一个“纯”字。妃嫔谥号，按清制皇贵妃可以谥 2 字，贵妃以下一般无谥。据统计，在清代 15 位妃嫔得到了谥号。清代制度规定：凡皇帝恭上皇考、皇妣尊谥、庙号，敕工部制玉册、玉宝，加上列圣、列后尊谥，敕重制玉册，改镌玉宝。

如清高宗（乾隆）孝贤纯皇后，乾隆十三年（1748 年）初谥孝贤皇后，嘉庆四年（1799 年）上谥为“孝贤诚正敦穆仁惠辅天昌圣纯皇后”，嘉庆二十五年（1820 年）加“徽恭”二字，道光三十年加“康顺”2 字，并按照谥号制造的玉宝、玉册。

而慈禧的谥号打破了规制。除所系文宗谥号的“显”字之外，一次上谥 22 字，与皇帝谥号相等。“孝钦慈禧端佑康颐昭豫庄诚寿恭钦献崇熙配天兴圣显皇后”为宣统元年上孝钦显皇后谥册、谥宝，为清代皇后中较特殊者。

3. 帝后谥宝、谥册

故宫博物院现藏清代帝后谥宝 45 方、谥册 105 件，现将其列表如下：

清代帝后谥宝

序号	文物号	名称	尺寸（厘米）	备注
1	故 166342	碧玉交龙纽“肇祖原皇帝之宝”	通高 14.65 纽高 8.2 印面方 13.7	努尔哈赤六世祖，顺治五年上谥宝
2	故 166746	白玉交龙纽“肇祖原皇帝宝”	通高 11.5 纽 5.91 印面方 12.6	清初
3	故 166345	碧玉交龙纽“原皇后之宝”	通高 11.5 纽 5.9 印面方 11.4	
4	故 166349	碧玉交龙纽“兴祖直皇帝之宝”	通高 11.5 纽 5.91 印面方 12.6	
5	故 166328	碧玉交龙纽“直皇后之宝”	通高 11.6 纽高 6 印面方 12.5	
6	故 166333	碧玉交龙纽“景祖翼皇帝之宝”	通高 11.3 纽高 5.7 印面方 12.6	
7	故 166352	碧玉交龙纽“翼皇后之宝”	通高 11.3 纽高 6.1 印面方 12.6	
8	故 166336	碧玉交龙纽“显祖宣皇帝之宝”	通高 11.6 纽高 6 印面方 12.6	
9	故 166338	碧玉交龙纽“宣皇后之宝”	通高 11.5 纽高 6.2 印面方 12.6	
10	故 166329	碧玉交龙纽“太祖承天广运圣德神功肇纪立极仁孝睿武端毅钦安弘文定业高皇帝之宝”	通高 11.7 纽高 6.1 印面方 12.6	努尔哈赤皇帝，乾隆元年上谥宝
11	故 166334	青玉交龙纽“孝慈昭宪敬顺仁徽懿德庆显承天辅圣髙皇后之宝”	通高 11.5 纽高 6.1 印面方 12.6	努尔哈赤，雍乾加谥
12	故 166267	青玉交龙纽“孝慈昭宪敬顺仁徽懿德庆显承天辅圣髙皇后之宝”	通高 8.8 纽高 4.1 印面方 12.6	努尔哈赤后，雍乾时加谥

13	故 166316	白玉交龙纽“太宗应天与国弘德彰武宽温仁圣睿孝敬敏昭定隆道显功文皇帝之宝”	通高 11.3 纽高 5.9 印面方 12.6	皇太极
14	故 166315	青玉交龙纽“孝端正敬仁懿哲顺慈禧庄敏辅天协圣文皇后之宝”	通高 10.8 纽高 5.8 印面方 12.6	皇太极后妃，雍正元年 上谥宝
15	故 166330	青玉交龙纽“孝庄仁宣诚宪恭懿至德纯徽翼天启圣文皇后之宝”	通高 11.7 纽高 6.4 印面方 12.7	皇太极后，雍乾加谥
16	故 166325	碧玉交龙纽“世祖体天隆运定统建极英睿钦文显武大德弘功至仁纯孝章皇帝之宝”	通高 11.5 纽高 6 印面方 12.7	顺治皇帝，乾隆元年上谥宝
17	故 166314	碧玉玉交龙纽“孝惠仁宪端懿慈淑恭安纯德顺天翼圣章皇后之宝”	通高 11 纽高 5.8 印面长 12.3 宽 12.7	顺治
18	故 166348	碧玉交龙纽“孝康慈和庄懿恭惠温穆端靖崇文育圣章皇后之宝”	通高 11.4 纽高 6 印面方 12.8	顺治
19	故 166347	青玉交龙纽“圣祖合天弘运文武睿哲恭俭宽裕孝敬诚信中和功德大成仁皇帝之宝”	通高 11.4 纽高 6.1 印面方 12.7	康熙
20	故 166346	青玉交龙纽“孝诚恭肃正惠安和淑懿恪敏俪天襄圣仁皇后之宝”	通高 11.7 纽高 5.5 印面方 12.6	康熙后妃，嘉庆元年上谥宝
21	故 166323	青玉交龙纽“孝昭静淑明惠正和安裕端穆钦天顺圣仁皇后之宝”	通高 11.5 纽高 6 印面方 12.7	康熙，乾嘉谥
22	故 166340	青玉交龙纽“孝懿温诚端仁宪穆和恪慈惠奉天佐圣仁皇后之宝”	高 11.7 纽高 6.2 印面方 12.7	康熙，雍乾嘉谥
23	故 166799	碧玉交龙纽“孝敬恭和懿顺昭惠庄肃安康佐天翊圣宪皇后之宝”	通高 9.1 纽高 4.5 印面方 12.7	经查《清史稿》，孝敬宪皇后系雍正皇后，该宝谥文，系乾隆、嘉庆累加谥。
24	故 166337	青玉交龙纽“孝敬恭和懿顺昭惠庄肃安康佐天翊圣宪皇后之宝”	通高 11.7 纽高 6.1 印面方 12.7	雍正，嘉谥
25	故 166313	青玉交龙纽“孝圣慈宣康惠敦和诚徽仁穆敬天光圣宪皇后之宝”	通高 11.5 纽高 6.3 印面方 12.7	雍正，嘉庆加谥
26	故 166360	碧玉交龙纽“孝圣慈宣康惠敦和诚徽仁穆敬天光圣宪皇后之宝”	通高 9.2 纽高 4.6 印面方 12.7	雍正，嘉庆加谥
27	故 166341	青玉交龙纽“高宗法天隆运至诚先觉体元立极敷文奋武钦明孝慈神圣纯皇帝之宝”	通高 10.9 纽高 5.6 印面方 12.7	乾隆皇帝，嘉庆二十五年上谥宝
28	故 166320	碧玉交龙纽“孝贤诚正敦穆仁惠徽恭康顺辅天昌圣纯皇后之宝”	通高 11.5 纽高 5.9 印面方 12.7	乾隆，嘉道上谥
29	故 166326	青玉交龙纽“孝仪恭顺康裕慈仁端恪敏哲翼天毓圣纯皇后之宝”	通高 11.5 纽高 6.1 印面方 12.6	乾隆，嘉道加谥
30	故 166319	青玉交龙纽“仁宗受天与运敷化绥猷崇文经武光裕孝恭勤俭端敏英哲睿皇帝之宝”	通高 11.2 纽高 5.8 印面方 12.7	嘉庆
31	故 166339	青玉交龙纽“孝淑端和仁庄慈懿敦裕昭肃光天佑圣睿皇后之宝”	通高 11.4 纽高 6 印面方 12.7	嘉庆后妃，同治元年上谥宝
32	故 166350	青玉交龙纽“孝和恭慈康豫安成钦顺仁正应天熙圣睿皇后之宝”	通高 10.3 纽高 5 印面方 12.8	孝和恭慈康豫安成钦顺仁正应天熙圣睿皇后之宝（嘉庆后）

33	故 166343	青玉交龙纽“宣宗效天符运立中体正至文圣武智勇仁慈俭勤孝政宽定成皇帝之宝”	通高 11.4 纽高 6 印面长 12.6 宽 12.7	道光皇帝，同治元年上谥宝
34	故 166353	青玉交龙纽“孝穆温厚庄肃端诚恪惠宽勘孚天裕圣成皇后之宝”	通高 11.5 纽高 6 印面长 12.5 宽 12.7	道光，光绪加谥
35	故 166317	青玉交龙纽“孝慎敏肃哲顺和懿诚惠敦恪熙天治圣成皇后之宝”	通高 11.8 纽高 6.1 印面方 12.7	道光，光绪加谥
36	故 166324	青玉交龙纽“孝全慈敬宽仁端悫安惠诚敏符天笃圣成皇后之宝”	通高 11.1 纽高 5.9 印面方 12.6	道光，光绪加谥
37	故 166322	青玉交龙纽“孝静康慈懿昭端惠庄仁和慎弼天抚圣成皇后之宝”	通高 11.1 纽高 5.8 印面长 12.5 宽 12.7	道光，光宣加谥
38	故 166332	碧玉交龙纽“文宗协天翊运执中华谟樊德振武圣孝渊恭端仁宽敏庄俭显皇帝之宝”	通高 11.5 纽高 6.2 印面方 12.6	
39	故 166327	青玉交龙纽“孝德温惠诚顺慈庄恪慎徽懿恭天赞圣显皇后之宝”	通高 11.4 纽高 5.9 印面方 12.8	光宣加谥
40	故 166335	青玉交龙纽“孝贞慈安裕庆和敬诚静仪天祚圣显皇后之宝”	通高 11 纽高 5.8 印面长 12.5 宽 12.8	咸丰，宣加谥
41	故 166321	青玉交龙纽“孝钦慈禧端佑康颐昭豫庄诚寿恭钦献崇熙配天兴圣显皇后之宝”	通高 10.8 纽高 5.7 印面长 12.7 宽 12.9	咸丰
42	故 166318	青玉交龙纽“穆宗继天开运受中居正保大定功圣智诚孝信敏恭宽明肃毅皇帝之宝”	通高 11.7 纽高 6.1 印面方 12.8	同治皇帝，宣统元年上谥宝
43	故 166331	青玉交龙纽“孝哲嘉顺淑慎贤明恭端宪天彰圣毅皇后之宝”	通高 11.5 纽高 6 印面方 12.6	同治，宣统上谥
44	故 166351	青玉交龙纽“德宗同天崇运大中至正经文纬武仁孝睿智端俭寛勤景皇帝之宝”	通高 10.4 纽高 5.3 印面长 12.3 宽 12.5	光绪
45	故 166344	青玉交龙纽“孝定隆裕宽惠慎哲协天保圣景皇后之宝”	通高 10.5 纽高 5.1 印面长 12.7 宽 12.9	

另外，1949 年以后由国家文物局调拨，故宫新收 1 件青玉龙纽“孝恭宣惠温肃定裕慈纯钦穆赞天承圣仁皇后之宝”，通高 11.1 厘米，纽高 5.8 厘米，印见方 12.6 厘米，为康熙德妃，雍正生母谥宝，弥补了原缺。

清代帝后谥册

	序号	名称	单片尺寸（厘米）	备注
肇祖	1	青玉顺治五年上肇祖原皇帝谥册	长 28.3 宽 12.7 厚 1	努尔哈赤六世祖
	2	碧玉顺治五年上肇祖原皇帝谥册	长 28.4 宽 12.9 厚 1	
	3	碧玉顺治五年上原皇后谥册	长 28.2 宽 12.1 厚 0.9	肇祖皇后
兴祖	4	碧玉顺治五年上兴祖直皇帝谥册	长 28.2 宽 12.7 厚 0.8	努尔哈赤曾祖父
	5	青玉顺治五年上直皇后谥册	长 28.4 宽 12.8 厚 0.8	兴祖皇后
景祖	6	青玉顺治五年上景祖翼皇帝谥册	长 28.3 宽 12.7 厚 1	努尔哈赤祖父
	7	碧玉顺治五年上景祖翼皇帝谥册	高 28.3 宽 12.6 厚 0.8	
	8	青玉顺治五年上翼皇后谥册	长 28.3 宽 12.6 厚 0.8	景祖皇后

显祖	9	墨玉顺治五年上显祖宣皇帝谥册	长 28.3 宽 12.6 厚 0.7	努尔哈赤之父
	10	墨玉顺治五年上宣皇后谥册	长 28.2 宽 12.8 厚 0.8	显祖皇后
太祖 努尔哈赤	11	青玉顺治元年上太祖高皇帝谥册	长 28.5 宽 12.8 厚 1	“承天广运圣德神功肇纪立极仁孝睿武弘文定业皇帝”
	12	青玉雍正元年上太祖高皇帝谥册	长 28.9 宽 12.9 厚 1	加“端毅”
	13	青玉乾隆元年上太祖高皇帝谥册	长 28.9 宽 12.6 厚 0.9	加“钦安”
	14	青玉顺治元年上孝慈高皇后谥册	长 28.5 宽 12.8 厚 0.9	“孝慈昭宪敬顺庆显承天辅圣高皇后”
	15	青玉乾隆元年上孝慈高皇后谥册	长 28.8 宽 12.6 厚 0.8	加“懿德”
太宗 皇太极	16	青玉雍正元年上太宗文皇帝谥册	长 28.9 宽 13 厚 1	加“敬敏”
	17	青玉乾隆元年上太宗文皇帝谥册	长 28.5 宽 13 厚 0.9	加“昭定”
	18	青玉顺治七年上孝端文皇后谥册	长 28.4 宽 12.7 厚 0.9	“孝端正敬仁懿庄敏辅天协圣文皇后”
	19	青玉雍正元年上孝端文皇后谥册	长 28.9 宽 13 厚 1	加“哲顺”
	20	青玉乾隆元年上孝端文皇后谥册	长 28 宽 12.7 厚 0.9	加“慈禧”
	21	青玉雍正元年上孝庄文皇后谥册	长 29 宽 12.9 厚 1	加“至德”
	22	青玉乾隆元年上孝庄文皇后谥册	长 28.4 宽 12.6 厚 0.9	加“纯徽”
世祖福临	23	墨玉雍正元年上世祖章皇帝谥册	长 28.9 宽 12.9 厚 1	加“定统建极”
	24	碧玉乾隆元年上世祖章皇帝谥册	长 28.1 宽 12.9 厚 0.9（现存 7 片）	加“显武”
	25	碧玉乾隆元年上世祖章皇帝谥册	长 28.3 宽 12.9 厚 0.8	同上
	26	青玉雍正元年上孝惠章皇后谥册	长 28.9 宽 12.9 厚 1	加“慈淑”
	27	碧玉乾隆元上年孝惠章皇后谥册	长 28.6 宽 12.6 厚 0.8	加“恭安”
	28	青玉康熙二年上孝康章皇后谥册	长 28.5 宽 12.5 厚 0.9	“孝康慈和庄懿恭惠崇天育圣章皇后”
	29	青玉乾隆元年上孝康章皇后谥册	长 19 宽 13 厚 0.9	加“端靖”
圣祖玄烨	30	碧玉乾隆元年上圣祖仁皇帝谥册	长 28.7 宽 12.6 厚 0.8	加“中和”
	31	青玉雍正元年上孝昭仁皇后谥册	长 28.9 宽 12.9 厚 1	“孝昭静淑明惠正和钦天顺圣仁皇后”
	32	青玉嘉庆四年上孝诚仁皇后谥册	长 28.4 宽 12.6 厚 0.8	加“恪敏”
	33	青玉嘉庆四年上孝昭仁皇后谥册	长 28.3 宽 12.7 厚 0.7	加“端穆”
	34	青玉嘉庆四年上孝懿仁皇后谥册	长 28.8 宽 12.8 厚 0.9	加“慈惠”
	35	青玉嘉庆四年上孝懿仁皇后谥册	长 28.3 宽 12.6 厚 0.8	同上
	36	青玉嘉庆四年上孝恭仁皇后谥册	长 28.3 宽 12.8 厚 0.9	雍正生母加“钦穆”
世宗胤禛	37	碧玉雍正十三年上世宗宪皇帝谥册	长 28.8 宽 12.7 厚 0.9（现存 5 片）	雍正帝，乾隆元年上谥号
	38	青玉嘉庆四年上世宗皇帝谥册	长 28.4 宽 12.7 厚 0.8	“敬天昌运建中表正文武英明宪仁信毅睿圣大孝致诚宪皇帝”
	39	碧玉雍正十三年上孝敬宪皇后谥册	长 28.8 宽 12.8 厚 1	加“睿圣”
	40	青玉嘉庆四年上孝敬宪皇后谥册	长 28.8 宽 12.8 厚 0.9	孝敬恭和懿顺昭惠庄肃佐天翊圣宪皇后之宝
	41	青玉嘉庆二十五年上孝敬宪皇后谥册	长 28.8 宽 12.7 厚 0.8	加“庄肃”
	42	青玉嘉庆二十五年上孝敬宪皇后谥册	长 28.3 宽 12.7 厚 0.9	加“安康”
	43	青玉乾隆四十二年上孝圣宪皇后谥册	长 29 宽 12.9 厚 1	乾隆生母
	44	青玉嘉庆四年上孝圣宪皇后谥册	长 29.2 宽 12.9 厚 0.9	加“诚徽”
	45	碧玉嘉庆四年上孝圣宪皇后谥册	长 28.8 宽 12.9 厚 0.9	同上
	46	青玉嘉庆二十五年上孝圣宪皇后尊谥册	长 28.4 宽 12.7 厚 0.8	加“仁穆”
	47	碧玉嘉庆上孝圣宪皇后满文谥册	长 28.8 宽 12.9 厚 1.8（现存 2 片）	信息不全

高宗弘历	48	碧玉嘉庆四年上高宗纯皇帝谥册	长 28.7 宽 12.7 厚 1	“高宗法天隆运至诚先觉体元立极敷文奋武孝慈神圣纯皇帝”
	49	青玉嘉庆二十五年上高宗纯皇帝谥册	长 28.7 宽 12.6 厚 0.8	加“钦明”
	50	碧玉嘉庆四年上孝贤纯皇后谥册	长 28.9 宽 12.9 厚 1	“孝贤诚正敦穆仁惠辅天昌圣纯皇后”
	51	碧玉嘉庆四年上孝贤纯皇后谥册	长 28.7 宽 12.7 厚 1	同上
	52	青玉嘉庆二十五年上孝贤纯皇后谥册	长 29 宽 12.8 厚 1	加“徽恭”
	53	青玉嘉庆二十五年孝贤纯皇后谥册	长 28.9 宽 12.9 厚 0.9	同上
	54	碧玉道光三十年上孝贤纯皇后谥册	长 28.6 宽 12.7 厚 0.9	加“康顺”
	55	碧玉嘉庆四年上孝仪纯皇后谥册	长 28.6 宽 12.6 厚 0.9	“孝仪恭顺康裕慈仁翼天毓圣纯皇后”
	56	碧玉嘉庆四年上孝仪纯皇后谥册	长 28.9 宽 12.8 厚 1	同上
	57	碧玉嘉庆二十五年上孝仪纯皇后谥册	长 28.8 宽 12.8 厚 0.9	加“端恪”
	58	青玉嘉庆二十五年上孝仪纯皇后谥册	长 28.7 宽 12.7 厚 0.8	同上
	59	碧玉道光三十年上孝仪纯皇后谥册	长 28.6 宽 12.7 厚 0.9	加“敏哲”
仁宗颙琰	60	碧玉嘉庆二十五年上仁宗睿皇帝谥册	长 28.7 宽 12.7 厚 0.9	“仁宗受天与运敷化绥猷崇文经武孝恭勤俭端敏英哲睿皇帝”
	61	青玉道光三十年上仁宗睿皇帝谥册	长 28.4 宽 12.7 厚 0.8	加“光裕”
	62	碧玉道光元年上孝淑睿皇后谥册	长 28.7 宽 12.8 厚 0.9	“孝淑端和仁庄慈懿光天佑圣睿皇后”
	63	碧玉道光三十年上孝淑睿皇后谥册	长 28.7 宽 12.7 厚 0.9	加“敦裕”
	64	碧玉道光三十年上孝淑睿皇后谥册	长 28.6 宽 12.7 厚 0.9	同上
	65	青玉同治元年上孝淑睿皇后谥册	长 27.8 宽 12.6 厚 0.8	加“昭肃”
	66	碧玉同治元年上孝淑睿皇后谥册	长 28.6 宽 12.7 厚 0.9	同上
	67	碧玉同治元年上孝和睿皇后谥册	长 28.6 宽 12.8 厚 0.9	加“仁正”
	68	青玉同治元年上孝和睿皇后谥册	长 28.1 宽 12.4 厚 0.8	同上
道光旻宁	69	碧玉道光三十年上宣宗成皇帝谥册	长 28.6 宽 12.7 厚 0.9	“宣宗效天符运立中体正至文圣武智勇仁慈俭勤孝政成皇帝”
	70	青玉道光三十年上宣宗成皇帝谥册	长 28.7 宽 12.8 厚 0.9	同上
	71	碧玉同治元年上宣宗成皇帝谥册	长 28.6 宽 12.7 厚 0.9	加“宽定”
	72	碧玉道光三十年上孝穆成皇后谥册	长 28.6 宽 12.7 厚 0.9	“孝穆温厚庄肃端诚孚天裕圣成皇后”
	73	碧玉道光三十年上孝穆成皇后谥册	长 28.6 宽 12.7 厚 0.9	同上
	74	碧玉同治元年上孝穆成皇后谥册	长 28.6 宽 12.7 厚 0.9	加“恪惠”
	75	碧玉同治元年上孝穆成皇后谥册	长 28.6 宽 12.7 厚 0.9	同上
	76	青玉光绪元年上孝穆成皇后谥册	长 28.6 宽 12.7 厚 0.8	加“宽钦”
	77	碧玉道光三十年上孝慎成皇后谥册	长 28.9 宽 12.9 厚 0.9	“孝慎敏肃哲顺和懿熙天治圣成皇后”
	78	碧玉道光三十年上孝慎成皇后谥册	长 28.6 宽 12.8 厚 0.9	同上
	79	碧玉同治元年上孝慎成皇后谥册	长 28.6 宽 12.7 厚 0.9	加“诚惠”
	80	碧玉同治元年上孝慎成皇后谥册	长 28.6 宽 12.7 厚 0.9	同上
	81	碧玉光绪元年上孝慎成皇后谥册	长 28.9 宽 12.8 厚 0.8	加“敦恪”
	82	青玉道光三十年上孝全成皇后谥册	长 28.6 宽 12.7 厚 0.95	“孝全慈敬宽仁端悫符天笃圣成皇后”
	83	青玉道光三十年上孝全成皇后谥册	长 28.7 宽 12.8 厚 1	同上
	84	碧玉同治元年上孝全成皇后谥册	长 28.6 宽 12.7 厚 0.9	加“安惠”
	85	碧玉同治元年上孝全成皇后谥册	长 28.6 宽 12.7 厚 0.9	同上
	86	青玉光绪元年上孝全成皇后谥册	长 28.8 宽 12.7 厚 0.8	加“诚敏”
	87	碧玉同治元年上孝静成皇后谥册	长 28.9 宽 12.9 厚 0.9	加“懿昭”
	88	碧玉同治元年孝静成皇后谥册	长 28.6 宽 12.7 厚 0.9	同上
	89	青玉光绪元年上孝静成皇后谥册	长 28.7 宽 12.8 厚 0.9	加“庄仁”
	90	青玉宣统元年上孝静成皇后尊谥册	长 28.2 宽 12.6 厚 0.9	加“和慎”

<table>
<tr><td rowspan="9">文宗奕詝</td><td>91</td><td>碧玉咸丰十一年上文宗显皇帝谥册</td><td>长 28.9 宽 12.9 厚 0.9</td><td>咸丰帝</td></tr>
<tr><td>92</td><td>碧玉咸丰十一年上文宗显皇帝谥册</td><td>长 28.9 宽 12.7 厚 0.9</td><td>“文宗协天翊运执中华谟樊德振武圣孝渊恭端仁宽敏显皇帝”</td></tr>
<tr><td>93</td><td>碧玉光绪元年上文宗显皇帝谥册</td><td>长 27.7 宽 12.7 厚 0.8</td><td>加“庄俭”</td></tr>
<tr><td>94</td><td>碧玉咸丰十一年上孝德显皇后谥册</td><td>长 28.9 宽 12.9 厚 0.9</td><td>“孝德温惠诚顺慈庄恭天赞圣显皇后”</td></tr>
<tr><td>95</td><td>碧玉咸丰十一年上孝德显皇后谥册</td><td>长 28.6 宽 12.7 厚 0.9</td><td>同上</td></tr>
<tr><td>96</td><td>青玉光绪元年上孝德显皇后谥册</td><td>长 28.8 宽 12.8 厚 0.8</td><td>加“恪慎”</td></tr>
<tr><td>97</td><td>青玉宣统元年上孝德显皇后尊谥册</td><td>长 28.5 宽 12.6 厚 0.8</td><td>加“徽懿”</td></tr>
<tr><td>98</td><td>青玉宣统元年上孝贞显皇后尊谥册</td><td>长 24.9 宽 12.5 厚 0.8</td><td>加“诚靖”</td></tr>
<tr><td>99</td><td>青玉宣统元年上孝钦皇后谥册</td><td>长 28.8 宽 12.7 厚 0.8</td><td>“孝钦慈禧端佑康颐昭豫庄诚寿恭钦献崇熙配天兴圣显皇后”</td></tr>
<tr><td rowspan="6">穆宗载淳</td><td>100</td><td>青玉光绪元年上穆宗毅皇帝谥册</td><td>长 28.7 宽 12.5 厚 0.7</td><td>同治帝</td></tr>
<tr><td>101</td><td>青玉宣统元年上穆宗毅皇帝谥册</td><td>长 28.1 宽 12.5 厚 0.8</td><td>加“明肃”</td></tr>
<tr><td>102</td><td>青玉光绪元年上孝哲毅皇后谥册</td><td>长 25.4 宽 11.9 厚 0.7</td><td>“孝哲嘉顺淑慎贤明宪天彰圣毅皇后”</td></tr>
<tr><td>103</td><td>青玉宣统元年上孝哲皇后谥册</td><td>长 28.1 宽 12.7 厚 0.7</td><td>加“恭端”</td></tr>
<tr><td>104</td><td>青玉宣统元年上德宗景皇帝谥册</td><td>长 27.3 宽 12.7 厚 0.9</td><td>“德宗同天崇运大中至正经文纬武仁孝睿智端俭宽勤景皇帝”</td></tr>
<tr><td>105</td><td>青玉宣统五年上孝定景皇后谥册</td><td>长 27.5 宽 12.5 厚 0.7</td><td>“孝定隆裕宽惠慎哲协天保圣景皇后”</td></tr>
</table>

其中皇帝谥册 30 件、皇后谥册 75 件。谥册一份一般为 10 页，每页厚度不等，约 1 厘米。有的一位皇帝或者皇后一人有多件谥册，是不同时间新帝即位加谥的。一般谥宝需将原来的谥宝重新磨刻，而玉册则需要重新制作，所以出现了谥册多、谥宝少的情况。现存皇帝谥册 15 件、皇后 30 件。太祖、世祖、宣宗、文宗皇帝谥册均为 3 件，其余皇帝 2 件，只有德宗为 1 件，世宗谥宝故宫无存。有的皇后一人谥册多达 5 份，如：

高宗（乾隆）孝贤皇后：分别为嘉庆四年两份，二十五年两份，道光三十年一份；

高宗（乾隆）孝仪皇后：分别为嘉庆四年两份，二十五年两份，道光三十年一份；

仁宗（嘉庆）孝淑皇后：分别为道光元年一份，道光三十年两份，同治元年两份；

宣宗（道光）孝穆皇后：分别道光三十年两份，同治元年两份；光绪元年一份；

宣宗（道光）孝慎皇后：分别道光三十年两份，同治元年两份；光绪元年一份；

宣宗（道光）孝全皇后：分别道光三十年两份，同治元年两份；光绪元年一份；

因为初谥 12 字，一般可加两次，每次两字，加至 16 字，就不能再加了。而一年两份者，应是重制新册后，从盛京收回的玉册。

三、清代册宝鉴赏

明代及清早期的谥册用黄织金缎套连接，以后为单片状。最早的谥册谥宝为顺治五年追上肇祖原、兴祖直、景祖翼、显祖宣皇帝、皇后宝册，最晚的是 1913 年上德宗（光绪）孝定景皇后“孝定隆裕宽惠慎哲协天保圣景皇后”的谥宝、谥册。

（一）谥宝、谥册供奉太庙

乾隆四十五年（1780年），清平定回部，有了充足的玉源。乾隆帝以“原有册、宝次第镌造，其玉质量、规格不一”为由，命有司俱以和阗良玉划一重制，以奉京师太庙，其京师太庙旧藏者恭送盛京尊藏。同时规定：“嗣后凡有举行宝、册事，皆以是为例，必为两份，一奉太庙，二送盛京。”[1] 可见，谥宝、谥册从乾隆四十五年开始制作两份。现清代京师太庙的谥宝、谥册藏于故宫，盛京太庙的谥册、谥宝藏于沈阳故宫。

盛京太庙存谥号册宝。在乾隆朝以前，清代贮帝后玉册、玉宝只一份，供奉于京师太庙之内。盛京太庙建成后，自乾隆四十八年（1783年）起“恭贮”清代贮帝后玉册、玉宝。光绪十四年（1888年）最后一次由京师去送册宝，盛京太庙共贮太祖至穆宗朝诸帝后玉册、宝册各32份，均至于太庙正殿之内，[2] 所以现沈阳故宫存有一部分谥号册宝。

（二）清代帝后谥号册宝

1. 肇祖原皇帝谥宝、谥册

肇祖原皇帝，爱新觉罗氏名孟特穆，又称猛哥帖木儿。曾任元朝斡朵里万户，归明后任建州卫指挥使、都督佥事、右都督等职。宣德八年（1433年），七姓野人木答忽等纠阿速江等卫头人弗答哈等掠迎州卫，孟特穆因寡不敌众，力战而亡。永乐十年（1412年）孟特穆曾以都指摊使身份晋京侍卫永乐帝。顺治五年（1648年）补上谥宝、谥册。

白玉蹲龙纽“肇祖原皇帝宝”（图61），通高14.6厘米，纽高8.4厘米，印面方13.7厘米。方形玺。汉文篆书，满文本字。

图61. 白玉蹲龙纽“肇祖原皇帝宝”

顺治五年上肇祖原皇帝青玉谥册（图62），长28.3厘米，宽12.7厘米，厚1厘米，共10页。满、汉文篆书。楷书填蓝色，附黄金缎册套，黄云缎包袱各一。两封面均刻升降龙。

2. 太祖高皇帝谥宝、谥册

太祖高皇帝，爱新觉罗氏，名努尔哈赤，号淑勒贝勒，显祖先皇帝长子，母喜塔喇氏，

1 《清高宗实录》卷一一〇九，乾隆四十五年六月辛未。
2 武斌主编：《清沈阳故宫研究》页249，辽宁大学出版社，2007年。

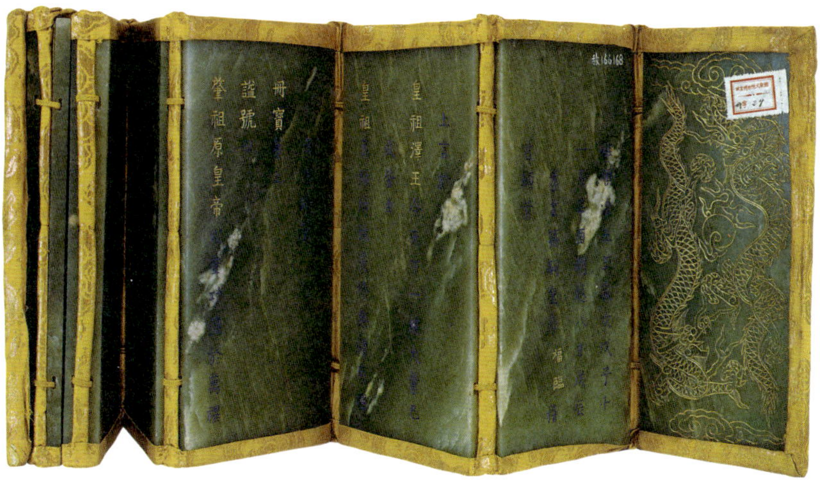

图 62 青玉顺治五年上肇祖原皇帝谥册

生于建州左卫苏克素护部赫图阿拉城（今辽宁新宾）。明万历三年（1575 年），从外祖王杲反明，兵败被俘，获释还里。后投明辽东总兵李成梁，以弓马娴熟，武艺超群，尝每战必先登。设定官制，始定国政，明令刑罚，始创满文，创建八旗制度。于万历四十四年（1616 年），遂黄衣称汗，立国号大金，建元天命，定都赫图阿拉城。天命三年（1618 年），以“七大恨”告天，起兵反明。初战克抚顺城。次年，获萨尔虎大战胜利，歼明军十余万。又建八大贝勒共理国政之制。天命十一年（1626 年），亲率领六万大军征明，克右屯、锦州、松山、大凌河、小凌河、杏山、迎山、塔山诸城池。又挥兵宁辽，为明镇边名将袁崇焕所败。回师沈阳，身患毒疽，卒于叆鸡堡，终年六十八岁。葬福陵。

乾隆元年（1736 年）上太祖高皇帝谥册、谥宝。谥宝为碧玉交龙纽“太祖承天广运圣德神功肇纪立极仁孝睿武端毅钦安弘文定业高皇帝之宝”（图 63），通高 11.7 厘米，纽高 6.1 厘米，印面方 12.5 厘米。汉文篆书，满文本字。

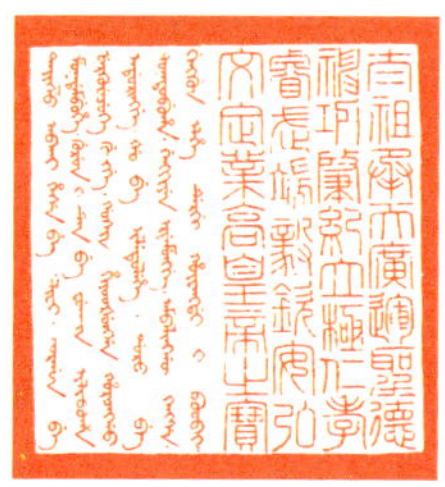

图 63. 太祖承天广运圣德神功肇纪立极仁孝睿武端毅钦安弘文定业高皇帝之宝

青玉太祖高皇帝谥册（图 64），长 28.9 厘米，宽 12.6 厘米，厚 0.9 厘，计 10 页，满汉文。面刻描金二龙戏珠图案，附黄云缎套、袱各一。

3. 德宗景皇帝谥宝、谥册

德宗景皇帝，爱新觉罗氏，名载湉，又称光绪帝。醇亲王奕譞子，母为慈禧胞妹醇王福晋。同治十三年（1874 年）十二月，同治帝因

图 64. 青玉太祖高皇帝谥册

天花不治而卒，无嗣，以慈禧太后意迎载湉入宫中，于光绪元年（1875年）正月即皇帝位，时年四岁。两宫皇太后复垂帘听政。光绪十三年（1887 年）亲政后，慈禧皇太后仍训政。十五年，慈禧皇太后撤帘归政，仍操朝纲军政实权。二十六年（1900 年）七月，八国联军陷京师，遂受慈禧之挟西行至西安，次尔还京，仍无朝纲操柄定是之权。光绪三十四年（1908 年）十月，病卒于瀛台涵元殿，终年三十八岁，葬崇陵。宣统元年（1909 年）上德宗景皇帝谥宝、谥册。

青玉交龙纽“德宗同天崇运大中至正经文纬武仁孝睿智端俭宽勤景皇帝之宝”（图 65），通高 10.4 厘米，纽高 5.7 厘米，印面长 12.5 厘米，宽 12.1 厘米。满汉文篆书。

德宗景皇帝谥册（图 66），青玉质，长 27.3 厘米，宽 12.7 厘米，厚 0.9 厘米，计 10 页，楷书填金两面刻，附千金织幅。

图 65. 德宗同天崇运大中至正经文纬武仁孝睿智端俭宽勤景皇帝之宝

图 66. 青玉宣统元年上德宗景皇帝谥册

图 67. 青玉乾隆元年上孝庄文皇后谥册

图 68. 孝庄仁宣诚宪恭懿至德纯徽翼天启圣文皇后之宝

4. 孝庄文皇后谥宝、谥册

博尔济吉特氏，科尔沁贝勒寨桑之女，与她的姑姑孝端文皇后同侍太宗皇太极。天命十年（1625 年）入皇太极宫。崇德元年（1636 年）封永福宫庄妃，三年诞皇九子福临。福临即位后，尊为皇太后。孙玄烨即位后，尊为太皇太后。三藩之乱期间，曾发宫小金帛犒赏清廷用兵将士。闻各省遭灾，辄发帑赈恤。性温善，明大义，不预政。然圣祖每有黜陟，多告之而后行。康熙二十六年（1687 年）卒，终年七十五岁。葬于孝陵近地。乾隆元年（1736 年）上孝庄文皇后谥宝、谥册。

青玉孝庄文皇后谥册（图 67），长 28.4 厘米，宽 12.8 厘米，厚 0.9 厘米，计 10 页，楷书满汉文。附太平钱青玉别子一个，黄绸线幅及袱各一。

青玉交龙纽“孝庄仁宣诚宪恭懿至德纯徽翼天启圣文皇后孝庄文皇后之宝”（图 68），通高 11.7 厘米，纽高 6.4 厘米，印面方 12.6 厘米。方形玺，汉文篆书满文本字。孝庄的谥号在册上用“翊”字，印上用“翼”字，文献上多用“翊”字。

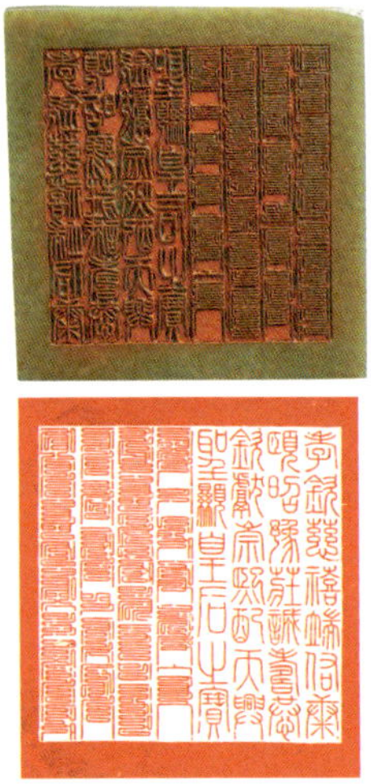

图 69. 孝钦慈禧端佑康颐昭豫庄诚寿恭钦献崇熙配天兴圣显皇后之宝

5. 孝钦显皇后谥宝、谥册

孝钦显皇后，叶赫那拉氏，亦称慈禧太后、西太后。满族镶黄旗人，安徽徽宁池广太道惠徵女。咸丰元年（1851 年）入宫，封懿贵人，也称兰贵人。咸丰六年诞育皇子载淳。次年，晋封懿贵妃。咸丰十年，英法联军犯北京，随咸丰帝赴热河避暑山庄。次年，载淳即皇帝位，尊为皇太后，上徽号慈禧，称“圣母皇太后”。光绪二十六年（1900 年）于京津诸地义和团兴盛之际，对外宣战，八国联军入北京时，挟光绪帝载湉遁西安，命奕劻、李鸿章等与列强议和，次年，订《辛丑条约》。晚年命“励行新政”“预备立宪”。光绪三十四年十月，授醇亲王载沣为摄政王。二十一日，光绪帝卒，命载沣之子溥仪嗣载湉之后。次日，慈禧病卒，终年七十四岁，葬定东陵。宣统元年上孝钦显皇后谥宝、谥册。

青玉交龙纽“孝钦慈禧端佑康颐昭豫庄诚寿恭钦献崇熙配天兴圣显皇后之宝”（图 69），通高 10.8 厘米，纽高 5.7 厘米，印面长 12.9 厘米，面宽 12.7 厘米，满、汉文篆书。

青玉孝钦显皇后谥册（图 70），长 28.8 厘米，宽 12.7 厘米，厚 0.8 厘米。计 10 页。满、汉文两面刻楷书描金字。面刻二龙戏珠图案，附白玉别子一个。

清史专家朱诚如先生言：在皇帝名号系统中，孝、智、圣等概念的使用率是极高的。使用“孝”是为了昭示天下，起到教化的作用；使用“智”是为了表明皇帝的聪明睿智、通达大度；使用“圣”是为了使君与神合一。……皇帝的名号系统集中地反映了至高无上、无所不容的皇权，是天、德、圣、忠、孝等多种意义的结合，是专政皇权的外部特征之一。

图 70. 青玉宣统元年上孝钦皇后谥册

附录

1．顺治五年上肇祖原皇帝谥册册文

维顺治五年岁次戊子十一月辛酉朔越八日戊辰，孝玄孙嗣皇帝福临稽首顿首，上言于皇祖泽王；今天下一统，大业已成，皆由皇祖笃祜所致，爰修典礼，用殚孝思，敬荐册、宝，尊上谥号日：肇祖原皇帝。以垂功德于万祺。谨言。

2．乾隆元年上太祖高皇帝谥册册文

维乾隆元年岁次丙辰三月乙未朔越十一日乙巳，孝孙嗣皇帝臣弘历谨稽首再拜，上言：天开泰运，升日驭于东维，帝握干符，建斗枢于北极。定万年之统绪，启百世之升平，盛业常昭，鸿名弥耀。钦惟太祖承天广运圣德神功肇纪立极仁孝睿武端毅弘文定业高皇帝帝，聪明天亶，智勇性成。大德体元，参三才而正位；至诚立极，周庶务以成能。纬地经天，卜世之功日永；民胞物与，肇基之迹方新。声教讫于四方，仰同光被，神武昭于九有，望切来苏。合讴颂以归心，集贤才而佐治。国书初设，制字母以谐音；军制新颁，按卦图而取义。际天与人归之会，肇建邦启土之熏。造草昧而大经纶发祥自远、首庶物而膺图箓裕后方长。缅惟垂统之隆，宜极尊崇之礼。祗承丕绪，敬考彝章。谨奉册，宝，增上尊谥曰：太祖承天广运圣德神功肇纪立极仁孝睿武端毅钦安弘文定业高皇帝。伏冀圣鉴长昭，皇图永固。益启绵长之泽，弥臻熙皞之风。谨言。

3．宣统元年上德宗景皇帝谥册册文

维宣统元年岁次己酉正月初一日壬午朔越二十八日己酉，嗣皇帝臣溥仪谨再拜稽首，上言：臣闻圣德同天，巍焕上承。父三古仁功，匝寓讴思，遍洽于九州，扬显号以荐徽称，考彝章而崇典礼。欢胪臣庶，光耀简编。钦惟皇考大行皇帝，治协登咸，道斋覆载，宪天立匝，嵩宫严宥宿密之神；法机垂型，桄被仰文明之化。侍璇闱而训政，卅四载尊养攸隆；握玑镜以膺图，亿万姓就瞻倍切。报功崇德，精诚默懔于斋宫；春献秋赏，昭格上通于原庙。善继善过，超亘古而立隆；作君作师，复于今而为烈。兹博询夫公议，朝允于君情。上奉鸿名，冀扬骏业，纪耆意大图之宝，英睿性成；彰生安元迪之称，聪明天亶。谨奉册、宝，恭上尊谥曰：同天崇运大中至正经文纬武仁孝睿智端俭宽勤景皇帝。庙号曰：德宗。於戏！耿光赫濯，宏烈昭垂。伏冀鉴临，永贻丕绪谨言。

4．乾隆元年上孝庄文皇后谥册册文

维乾隆元年岁次丙辰三月乙未朔越十一日乙巳，孝孙嗣皇帝臣弘历谨稽首再拜，上言：范高兰掖，速垂内则之芳型，德冠珠宫，遥溯母仪之令望。肃瞻玉几，虔捧瑶函。钦惟孝庄文仁宣诚宪恭懿至德翊天启圣文皇后，安贞作则，安绥福履，璇闺傳樛木之仁；茂著臧嘉，绮殿被葛覃之化。正位乎内，克佐栉风沐雨之勋，长发其祥，爰征绕电流虹之瑞。诞我世祖章皇帝钟灵毓秀，受箓膺图，敷天蒙圣善之庥，率土颂仁慈之泽。洎乎圣祖，弥资鞠育深思；逮及世宗，备举钦崇钜典。统两朝之孝养，受福绵长，极三世之尊亲，垂光奕叶。顾惟冲藐，丕钻鸿基。缅怀懿德于千秋，载颂徽音于九庙。谨奉册、宝，增上尊谥曰：孝庄仁宣诚宪恭懿至德纯徽翊天启圣文皇后。伏冀慈灵垂裕，纯嘏凝禧。永绵佑启于万年，长笃阜安于百世。谨言。

5．宣统元年孝钦显皇后谥册册文

维宣统元年岁次己酉正月初一日壬午朔越二十二日癸卯，孙皇帝臣溥仪谨再拜稽首，上言：臣闻圣德崇徽茂著，镌瑶筴以扬华，慈范昭垂，奉璚函而纂美。思名言之莫罄，彰懿矩于无穷。钦惟皇祖妣大行太皇太后，型齐妫汭，圣协庆都。敷上理而赞化参天，致中和而含章应地。掖庭垂教，仰宫中之有圣人；海寓归仁，临天下而为大母。徽猷所被，直超有宋之宣仁；怙冒无垠，远迈炎刘之明德。肇熙称而赫濯，允徵盛德之符；稽上谥而推崇，难罄前型之美。镂文纂懿，冀在天灵爽之凭;循宝歆名，修告庙肃雝之礼。谨奉册、宝，增上尊谥曰：孝钦慈禧端佑康颐昭豫庄诚寿恭钦献崇熙配天兴圣显皇后之。於戏！璇宫掩曜，冀陟降之在兹；长乐垂辉，询阐扬之有炜。敢祈昭格，永祚繁昌。谨言。

三希堂記

| 第四章 |

清代印章材质

恽小钢

青田石印

中国四大名石分为青田、寿山、昌化及巴林石。青田石产于浙江省青田县。故宫现藏青田石印有 1000 多方，一部分为清宫旧藏的收藏印，一部分为新收的明清流派印和近现代名人印，还有一些青田石印料。

一、清宫收藏印

（一）明清帝后及皇子印

清代皇帝青田石印有雍正、乾隆、咸丰、宣统皇帝印，慈禧皇太后印、敬懿皇贵妃和乾隆皇六子印。故宫藏明代青田石印共 40 多方，有“学古之余”（图 1）“风月无边”“介如斋”“世笃忠贞”“保元道人”及“御药之记、谨密封记”两面印和一些道教印。其中雍正登基前的青田石印较多，这一时期雍正被封和硕雍亲王爵号，受赐圆明园，其印章刻制也在康熙四十八年（1709 年）至康熙六十一年（1722 年）之间，故宫现存这一时期的宝玺计 50 多方。如：“胤祯之章”“崇实政”“敬天尊祖”“竹梅烟舍”“娱耕织”“学书草堂”“自在禅”“清可”“禅悦”“乐山书院”“放情物外”“朗吟阁”“泉石云林”“洗桐山房”“问芳”“深柳读书村”“高山流水”“任运”“破尘居士”“桃源深处”“啸歌”“煮字亭”“得妙”“芝兰居”“冰壶秋月”“花圃”“松柏室”“越力”“墨池清兴”“和硕雍亲王宝”“谦斋”“御赐朗吟阁宝”“御赐朗吟阁宝”“御赐朗吟阁宝”“朗吟阁宝”“御赐朗吟阁宝”“朗吟珍赏”。

图 1. 学古之余

还有夔龙纹图案纽 12 件一盒，其中有 5 件为青田石，即夔纹平台纽“懋勤殿”“主善为师”“勤政殿”“精一执中”“喜起”印。有椭圆、葫芦形等，阳文、阴文，狮纽、螭瓦纽等。

一般青田石印素纽的居多，有的仅为浅刻山水和边款，但雍正当皇子时的印章多雕有纽。如青田石双狮纽“胤禛之章”（图2），印模正方形，阳文篆字，2行各2字，青黄两狮互斗一狮前右爪踏在另一狮的臀上，后右爪踏在另一狮的嘴上，两狮形相似，头上两角，发刻细文，眉突出刻有细纹，眉稍卷，嘴露齿，脊背突起两侧刻细毛纹，四足三爪，两卷尾，在背上，一卷尾在腹下，黄狮两尾均在腹下。

而另一青田石双狮纽“胤禛之章”（图3），印模正方形，阳文篆字，2行各2字，双狮纽，大狮与小狮同戏一绣球，大狮前腿捧球后腿蹲，狮貌凶猛，眼大而凸，眉成结而突出，鼻大且翘，嘴方张开，露齿伸舌，嘴吐绣球，盘成一个大结，额凸，头上发髻盖顶，还有数绺长发，耳朵竖起，腹部有肋纹，脊背雕刻卷毛纹，尾帚形，小狮一前退扶球，一扶大狮前腿，后腿立于大狮尾。貌似大狮，颚下有胡，尾翘起。

三狮纽“谦斋”方印，印模正方形，阳文篆字。二狮纽，作嬉戏状，一大狮卧于地上，后腿卧，前腿立，方头，嘴方露齿，头微扭，毛发向后并卷曲，四足四爪尾拖于后，脊与胸均有横纹，周身有细毛纹，两小狮一俯在大狮身上，另一蹬在大狮身后部，前一小狮后腿蹬在后一小狮额部，后一小狮前爪则抚在大狮额边，作追逐状，两狮脊部有横纹，周身细毛纹，四足四爪。

青田石云螭瓦纽“御赐朗吟阁宝”（图4），印模正方形，阳文篆字，

图2. 胤禛之章

图3. 胤禛之章

图4. 御赐朗吟阁宝

2 行各 2 字，“御赐” 2 字在上面，云螭瓦纽，瓦上雕三螭，一大二小伏于上云作嬉戏状，螭头上独角颚下有胡须，脊背光素四足三爪，足在身下，尾分两义，尾稍卷曲。仅故宫现藏朗吟阁宝就有 17 方之多，其中 5 件为青田石。

乾隆时期的青田石印有阳文“养心殿精鉴玺”（图 5）。乾隆皇帝八十寿辰时，大学士和珅所进的青田石套印《宝典福书》120 方、《元音寿牒》120 方，共 240 方，印文均摘自乾隆皇帝诗文中的吉语。之后宫中又制造了一套《宝典福书》和《元音寿牒》印各 120 方，共 240 方，分装 4 匣，计 60 方一匣，其中 3 匣为青田石，1 匣为寿山石。乾隆《宝薮》中有“石渠宝笈”“自强不息”“与物皆春” 3 方 1 套，“八徵耄念之宝”，亲王时期的“随安室”“宝亲王宝”“勤学好问”等青田石印。

图 5. 养心殿精鉴玺

咸丰至宣统时期青田石印有光素随形“咸丰宸翰”“慎厥修”印（图 6）、青田石光素随形“慈禧皇太后之宝”、狮纽吴永款“仁者寿”长方印、随形光素“德日新”印、兽纽“利居贞”印一对。

宣统帝青田石印有云龙纽“恬情翰墨”印（图 7），印谱中无此印，但它与雕云龙纽随形“宣统御笔”“无逸斋”为一套。宣统这几方印，是为自己绘画和收藏书画而镌刻的。

青田石随形“敬懿皇贵妃之宝”，高 7.7 厘米，印面方 2.1 厘米，为民国时期制造，故宫旧藏。

图 6. 慎厥修

图 7. 恬情翰墨

图 8. 情之所钟

1956 年，故宫收购皇六子青田石印 150 多方，其中有“情之所钟”（图 8）、“小印红屈蟠”“学于古训乃有获”“爱帖山房珍藏书画图记”“永瑢曾观”“皇六子书画印”“皇六子永瑢”“皇六子、质王之章、质王书画记、将文□朴、书画小印、清琴之□以思”章，为乾隆时期制造六面印。

永瑢是清乾隆皇帝皇六子，号九思主人。纯惠皇贵妃苏氏所生。他在十七岁那年（乾隆二十四年）冬天，奉旨过继为其父弘历之二十一叔父、慎靖郡王允禧之嗣后，封贝勒。乾隆三十四年（1769 年）十月管理内务府事务，善诗文、绘画，兼通天算。乾隆在永瑢作品上的题诗“学余游艺亦功夫”，从他的藏印和闲章也不难体味出他的情趣。

（二）明清流派印和文人印

自石章代替铜、玉印后，明清文人治印广泛流行，有文彭、何震、马衡等喜欢收藏和篆刻印章人。故宫现藏明清流派印和文人印有 2000 多方，青田石印有 500 多方。其中明清流派青田石印 200 多方，新中国成立后，收购和捐献的文物有很多是印章，仅青田石印又增加约 300 方。

故宫旧藏有清仿明代文彭的青田石“光风霁月”印，有清仿明代三桥款的《兰亭序》印，均为乾隆皇帝收藏印。另外，还有一批清代仿明代文彭印。

这里要特别介绍文彭款印，文彭，字“三桥”，印多用此款，但故宫现存“三桥”印均为后人仿作。这是因为清人特别喜欢文彭印，爱好者纷纷模仿。

1. 文彭

文彭（1498–1573 年），字寿，号三桥，号别渔阳子、三桥居士、国子先生。明湖广衡山人，为明代著名画家文徵明长子。文彭用青田石制印，结束了我国 2000 多年的铜印时代，进入了以文士为主体、个性为特征、名家辈出的石章时代。由于文彭的影响，加上石质印章本身具有的优越性，以石制印便在文人中很快地流行起来。由于文彭的篆刻非常有名，后人纷纷模仿或者假冒其名。

（1）“山峥嵘水澄泓漫漫汗汗一笔耕”印（图 9），款“小源山脉”，另一面款是印文，落款：文彭。

（2）“江上数峰青”，山形印。

（3）“岩多起伏离离绝类，狮蹲石尽，轩腾矫矫，浑如凤翥”随形印，边款为板桥纪事“愚□喜印章，更喜砚山有起伏之势，大觉生动活泼之趣。以求遇则作之飞好事也，所以性耳燮识竹庄，上官周收藏之珍。三桥铭”。

（4）“连娟二峰顶空洞三茅腹”印，山形组，边款：“嘉靖丁巳九秋，游西山至白云泉，天乎绝顶，石林岝崿丘壑，离奇恍若别有天地，归而案头适见此石，因取东坡仇池石，诗二句，镌以纪兴，三桥，小有天，三桥铭。”

图 9. 山峥嵘水澄泓漫漫汗汗一笔耕

（5）“一丘一壑也风流”印，天然山形纽，边款行书：“一丘一壑也风流，文氏三桥。”背面隶书：“放情丘壑，遇石通记。三桥铭。”

（6）“天澹一帘秋”，边款：“天澹一帘秋，夫雕虫小技，然运三寸之，铁如挥毫落，楮非神奇不能也，三桥彭。”

（7）瑶石山人款“溪山画不如”印，雕松、树、草石纽，还有“幽闲自得清静为修”印，“竹轩兰砌共清虚”印，“听雨听风都有味”印等。

（8）文彭刻九如图印，“如山如阜、如冈如陵、如川之方至、如月之恒、如日之升、如南山之寿、如松柏之茂”，边款为“嘉靖十有二年，仲春之既望，三桥文彭慕祝。丙寅秋日，遇此印于燕台肆市，不惜重价收受，而归□以锦囊，永为世珍可耳，□东王原祁。司农以此印，观其章法，刀法得□四妙□，宜宝之，张照”。

（9）“光风霁月”印，篆字 2 行各 2 字，一面刻：“嘉靖乙卯年茂苑，文彭。”匣上刻有和珅、梁国治、董诰的题字。尽管这件是乾隆帝收藏的宝物，但应该也是清人制作。“光风霁月”印，故宫有二方，只是质地不同。这件为青田石，另一件为寿山石，均为清宫旧藏，定为清代。

2. 何震

何震（?– 约 1604 年），字主臣，长卿，号雪渔，婺源（今属江西）人。提倡在加强书法艺术的基础上提高印章的艺术。篆刻师法秦汉印，尤取汉铸印之长，篆刻简洁，章法平正，创用以往牙章无法采用的切刀法，刀痕显露，饱含苍劲之气。程原曾谓其“白文如晴霞散绮，

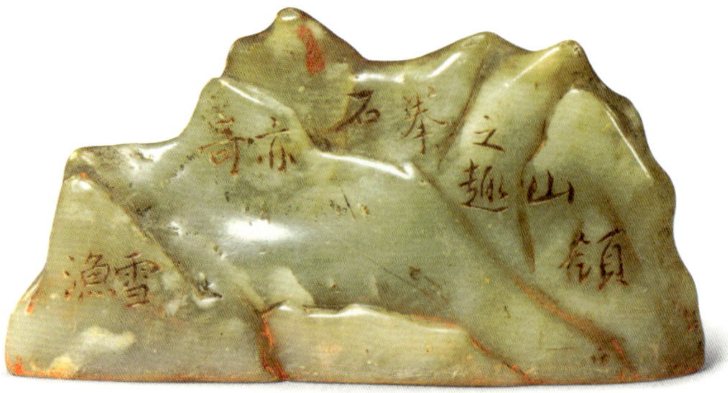

图 10. 领山之趣拳石亦奇

玉树临风；朱文如荷花映水，文鸳戏波”。其风格瑞重，名盛一时，为皖派（亦称“徽派”）之开创者与文彭并称“文何”，著有《续学古编》二卷。

（1）“领山之趣拳石亦奇”印（图 10），边款：“雪渔，如此山水□处俱□□在高□设□者坡翁□，何震。”

（2）“身外即浮云”印，对称两面有款：“老梅枯枝屈曲如铁略象其形便觉劲而有力”，“雪渔篆之于石”，为 1962 年收购。

3. 徐石雪

徐石雪（1881–1957 年），名宗浩，字养吾，号石雪，祖籍江苏武进，生于北京。著名书画家、收藏家。十岁学律诗，十五岁学诗文。工书画、篆刻，善画山水、竹、兰、石，尤擅画竹，著有《竹谱》《石雪诗草》，为北京画学研究会会员。他去世后，家人遵其嘱，将所藏法书、绘画、碑帖等文物五百余件捐献给故宫博物院。

徐石雪的青田石印约 30 方。

（1）“宗浩长寿”印，高 2.8 厘米，印面方 1.6 厘米。

（2）“真香永无”印，高 3.3 厘米，印面方 3.2 厘米。

（3）“超然自得”印（图 11），高 3.3 厘米，印面方 2.2 厘米。边款：“见黄仲则有此章偶然仿之深愧未能神似耳，壬子八月二十日养吾。”背款：“超然自得。”

4. 吴昌硕

吴昌硕（1844–1927 年），初名俊，又名俊卿，字昌硕，又署仓石、苍石，多别号，常见者有仓硕、老苍、老缶、苦铁、大聋、石尊者等。浙江安吉人。杭州西泠印社首任社长。

我国近代金石、书、画大师。著有《缶庐集》《缶庐印存》。少年时他因受其父熏陶，即喜作书、印刻。他的篆刻从浙派入手，后专攻汉印，阅历了大量金石碑版、玺印、字画，眼界大开。后定居上海，广收博取，诗、书、画、印并进。晚年风格突出，成为一代宗师。他在篆刻上的成就，对我国篆刻艺术有着划时代的意义，主要是他把诗、书、画、印熔为一炉，开辟了篆刻艺术的新境界。

吴昌硕篆“八竟十砖之室”印（图 12），“八竟十砖之室”，实际是指八面镜子十块砖。“蒯寿枢字若木”印，边款：“老缶”“若木启事”，顶款：“聋（昌硕）。”

5. 马衡

马衡（1881–1955 年）字叔平，别署无咎，凡将斋，浙江鄞县人，西泠印社第二任社长。金石考古学家、书法篆刻家。早年曾任北京大学研究所国学门考古学研究室主任，1924 年参与清室善后委员会点查故宫物品。毕生致力于金石学的研究，其学术水平领先于时代，被誉为“中国近代考古学的前驱”。

马衡青田石印 80 多方。有“马衡私印”印（图 13），“凡将斋藏魏石经残字”“花落家童未扫，鸟啼山客犹眠”“清白世家”“延颈望酒”印，边款：“卅年元旦取易林语作印聊以自嘲，无咎。”“马衡审定魏三字石经之记”等。

图 11. 超然自得

图 12. 八镜十砖之室

图 13. 马衡私印

图 14. 尚之信印、护封

我们从几位篆家和收藏家的生平及艺术创作中，感受到他们对篆刻的热爱。尽管现在学界对一些新收藏的流派印年代和镌印者等问题上还存在一些分歧，但这并不妨碍我们对这些印的欣赏及对捐献者的捐献精神的颂扬。

故宫还藏有未刻的青田石章料 150 多件，有 50 多件为清宫旧藏，为艾叶长方章料、雕松竹梅纹方章料等。其余为新收，有黄青田石章料一对，为孙瀛洲先生捐献；青田石方章料，有一多半为马彦祥先生捐献，印料时代多为清或者民国。

（三）没入清宫的印章

所谓没入清宫印是有个别大臣犯错或触犯皇威后，因抄家而没收于宫内的印章，如三藩将军印，这些印章多为玉石、晶石，青田石印不多，只有青田石阳文双面刻“尚之信印、护封”印（图 14），印石为明代印料，印文为清代篆刻。尚之信为清初藩王，祖居辽东，长子，少时入侍，印原藏内务府。

故宫还收藏有一批陈孚恩印。陈孚恩（1802–1866 年），字少默，字子鹤，又号紫藿，江西新城（今江西黎川）人，晚清大臣。道光五年（1825 年）拔贡，任军机处章京（即小军机），迁任郎中。道光二十七年（1847 年）五月，调任兵部侍郎，参与军机大臣议事。咸丰元年（1851 年），他奉命在家乡帮办团练。咸丰八年，以头品顶戴代理兵部侍郎、礼部尚书、兵部尚书。咸丰十一年（1861 年）七月，穆宗继位，陈孚恩被重新起用后，为巩固地位，他与戴恒等亲近起来。后戴恒等因力阻慈安、慈禧皇太后垂帘听政，被赐自尽，肃顺被斩。陈孚恩也因戴恒党援所劾，又在搜查肃顺家时，得陈孚恩“暗眯不明语”私书，被捕入狱，籍没其家，追缴回道光所赠匾额，发配新疆戍边效力。没收的陈孚恩印，多为赵之琛镌刻，原藏懋勤殿。这批印被保留下来可能是由于道光皇帝“赐额清正良臣”之印在其中的缘故。

图 15. 赐额清正良臣

这批抄没的印共约 80 方，青田石占多数，均为篆书，有的印刻边款，纽式各异，或随形雕山水人物，大多附同治元年黄条，见下表。

陈孚恩青田石印一览表

序号	印文	印纽	边款	阳文	阴文
1	孚恩		次闲作		√
2	赐额清正良臣（图 15）	雕山水松阁人物	山高月小，水落石出。	√	
3	陈孚恩印	雕戏蟾			√
4	陈氏子奆	双狮纽	次闲仿何雪渔法于补罗迦室。	√	
5	直清斋	狮纽	次闲篆于□庵。	√	
6	直清斋	狮纽			√
7	直清斋	螭纽	次闲仿汉，壬寅四月之望。		√
8	鹦哥娇	狮纽		√	
9	子奆寓目				√
10	太丘之裔	双螭纽	杜乘法汉。		√
11	水流山飞	雕牛纽			√
12	子奆	兽纽	次闲仿秦人印。	√	
13	寿（园章，上雕中字）	雕刘海戏蟾		√	
14	子鹤笔札	雕猴纽		√	
15	孚恩			√	
16	子奆孚恩			√	
17	一片冰心		杜乘。	√	
18	求纳斋		次闲制。		√
19	孚恩				√
20	子奆			√	
21	孚恩私印、御史忠丞			√	√
22	子奆行三			√	
23	子奆				√
24	孚恩之印			√	
25	孚恩之印、子奆	连珠长方印		√	
26	少默子奆	瓦纽	次闲篆，甲辰正月次闲改作，两苍。		√
27	子鹤鉴赏		次闲仿汉之作。		√
28	子鹤启事		次闲为子鹤作于□庵。		√
29	惯迟作答	雕云龙纹纽	次闲仿汉之作，两苍。		√
30	子奆过眼	螭纽		√	
31	东风解冻			√	
32	兄弟叔侄父子侍郎	狮纽		√	
33	耕读人家	台纽			√
34	护封	狮纽		√	
35	孚恩子奆		濮森住于栩斋，时在庚戌六月上浣。	√	
36	孚恩		秦银印朱文晚濮森制。	√	
37	落花时节最消魂、竹居（双面刻）				√
38	双鲤超超				√
39	太宰之章		姜伟仿汉印。		√
40	子奆白笺			√	
41	子奆书印		次闲作于补罗。	√	
42	陈孚恩	瓦纽	辛未中秋作，次闲改作。	√（前2字）	√（后1字）
43	自公退食一炉香			√	
44	何时一尊酒			√	
45	烟朋霞侣				√
46	三缄其口				√
47	太宰之章				√
48	温不增花寒不改叶				√
49	求纳斋印	凤纹纽	次闲篆，壬寅四月。	√	

二、青田石印的特点

由于青田石山岩多顽石，可雕刻印石的体积都不大。故宫现藏青田石皇帝印多为成盒的一套组印，印文或以诗文为内容，或用祈福祝寿吉语，印文诗中有画。

（一）祈福祝寿印

乾隆帝当太子时就刻有印章70多方，继位后又刻制了大量的宝玺，还有大臣进献。许多印文出自皇帝有感而发所作及经史典籍、历代诗文中的名篇佳句，其中《元音寿牒》60方印文均出自乾隆帝御制诗或御制文中。

1.《元音寿牒》60方组印（图16）

印匣为紫檀雕松鹤匣，分上下两层盛放，每层30方共60方。印形状有长方形、椭圆形、葫芦形等。印文内容均带寿字，均表达祝寿之意。印文分别是：

东皇善赐无量寿、太平可壮寿骈臻、奉觞起上寿、一般扶老称灵寿、亥字书年寿世长、欣征人寿樽浮相、万寿无疆、安乐老寿、寿世共春台、于今多寿者、寿为福先语可思、寿民寿妇本常披、应知寿比松、其寿无量、已勒琬琰寿、眉寿用蕲绾莫穷、世共登仁寿、恰喜天香映寿筵、曰福曰寿曰颜泽曰多力曰身安、丁甲呵持能自寿、俾寿而藏、无量寿希与佛同、得寿拟彭钱、屠苏延寿玉为觞、有人我寿者众生、介寿还欣福以川、考百年登寿表、乐寿接颐和、红玉檠承万寿觞、大德得其寿、寿何如之、嘉名万寿荐寿樽、万寿灯明万福全、寿万八千、寿世熙民宜赋咏、菊泉益寿传佳话、寿缘最高、饮泉仙致寿、座对南山是寿山、寿阅百千岁、称觞献寿自家家、寿身兼寿世、却喜园林接寿山、惟无量寿福无量、个个来添祝寿筹、鹿云介寿鹊称仙、永无寿终极、少者扶其寿、现寿者相、寿世频开千叟筵、庶使此图更因寿、岩秀原增寿、坚不如松寿胜松、寿酒介春觥、乐易斯长寿、仁寿镜呈献寿图、寿过赫胥及骊连、宝阁便成无量寿、藉己永厥寿、如冻梨貌寿天鼎。

慈禧皇太后也有带寿字的印章，如：青田石狮纽阳文“仁者寿”长方印，一行3字，子母狮纽。纽为大狮口衔飘带，小狮趴在大狮身背上，头转向左侧，有发，背后有毛，大耳，张嘴露牙、舌，有卷须，为祈福祝寿印。

（二）诗中有画印

1. 王羲之《兰亭序》印

故宫现藏有王羲之的《兰亭序》青田石印，印文内容逐句刻印。第一句“永和九年，岁在癸丑，

图 16.《元音寿牒》60 方组印与东皇善赐无量寿

暮春之初，会于会稽山阴之兰亭，修禊事也”作为第一印“群贤毕至”（图 17）的边款。以下依次分别为：“少长咸集”“此地有崇山峻岭”“茂林修竹”“又有清流激湍”“映带左右”“引以为流觞曲水”“列坐其次”“虽无丝竹管弦之盛”“一觞一咏”“亦足以畅叙幽情”“是日也天朗气清”“惠风和畅”“仰观宇宙之大”“俯察品类之盛”“所以游目骋怀”“足以极视听之娱”“信可乐也”“夫人之相与”“俯仰一世”，其中后几方印为寿山石印。但从“况修短随化”及以下 105 字印今失。[1] 看到这些印文，我们仿佛看到当年王羲之写《兰亭序》的场景。

2. 二十四孝、二十四节气印

乾隆时期制作的二十四孝印，为乾隆十一年（1746 年）题棉花图石章，故事纽；印为阳文篆书，二面款，印款阴刻，一面为印文释文，另一面为二十四名节气。如：

“借无纺织”印，印款一面“借无纺织、丁阑刻木”，另一面“立春”；

“何有衣裳”印，印款一面“何有衣裳、衣裳□东”，另一面“雨水”；

“安拢绣阁”印，印款一面“安拢绣阁、唐氏乳姑”，另一面“惊蛰”；

图 17. 群贤毕至

1 故宫博物院编：《兰亭图典》页 366，紫禁城出版社，2011 年。

“设立机房”印（图 18），印款一面“设立机房、吴猛斋蚊”，另一面“春分”；

“谁成布帛”印，印款一面“谁成布帛、姜诗汲江”，另一面“清明”；

“赖种桑麻”印，印款一面“赖种桑麻、曾参负□”，另一面“谷雨”；

“堪遮身体”印，印款一面“堪遮身体、王祥卧鱼”，另一面“立夏”；

“亦御寒凉”印，印款一面“亦御寒凉、子路负米”，另一面“小满”；

“五色鲜妍”印，印款一面“五色鲜妍、黔娄尝粪”，另一面“芒种”；

“线缕长”印（图 19），印款一面“线缕长、董永卖身”，另一面“夏至”；

“整来工巧”印，印款一面“整来工巧、山谷涤器”，另一面“小暑”；

“是闺房”印，印款一面“是闺房、黄香搧枕”，另一面“大暑”；

“有条在乎”印，印款一面“有条在乎、闵损顺毋”，另一面“立秋”；

“终难紊”印，印款一面“终难紊、王褒泣墓”，另一面“处暑”；

“圆转经车”印，印款一面“圆转经车、闵损顺田”，另一面“白露”；

“理自忙”印（图 20），印款一面“理自忙、陆绩怀桔”，另一面“秋分”；

“袅袅城巴柳”印，印款一面“袅袅城巴柳、孟宗哭竹”，另一面“寒露”；

“青青陌上桑”印，印款一面“青青陌上桑、莱子斑衣”，另一面“霜降”；

“提篮方采叶”印，印款一面“提篮方采叶、蔡顺拾堪”，另一面“立冬”；

“拾翠已倾筐”印，印款一面“拾翠已倾筐、寿昌认母”，另一面“小雪”；

“桑妇将蚕养”印，印款一面“桑妇将蚕养、郭巨埋儿”，另一面“大雪”；

“盘中吐白丝”印（图 21），印款一面“盘中吐白丝、江□供母”，另一面“冬至”。

“乾隆丙寅年”印，印款一面“乾隆丙寅年、□子鹿乳”，另一面“小寒”；

“书于爱墨斋”印，印款一面“书于爱墨斋、杨□打虎”，另一面“大寒”。[1]

以上套印共装一盒，作者佚名，楚图南捐献。从印文内容及纽雕使我们从二十四节气想到了人们在不同季节的生活情况，二十四孝与二十四节气的结合，更加让我们感到古人对其的重视程度。

故宫所藏青田石印，石料出自江南，镌刻者也多出身江南，得天独厚的地理环境和文化范围，逐渐成为印章篆刻的引领者。在方寸之间，我们能体会到镌刻者的思想水平和道德观念，也能读到他们的文化修养和艺术品位。他们将青田石印传入宫廷，得到皇帝和文人的喜爱，这从他们的生平和主要成就即可看到。

青田石光素随形“慈禧皇太后之宝”，款为“乾隆丁卯三秋作于小仓山房随园”，此印料

1 故宫博物院编：《捐献铭记》页 331，紫禁城出版社，2005 年。

图 18. 设立机房

图 19. 线缕长

图 20. 理自忙

图 21. 盘中吐白丝

为乾隆时期，光绪时期镌刻。将其作为“慈禧皇太后之宝”本身就能看出慈禧对乾隆印料的喜爱，也是一种学古、追古情结。

寿山石印

故宫现有寿山石印 1800 多方，其中有 200 多方田黄石印。

一、寿山石印

（一）明代寿山石印

明代寿山石印有皇帝闲章、收藏印、道教印、佛教印等。

1. 皇帝闲章

异兽纽“大明皇帝之宝”、异兽纽“皇帝之宝”、异兽纽“皇帝尊亲之宝”、异兽纽“皇帝密旨”章、盘龙纽“成化御书之宝”、盘螭纽“御前之宝”、异兽纽“天潢演派”印、盘龙纽“文华殿宝”、双狮纽“清宁宫图书”、鼻纽“乾清宫封记”、异兽纽“御笔图书”、螭纽“谨密封完”印、异兽纽“天下人主”印、异兽纽“万国来朝”印、象纽“协和万邦”印、异兽纽“亲贤保国”印、异兽纽“肃清精密”印、异兽纽“圣母图书”、异兽纽“东宫之记”、六面刻“御前谨封、天宫仙乐、御前图书、御前封完、闲中清玩、封物之记”印等，这些印一般用于钤于图书等册上。通过这些印章，我们可以了解明代皇帝用印的大致情况。

2. 收藏印、封验印

如云龙纽“御前谨密封完之宝”“收藏物件”印，六面刻“御前封完、宝藏谨封、封记、锁钥、合同之记、秘密关防”印，两面刻“合缝封记、秘密关防”印。通过这些印章，我们能看到明代机构的庞大。另外，明代宦官专权，这些印有的应是宦官与皇帝来往信件的封验印。

3. 道教印

有篆书、符篆、道符、符图四种形式，印文常常隐秘难测，如六面刻“天子御书、三教宗主、道德之宝、雍熙之宝、钦文之玺、金丹至宝”印，寿山石“混元先天一气教主苍空真老玄谷帝君”印，异兽纽“紫极真仙之宝”，雕人物纽“玄都万寿之宝”，螭纽“丹符验记”，“朱汞一点红、铭汞结丹砂、金铅弎斤黑、耿耿紫金色、阴阳无始”五面印，螭纽“丹月生光采青天旡片云此时多乐趣明□在逡巡”章，飞龙纽“丹室生光”印，盘龙纽“仙丹秘书”印等。这些寿山石印多为汉字篆书，原藏内务府，是明代皇帝信奉道教的珍贵实物。

4. 佛教印

异兽纽摩尼宝珠图印、异兽纽金刚手菩萨图印、卧龙纽金刚勇识图印、异兽纽“阿弥陀佛”印、异兽纽不动佛图等印。

明代印玺内容除名号外，基本上是抒发个人情感和表达文人志尚的。它是明代流行于社会的文化艺术形式在宫廷中的体现，它表达了皇帝治国的思想，以及皇帝重佛崇道，或者儒、道、释三教合一的思想。明代皇帝对道释两家互相包容和借用，各有所好。因此，皇宫内建立了相应的佛堂和道场，为皇帝求仙求寿、测秘探微享用。

这些印大多 4–6 厘米之间，主要为石质，多为瑞兽纽，但做工较粗糙。两面刻或者多面刻较多，字体篆书多样，内容丰富，文意与纽式相契合，以上印有的印文尽管已经残缺，字迹不全，但能为我们研究分析明代皇帝的心态及其生活状况提供有力的物证。真实地表现皇帝的兴趣爱好。明代皇帝或信道或信佛，天顺以后天潢王宗，日以溺佛，以求肉体长生。于是四方佛、道、方士、丹客，纷纷投入王府，对宫廷也产生了一定影响。

二、清宫寿山石印

清代皇帝闲章中，以寿山石章居多。在故宫所藏皇帝闲章中，尤以雍正帝寿山石印在数量、品质上都属翘楚。

（一）清帝闲章

1. 乾隆朝寿山石印

《元音寿牒》组印，最具特色。此组印为乾隆晚期时所制，印分两层，每层 30 方。

乾隆皇帝非常喜欢此组印，又命内务府重新进行制作，60 件一匣，共两匣 120 方，此为其中一匣，另外一匣为青田石。此组寿山石印在选料、做工方面都难称精良，但因其印文质地、大小的统一而难能可贵。印文内容均带寿字，分别为：

图 22. 益寿何须九转丹

益寿何须九转丹（图 22）、万寿齐朝衣与冠、介寿祥征亚岁骈、苍官寿客结好友、普度恒河沙数众生举登安乐寿命世界、江山介寿庆如何、无量寿如是我闻寿超一切两足尊、万寿叶贞符、鹤其性人寿其似、

图 23. 嘉庆尊亲之宝

永明及寿宁、大圆镜前礼无量寿、胜彼兕觥万寿筵、盛时寿冠众黎元、际此繁滋仁寿世、颂是曼寿、万年征寿永、寿庆肇三阳、敷天寿域庆方长、智者乐兮仁者寿、祝寿外藩称内史、酬节介眉寿、采屏延寿玉麟洲、试看骅骝寿、献寿都为海屋筹、即现无量寿身而为说法、正寿之庆、鼎篆旋成寿字文、峙成寿字傍长春、是无量寿是两足尊、因之寿莫穷、众生登寿世、嘉夜宝灯辉万寿、寿为初祜、六星惟寿、延寿戬禧晖吉语、亿万人增亿万寿、万寿增如大海并、即是万寿图、箕畴五福居一斯寿、虚空万古静为寿、苍松本寿客、无量寿佛万字胸坐莲花须者其寿尽与无量寿佛同、阅几沧桑静以寿、所嘉彼亦知献寿、献春将介寿、宁寿乐寿堂、共迓天恩而益寿、迎銮祝寿陪臣价、一曰寿实花之身、其寿端由在朴间、是谁欲上南山寿、华言福寿等须弥、雅化育材欣寿世、寿德醇风耀闾里、可汗起奉酒称万寿、桂月光浮万寿觞、寿星传古貌、我以尔寿、珠躔应寿星、献寿南山斝礼浮。

此套印均为随形光素，印形多样，有长方形、葫芦形、椭圆形等。乾隆时期还有黄寿山石虎纽“乾隆御笔”印、黄寿山石卧兽纽“所宝惟贤”印、寿山石“尊迎庆瑞”方印等。

2. 嘉庆时期的寿山石印

嘉庆之后的皇帝制作印章较少,有双鱼纽“平生知己是梅花”印、狮纽“所宝惟贤”印、太狮少狮纽“嘉庆御笔”印，通体雕螭云山水“嘉庆尊亲之宝”印。

这里特别介绍寿山石雕螭山石“嘉庆尊亲之宝”（图 23）。印高 17.8 厘米，印面方 9.4 厘米，随形方形玺，汉文篆书阳刻，3 行各 2 字。该玺制于嘉庆二十年，是嘉庆朝石质宝玺中体积较大且雕制颇具特色的一方。通体青黄色赤斑，随印材自然形态镂雕山石树木、流水山峦，随形雕九如。“九如”出自《诗经·小雅·天保》，九个如字连用，印体随形刻左日右月，阴刻“如山如阜，如冈如陵，如川之方至，如月之恒，如日之升，如南山之寿，如松柏之茂”。下面刻有阳文，“含章发采，镂形九如，羲标雅什，珍俪璠玙，旃蒙大渊献月在执徐”。此玺为祝贺福寿延绵之意。

图 24. 恭俭惟德

3. 道光时期寿山石印

道光皇帝寿山石印不多，仅有随形葡萄纽“恭俭惟德”印（图

24），石雕云龙纽“政贵有恒”印、云龙纽“道光宸翰”印、螭纽“主善为师”长方圆印、“虚心实行”印。

4. 咸丰时期寿山石印

咸丰皇帝寿山石印较少，只有双螭纽“乐寿堂宝”、卧狮纽“咸丰鉴赏”印、兽纽“咸丰御览之宝”（图 25）。

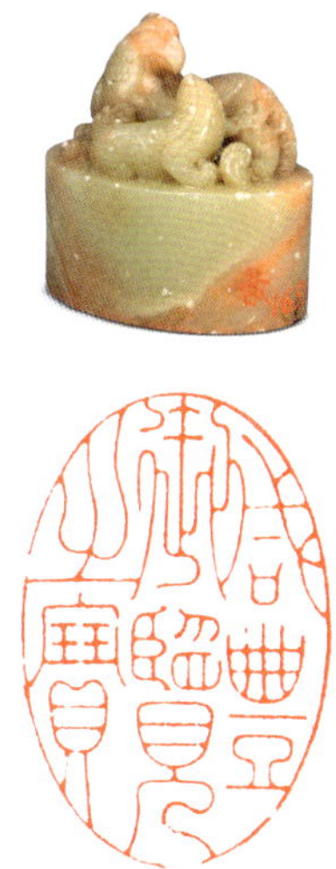

图 25. 咸丰御览之宝

5. 同治时期寿山石印

同治皇帝寿山石印有螭纽“同”“治”印、寿山石“景福阁”章、慈禧寿山石龙凤瑞兽纽“皇太后御览”章、狮纽“储秀宫之宝”及“大雅斋”章。

6. 光绪时期寿山石印

光绪时期寿山石印只有瑾妃的两方闲章：双螭纽“御笔”印、光绪瑾妃“端康皇贵妃御笔之宝、永寿在天和乐且康”印。

7. 宣统皇帝寿山石印

宣统皇帝寿山石印有:云龙纽“宣统尊亲之宝”“宣统御览之宝”、双狮纽“所其无逸”印等。

二、田黄石印

现故宫收藏的田黄石印为清代上楚，其中以乾隆皇帝三联印最具代表性，为现存唯一一件田黄石三联链印。

故宫现藏清代寿山石印章较早的胤禛为康熙朝太子的印章，特别是雍正即位后制作的寿山石印最为突出，不仅石质好，印纽雕刻精美，篆字变化多样。雍正时期的宝玺雕刻的印纽多为瑞兽纽，有的印台四周雕刻浅，起地浮雕，称之为薄意艺术。乾隆喜欢将印章制作成一套几件，并盛装在一盒内，嘉庆也继承之。故宫博物院现存的田黄石帝后印章有：

1. 康熙时期雍亲王田黄石双螭纽“御赐朗吟阁宝”（图 26），雍亲王为胤禛在康熙时期封号。

2. 雍正时期螭纽“建明德子千亿保万年治无极田”印。

3. 乾隆帝“乾隆宸翰”印、兽纽“奉三无私”椭圆形印、“惟精惟一”组印（图 27）。

4. 乾隆帝“长春书屋”印、“信天主人”长方印“古香斋”组印。

图 26. 御赐朗吟阁宝

图 27.“乾隆宸翰、奉三无私、惟精惟一”组印

图 28.“乾隆宸翰、乐天、惟精惟一”三联印

5. 乾隆帝“乾隆宸翰、乐天、惟精惟一”三联印（图 28）。田黄石三联印是由一整块田黄石雕刻而成的，汉文篆书，“乾隆宸翰”“惟精惟一”两印均高 1 厘米，方 2.6 厘米；“乐天”椭圆印，长径 3 厘米，宽 2.3 厘米。三联印造型独特，无论是篆刻方式还是印文布局，都彰显了篆刻者独具匠心的构思。“乾隆宸翰”采用传统的标准格式，并用阳文篆刻。“乐天”印则用字、画结合的形式，两边以螭纹修饰，使整个印章充满了灵动性。“惟精惟一”为阴文篆刻，并采用中国汉代私印的形式，以回文法排列，错开了两个相同的“惟”字，使整个印面显得饱满均匀、和谐美观。

此印为乾隆皇帝私人印，其造型奇特，在印章中实属罕见。三联印上的玺文均出自儒家经典，乾隆皇帝想以此表达自己“精益求精、专一其心，不偏不倚”的施政思想和“乐天知命”的处世态度。田黄石三联链印不仅材质和做工好，还有一段不凡的经历。此印曾经被清末代皇帝溥仪带到长春的伪满洲国皇宫，1945 年，溥仪在沈阳机场被苏联红军的所俘，三联印一直藏在随身的皮箱夹层中。后来在支援“抗美援朝，捐献飞机”的活动中，溥仪将其捐献国家，但一直搁置在监狱的库房中，直到 1959 年国家十年大赦，此印才回到了故宫博物院。

6. 嘉庆帝“三希堂”印、“嘉庆宸翰”方印、“嘉庆御笔”方印、“长春仙馆御制”印、“知不足斋”组印。

“嘉庆宸翰”印，光素方形玺，高 10.2 厘米，印面方 4 厘米。汉文篆书。宸原指北极，即紫微垣，后指帝王居处。翰，古以羽翰为笔，凡用笔所书者曰翰。唐代已有用“宸翰”专指帝王笔墨之迹。

7.“嘉庆宸翰”，光素方印，高 10.5 厘米，印面方 3.9 厘米，汉文篆书。此印与“几暇临池”“菑畲经训”为一组印（图 29），印文“几暇临池”源自王羲之“临池学书，水为之黑”的典故。“几暇临池”印本为乾隆皇帝御笔专用章，只用在御书之上，此印为嘉庆皇帝仿其父常用闲章而作，常与“嘉庆宸翰”并用。乾隆皇帝十分推崇王羲之的书法，在万机之暇不忘寄情翰墨，体现其情趣之高雅。

图 29.“嘉庆宸翰、几暇临池、菑畲经训”组印

图 29-1. 嘉庆宸翰

图 29-2. 几暇临池

图 29-3. 菑畲经训

“菑畬经训”光素长方玺，高 7.4 厘米，长 4.7 厘米，宽 2.7 厘米。田黄石，汉文篆书。印文“菑畬经训”出自韩愈《符读书城南》：“文章岂不贵，经训乃菑畬。”该诗为韩愈写给其子韩符的诫子书，其中“菑畬”为耕耘之意，“经训”为经籍义理。“菑畬经训”意为书籍经史对一个人而言，就如同耕稼对国家的意义一样，为事物之根本。“菑畬经训”本为乾隆皇帝自勉之意，后制成闲章。乾隆五十八年（1793 年），乾隆帝在其《御临王羲之草书》后，曾同时钤盖“几暇临池”“菑畬经训”印，此印为嘉庆皇帝仿制。还有“几暇临池”方印，“菑畬经训”等组印。嘉庆皇帝的田黄石印常继承其父制作成组印的做法，所以我们今天能够完整地欣赏到这些成组的田黄石印章。

8.“永瑢”印

乾隆皇帝第六子永瑢之印，为 1956 年收购。乾隆帝在永瑢作品上的题诗“学余游艺亦功夫”，反映出他欲摆脱世俗的羁绊与扼制、追求心灵安静祥和的寄托。

明代以前，田黄石统称“黄石”，并不为世人所重。清代开始，田黄石身价剧增，名扬四海。至民国时期初年便有“一两田黄四两金”之说，这种石材质地的优异乃独一无二，产量又极为稀少。田石润腻绵密，富有蕴崇之气，即使是新出田石，也宛如旧石。它的特征是体内有各种形态萝卜纹，富有灵性。田黄石大多微透明，肌理隐现萝卜纹，细细品赏，饶有情趣，田黄石温润、细腻，文人墨客对其赞不绝口，谓其“有情，有韵”。辨石标准有“六德”，一说为：结、润、透、腻、灵、艳，还有认为是：细、结、润、腻、温、凝。

昌化石印

昌化石产于浙江省临安昌化镇，最早发现于明朝初期，于清朝时得以重视。故宫现收藏昌化石印分别为帝后印、官印和印料。清宫旧藏的昌化石 40 多方，其中有未刻的昌化石章料 4 方。新中国成立后陆续新收了一些昌化石印，多为名人流派印。

鸡血石是昌化石的一个品种，它是辰砂在长期的地理作用下逐渐渗入高岭石、叶蜡石或地开石形成的石材。色泽具有亮晶如玉的光泽和艳丽鲜红如鸡血般的色彩，即“鲜红如鸡血，晶莹如美玉。”现人们评价其为昌化鸡血具有“细、红、润、腻、温、凝”之六德，无须人工雕凿已构成一幅美丽的图卷。石质细腻，晶莹温润。

故宫收藏的昌化石印存于三个库房，分别为帝后玺印库管理帝后印，铭刻库管理官印，文房四宝库管理印料。由于昌化石相对其他印章类别数量较少，非常特殊，下面将昌化石印分三个方面介绍。

一、帝后妃印

故宫现藏昌化石印以嘉庆皇帝为最多，质地以咸丰皇帝为最优。这其中不仅包括皇帝、后妃之印，还有大臣闲章，另有清仿明文彭（三桥）印。

（一）乾隆皇帝印

1. “乾隆宸翰”印（图 30）

高 15.8 厘米，印面方 8.4 厘米。随形雕鸳鸯荷花，阳文篆书。通体青黄色，中有血斑，钤于御笔书画上。印面四周阴刻诗文 3 首：

图 30. 乾隆宸翰

王之崎题七律诗《满地娇》、卫芳题《采莲曲》、清周敦颐《爱莲说》，这三首诗文均为赞赏荷花。在同一方印中篆3首诗文，还是不多见的。鸳鸯、荷花随形雕于昌化石上，3首诗文排于荷花空白之间，使整个印章四面非常紧凑。篆刻刀工圆润、流畅，是一件极好的工艺品，深得乾隆皇帝的喜爱。

《采莲曲》曰："莲塘三十里，四面起清风，鸳鸯飞不去，只在藕花中。"该诗作者为明末清初书画家李沂，字子化，别字艾山，晚自号壶庵，著有《鸾啸堂诗集》。

图31. 惟精惟一

2. "惟精惟一"印（图31）

高12.7厘米，印面方6.9厘米，阴文篆字，两行各2字。随形雕山石、河流、树木、花卉，上有《后赤壁赋》。通体青黄色中有血斑，顶部浮云数朵。前平面转右角刻《后赤壁赋》全文，右侧下江流一道，芦花几株；对岸断岩千尺，高入云端。左侧群岩中显露雪堂，堂顶苍松老干，朵云中一只白鹤，后方下部水涌中流，小舟一只乘坐3人，艄公一个，高山浮云，松叶江墨，四面环示，为一画面。雕刻线条有力，做工细巧，鹤顶亦择红色一点。印文"惟精惟一"出自《尚书·大禹谟》："人心惟危，道心惟微，惟精惟一，允执厥中。"乾隆皇帝以此言为君治民之法，认为：为人君者，应"精一"兼执，修行己身。

此印巧妙利用昌化石的颜色，随石色彩安排画面，雕刻线条有利，做工细巧，与"乾隆宸翰"印一起用于御笔书画上。这两方昌化石印体积较大，镌刻最精。乾隆皇帝对此非常喜欢，并经常在书画中使用。

（二）嘉庆皇帝印

图32. 惟几惟康

1. "惟几惟康"印（图32）

高14厘米，印方7.1厘米。随形雕云龙纽，印模正方形，阴文篆书，云龙纽龙，突目长须，露齿，火焰眉披发，两角短，通体青黄色，有血斑。印文出自《商书·益稷》："安汝止，惟几惟康，其弼直。"盖言人君奉天命以临民，安其位者，惟在慎微。嘉庆皇帝是以"惟几惟康"作为治国之道，并期待以此来博得上天的恩赐，故将这4字刻在宝玺之上，以时时警诫自己。虽然这里不无标榜自己的意图，但世易时移，时局变幻，加之个人的治国才能毕竟不如其父，嘉庆帝当政有时就不得不以谨慎小心来提醒自己了。

此昌化石料及雕云龙纽为康熙时期，印文篆刻在嘉庆时期，与“嘉庆御笔之宝”和“笃祐繁禧”为一组印。

2. “笃祐繁禧”印（图 33）

高 16.3 厘米，长 7 厘米，宽 6 厘米，阳文篆书，两行各 2 字。随形纽，雕刻后赤壁赋图。印之右侧雕一舟，舟上坐 4 人，摇橹 1 人。舟后为江壁，上边有松，有岩石突出，岩上有流云。印上侧雕刻岩石、松树、流云；左侧小桥一座，桥下有流水，桥之左边雕刻岩石、松树，顶端有流云；印的下侧雕刻《后赤壁赋》全文。为嘉庆帝非常喜欢的一方印玺。

图 33. 笃祐繁禧

3. “嘉庆御笔之宝”（图 34）

高 13.5 厘米，印面方 6 厘米，随形雕。嘉庆《宝薮》页 3 有载。石料为雍、乾时期，印文嘉庆时镌刻。阳文篆字，3 行各 2 字，字镌刻较浅。纽雕刻赤壁图，印模一面阴刻《后赤壁赋》文，其余三面为一画面：雕刻树石、瀑布、小桥流水，岩壁下有一游船，船上乘坐 3 人，1 人撑船。纽顶系巧做，黑色雕刻松树，白色雕刻云鹤，雕刻线条有力，工艺精湛。

4. “万有同春”印

高 7.3 厘米，长 3.2，宽 1.5 厘米，阴文，随形长方章。

5. “政在养民”印

高 8.65 厘米，印面方 3.3 厘米，阴文，随形方章。印文出自《商书》，其意为德政才是最好的政治，好的政治在于使百姓生活得更好。

6. “嘉庆宸翰”印

高 8.65 厘米，印面方 3.3 厘米，阳文，随形方章。

7. 嘉庆帝组印

7 件合装一盒“嘉庆御笔之宝”“惟精惟一”“谦受益”“漱润”“嘉、庆”“嘉、庆”“澂观”印。尺寸高不过 6 厘米，印面宽最大不过 2.2 厘米，均为随形光素。

（1）“嘉庆御笔之宝”

高 3.8 厘米，印面方 2.15 厘米。

（2）“惟精惟一”印

高 3.7 厘米，印面方 2.2 厘米。随形光素，印模正方形，阴文篆字，2 行各 2 字。

图 34. 嘉庆御笔之宝

（3）“谦受益”印，高 3.4 厘米，印面长 2 厘米，宽 1 厘米，随形光素。

（4）昌化石“漱润”印，高 4.9 厘米，印面长 1.6 厘米，宽 0.9 厘米。印模长方形，阳文篆字，1 行 2 字。

（5）昌化石“嘉、庆”印，“嘉”印高 4.85 厘米，印面方 1.4 厘米；“庆”印高 4.9 厘米，印文长 1.5 厘米，宽 1.4 厘米。印模正方形，随形光素，篆字，“嘉”为阳文，“庆”阴文。

（6）昌化石“嘉、庆”印，“嘉”印，高 5.95 厘米，印面长 1.4，宽 1.35 厘米，“庆”印高 6.15 厘米，印方 1.4 厘米，随形光素。

（7）昌化石“澂观”印，印面长 1.4 厘米，宽 0.7 厘米，随形光素，印模长方形，阴文篆字，1 行 4 字。

（三）咸丰皇帝印

1.“咸、丰”印

高 15.7 厘米，印面方 4.2 厘米。昌化鸡血石，藕粉色质地，血色鲜红，通体满布。“咸”印底镌阳文，圆形，“丰”印为阴文方形。汉文篆字，印文四周均有回纹装饰。

（四）同治皇帝印

1.“同治敬书”印

高 5.3 厘米，印文长 2.65 厘米，宽 1.1 厘米。随形光素，阴文。

图 35. 法天立道

（五）宣统皇帝印

1. 昌化鸡血石“法天立道”印（图 35）

高 4 厘米，印面方 1.7 厘米。此昌化鸡血石印即隆裕皇太后在清帝退位诏书上使用的印玺。

2.“寡欲”印

高 6.2 厘米，长 3.4，宽 1.7 厘米，印模长方形，随形光素，阳文篆字，1 行 2 字，刻有“宣统九年二月”款。这里要说明一点，宣统三年（1911 年）以后，溥仪退位，但仍然居住在宫中，宫中仍称其为皇帝，且待遇不变。所以“寡欲”印，应该是民国时期溥仪退位后制作的印。

（六）后妃印

1.“端康皇贵太妃御笔”印

通高 11.6 厘米，印面方 5.9 厘米。昌化石，随形光素，印模为正方形，阳文篆字，3 行各 2 字，为民国时期制作。

2.“端康皇贵太妃”印（图 36）

高 5.4 厘米，印面方 1.4 厘米。昌化石，民国时期制作。

3.“御笔之宝”

高 2.6 厘米，长 1 厘米，宽 0.7 厘米。昌化石，印模长圆形，阳文篆字，1 行各 2 字，民国时期制作。

4.“养寿”长圆印

高 5.45 厘米，印面方 1.35 厘米。昌化石，随形光素，印模正方形，阴文篆字，2 行各 2 字，民国时期制作。

以上昌化石印在不同情况下使用。以嘉庆皇帝的昌化石印最多，有 13 方，这些昌化石印在其《宝薮》中多有辑录。

（七）台北故宫藏昌化石印

台北故宫也有数方昌化石印，如：昌化鸡血石“双井园官、深心托豪素”印，赵之琛刻；

鸡血石“晋康印信”，鸡血石“小云心赏”，赵之谦刻；

鸡血石“章锡蕃章”，孔千秋刻；及近现代人的昌化石印 。

据清代皇帝宝谱记载，[1] 清代其他皇帝也有昌化石印，但故宫现无实物。如:乾隆皇帝还有“向用五福”“八徵耄念之宝”“自强不息”3 套，9 方为一匣。

嘉庆皇帝有 12 方一匣套印：碧静堂、虚受轩、韵泉书屋、委宛藏、浴日涵春、平静如水、传馨青林、宙幌云关、十洲澄、正直如绳、悬流白鹤、金绳玉检。3 方一匣：华滋庭、树德务滋、敛华就实等。嘉庆皇帝一匣 3 方、9 方、11 方或 12 方的套印还有若干。不难看出，嘉庆皇帝对昌化石是情有独钟的。

图 36. 端康皇贵太妃

1　故宫博物院藏嘉庆《宝薮》，线 114177。

图 37. 臣心如水

二、大臣印

在清代，还有一些大臣犯错或触犯皇威，抄家后而留存在宫内的印。现有清大臣赛尚阿和陈孚恩的印。这些印章应是在其革职时被没收到宫中的，军机大臣赛尚阿的昌化石印有 4 方，陈孚恩昌化石印有 7 方，均为篆书，大多附同治元年黄条，有的印刻边款或随形雕山水人物。

（一）赛尚阿印

赛尚阿（1794–1875 年），字鹤汀，蒙古正蓝旗人，阿鲁特氏，其名满语意为“可嘉的”。历乾、嘉、道、咸、同、光六朝，授文华殿大学士、首席军机大臣，管理户部；编纂有《蒙文汇书》《蒙文晰义》两部辞典，还参与编纂了清廷为治理西北少数民族制定之行政法规《钦定理藩院则例》。晚年两次以钦差大臣身份至湖南负责剿起义太平军，事未果，被革职查办。他先是被摘去顶戴花翎，革职拿问，随后即押解回京，听候查处。他的三个儿子也受株连，均被革职。赛尚阿本来因失职重罪，被军机处和刑部联合判处了极刑，但在军务紧急的用人之际而最终获得释放。后随御前大臣僧格林沁办理巡防事务。经过几年的效力赎罪，咸丰十一年（1861 年），赛尚阿被授正红旗蒙古副都统。

赛尚阿为状元崇绮之父，其孙女被同治皇帝选中入宫，成为了孝哲毅皇后。赛尚阿是历经六朝的元老，这些印章应该是在革职时被没收宫中的。

1. “赛尚阿印”印，高 10.5 厘米，印面方 4.6 厘米，阴文篆书。

2. “鹤汶”印，高 10.6 厘米，印面方 4.7 厘米，阳文篆书。

3. “臣心如水”印（图 37），高 10.4 厘米，印面长 5.5 厘米，宽 2.2 厘米，阴文篆书。另外，故宫还存 3 方同样印文的玉印。

4. “守拙”印，高 3.4 厘米，印面长 2.1 厘米，宽 1.2 厘米，阴文篆书。此印是否是赛尚阿印，待考。

（二）陈孚恩印

1.“太宰之章”，高 16.4 厘米，印面方 4.3 厘米。

2.“陈孚恩印”（图 38），高 16.4 厘米，印面方 4.3 厘米。

3.“子雈”印，高 6.2 厘米，印面长 3.1 厘米，宽 1.45 厘米。边刻“秦朱汉白次闲”款。

4.“太宰之章”，高 7.05 厘米，印面方 3 厘米。

5.“子鹤”印，高 7.3 厘米，印面方 4.2 厘米，随形。边刻“次闲仿雪渔老人丙辰之冬征明”款。

6.“孚恩子雈”印，高 7 厘米，印面方 3 厘米。

7.“陈孚恩”印，高 7.35 厘米，印面长 4.25 厘米，宽 4.15 厘米，随形。边刻“钱塘赵之琛”“征明作”款。

陈孚恩这些印，多为赵之琛镌刻，原藏懋勤殿。

三、清仿印

故宫还藏有一些清人伪作“三桥”款印的清仿明印。由于文徵明孙辈文彭的篆刻非常有名，后人纷纷模仿或者假冒其名制作。如：

（一）清仿明印

1.“俯仰一世”印（图 39），高 3.8 厘米，长 6.8 厘米，宽 4.2 厘米。边款“三桥”。

2.“所以游目骋怀”印，高 6.2 厘米，长 3.3 厘米，宽 3.1 厘米。边款“三桥”。

3.“映带左右”印，高 6.6 厘米，长 3.3 厘米，宽 2.7 厘米。边款“三桥”。

4.“群贤毕至”印，高 6.2 厘米，长 3.3 厘米，宽 3.1 厘米。边款“永和九年，岁在癸丑，暮春之初，会于会稽山阴之兰亭，修禊事也。三桥作”。

5.“少长咸集”印，长 4.8 厘米，宽 3.2，高 6.7 厘米。边款“三桥”。

以上 5 件昌化石文彭“三桥”款印，经鉴定没有一件真品，应是当年大臣为投皇帝所好献给乾隆皇帝的。乾隆皇帝还写有几首诗文，赞扬文彭印，并记录了他收藏文彭印的情况，但可惜是仿品。

图 38. 陈孚恩印

图 39. 俯仰一世

关于昌化石的文字记载，见于元代。有关昌化石的开采历史，通常认为始于元明时期，距今仅 600 多年。1999 年，在杭州市半山镇石塘村的战国墓中，出土了一批用昌化石制作的随葬品，其中包括两片昌化石扣合式剑鞘，10 多件昌化石兽面纹剑首、剑格、剑璏、剑珌等剑饰。两把剑饰上还刻有鸟篆文“越王”和“越王之子”的字样。昌化石矿区古属越地，可见当年的越国王朝已很重视对昌化石的利用。至此，昌化石的开发使用，可证实。有 2300 多年的历史。从而深受受达官、文人追捧，得以被广为使用。昌化石自古称为玉，有南玉之称。宋代开始将其产地定为玉山，清初时被定性为宝玉石类，由宫廷专营。

竹 印

在清代，竹质雕刻已经到了鼎盛时期，竹雕不仅用于器物雕刻，还用于印章的篆刻，它与玉、木、牙、角等雕刻艺术，有着重要的关系，在当时皇家宫廷印中均有所体现。虽然清代皇帝在政务上多使用玉质和金质御玺，但在收藏和鉴赏用的闲章中却有一部分是竹印。

一、竹印

（一）宝玺印

竹印类印材包括竹节、竹根等，这类印材质软易刻，但因其印材较小，多用于闲章。故宫现存有 23 方竹质印章，分别是故宫旧藏 3 方，文人印 15 方及近现代仿乾隆皇帝 5 方。

1. 竹“咸”“丰”印（图 40）

“咸”字高 3.1 厘米，印面方 1.7 厘米；“丰”字高 3 厘米，印面方 1.7

图 40. 咸、丰

厘米，印文一阴一阳。

2. 竹瓦纽“咸丰御览之宝”

高 5.15 厘米，印面方 2.3 厘米。阳文。

3. 竹雕双连“咸丰”印

高 3.1 厘米，长 1 厘米，宽 2 厘米，阳文。

3 方与咸丰《宝薮》中的印文相吻合。在故宫藏《寿皇殿点查报告》中有竹印 3 方的记载，和咸丰传给同治皇帝的“同道堂”“御赏”印放在一起。但在咸丰《宝薮》中还有一方“咸丰”椭圆竹印，现故宫无存。

（二）文人印

1. 竹根雕象纽“志不可满”印（图 41）

高 4.9 厘米，印面方 3.6 厘米，阴文，康熙时期。

2. 竹“闲锄明月种梅花”印

高 11.3 厘米，印面长 6.3 厘米，宽 4.3 厘米，阳文。边款：“戊午中伏得此老节，喜看古□作此，三桥。”

3. 竹根雕螭虎“宝瑟”印

高 4.3 厘米，印面长 1.4 厘米，宽 1.2 厘米，阴文。陈簠斋自用。

图 41. 志不可满

4. 竹根雕兽纽“洗砚焚香”印

高 6.6 厘米，印面长 2.2 厘米，宽 2.4 厘米，阴文。

5. 竹根覆斗纽“廷简”印

高 1.7 厘米，印面方 2 厘米，阳文。

6. 竹根覆斗纽“墨仙”印

高 2.1 厘米，印面方 1.6 厘米，阴文。

7. 竹根“憨山道人”印

高 3.6 厘米，印面长 6.2 厘米，宽 5.3 厘米，阴文。

8. 竹根“逍遣”印

高 7.7 厘米，印面长 1.8 厘米，宽 2.6 厘米，阴文。边款：“摅塔伪□□。”李复堂刻。

9. 竹根“终日无闻长自闲”印

高 8.1 厘米，印面长 3.1 厘米，宽 1.9 厘米，阴文。边款：“心如石坚，何谓清虚，贵乎清虚劲节不渝。集白玉□铭语鉴。李复堂。”

10. 竹根“心甚乐之”印

高 6.7 厘米，印面方 3.8 厘米，阴文。边款：“南皋老人戊臣春三月。”

11. 竹根“君不知兮可奈何”印

高 5.7 厘米，印面长 2.8 厘米，宽 3.1 厘米，阴文。南皋残款。

12. 竹根“拙印”印

高 4 厘米，印面长 2.3 厘米，宽 2.5 厘米，阴文。南皋残款。

13. 竹根“浑然天趣”印

高 4.2 厘米，印面长 3.2 厘米，宽 4.6 厘米，阴文。南皋残款。

14. 竹根雕“不辞□荚下先”印

高 7.9 厘米，印面长 3.1 厘米，宽 2 厘，民国时期。徐石雪收藏。

15. 竹根雕“六艺之一”印

高 7.1 厘米，印面长 3.5 厘米，宽 2.6 厘米，民国时期。徐石雪收藏。

这些印章均为清代或民国个人使用的文人印，通过印文及边款看到有：徐石雪 2 方、三桥 1 方、陈簠斋 1 方、李复堂 2 方、南皋老人 4 方，这为我们研究提供了信息。还有一些没有边款的印，有：“墨仙”“廷简”“憨山道人”等人名号印，而文人印中有的是清人伪作。

（三）近现代仿竹印

1. 竹根雕夔纹纽仿刻“太上皇帝之宝”（图 42）

高 2.8 厘米，印面长 2 厘米，宽 2.3 厘米，印模正方形，3 行各 2 字，阳文篆字。

图 42. 太上皇帝之宝

2. 竹根雕夔纹纽仿刻“八徵耄念之宝”

高 2.8 厘米，印面方 2.3 厘米，印模正方形，3 行各 2 字，阳文篆字。

3. 竹根雕夔纹纽仿刻“五福五代堂”印

高 2.8 厘米，印面方 1.9 厘米，印模正方形，印文共 3 行：中行 1 字，其余 2 行各 2 字，阳文篆字。

4. 竹根雕夔纹纽仿刻“乾隆御赏”印

高 2.6 厘米，印面方 2.1 厘米，印模正方形，2 行各 2 字，阳文篆字。

5. 竹根雕夔纹纽仿刻“十全老人”印

高 2.7 厘米，印面方 1.8 厘米，印模正方形，2 行各 2 字，阳文篆字。

以上 5 方印的共同特点是雕夔纹纽，为同一时期一批制造，均为仿刻，是 1959 年 6 月调拨自文物局，为故宫 1949 年后新收文物。在乾隆《宝薮》的印文下面，基本上注明了印的质地，这就为我们对乾隆皇帝印章质地的鉴定提供了依据。以上竹印有一个共同特点是，和其他印材比，尺寸均较小。

二、时代与辨伪

（一）仿刻“乾隆御赏”印

在乾隆在位时期经常钤用“乾隆鉴赏”圆形印，为汉玉，直径 2.8 厘米，阴文镌刻，为收入《石渠宝笈》《秘殿珠林》中书画上常用的五玺之一。[1] 乾隆退位后不可能再制造“乾隆御赏”印，此印与“乾隆鉴赏”印也相差一字，一个是“鉴”，一个是“御”，有一字之差。再根据其工艺，鉴定为近现代仿。

（二）仿“三桥”印

明清以前，岩穴隐居在名士中是十分盛行的风尚。在盛世昭昭之下做个淡泊隐士在当时被认为是只有清高之士做的风雅之举。不但可以抬高身价，还可借以为晋身之阶，成为当政者礼聘的对象，因此成为士子才人们除科举之外又一做官的捷径。

1. 竹“闲锄明月种梅花”章

图 43. 闲锄明月种梅花

故宫现存的竹“闲锄明月种梅花”章（图 43），从篆刻风格看是清人伪作的，并不是文彭本人所刻，但由于它是清代制作，故宫将其收藏。此句出自张岱《外孤山种梅叙》：“地有高人，品格与山川同重；亭遗古迹，梅花与姓氏俱香。疏影横斜，远映西湖清浅；暗香浮动，长陪夜月黄昏。今乃人去山空，依然水流花放，美人来自林下，高士

图 44. 憨山道人

1 恽丽梅：《清宫藏书画中乾隆帝印玺钤用考略》，《清代档案与清宫文化》页 416，档案出版社，2010 年。

图 45. 宝瑟

卧于山中。白石苍崖，拟筑草亭招放鹤，浓山淡水，闲锄明月种梅花。”

2. 竹根“憨山道人”章（图 44）

憨山大师多才多艺，晓通史书，熟谙佛经，工于书法，擅长诗词。憨山道人释德清（1546—1623 年），明代高僧一生中佛学和其他著作颇丰，因其天启三年（1623 年）已经去世，所以此印定是清代人伪造的。以“憨山道人”镌印者较多，此“憨山道人”是否为明代德清，待考。

3. 陈簠斋印

竹根雕螭虎“宝瑟”印（图 45），陈簠斋自用。陈簠斋（1813–1884 年），名介祺，字寿卿，号簠斋，晚号海滨病史、齐东陶父，山东潍县（今潍城区）城里人。中国清代金石学家，清吏部尚书陈官俊之子。

4. 竹李复堂印

竹根“终日无闻长自闲”印、竹根“逍谴”印，李复堂刻。李复堂（1686–1762 年），字宗扬，名李鱓，号复堂，又号懊道人。江苏兴化人，康熙五十五年（1716 年）中举，康熙五十三年（1714 年）以画绘画。李鱓原来主要画山水，进了宫廷以后随蒋廷锡画花鸟，回到扬州后又从高翔进一步提高山水画的画功。离开宫廷后，他浪迹江湖，走南闯北，过着纵情声色、卖画为生的生活。其间，得到高其佩的赏识和指导，还对石涛的画做过深入研究。

竹根“终日无闻长自闲”印，边款“心如石坚，何谓清虚，贵乎清虚劲节不渝。集白玉□铭语鉴”，体现了李鱓的思想和理念。

5. 竹高凤翰印

竹根“心甚乐之”印，表现了他的乐观的心性。

边款：“南阜老人戊臣春三月。”竹根“君不知兮可奈何”印，竹根“拙印”印，竹根“浑然天趣”印，均为南阜残款。

南阜老人是扬州八怪之一的高凤翰（1683–1749 年），清代画家、书法家、篆刻家。这几方印章是他右手病残以后所治，和他的“左书”一样，敢于用刀，全以气胜，仿佛在不经意间，就已经刀落印成。直至今天，我们仍能从他的各类作品中找到笔情墨趣，从中得到熏陶，开阔视野，精神上得到了一次次极大的艺术享受。

6. 竹无名文人印

竹根覆斗纽“廷简”印（图 46）、“墨仙”印，阳文“廷简”章、

图 46. 廷简

阴文“墨仙”，虽然为一阴一阳，但篆刻风格是一样的，“墨仙”应是“廷简”的别号。原印罗福颐先生认为是明代，经现鉴定为清代。

7. 竹徐石雪印

竹根雕“不辞囗萸下先”印、竹根雕“六艺之一”印。六艺是中国古代儒家要求学生掌握的六种基本才能：礼、乐、射、御、书、数。出自《周礼·保氏》:“养国子以道，乃教之六艺:一曰五礼，二曰六乐，三曰五射，四曰五驭，五曰六书，六曰九数。”现故宫藏仅带“石雪”号的印章就有 28 方之多，带名“宗浩”的印有 13 方，多为石质。

只有竹根雕兽纽“洗砚焚香”印，不知何人使用的印章，竹根雕象纽“志不可满”印为康熙时期的文人印。

三、乾隆皇帝的竹缘

（一）乾隆帝爱竹

乾隆皇帝在年轻的时候即对竹有所偏爱。他在位时期制造的很多书画、器物、家具等。多以竹为图案。

还有一种说法是乾隆帝爱竹，和他的继位有关。这在郎世宁绘制的《梅报春信图》中有所体现：画中描绘了父子二人在竹林旁赏梅的情景，雍正皇帝正递给弘历一枝梅花，暗示着雍正将传位于弘历。[1] 在乾隆退位的宁寿宫内不仅有三友轩，在很多殿室都用松、竹、梅进行

1 王子林：《紫禁城原状与原创》上，页 217-218，紫禁城出版社，2007 年。

装饰，仅用竹装饰的就有毓庆宫通景画，香雪室后面的装饰画及窗外的翠竹。

乾隆皇帝有方碧玉螭纽“爱竹学心虚”印，为继位之前所制，表现了乾隆皇帝“爱竹学心虚”的理念。在书画中，仅乾隆有关竹题材的绘画就有 168 件；在器物中，竹雕工艺 2000 多件。

在家具中，有紫檀木竹丝束腰梅花式凳装饰手法。文竹包嵌小凳，采用贴竹黄的做法，凳为木胎，以文竹包嵌。文竹包嵌花卉图插屏，屏边框采用文竹工艺，粘贴竹黄。突出了花纹显著明暗对比分明的特点。文竹炕几式文具匣，表面嵌贴出深色棕竹片组成的缠枝花卉、蕉叶纹、水波纹、龟甲纹，并用竹丝及玉镶嵌。这种工艺流行于乾隆时期。竹丝镶玻璃小柜，左右两个空间，自上而下错落有致地悬着三个嫩黄的文竹贴面小抽屉，构思极甚巧妙。

乾隆四十五年（1780 年）在承德避暑山庄仿照浙江嘉兴南湖的烟雨楼而建，在如意洲北侧的青莲岛上，有小桥与如意洲相连。在乾隆《宝薮》中有“烟雨楼、古稀天子之宝、犹日孜孜”及“戒得堂、古稀天子之宝、犹日孜孜”两组竹印，今故宫不存。

故宫虽然收藏竹印不多，但从中使我们认识了竹印在清代皇帝和文人中的使用情况及特点：皇帝竹印多为阳刻，文人竹印多为阴刻，因为阴刻相对于阳刻好刻一些；特别是清代还有伪造明代名人竹印的现象；而乾隆皇帝的两套竹印，虽现无实物，但从文献记载中，我们发现了其印谱，并从乾隆皇帝的大量文玩中，看到了乾隆皇帝对竹的热爱。

竹印与玉、木、牙、角等雕刻艺术有着重要的关系，乾隆帝一生镌刻 1800 多方印，凡能刻印的材质基本都有。

印料与印样

自明清以来，石质印章大兴。虽然较铜、玉等印章出现时代较晚，但因制作方便，反映内容广泛而受到社会各阶层的青睐。特别是寿山石制印，更成为清宫帝后闲章的首选。在故宫寿山石藏品中还有一些印料，即雕好印纽，但还没有未镌刻印文的半成品。还收藏有藏有一些印样和印料，与印章成为一个完好的整体。还有与印石同质地的石雕，有人物雕刻和摆件，其雕刻风格与印章纽式雕刻相近。

一、印料

故宫收藏印料以玉石、木质、寿山石为主，也有一些昌化石。昌化石产于浙江昌化的玉石洞，以叶蜡石为主要组成的一种石料。质莹翠而略透明，如熟藕粉的则名“昌化冻”，上有鲜红斑块或全红如鸡血凝结的，名“鸡血石”，亦名“鸡血冻”。一般含有杂质，纯净的极其珍贵，为制印章的上品。

（一）未刻印料

现有未刻印 50 方，多为玉质龙纽，印料在 10 厘米左右。介绍代表性的 2 件。

1. 青玉云龙纽方印料（图 47）

高 6.9 厘米，印面方 5.7 厘米，乾隆时期。青玉镂空云龙纽方形玺。上系“乾隆五十二年”黄条，说明纽为乾隆时期所雕，但印文并未确定。

2. 铜镀金九龙纽方印料

高 8.4 厘米，印面方 8.6 厘米，乾隆时期。“九”为阳数之最，

图 47. 青玉云龙纽方玺料

又有“九五之尊”的含义。清朝皇室尤以“九”为吉祥富贵之数。在龙的雕刻造像中，用“九龙”作为天子尊贵、权势的象征。

（二）印料

自石印代替铜、玉印后，明清文人治印广泛流行，有文彭、何震等人。故宫藏有一些清宫旧藏或者名人镌刻的印料。印石和雕刻工艺非常精美，其中以寿山石中的田黄石为最精。

1. 田黄石狮纽方印料

高 6.1 厘米，印面方 6.7 厘米。石质纯净，印纽呈黄色，有“金裹银”的特点。印纽雕太狮少狮，雕刻精巧，唯妙唯肖。

2. 寿山石狮纽方印料

高 7.5 厘米，印面长 7.4 厘米，宽 7.2 厘米。白石上偶泛桃红色。雕狮纽，狮子为盘卧状，注视前方。印体四面阴刻两周螭纹，刻工精致。

3. 田黄石兽纽长方印料

高 4 厘米，印面长 5.1 厘米，宽 3.1 厘米。石质色泽纯净，凝脂光泽。纽雕异兽，兽独角尖吻，目点黑睛，曲尾分歧，形象传神。

4. 寿山石马纽长方章

高 4.9 厘米，印面长 2.9 厘米，宽 2.3 厘米。灰白色与玫瑰色相间。雕马纽，马侧卧回首，神情温驯。马纽雕刻肌骨强壮，极具神韵。

5. 田黄石狮纽方印料（图 48）

高 10.1 厘米，印面方 7.1 厘米。内隐萝卜丝纹。雕狮纽，两小狮附于大狮背上。印体阴刻“玉璇”款。

这些印料多为清中期乾隆时期雕刻，但没有镌印文。有的应该

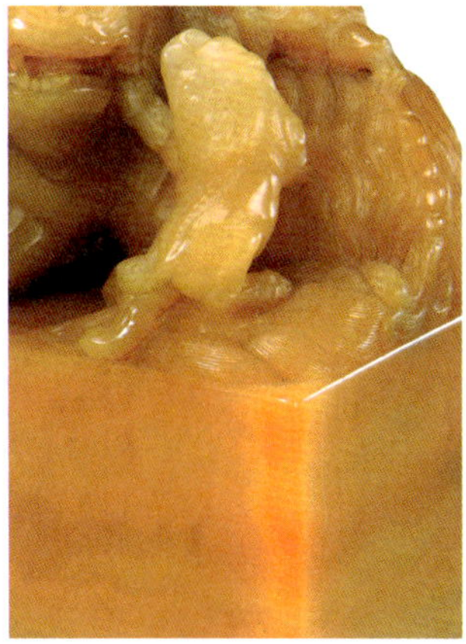

图 48. 田黄石狮纽方章料

是大臣敬献的。其中还有一件“玉璇”款的田黄石兽纽方印料为康熙时期，但款为“玉璿”，即“玉璇”的异写。

故宫还有部分捐献的新字号印料，如：田黄石兽纽方章料、山水人物长方章料、兽纽章、兽纽方印料、兽纽长方印料、兽纽椭圆印料、蟠螭纽方印料、兽纽椭圆印料、三友图长方印料、雕云龙图长方印料、花寿山石鹭鸶卧莲纽方印料、花寿山石方印料等。

6. 昌化石章料

4 件尺寸较小，均在高 6 厘米之内，印面 2 厘米左右。有的文物账上注“黑紫无红色未刻”，这说明当年选料刻章时没有被选上。

（1）方印料，高 5.9 厘米，印面方 2.3 厘米。

（2）长方印料，高 5 厘米，印面长 1 厘米，宽 2.3 厘米。

（3）长方印料，高 4 厘米，印面长 1.9 厘米，宽 2.5 厘米。

（4）方印料，高 4.3 厘米，印面方 0.8 厘米。

这些章料均未刻，所以收藏在文具库。据《昌化县志》载：玉山乡为昌化县设置的乡之一，管辖十一都，包括唐秀、平度、白山等。[1] 宋咸淳《昌化县境图》中，在玉岩山所在地标明了“玉山乡”。可见，以产昌化石（民间历来称昌化石为玉石）闻名的玉岩山在当年已享盛名。

1 王兆杏纂：《（道光）昌化县志》卷二，页 30，清道光三年钞本。

二、印样

（一）清代印玺的制作

清代印玺的制作程序，首先奉旨由造办处领取铸宝所用材料，经钦天监选定开工吉日，由造办处负责依据宝样铸刻印体。包括纽制、整形、磨光、兑验。然后存入广储司银库，以待镌字。镌字时，由钦天监依皇历选择镌字吉期，由礼部奏报批复。届时把宝送至内阁。在内阁大堂行礼后，由镌刻人按内阁翰林院预先撰发的宝文镌刻。完成后收存内阁大库，迎娶皇后时，直接由侍迎正副使提取。如是其他宝玺，则镌字后便可直接使用。

在造办处领取制宝材料之前，要经过报批程序。从所存宝样推断，应是先由礼部依据成例，奏报所要制作的宝玺，以征得皇帝的批示。然后由造办处用纸、木、绢或蜡制成印样，手写宝文，呈请皇帝御览。皇帝同意后，再由礼部主办者发印样于铸造机关，依印样铸造或镌刻。如以下印：

1. 檀香木交龙纽印样（图 49）

清光绪时期，檀香木交龙纽长方印样，高 9.8 厘米，长 11 厘米，宽 12.5 厘米，上系“光绪御笔之宝”黄条，与故宫现存青玉交龙纽“光绪御笔之宝”阳文印尺寸、印纽雕刻基本一致。

图 49. 木交龙纽印样

图 50. 蜡蹲龙纽印样

图 51. 绢“皇后之宝”印样

2. 蜡蹲龙纽印样（图 50）

清光绪时期，蜡质蹲龙纽长方印样，高 8.4 厘米，长 12.4 厘米，宽 12.8 厘米，印玺不论是礼部负责的品官印，还是各省自行铸造的佐杂小吏印，都需按规定之审批才能进行铸造。印章铸成后，还需交送内阁由大学士阅看，无误才可颁发。此印样即先将所制的印形雕好纽，再将印文写于木版之上，等待审批后制作。

3.“皇后之宝”印样（图 51）

溥仪小朝廷时期，高 9.5 厘米，印面方 13.8 厘米。绢质方形印样，上有满汉文“皇后之宝”红色印文。

金交龙纽“皇后之宝”，是 1924 年溥仪和婉容结婚时按照清代制度制造的。该宝印纽处系黄色绶带，附七成金印盒、印池、镀金钥匙各一，铜牌二。此宝做工精细，从实际做成看，纽较印样高 2 厘米，很可能是皇帝和有关大臣看后改进的结果。

4.“端康皇贵妃之宝”印样

溥仪小朝廷时期，高 11.5 厘米，印面方 14.3 厘米。绢质方形印样，印面用红笔勾勒，有满汉文“端康皇贵妃之宝”字样。银镀金蹲龙纽“端康皇贵妃之宝”，高 11.5 厘米，长 12.7 厘米，宽 13.1 厘米，银镀

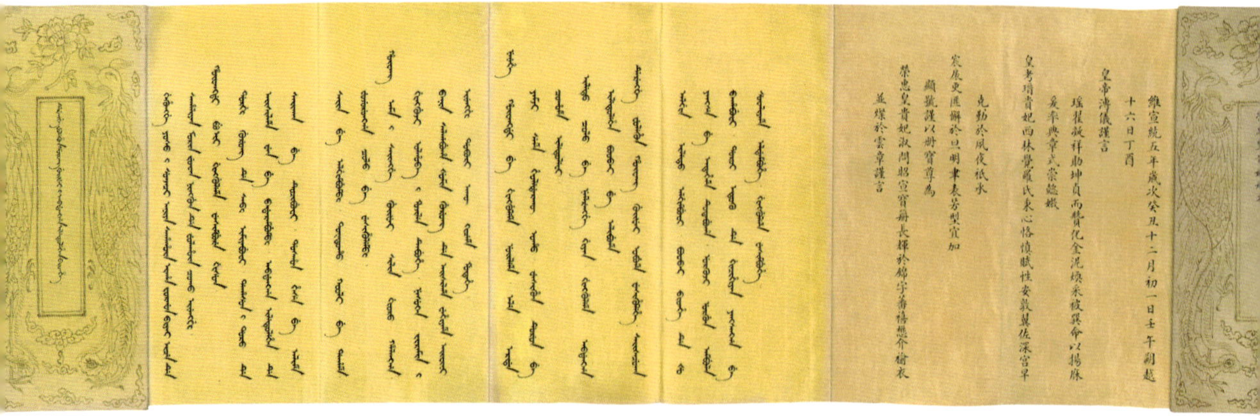

图 52. 荣惠皇贵妃绢册样

金蹲龙纽长方玺，满汉文。此印与印样基本一致。

5. 荣惠皇贵妃册文（图 52）

溥仪小朝廷时期，长 26.5 厘米，宽 12 厘米，厚 0.8 厘米。此册为当时制作的册样。荣惠皇贵妃初封为贵人，同治十三年（1874 年）册封为嫔。光绪二十年（1894 年）慈禧太后六十大寿，命晋封为瑨妃。宣统帝即位，尊封为皇考瑨贵妃。清帝退位后，荣惠皇贵妃为同治帝之妃，1913 年尊为荣惠皇贵妃。故宫现藏铜镀金荣惠皇贵妃徽册（1913 年上），长 22.5 厘米，宽 10.2 厘米，厚 0.1 厘米。铜镀金徽册，共 10 片。此册尊封“荣惠”二字，以示殊荣，亦为溥仪行使小朝廷权利之实物证明。

三、摆件

摆件陈设是寿山石雕刻中比较大型的部分。通常是用一整块寿山石雕制而成，也有的用几块寿山石雕好后拼合而成。往往以名山大川、神话传说为依据，融各种表现技法于一身，精雕细刻，具有极高的艺术价值。如寿山石鹦鹉献桃陈设、寿山石雕刻葡萄插屏、寿山石盆等。工匠们往往巧妙地利用寿山石的天然色彩，创作出具有一定情境的盆景、山子、插屏、陈设。它要求工匠不但具备娴熟的技术，而且还要具有较高的艺术修养，能够因材施艺，这在寿山石雕中是制作难度较大的一种工艺。

故宫现藏田黄石雕刻摆件数量不多，但均为精品。

1. 渡海达摩

为清顺治时期制作，此像刻工极精，刀法熟练，背刻有“玉璇”字款。为名工艺术家之作，比例稍差，但在研究雕像方面有很重要的价值，为一级品，原存慈宁宫后殿西耳房。

2. 寿山石观音坐像

为清顺治时期制作，刻工精致，刀法熟悉，是清代石雕像精品。

3. 寿山石雕罗汉

为清乾隆时期制作，造型生动，刀法娴熟，取材质有色部分为衣裳，无色部分为肌肤，非常自然。蒲团、衣饰雕刻尤精，十八尊面神情各异。

还有制作于乾隆中期的十八尊，但现存不完整。从风格及工艺水平来看，是清宫根据自己的理解和供奉的需求，将两套时代相近、工艺相似的罗汉重新组合而成的。其身份有的来自十八罗汉、有的来自五百罗汉，这些罗汉面型神情各异，形态万千，自然逼真，有奢华之气，打上了深深的宫廷烙印。

文房用具都属于小型器物，作为案头清供，要求清雅脱俗，具有较高的品位。而寿山石既有绚丽的色彩，又温润剔透，雕出的作品堂皇而不俗媚，艳丽而不失秀雅，符合宫廷的欣赏口味，故而被广泛用于文具的制作。同时，皇帝们对此也时时关注，从造型的选择到材料的使用，经常把自己的意见传给工匠。如“尔做的寿山石鱼肠款式俱是一样，亦甚蠢劣，嗣后或用碎珊瑚或用玉量其形势做小些鱼肠，或镶嵌别物，酌量配合着做”；“着将双鱼压纸做几件，或用寿山石，或用土玛瑙，其石要似鲇鱼的颜色配合着做”等。皇帝的想法和要求与工匠们的技艺结合在一起，才产生了如上述艺术价值很高的作品。

由于清代皇帝对汉族文化的喜爱，宫中对文房四宝的用量很大，故而制作也极多，其中许多是用寿山石制作的，如笔头、笔架、压纸、水丞等。清宫档案对此也屡有记述。这些文具所用寿山石有红、白、花等颜色，造型或山峰、或动物、或植物，其上所雕纹饰都是具有诸如福禄寿、节节双喜、年年有余等含义的吉祥图案，制作极为精巧。

印匣与册匣

故宫明清文物多有外包装盒，质地多种，装饰多样。清宫造办处专设有镀金作、匣作和漆作对一些文物量身定做。其中帝后玺册主要有三种形式:镀金印匣，木匣，漆匣。这些印匣、册匣既有中国传统工艺，也有日本制造的漆匣。特别是匣与玺册内容的相互衬托，使我们进一步了解其文物的价值及皇帝的喜爱程度，通过匣的包装艺术折射出清代皇帝的思想情趣和艺术品位。

一、镀金印匣

镀金印匣为存放后妃金印或者镀金印。印匣有三种：

由于清代咸丰以后国力衰败，后妃金印改为银镀金，晚清以后改为铜镀金，其装印的印匣也相应改变。

1. 金印匣

有12件。如:八成金印匣(图53),重8公斤，长宽均为24.7厘米,高27.2厘米。内有木匣、黄条、木牌、丝带各一。另11件基本相同。

2. 银镀金印匣

有6件。其中1件长25.15厘米，宽25.3厘米，高27.8厘米。内有印池，铜鎏金钥匙及锁一份。另5件基本相同。

3. 铜镀金印匣

有2件。其中1件长、宽均为25.5厘米，高29.2厘米。附铜镀金印池一，印池方8.65厘米，高6.35厘米。另1件基本相同。

图53. 金印匣

故宫现存金印匣有限，是因为乾隆时期就将已有的金宝及匣熔化。

档案记载：

据档案记载二月初三日，太监胡士杰交金宝匣一件，银宝匣三件。传旨：着口（熔）化。钦此。于十二年七月十四日司库白世秀将金宝匣一件口（熔）化，得四五色金五十三两九钱，折耗二两一钱，银宝匣三件口（熔）化，得六成银二百四十九两四钱，折耗十三两三六钱，交太监张玉、胡士杰呈览。奉旨："交总管刘沧洲。钦此。"[1]

初十日经军机处领侍卫内大臣傅恒奏准金银册宝奉旨：交造办处钦此，今据广储司交来金银册宝印等件细数开列于后：金册二十六份（重三千九十六两）、金宝四颗（重一千二百八十九两）、金印九颗（重二千二百三十七两）、金箱二十六个（重五千三百六十四两）、金印色盒二十四个（重一千八百五十七两）、金钱十三个（重二十两五钱）、金别字九个（重四两一钱），共重一万三千八百六十七两六钱。银镀金册五份（重二百九十五两）、银镀金宝一颗（重一百十两）、银镀金箱二十个（重二千四百八两）、银镀金印色盒六个（重六百八十三两）、银镀金钱别子五个（重二两二钱五分）、银镀金锁匙四五把（重二百两），共重三仟六百九十八两二钱五分。银镀金饰件描金木箱九十九个、银镀金锁匙七十三把、金成色计开：头等金二百九十六两，二等金五百四十五两，三等金一千八百七十六两，九成金三千四百六两五钱，八五色金一千二百三十一两，八成金五百五十三两五钱，七成金一千四百六十五两，六五色金四两一钱，六成金五百六十七两，五成金一千三百八十二两，四成金五百四十二两。于本月十九日司库白世秀、七品首领萨木哈催总达子将广储司交来金印册宝等件缮折片一件，并除派办理官员西宁、溥慧、李英、慎德、清宁、白世秀、达子、索住等花名单一件持进，交太监胡世杰转奏。奉旨：准将此金成色均合熔化量，其分两酌量高矮做木胎色金大塔一座，其所除官员准奏，钦此。[2]

通过上述档案，我们可以了解金银册宝及印匣的情况。这些印匣基本为光素，尺寸相似，上面无花纹和装饰。但里面多有印池，为放金印或者镀金印用，钥匙及锁一份。

二、木匣

木匣以紫檀匣为主，早期有雕刻工艺；乾隆中期以后有浅刻，内嵌金或银；有的印匣没

1 张荣选编《养心殿造办处史料辑览》第三辑，乾隆十一年，镀金作，页277，故宫出版社，2012年。
2 张荣选编《养心殿造办处史料辑览》第四辑，乾隆十四年，匣作，页53，故宫出版社，2015年。

图 54. 紫檀雕龙匣及天贶十全之宝

有雕刻纹饰，只是将印文内容刻于匣上，并在字上描金；晚清印匣没有字，有的也不是紫檀木的，只是在印匣上一层黑漆。

（一）木匣制作

紫檀雕龙匣（图 54）为乾隆时期制作。匣盖顶与四面均雕正龙图案，龙眉朝下，龙额头凸起，四指并拢，龙尾比明代造型加长。雕刻采用高浮雕手法，上雕云龙纹。另外，也有一些花卉、山水纹饰雕刻印匣，但以紫檀匣雕龙印匣为最精。特别要说明的是乾隆皇帝的大玉印、宫殿印多用此匣，有的盖内还有雕刻工艺，中间还用把卦中的“☰”进行装饰，代表乾隆皇帝的“乾”字。

据档案记载：

十一月初六日，太监胡十杰交象牙宝大小十二方、白玉宝三方、石宝三方（内一方磕）、碧玉宝四方、碧牙西(碧玺)宝三方、石宝二方(内一方磕)、石宝三方(有磕)、小石宝三方(有磕)、石宝十八方（内四方磕)、白玉宝三方、水晶宝三方、石宝六方、石宝九方（内一方磕）……（还包括有螭虎钮、石狮钮、五龙钮、异兽钮、九龙钮、象牙两头宝、石伏虎钮、石子母狮钮、鱼钮、荷花钮）等约180宝。传旨:“俱配紫檀木罩盖匣，其宝上面俱要一般高，台子上不要起台子，高矮往下借，平面上糊文锦，槽内糊红绫。钦此。”于本月初七日，司库白世秀、七品首领萨木哈，将石宝三方做得合牌匣样一件持进，交太监胡世杰呈览。奉旨：“俱照此样用紫檀木呈作，其匣内台子做杉木的，面墙俱糊文锦，图书槽内口边上边糊青缎，槽里仍糊红绫。再将矮些宝并引首下深些，其匣盖上俱按宝之名色刻字。钦此。”又奉旨：“俱照此样做，其匣盖上面照图书形像拉阴线填金。钦此。”[1]

十七日司库白世秀来说，太监胡士杰交汉玉小图章三方，传旨：“着照懋勤殿图书匣样配匣盛装，钦此。”[2]十二月二十六日员外郎白世秀来说，太监胡士杰交各类图章十六方，传旨：“着按分数各配做罩盖匣盛装，钦此。”[3]

龙自古为华夏民族崇拜的图腾，传说龙为麟虫之长，能兴风雨、利万物，使风调雨顺、丰衣足食，故为中国古代的四灵（龙、麒麟、凤凰、龟）之一。历代皇帝均以为真龙天子自居，所以在留下的古代器物中，有较多以龙纹做装饰的题材。

三、漆匣

故宫帝后玺册印匣里还有一批漆匣，种类有填漆、红雕漆、描金漆、金漆等，这些漆匣多为乾隆时期制造。有的还为日本工艺，乾隆皇帝特别喜欢这些漆器，并将其得意的玺册收藏其中。这些漆匣均是为玺册量身定制的，而且与其中的内容互相呼应，更加突出了其思想和内涵，反映了清代漆器的工艺水平。

（一）玺册漆匣种类

清宫帝后宝玺，特别是印匣也非常精美。清代前期的康、雍、乾漆器体现了“太平盛世”

1 张荣选编《养心殿造办处史料辑览》第四辑，乾隆十二年，匣作，页30，故宫出版社，2015年。
2 张荣选编《养心殿造办处史料辑览》第四辑，乾隆十四年，匣作，页238，故宫出版社，2015年。
3 张荣选编《养心殿造办处史料辑览》第四辑，乾隆十七年，匣作，页294，故宫出版社，2016年。

图 55. 木质朱漆铜包角套匣

的气魄和时代特点，而嘉、道以后，工艺的发展陷入低谷。

清代漆器品种有单色漆、描金漆、描金与描油、描金彩漆、识文、雕漆、填漆、款彩、炝金彩漆、螺钿漆、百宝嵌等。玺册漆匣仅包括单色漆、金漆、描金彩漆、识文描金，雕漆等。

1. 单色漆

有金漆、朱漆（图 55）、黑漆，金漆用途比较广泛，更能突出皇家的地位和威严。描金漆分黑漆描金和朱漆描金。后两种多用于家具和各式盒等。

档案记载，雍正、乾隆时期造办处制造了大量的描金漆和仿日本洋漆作品，其中有黑漆描金和朱漆描金，还有紫漆描金。

2. 描漆（图 56）

描漆又称“描彩漆”，是在光素的漆地上用各种色漆描绘花纹，系早期漆器中最常使用的工艺方法。漆画是指用一种颜色漆在漆地上画花纹，花纹上下在用各色漆勾描纹理；其特点是花纹比较写意，色彩单调。

描油是以油代漆，在漆器上画出花纹，其特点是油的色彩变化丰富，纹饰变化绚丽多彩，比描漆效果好。

图 56. 碧玉金刚般若波罗蜜经册印匣

图 57. 剔红双龙戏珠纹长方匣及青玉御制创业守成难易说册

描金彩漆是描金工艺和彩漆工艺的综合运用，在一件器物上使用两种或者两种以上的漆工艺，是清代漆器的一个特点。清代制作了大量的描金彩漆器物，一般以描金勾勒纹饰的轮廓及细部纹理，以彩漆描饰花纹，呈现出金碧辉煌和斑斓绚丽的装饰效果，这是漆工艺与绘画技巧的完美结合。

识文描金是在用漆堆成的花纹上洒屑金、贴金或上金，其特点是花纹高于器物表面，它比描金漆更为精巧。

3. 雕漆（图 57）

雕漆是古代很有影响的工艺，深受乾隆皇帝的喜爱。其技法是将天然漆料在胎上涂抹出一层厚度，再用刀在堆起的平面漆胎上雕刻出花纹。由于色彩的不同有：剔红、剔黑、剔彩、剔犀等工艺，工序需要十道。

（二）内外互相衬托

清代皇帝的印称“玺”或“宝”，清代玉册一般是指谥册、徽册。乾隆皇帝把他的得意诗文制成玉册，增加了玉册的功能。故宫现存玉册按其内容，可分为：宫殿类、园囿类、励志类、功德类、记事类、佛教类等几类。下表的乾隆时期玺册的外包装漆匣，不仅仅是一件漆艺作品，因装饰与玺册内容的互相辉映，更加充分展现了漆匣的内涵。

漆匣与玺册一览表

序号	册名	册匣
1	碧玉《金刚经般若波罗蜜经》册	描金彩漆杂宝纹长方匣
2	碧玉《金刚般若波罗蜜经》册	识文描金银杂宝纹长方匣
3	青玉《御制创业守成难易说》册	剔红双龙戏珠纹长方匣
4	碧玉《乾隆御笔划荞宣威》册	剔红双龙戏珠纹长方匣

5	碧玉《御制镜清斋四咏》册	金漆双龙戏珠纹长方匣金漆匣
6	碧玉《御制五福五代堂记》册	金漆双龙戏珠纹长方匣
7	碧玉《御制十全老人之宝说》册	金漆双龙戏珠纹长方匣
8	墨玉庆桂书《御制避暑山庄五福五代堂记》册	金漆双龙戏珠纹长方匣
9	碧玉《御制十全老人之宝说》册	金漆云纹长方匣
10	碧玉姜晟敬书《御制宁寿宫铭》册	识文描金银松竹纹长方匣（日本）
11	青玉董诰书《御制三老五更说》册	黑漆描金山水人物图方匣（日本）
12	木质册漆匣	金漆双凤牡丹纹盝顶方匣
13	青田石“饮泉仙致寿”等印	紫漆描金山水图长方匣（日本）
14	黄玉覆斗纽“古稀天子宝”等组印	黑漆描金梅竹纹长方匣（日本）
15	填漆云龙印套匣	描金彩漆团龙纹盝顶箱
16	木朱漆铜包角套匣	红漆盝顶包脚带座

1. 漆匣与玺册

从上表中我们看到漆匣有玺和册之分，上表中 1–9 为册匣，表 1 是描金彩漆杂宝纹长方匣，共 10 片；表 2 识文描金银杂宝纹长方匣，内为碧玉《金刚经般若波罗蜜经》册，共 12 片；两匣内均为《金刚经般若波罗蜜经》册，其匣也用佛教经常使用的杂宝纹进行装饰。

表 3 中剔红双龙戏珠纹长方匣，内为青玉《御制创业守成难易说》，共 10 片；表 3 剔红双龙戏珠纹长方匣在造办处活计档中有关于此匣的记录：“红刁（雕）漆罩盖匣一件，内盛创业手（守）成难易（义）说玉册一份……”[1] 玉册长方形 10 片，首尾两片一面各雕双龙戏珠，背面及其他 8 片两面均刻御制“创业守成难易说”一文，字，均填金。此册旧藏宁寿宫。

表 4 是剔红双龙戏珠纹长方匣，为乾隆御制诗“和琳奏报剿捕秀山苗匪至湖南界分设卡隘肃清后路克期会福康安进讨诗以志事二十韵”共 12 片；册封面有“划莠宣威”四字。两匣内均为乾隆御制诗，其匣用乾隆皇帝非常喜欢的雕漆剔红工艺为匣。

表 5–8 是金漆双龙戏珠纹长方匣（图 58），分别为碧玉“御制镜清斋四咏”册，共 4 片；碧玉“御制五福五代堂记”册，共 4 片；碧玉“御制十全老人之宝说”册，共 6 片；墨玉庆桂书“御制避暑山庄五福五代堂记”册，共 6 片；表 9 是金漆云纹长方匣，内为碧玉“御制十全老人之宝说”册，共 6 片。从册的内容我们能够看到，基本上为乾隆御制诗配匣，其中表 5–9 均为金漆匣，只是纹饰不一样而已，为乾隆晚年御制诗配匣，乾隆晚期总体工艺开始下滑，所以漆匣比较简单。表 12 是晚清后妃册宝匣，就更加单一了。

2. 日本漆匣与玺册

表 10 是识文描金银松竹纹长方匣，内为碧玉“御制宁寿宫铭”册，共 4 片，附拓片一个（姜晟敬书）；表 11 是黑漆描金山水人物图方匣，内为青玉董诰书“御制三老五更说”册，共 4 片；乌纸金书者八片带檀香木雕云龙夹板嵌玉签签题“训垂礼耈”四字隶书。

1 《清宫内务府造办处档案总汇》33 册，乾隆三十五年四月十七日，油木作，页 322，人民出版社，2007 年。

图 58. 金漆双龙戏珠纹长方匣及碧玉《御制十全老人之宝说》册

表 13 是紫漆描金山水图长方匣（图 59），为黄青田印章 120 件；乾隆五十五年（1790）乾隆皇帝 80 寿辰时，文华殿大学士和珅、工部尚书金简进献各 1 组，乾隆皇帝非常喜欢这组印章。

表 14 黑漆描金梅竹纹长方匣。此匣与盖的图案能够对应上，形成一幅完整的图画。乾隆爱竹，有一种说法，是和他的继位有关。这在郎世宁绘制的《平安春信图》中有所体现：

图 59. 紫漆描金山水图长方匣及青田石《元音寿牒》组印

图 60. 描金彩漆团龙纹盝顶箱

他在位时期制造的很多书画、器物、家具等多以竹为材料或图案，他在准备退位居住的宁寿宫区花园中有三友轩和用竹为背景的建筑装饰，同时还在庭院中种植了竹子。更加突出了此经的内涵。

匣内为乾隆皇帝即位前为亲王时镌刻的一组宝石印，16 方共装一木匣。每方印仅在 1–2 厘米之间乾隆即位后仍继续使用，说明乾隆皇帝对这套印非常喜欢。

3. 玺册漆箱

表 15 描金彩漆团龙纹盝顶箱（图 60），四周为康雍时期，彩漆顶乾隆时后修。表 16 红漆盝顶包脚带座箱，清晚期制作。工艺比较简单。

乾隆皇帝无论时令佳节还是喜庆盛典、喜怒哀乐，皆有吟咏，外出巡行时，每到一处必作诗纪胜。其乾隆一生创作的诗文很多。这些诗文从一个侧面反映了乾隆盛世、文治武功、天下一统的繁荣景象。乾隆帝令人将其中一些得意之作制成玉册，置于座右把玩欣赏，以求自娱，亦求自警。

档案记载：

> 太监胡士杰交青玉九条款十一片内刻得字的二片未刻完字的一片随字样一册。传旨："着将玉九符交南边照样刻字，每页下做一软垫，配一木胎糊文锦万字套，外配匣样。呈览准时交南边做雕漆，钦此。"[1]

乾隆时期，由于父祖为他积累了大量财富，为宫廷内务府造办处的发展奠定了雄厚的基础。乾隆时各种工艺品的种类、数量和制造工艺等均精益求精。从玉册的做工、装饰方法、包装艺术等方面，充分反映了乾隆时期较高的工艺水平。

清代漆器是对 7000 年漆器传统工艺的继承和发展，是多种工艺的运用和结合。特别是漆器制作得到了皇帝的重视和提倡，在内务府造办处的具体操办下，形成了比较明确的宫廷漆器风格。宫廷造办处集中了全国各地的优秀制漆艺人为皇家服务。清代漆器制作和使用涉及日常生活的方方面面，不仅有皇帝上朝使用的宫廷乐器、屏风宝座，还包括文房用具及各种陈设品。各种漆质包装盒在清宫中使用非常广泛。

1 张荣选编：《养心殿造办处史料辑览》第四辑，乾隆十三年，苏州，页 74，故宫出版社，2015 年。

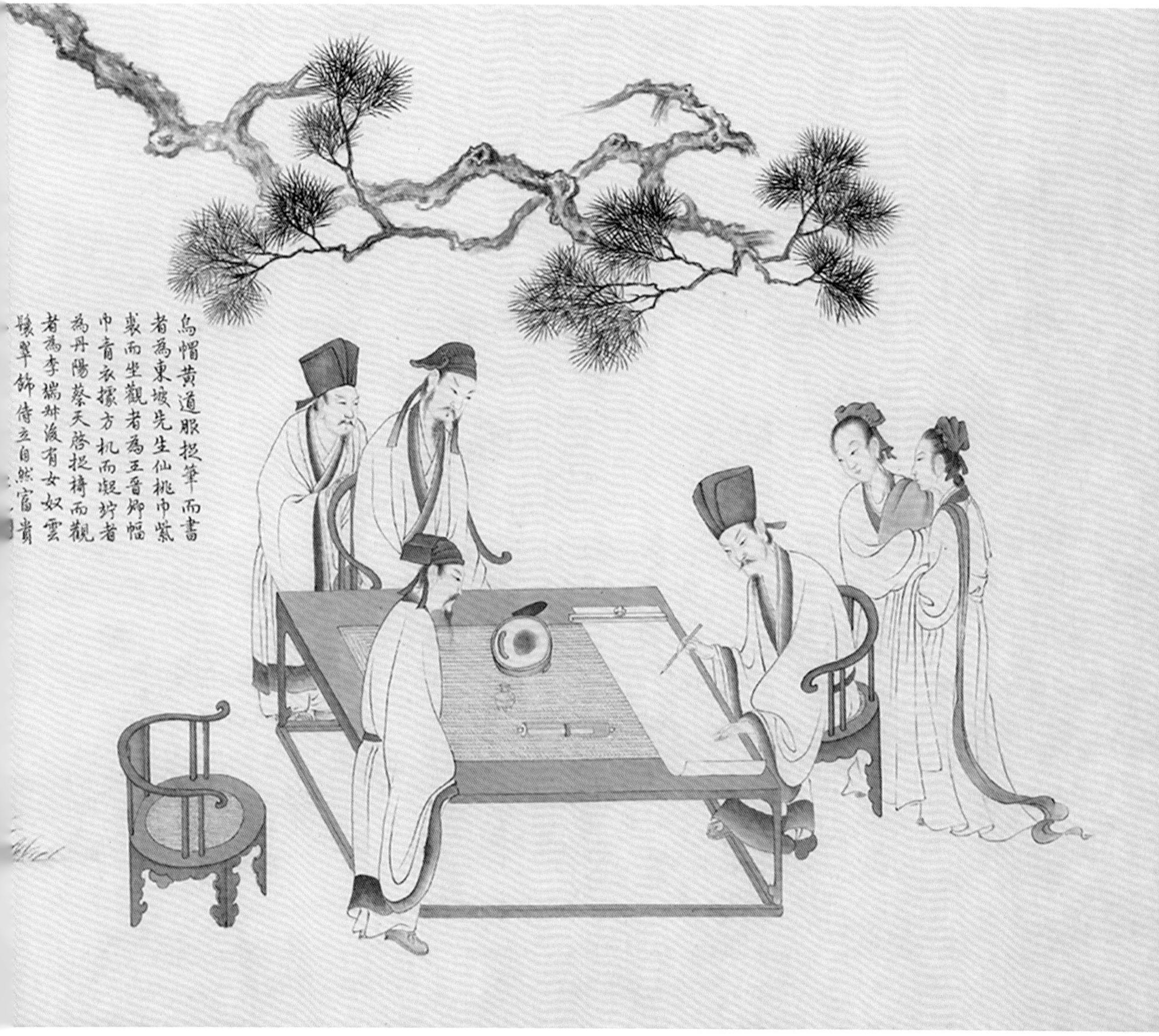
烏帽黃道服捉筆而書
者為東坡先生仙桃巾紫
裘而坐觀者為王晉卿幅
巾青衣據方机而凝竚者
為丹陽蔡天啓捉椅而觀
者為李端叔後有女奴雲
鬟翠飾侍立自然富貴

后　　记

我自1979年6月来院，即分配到保管部（后改为宫廷部）宫廷历史组至今，本人一直负责帝后玺册文物陈列、保管和研究工作。记得我刚到宫廷历史组时，帝后玺册库房贮存于当时还未开放的寿康宫，文物是按质地分类的。在当时科长李文善先生的带领下，我们对5000余件文物进行了重新调整。当时印章是分别存于东西两个群房，我们每天用一特制装文物的藤筐和手推车进行来回搬运，将玺册按皇帝朝代排序，并且将文物编排库号，即从前往后排序，之后为每件文物量尺寸，注明时代、质地、款识、伤况、附件等等。90年代地库一期建成，玺册文物就是按照我们整理的库号进行文物排列，文物柜层方位整齐划一。

故宫自建院以来有5次大的文物整理，我参加了3次。2002年，我们再次对5000余件印章文物和资料进行了三核对（账、卡、物），写出验收报告。2015年我又参与一期文物库房独立柜的改造，换成防震的密集柜，这样每件文物需搬出，安好柜架后再一一搬入，并统一换上新的文物囊匣，这样每件文物基本上在我的手上经过不只三遍。之后我还解决了一些遗留问题，如:帝后玺印有1件故字号文物未见，原因是早在60年代账卡物三核对时已将此印降级列为资料，但当时没有销“故字号”造成的。此印为铜印，按清代制度印不再使用后将印面字迹毁坏，所以降为资料。由于印面模糊不清，我们查找多次，均未见。我根据在文物单据中的一张表格及参考号，对印章资料进行了仔细核对，从仅存不完整的印文中找出其印，并经文管处和部领导同意，我们根据文物残毁伤况，将故字号销号，保留资料号。现在，由我所保管的帝后玺印文物 5074 件全部核对完成。

2010 年文物验收后，我院将对社会公开《故宫博物院藏品总目》，首先我们对所管的库房文物分别进行自查，根据所管科组文物名称统一格式，进行科学和规范化的定名。看似简单的工作不仅要认真细致，还要审核定准。印章类文物主要有：政务章、封号宝（印）、徽号宝、谥号宝、闲章等。玉册文物类主要有：封号册、谥册、徽册、诗文册等。印用质地 + 纽式 + 印文全名，“玉册”原账上是“玉慈禧端佑康颐昭豫庄诚寿恭皇太后崇上徽册”（原名），则按格式改为：碧玉光绪十五年上慈禧徽册（新名），这样印、册对照即知是何年册封上的徽号。

2012–2013 年，我主持了《故宫博物院藏品大系 · 玺印篆刻编》的照相及文字撰写，已经完成诗文玉册、典章册宝 2 卷，现待翻译出版。在故宫，研究涉及的专业和领域虽然不同，但总有一些是相通的。书画里有印章，瓷器、玉器中的纹饰和工艺均带有时代特征，特别要了解历史、宫廷史，了解文物背后的故事。

为支持国内博物馆的工作，根据院里要求，我还拟定了“历史印迹——清宫帝后宝玺”专题展大纲，作为故宫博物院流动的外展项目。目前，该专题展已经应邀出展五次，分别为：2008 年赴上海豫园，2010 年还赴日本长崎孔庙，2013 年赴厦门市博物馆和 2016 年扬州博物馆展览，2017 年赴长春伪皇宫进行了展览。我还参加了中央电视台《国宝档案·清代后妃传奇》《中国寿山石》《中国青田石》等节目的录制（均已播出）。工作之余我还为北京大学考古研究生班和扬州市文物局和扬州博物馆举办的大讲堂、中国社科院研究生进行明清玺印方面的专题演讲。

所以，我对帝后玺印文物有着非常深厚的感情，不仅我的工作是零距离与它们接触，还经常提取为学者、专家研究观摩，协助筹办国际和国内展览等，更重要的是我们在保管好这些文物的同时，在欣赏其艺术魅力和历史价值的同时，还要深入地研究它。我在对院藏帝后玺印实物系统整理的基础上，结合相关文献、档案，对帝后玺印进行广泛、综合系统的研究，以物证史，并将点滴收获写成论文或专业文章发表。

笔者从事清代宫廷文物保管和研究 40 余年，对清宫文物较为熟悉，在工作中积累了一些经验和体会。本书结合自己的实际工作，对故宫博物院所藏宝玺总结了研究现状、方法及解决的问题。

此书是在笔者多年研究的基础上选编而成，有的论文已经发表，有的为参加学术研讨会讲演稿，还有为此书新增添的内容，特别是对以前有错误的地方进行了纠正。笔者将其进行了整理分类，为以后的研究和编目工作的进一步整理提供研究基础。因为笔者发现，由于受当时历史局限，虽然我们的前辈们为我们现在的工作做了大量基础工作，比如文物分类、建账等，但他们留下的研究文字很少。所以有时我们的工作还需要从头再来，甚至刚开始还不知道从那儿开始。记得，刚工作的时候，我的工作就是抄文物卡片，熟悉一些繁体字，后来逐步识读篆字，特别是印章上的篆字是反的，需要打出印谱才好辨认，但不可能在任何条件下都能打出印文，笔者特别买了反字篆字字典进行学习，但这只是最基础的。

在进行此项研究中笔者得到了我院专家朱家溍先生的鼓励，1996 年故宫第一次出版了《明清帝后宝玺》图录，我当时是帝后宝玺库的库房负责人，陪朱老选看文物。当年印章研究还不够深入，电脑还没有广泛使用，查找文献不便。特别是在查找印文中出自乾隆哪一句御制诗和一些宫殿印文的出处在现在看来非常简单的问题，当年我们确实费了一番工夫进行查找。在我写完之后请朱老先审，根据他的意见改后再定稿。特别是在撰写佛教和道教小说明时遇到一些不懂的问题，他就提示我去查哪些书，我还拜访中国社会科学院的有关学者，为我后来的进一步研究打下了基础。

在这里我要特别感谢我院文保科技部国家级非物质文化遗产传承人、金石专家恽小钢先生为本书第四章的写作付出极大精力；我院宫廷史专家、资深研究员、清室编纂委员会刘潞女士对我论文的指导，她还鼓励我参加一些学术会和讲座，使我的业务水平有了很大提高；还要感谢我的同事毛宪民研究员，为此书提出了建设性意见；感谢我宫廷部宗教科张雅静研究员和王彦嘉先生，为我的佛教印一文提供了资料；感谢中国历史研究院恽含女士为此书进行了文档整理归类工作；由于笔者的文章有的是多年以前发表，且注释及格式不统一，我的学生毕业于台湾清华历史系的硕士魏晨，充分利用其电脑查阅的特长对文章注释进行了一些校对工作。我还特别要感谢故宫出版社资深编辑徐小燕女士，她为此书提出大刀阔斧调整顺序，删改内容的建议，把全部论文按图书要求统一体例；感谢出版社姜润青女士和杨光先生，为此书的出版进行了大量严谨、细致的工作，才能使此书顺利完成。

此书是笔者多年来的工作积累，希望为今后这方面的研究起到抛砖引玉作用，不当之处恳请专家学者不吝赐教。

恽丽梅

2020 年 6 月于故宫

图书在版编目（CIP）数据

明清帝后宝玺 / 恽丽梅著 . -- 北京 : 故宫出版社 , 2020.8
ISBN 978-7-5134-1319-0

Ⅰ. ① 明… Ⅱ. ① 恽… Ⅲ. ① 古印(考古)—研究—中国Ⅳ.
① K877.64

中国版本图书馆 CIP 数据核字（2020）第 126383 号

明清帝后宝玺
恽丽梅 著

出 版 人：王亚民
选　　编：徐小燕
责任编辑：姜润青　徐小燕
装帧设计：王　梓　杨　光
责任印制：常晓辉　顾从辉
出版发行：故宫出版社
地址：北京市东城区景山前街4号　邮编：100009
电话：010-85007800　010-85007817
邮箱：ggcb@culturefc.cn
印　　刷：北京雅昌艺术印刷有限公司
开　　本：787毫米×1092毫米　1/16
印　　张：20.75
印　　数：2000册
版　　次：2020年8月第1版
2020年8月第1次印刷
书　　号：ISBN 978-7-5134-1319-0
定　　价：96.00元